中国自由贸易试验区高质量发展指数报告

（2022—2023）

东北财经大学自贸区研究院 著

东北财经大学出版社　大连

图书在版编目（CIP）数据

中国自由贸易试验区高质量发展指数报告（2022—2023）／ 东北财经大学自贸区研究院著. 一大连：东北财经大学出版社，2024.4

ISBN 978-7-5654—5229-1

Ⅰ.中…　Ⅱ.东…　Ⅲ.自由贸易区－经济发展－研究报告－中国－2022-2023　Ⅳ.F752

中国国家版本馆CIP数据核字（2024）第071362号

东北财经大学出版社出版发行

大连市黑石礁尖山街217号　邮政编码　116025

网　　址：http://www.dufep.cn

读者信箱：dufep @ dufe.edu.cn

大连图腾彩色印刷有限公司印刷

幅面尺寸：185mm×260mm　字数：524千字　印张：27.5　插页：1
2024年4月第1版　　2024年4月第1次印刷
责任编辑：龚小晖　　　　责任校对：何　群
封面设计：原　皓　　　　版式设计：原　皓
定价：138.00元

前　言

　　建设自由贸易试验区是以习近平同志为核心的党中央在新时代推进改革开放的重大战略举措。建设十年多以来，自由贸易试验区发挥了制度创新的"头雁"效应，打造了开放发展的生动样板，推动了重大战略的深入实施，在我国改革开放进程中发挥着重要作用。为积极响应中国（辽宁）自由贸易试验区建设对决策咨询的政策需求，东北财经大学自2016年11月9日与大连市人民政府共建示范性、实体性科研机构——辽宁（大连）自贸区研究院以来，充分发挥学校多学科优势支持践行"自贸"初心使命，为推进辽宁自由贸易试验区大连片区制度创新研究平台建设，推进辽宁面向东北亚开放合作新高地建设和东北全面振兴全方位振兴，推进全国自由贸易试验区提升战略提供高端新型智库服务。辽宁（大连）自贸区研究院累计落实省市各级领导和相关部门交办研究课题40余项，起草相关政策文件和承担决策咨询工作20余项；完成和提交231项大连片区创新案例评估报告。其中，5项改革试点经验在全国复制推广，2项最佳实践案例供全国学习借鉴，89项改革创新经验在辽宁省借鉴推广，3项入选商务部最佳实践案例。此项工作涉及优化政策540余条，直接惠及大连市企业2万余家；形成决策咨询成果217项。其中，国家级批示1项，省级批示21项；省部级采纳9项；省级刊发42项。

　　为全面贯彻落实党的二十大报告关于"实施自由贸易试验区提升战略"的决策部署，东北财经大学充分整合世界经济、国际贸易、工商管理、流通经济学、政治经济学、公共政策、产业经济学等专业技术人才优势，在长期跟踪和评估自由贸易试验区制度创新案例和服务地方政府推动制度型开放研究经验积累的基础上，通过整合政产学研数据资源、组建跨学科的专门科研力量，经充分酝酿和科学论证，于2022年下半年启动"中国自由贸易试验区高质量发展指数研究"特色项目，历时近两年时间，依托国家市场监督管理总局企业注册登记数据、国家税务总局企业申报数据等全样本微观企业信息，运用大数据、网络编程等前沿技术，构建完成国内首套"中国自由贸易试验区企业数据库"和国内首个"中国自由贸易试验区大数据监测分析平台"，率先从微观企业的维度刻画全国64个自由贸易试验区片区（不包括新成立的新疆自由贸易试验区，下同）地理范围内企业层面的高质量发展情况，力图全面、科学、客观地跟踪并评估全国自由贸易试验区总体运行态势、存在短板、各片区横纵向比较和政策优化方向，为国家、地方政府及社会各界提供专业化的微观企业数据库资源和监测分析工具，为更好服务国家、地方政府关于自由贸易试验区提升战略和推动高水平对外开放的相关决策提供针对性参考，为高质量推进学术界研究自由贸易试验区、制度型开放等领域的重大课题提供扎实的微观数据支撑。

项目组构建了**国内首套"中国自由贸易试验区企业数据库"**。依托国家市场监督管理总局企业注册登记数据、国家税务总局企业申报数据等大数据，根据全国64个自贸片区四至范围，定位片区内注册登记和经营企业，构建全样本的自贸区企业微观数据库。该数据库包含60大类企业信息、826个数据字段；包括365万余家企业、在营企业236万余家、投资总额60万亿元、外资企业3万余家、进出口企业46万余家、高新技术企业2万余家。该数据库计划每年6月更新一次。

项目组搭建了**国内首个"中国自由贸易试验区大数据监测分析平台"**。该平台依托自贸区企业数据库，应用大数据和云计算技术，实现了全国自贸区全景和各个片区的数据查询、监测、分析功能，其中，一是动态呈现自贸区全景数据和概况；二是查询各个片区产业发展、企业经营、专利、投融资、企业风险等数据；三是测算各个片区高质量发展指数并生成排名情况。

《中国自由贸易试验区高质量发展指数报告（2022—2023）》以自贸区的定位与发展目标为指引，构建了自贸区高质量发展指数体系，包括制度创新、金融发展、企业经营、产业发展、科技创新、区域带动、高水平对外开放、绿色共享八个方面，全面量化中国自贸试验区总体和各片区年度各类指数的排名情况。项目组依托"中国自由贸易试验区企业数据库"，测算了全国64个片区八个领域的指数排名，该指数排名全部应用企业数据计算，能够全面、真实、客观地反映当前自贸区高质量发展的多维度情况，为各自贸片区巩固优势、识别短板和政策优化提供针对性参考。

东北财经大学自贸区研究院

2024年3月

目　录

专 题 篇

区　域　篇

图表目录

第一章　绪　论

　　建设自由贸易试验区是以习近平同志为核心的党中央在新时代推进改革开放的重要战略举措。十年来，自由贸易试验区坚决贯彻落实党中央决策部署，解放思想、守正创新，以制度创新为核心，充分发挥改革"试验田"和开放"新高地"的作用，推出了一大批基础性、开创性改革开放举措，形成了许多标志性、引领性制度创新成果，有效发挥了改革开放综合试验平台作用。建设自由贸易试验区构筑了我国对接国际高标准经贸规则的重要基础，推动了我国新阶段制度型开放的探索进程，在我国改革开放进程中具有里程碑意义。

　　2022年，党的二十大提出"实施自由贸易试验区提升战略""稳步扩大规则、规制、管理、标准等制度型开放"，我国自由贸易试验区进入了系统性升级和高质量发展的新阶段。习近平总书记在自贸试验区建设十周年之际，就深入推进自由贸易试验区建设作出重要指示，强调要在全面总结十年建设经验基础上，深入实施自贸试验区提升战略，在更广领域、更深层次开展探索，努力建设更高水平自贸试验区。

　　为更好地服务和支撑自由贸易试验区提升战略，全面构建科学、规范、系统的统计监测及评估研究体系，东北财经大学在长期跟踪和评估自由贸易试验区发展成效的基础上，发挥自身学科优势、整合政产学研数据资源、组建跨学科的专门科研力量，经充分酝酿和科学论证，于2022年正式启动"中国自由贸易试验区高质量发展指数研究"项目，力图全面、科学、客观地跟踪并评估我国自由贸易试验区总体态势及各片区的发展成效，为党和国家及社会各界提供专业化、公共性的技术支撑和决策参考。

第一节　中国自由贸易试验区高质量发展指数研究的主要工作

　　为了能够对我国自由贸易试验区发展进行多维度、分区域、可比较、动态化的定量观测和分析，并最终通过年度更新的指数形式直观呈现发展态势，**自贸试验区高质量发展指数研究**立足自由贸易试验区引领全面深化改革和扩大开放的核心发展内涵，完整、准确、全面贯彻新发展理念，重点开展建立专用数据库、搭建大数据监测平台、构建高质量发展指标体系、发布区域化发展指数等四项主要工作，并分别取得在国内具有首创意义的突破性成果。

　　第一，首次进行全景式观测，建立国内首套"中国自由贸易试验区企业数据

库"。为突破以往自贸试验区发展评估基于定性评价、采用省（自治区、直辖市）级宏观数据、采取抽样和点调观测方式等研究局限，项目组构建了涵盖全部21个省级自由贸易试验区的定量研究框架，并利用微观数据资源优势，将研究对象下沉至全国64个片区（不含浙江新增扩展片区）层面。项目组依托国家市场监督管理总局企业注册登记数据、国家税务总局企业申报数据等数据资源，通过全国64个自贸片区四至范围经纬度精准划分各片区地理范围，从而定位各片区内注册登记和经营的企业，构建全样本的自贸试验区企业微观数据库。目前，该数据库包含60大类企业信息、826个数据字段、365万余家企业数据，并计划每年6月更新一次，可以在确保整体观测的同时最大可能地呈现各片区发展成效的差异化、特色化特征，从而呈现自由贸易试验区发展的立体化全景。

第二，首次开发数字化平台，搭建国内首个"中国自由贸易试验区大数据监测分析平台"。为深化自贸试验区企业数据库的建设和应用，实时查询、调取、监测和分析全国自贸试验区及各片区的发展情况，项目组利用互联网、大数据和云计算技术，对自贸试验区企业数据库、自贸试验区高质量发展指标体系进行深度整合开发，形成可供政府部门、科研院所等研究机构远程应用的数字化实时监控平台。目前，该平台已上线测试运行，一期建设设置了数据汇总、数据查询、指数测算、指数开发四个主要功能模块，从三个方面对自贸试验区发展研究形成支持，一是动态呈现自贸区全景数据和概况；二是查询各个片区产业发展、企业经营、专利、投融资、企业风险等数据；三是测算各个片区高质量发展指数并生成排名情况。该平台将持续进行滚动开发升级，结合不同应用需求丰富功能体系，并适时向有关应用部门或单位开放。

第三，首次构建全方位指标，形成"中国自由贸易试验区高质量发展评价指标体系"。以往自贸试验区发展成效评估更注重政府职能转变、投资自由化、贸易便利化、金融改革创新、扩大对外开放等制度创新成效，项目组在此基础上结合高质量发展要求和新发展理念，拓展构建了更全面的自贸试验区高质量发展评价指标体系。该综合评价体系从制度创新、金融发展、企业经营、产业发展、科技创新、区域带动、高水平对外开放、绿色共享等方面设置并论证了8个一级指标、26个二级指标、76个三级指标。目前，该指标体系与自贸试验区企业数据库在数据表达、算法开发等发面的应用衔接已全部测试完毕，将为多维度、分区域、可比较、动态化地评估自由贸易试验区发展提供重要的理论和技术支持。

第四，首次实现全面定量评估，发布"中国自由贸易试验区高质量发展指数"。项目组依托"中国自由贸易试验区企业数据库"，应用"自由贸易试验区高质量发展评价指标体系"，全面测算了全国64个自贸片区各类年度化高质量发展指数及排名情况，并在"中国自由贸易试验区大数据监测分析平台"实现个性化查询、可视化生成、自动化监测。自贸试验区高质量发展指数能够全面、客观、多维、细致、及时地反映当前自贸试验区高质量发展的多维度情况，可为各个片区巩固优势、识别短板和政策优化提供针对性参考。在形成并发布自贸试验区高质量发展指数的基础上，课题组将每年定期发布蓝皮书《中国自由贸易试验区高质量发展指数报告》，通过"专题篇"和"区域篇"的报告形式全面呈现自贸试验区高质量发展的评估结果，从而为国家主管部门、各自贸试验片区及相关科研机构的决策对策研究提供参考。

第二节　中国自由贸易试验区高质量发展内涵及多维评价

自由贸易试验区十年来的建设发展进程中，随着国内外经济社会形势的复杂多化和国内区域布局的持续拓展，在总体思路、战略定位以及发展目标上都有很大程度的深化和丰富，不同阶段、不同区域的自贸试验区发展也展现出差异化特征，自贸试验区高质量发展内涵需要基于历史进程进行总体性的界定和把握。

从战略定位来看，自贸试验区的发展经历了从改革开放"试验田"到新时代改革开放"新高地"的提升与丰富。作为"试验田"，自由贸易试验区重点是"大胆闯、大胆试、自主改"，加快形成与国际投资、贸易通行规则相衔接的基本制度体系和监管模式。作为"新高地"，自贸试验区重点是以开放促改革、促发展、促创新，主动服务和融入国家重大战略，更好地服务对外开放总体战略布局。

从区域布局来看，自贸试验区的发展呈现了从局部探索、重点突围到全面布局、区域优化的逐步建构过程。十年来，我国已分批次、分区域设立21个省（自治区、直辖市）级自贸试验区（港），共计包含67个自贸片区，按照"1+3+7+1+6+3"的梯次展开布局，基本形成了覆盖东西南北中的改革开放创新格局，为高水平对外开放提供了新动力，为中国式现代化建设注入了新活力。

从建设方案来看，自贸试验区发展形成了从统筹推进、整体突破到差别探索、系统集成的全面深化态势。建设初期，自贸试验区聚焦加快政府职能转变、积极探索管理模式创新、促进贸易和投资便利化，承担为全面深化改革和扩大开放探索新途径、积累新经验的重要使命。随着区域布局的不断展开，各自贸试验区积极开展差别化探索，形成了各具特色、各有侧重的试点格局。自贸试验区发展内涵也随之愈加丰富多元，在以制度创新为核心、服务全国改革开放的基础上，又陆续增添了金融服务完善、监管安全高效、辐射带动作用突出、高端产业集聚、生态环境质量和创新生态一流等新的发展内涵。

项目组立足我国自贸试验区十年建设与发展的总体进程，根据党中央总体部署和研究，以及相关发展政策规划的走向和各自贸试验区总体方案、创新实践的比较，结合我国进入立足新发展阶段、贯彻新发展理念、构建新发展格局过程中的总体要求，从制度创新、金融发展、企业经营、产业发展、科技创新、区域带动、高水平对外开放、绿色共享等8个方面，对自贸试验区高质量发展进行多维全面的梳理和解构。基于数据可得性和指标代表性的综合论证，项目组围绕自贸试验区高质量发展的8个方面，相应选用适宜的指标进行客观的设计和评价，构建起评价中国自贸试验区制度创新指标体系，基于主观定权法来构建自贸试验区高质量发展的多维指数，为对各自贸试验区的高质量发展水平进行比较提供客观依据。

一、制度创新

制度创新是自贸试验区高质量发展的核心内涵，是自贸试验区建设发展和创新实践中一以贯之的核心要义。自贸试验区在经济、贸易、金融、法律等领域，通过采取一系列创新性的制度安排，为投资贸易自由化、便利化打造更加开放、灵活和便利的环境，并对企业发展、居民就业、社会福利提供更多促进。结合我国新时代全面深化改革和扩大开放的发展要求，推进政府职能转变、推进贸易便利化、营造法治化营商环境是现阶段自贸试验区制度创新的主要内容。转变政府职能对自贸试验区建立高效行政管理体系、强化市场监管、优化政策环境至关重要，将直接推动政府机构的改革和效能提升。自贸试验区通过降低或取消关税、贸易壁垒和非关税壁垒等手段，促进贸易自由化、便利化，吸引外资和技术转移并激发经济活力，从而推动区域进一步扩大开放。法治化营商环境可以为企业和个人提供公平、稳定、持续的发展环境，提高市场运行的效率和公正性，为经济社会可持续发展和创新提供有力支持。项目组围绕这三个方面选取观测指标，并在此基础上对自贸试验区高质量发展的制度创新维度进行评价。

二、金融发展

金融发展是自贸试验区高质量发展的重要任务，直接决定了自贸试验区对外开放的深度和质量。自贸试验区在风险可控前提下，通过在人民币资本项目可兑换、金融市场利率市场化、人民币跨境使用、外汇管理改革等方面的先行先试，有助于深化金融改革和不断扩大金融服务业对内对外开放，有助于促进企业充分利用境内外两种资源、两个市场，实现跨境融资自由化，有助于建立与自由贸易试验区相适应的外汇管理体制，全面实现贸易投资便利化。项目组将金融发展作为评价自贸试验区高质量发展水平的重要维度，在梳理关于自贸试验区金融发展的一系列研究基础的前提下，结合我国自贸试验区的实际情况，以金融机构、股权投融资和投资自由化的协同发展作为切入点，通过金融机构指数来反映自贸区企业获取金融服务的便利程度，通过股权投融资指数反映自贸区企业股权投融资的发展水平，通过投资自由化指数反映在自贸区进行投资的自由程度，从而在相应的指标数据可获得性的前提下构建综合的金融发展指数。

三、企业经营

　　企业是自贸试验区高质量发展的根本主体，企业经营情况及发展水平是观测和评价自贸试验区发展质量的最重要维度。自贸试验区建设发展进程中，大量企业特别是新创企业形成了在自贸试验区集聚发展的态势，自贸试验区的制度创新也聚焦于以企业为核心的市场主体的创新发展。为测度自贸试验区企业经营与创新发展的实效，项目组构建了自贸试验区企业经营指数，在梳理关于自贸试验区企业经营与创新发展的一系列文献的基础上，结合中国自贸试验区的实际情况，在相应的指标数据可获得的前提下，从企业数量的基数水平、高新企业占比、创新经营情况三个方面入手评价自贸试验区企业经营水平。其中，企业数量的基数水平用来反映自贸试验区企业数量的基本情况；高新企业占比用来反映自贸试验区高新企业的集聚发展导向；企业创新经营情况用来反映在自贸试验区内企业创新的普遍性特征。

四、产业发展

　　产业是自贸试验区高质量发展的重要载体，产业发展水平则是自贸试验区经济体系、质量及综合竞争力的重要体现。自贸试验区的高质量发展，最终需要立足当地实际情况吸引产业链全球生产要素资源，培育特色主导产业，循序推进全产业链集成创新，打造在国际国内具有领先优势的产业集群。项目组在梳理和比较自贸试验区产业发展理论和实践的基础上，结合中国自贸试验区的实际情况，从产业规模、产业结构、产业创新、产业环境等四个方面入手，结合相关指标数据的可获得性，构建适合评估我国自贸试验区产业发展水平的指标体系。观测产业规模的意义在于，企业数量增加带来的竞争压力会推动企业通过转型升级和技术创新来提高生产效率；观测产业结构的意义在于，自贸试验区内主导产业及相关配套产业所形成的由点到线、由线到面、由面到空间的经济结构体系体现了产业转型和升级的总体情况；观测产业创新的意义在于，自贸试验区制度创新推动形成的产业创新水平和优势有助于提升自贸试验区及周边区域的整体发展质量；观测产业环境的意义在于，自贸试验区高质量发展中产业结构的高级化以及由此带来的产业聚集效应和溢出效应综合体现为产业环境的优势。

五、科技创新

　　科技创新是自贸试验区高质量发展保持可持续性的内在驱动，科技创新水平在一定程度上体现了自贸试验区高质量发展的潜能。自贸试验区的开放环境可以充分整合国内外创新资源，鼓励企业进行科技创新和产业升级，在推动创新发展方面发挥积极作用。同时，自贸试验区内的企业可以享受到更加优惠的税收政策和创新支持，从而更好地推动科技创新和产业发展。为科学构建自贸试验区科技创新能力评价指标体系，项目组参考国内外创新评价领域的相关文献及经典案例，按照投入、产出和环境的关系逻辑，将自贸试验区科技创新评价分解为科技创新环境、科技创新投入和科技创新产出三个方面，基于逻辑合理性、客观性和数据可得性，确定自贸试验区科技创新评价指标体系。

六、区域带动

区域带动作用是自贸试验区高质量发展水平的侧面反映，也是新发展理念及区域协调发展战略赋予自贸试验区高质量发展的重要内涵。自贸试验区建设发展进程中，已对所在城市或区域的经济增长和对外贸易、引进投资等方面产生正向影响，也通过制度开放集聚经济资源，并产生辐射带动作用。自贸试验区的区域带动作用主要表现在几个方面：一是自贸试验区作为增长极对区域存在拉动效应；二是自贸试验区扩大开放对投资贸易产生促进效应；三是自贸试验区制度创新对市场活力产生激发效应；四是自贸试验区优异营商环境带来的经营成本降低促使市场主体产生集聚效应；五是自贸试验区作为城市或区域的有机组成部分内生性地存在辐射带动效应。基于对自贸试验区为区域发展提供新动力的分析，项目组结合数据的可获得性和质量，主要从市场活力、产业带动、辐射带动三个方面对自贸试验区的区域带动指数进行量化。

七、高水平对外开放

为全面深化改革和扩大开放探索新途径、积累新经验是自贸试验区承担的重要使命，更高水平的对外开放以及建设开放型经济体系是自贸试验区高质量发展的应有之义。十年来，自贸试验区以对外开放的主动赢得了经济发展的主动、国际竞争的主动，为我国经济高质量发展以及世界经济复苏注入新活力和新动能。自贸试验区开放发展水平表现在国际范围内的投资自由、贸易自由、资金自由、运输自由、人员从业自由等能够激发自身发展活力的方面，同时也表现在融入国家重大发展战略、推动全面开放新格局等外溢影响力方面。项目组在遵循科学性、完备性、适用性、可得性、可比性和导向性原则的基础上，结合我国自贸试验区发展实际情况，重点从贸易强度和资本流动两方面构建我国自贸试验区开放发展的评价指标体系。贸易强度一般通指出口强度，反映了企业在出口与内销之间的权衡抉择，从数量维度上衡量了企业对出口市场的参与程度，代表了企业对其出口业务的重视程度和其外向经济的程度。资本流动的方向和程度，一方面反映了一个地区的开放程度，另一方面也体现了该地区对外资的吸引力，以及该地区参与国际经济的程度。

八、绿色共享

绿色共享是评价自贸试验区高质量发展水平不可或缺的崭新维度，展现了我国进入新发展阶段贯彻新发展理念的高质量发展内涵和要求。绿色共享作为新发展理念的重要组成部分，人与自然和谐共生作为中国式现代化的主要特征，以及我国明确提出的 2030 年实现碳达峰、2060 年实现碳中和的"双碳"目标，正在从根本上重塑我国经济社会发展的内涵和形式。自贸试验区不仅是新时代改革开放的新高地，也是贯彻落实国家重大发展战略的先导区，在近年新增设立的云南自贸试验区的建设目标及多个自贸试验区的发展实践中，生态环境建设已成为重要发展目标。科学客观评价自贸试验区的绿色共享水平，能够更加全面地反映自贸试验区发展的均衡性以及对区域发展的带动作用和示范效应。项目组在研究参考相关政策文件和研究文献的基础上，充分考虑评价指标的完备性和可比性，在三废排放占比、污染治理力度、公共服务、社会保障等四个方面构建了自贸试验区绿色共享的评价指标体系。其中，三废排放占比包含废水、废气、一般固体废弃物的相关指标；污染治理力度包含受生态环境部监管、处罚的企业相关指标；公共服务部分主要包含公共服务行业企业的相关指标；社会保障部分主要包含城镇职工基本养老保险、医疗保险等指标。

第三节　中国自贸试验区高质量发展总体情况及分维度排名

依托中国自由贸易试验区企业数据库，项目组利用中国自由贸易试验区大数据监测分析平台的数据汇总功能，对我国自贸试验区高质量发展的总体情况进行摸底。截至 2022 年年底，我国自由贸易试验区占地总面积为 37 902.77 平方千米，约占国土总面积不到 4‰；在营企业总数 2 368 093 家，其中大型企业约 20 000 家、中型企业约 80 000 家、小型企业约 500 000 家、微型企业约 1 620 000 家，企业数量增长 38.27%，远高于全国新登记市场主体年约 1% 的增长率（2022 年统计公报数据相对 2021 年统计公报数据）；投资总额 602 620.34 亿元，约占全国 GDP 总值的 50%（2022 年 GDP 约 121 万亿元）。按产业分类，第一产业企业约 2.09 万家，投资总额约 2 073.67 亿元；第二产业企业约 38.29 万家，投资总额 124 025.65 亿元；第三产业企业约 195.98 万家，投资总额约 476 242.47 亿元。按企业性质分类，民营企业 2 222 953 家，投资总额约 441 629.82 亿元；国有企业 5 605 家，投资总额约 23 403.53 亿元；外资企业 67 800 家，投资总额约 71 761.44 亿元；其他企业 71 120 家，投资总额约 65 825.55 亿元。进出口总额 7.5 万亿元，同比增长 14.5%，占全国进出口总额的 17.8%；实际利用外资 2 225.2 亿元，同比增长 4.5%，占全国利用外资总额的 18.1%。进出口企业数量占比 19%，投资额占比 28%。对外投资企业数量占比 3.23%，投资额占比 27.11%，高新企业数量占比 0.77%，投资额占比 2.09%。

总体来看，我国自由贸易试验区历经十年发展，已成为发展最活跃、开放度最高、引领作用突出的创新发展新动力、新引擎，分区域、分维度看，我国自由贸易试验区在不同领域则呈现出不同梯度的差异化发展局面。项目组利用中国自由贸易试验区企业数据库和中国自由贸易试验区高质量发展评价指标体系，分区域、分维度计算全国64个自贸试验区的高质量发展指数，并按自贸试验区高质量发展内涵的8个维度进行排名，具体情况及各维度前20位排名情况如下。

一、制度创新指数排名

制度创新指数显示上海、北京等一线城市更具发展优势。如表1-1所示，上海的保税片区、金桥片区、张江高科片区位列自贸片区制度创新指数排名前三甲，且北京、天津、重庆等直辖市及厦门、深圳、大连等计划单列市自贸片区均进入排名前20位。制度创新指数排名显示是否拥有更多的自主行政权限可能是影响自贸片区制度创新的重要因素，这方面直辖市、计划单列市因行政层级更高、更少而占据一定优势。目前看由地方自主形成自下而上制度创新的自贸片区并不具有明显竞争力，仅有苏州片区、昆明片区等进入前20位。

表1-1　　自贸试验区高质量发展制度创新指数排名（前20位）

排名	自贸试验区	制度创新指数	排序
前20位	上海保税区片区	75.43	1
	上海金桥片区	73.41	2
	上海张江高科片区	63.64	3
	上海陆家嘴片区	62.22	4
	北京高端产业片区	47.21	5
	厦门片区	44.22	6
	北京国际商务服务片区	43.31	7
	北京科技创新片区	37.70	8
	深圳前海蛇口片区	37.49	9
	大连片区	37.41	10
	福州片区	37.26	11
	天津机场片区	37.19	12
	舟山岛南部片区	36.10	13
	苏州片区	35.06	14
	天津滨海新区中心商务片区	34.67	15
	重庆果园港片区	34.44	16
	天津港东疆片区	32.99	17
	重庆两江片区	32.24	18
	昆明片区	32.05	19
	蚌埠片区	31.81	20

二、金融发展指数排名

　　金融发展指数显示上海、广东等发达地区仍占统治优势。如表1-2所示，深圳前海蛇口片区、上海陆家嘴片区、上海张江高科片区位列金融发展指数排名前三甲，且排名前20位的自贸片区也多为在金融领域具有传统发展优势的地区。金融发展指数排名显示金融机构发展仍是最重要的影响因素，但值得注意的是一些地区得益于当地政府对股权融资的重视和支持，虽不具备传统金融发展优势，但仍在金融发展领域表现出较强的竞争力，如福州片区、南京片区、合肥片区、苏州片区等在股权投融资指数排名中位居前列。

表1-2　　　　　　　　自贸试验区高质量发展金融发展指数排名（前20位）

排名	自贸试验区	金融发展指数	排序
	深圳前海蛇口片区	37.87	1
	上海陆家嘴片区	33.73	2
	珠海横琴新区片区	24.57	3
	上海保税区片区	21.23	4
	杨凌示范区片区	18.43	5
	天津港东疆片区	17.15	6
	苏州片区	17.05	7
	济南片区	16.60	8
	福州片区	15.89	9
前20位	南宁片区	15.41	10
	南沙新区片区	15.31	11
	合肥片区	14.67	12
	南京片区	13.54	13
	上海张江高科片区	11.26	14
	北京国际商务服务片区	10.28	15
	昆明片区	9.77	16
	舟山岛北部片区	9.43	17
	平潭片区	9.34	18
	郑州片区	9.33	19
	成都天府新区片区	9.27	20

三、企业经营指数排名

　　企业经营指数显示高新企业发展正成为主导优势。如表1-3所示，上海张江高科片区、北京高端产业片区、西安中心片区位列自贸片区经营指数排名前三甲，且相对具有传统优势的上海陆家嘴片区、北京国际商务服务片区等商务型企业集聚区具有显著的领先优势。企业经营指数排名显示高新企业发展水平正日趋成为自由贸易试验区的主导优势，特别是排名前20位的自贸片区的高新企业占比指数离散程度非常大，西安中心片区、武汉片区、济南片区等因高新企业集聚在排名中表现出非对称竞争力。

表1-3　　　　自贸试验区高质量发展企业经营指数排名（前20位）

排名	自贸试验区	企业经营指数	排序
前20位	上海张江高科片区	65.51	1
	北京高端产业片区	46.05	2
	西安中心片区	44.37	3
	武汉片区	44.03	4
	济南片区	43.99	5
	深圳前海蛇口片区	41.34	6
	北京科技创新片区	40.12	7
	上海保税区片区	38.64	8
	成都天府新区片区	37.26	9
	上海金桥片区	36.91	10
	苏州片区	36.90	11
	雄安片区	35.25	12
	南京片区	33.83	13
	沈阳片区	32.98	14
	合肥片区	32.15	15
	珠海横琴新区片区	32.13	16
	上海陆家嘴片区	30.27	17
	北京国际商务服务片区	29.19	18
	南沙新区片区	28.99	19
	重庆两江片区	28.07	20

四、产业发展指数排名

产业发展指数显示产业创新与产业环境是区域竞争的主赛道。 如表1-4所示，上海张江高科片区、南京片区、珠海横琴新区片区位列自贸片区产业发展指数排名前三甲，上海张江高科片区虽然产业规模指数和产业结构指数略低于南京片区，但因产业创新指数较高，体现综合优势的产业发展指数表现出相对优势，而珠海横琴新区片区也因为在产业创新、产业环境两个分项指数上的亮眼表现，超过了深圳前海蛇口片区跻身三甲。产业发展指数排名显示，在产业规模、产业结构、产业创新、产业环境的分项评估中，产业创新和产业环境成为最能体现区域竞争优势的赛道，这与区域发展中产业链和产业生态竞争导向保持一致。

表1-4　　　　　自贸试验区高质量发展产业发展指数排名（前20位）

排名	自贸试验区	产业发展指数	排序
前20位	上海张江高科片区	48.67	1
	南京片区	47.47	2
	珠海横琴新区片区	45.03	3
	深圳前海蛇口片区	43.51	4
	合肥片区	40.52	5
	南沙新区片区	40.04	6
	济南片区	39.37	7
	武汉片区	38.88	8
	西安中心片区	38.54	9
	成都青白江铁路港片区	38.28	10
	北京科技创新片区	37.86	11
	北京高端产业片区	37.79	12
	成都天府新区片区	37.70	13
	襄阳片区	36.71	14
	连云港片区	36.51	15
	苏州片区	36.19	16
	天津机场片区	35.53	17
	大连片区	35.42	18
	雄安片区	35.35	19
	蚌埠片区	35.28	20

五、科技创新指数排名

科技创新指数显示创新环境与创新产出是创新驱动的核心力量。如表1-5所示，上海张江高科片区、上海金桥片区、北京高端产业片区位列自贸试验区科技创新指数排名前三甲，上海张江高科片区和北京高端产业片区在创新环境、创新投入、创新产出等方面表现出全面领先且比较均衡的发展优势，上海金桥片区则因在创新产出方面的显著优势，在最终的指数排名中位居第二。科技创新指数排名前20位的自贸片区也基本表现出在创新环境和产出方面的领先优势，在一定程度上显示出自贸试验区的科技创新竞争正由投入主导向环境主导转变。

表1-5　　　　自贸试验区高质量发展科技创新指数排名（前20位）

排名	自贸试验区	科技创新指数	排序
	上海张江高科片区	77.13	1
	上海金桥片区	58.87	2
	北京高端产业片区	48.48	3
	上海保税区片区	41.06	4
	苏州片区	34.91	5
	北京科技创新片区	34.48	6
	上海陆家嘴片区	27.76	7
	西安中心片区	27.24	8
	南京片区	26.03	9
前20位	武汉片区	22.97	10
	芜湖片区	22.76	11
	蚌埠片区	22.74	12
	珠海横琴新区片区	21.87	13
	合肥片区	21.40	14
	重庆果园港片区	20.11	15
	天津机场片区	19.94	16
	深圳前海蛇口片区	19.67	17
	济南片区	19.43	18
	哈尔滨片区	19.38	19
	北京国际商务服务片区	19.15	20

六、区域带动指数排名

区域带动指数显示自贸试验区发展对所在区域的影响存在显著差异。如表1-6所示，在全国63个自贸片区中（不含海南片区），广西钦州港片区、珠海横琴新区片区、舟山岛北部片区分列自贸试验区区域带动指数三甲，广西钦州港片区对钦州市的带动作用最大，区域带动指数达到56.46，这与中国—马来西亚钦州产业园区、钦州综合保税区、钦州港经济技术开发区三个国家级园区均坐落于钦州港片区内，从而形成港产城深度融合发展的模式密切相关。同时，不同自贸片区区域带动指数存在较大差异，位列第二十位的厦门片区区域带动指数为16.61，而在全国63个自贸片区中，区域带动指数小于10的接近半数，多达31个片区，考虑到不同自贸片区所在区域发展基础、体量、结构的多重差异，这一结果表明自由贸易试验区发展的区域带动作用具有显著的区域差异。

表1-6　　　　　　自贸试验区高质量发展区域带动指数排名（前20位）

排名	自贸试验区	区域带动指数	排序
前20位	广西钦州港片区	56.46	1
	珠海横琴新区片区	55.51	2
	舟山岛北部片区	39.13	3
	昆明片区	35.43	4
	黑河片区	32.77	5
	济南片区	30.17	6
	舟山岛南部片区	25.70	7
	西安中心片区	25.39	8
	南宁片区	25.00	9
	成都天府新区片区	24.44	10
	德宏片区	23.73	11
	合肥片区	22.81	12
	哈尔滨片区	22.60	13
	大连片区	20.91	14
	郑州片区	20.87	15
	郴州片区	19.60	16
	营口片区	19.17	17
	洛阳片区	18.58	18
	武汉片区	17.19	19
	厦门片区	16.61	20

七、高水平对外开放指数排名

高水平对外开放指数显示东南沿海区域自贸片区优势难以撼动。如表1-7所示，上海保税区片区、深圳前海蛇口片区、上海张江高科片区作为我国对外开放长期以来的最前沿，占据自贸片区高水平对外开放指数排名前三甲，且排名前20位的自贸片区中，仅有北京高端产业片区、济南片区位于非沿海区域，充分体现出地理区位对开放程度的固有影响。另外，自贸片区对外开放程度表现出明显的不均衡性，64个自贸片区的对外开放指数总体平均值为17.00，高于均值的片区仅有22个，排名前20位的自贸片区高水平对外开放指数高于平均值的则仅有7个片区，充分说明未来自贸试验区引领的制度型开放仍任重道远。

表1-7　　自贸试验区高质量发展高水平对外开放指数排名（前20位）

排名	自贸试验区	高水平对外开放指数	排序
前20位	上海保税区片区	71.28	1
	深圳前海蛇口片区	57.73	2
	上海张江高科片区	39.44	3
	上海陆家嘴片区	37.50	4
	上海金桥片区	33.19	5
	舟山岛北部片区	32.49	6
	珠海横琴新区片区	29.64	7
	苏州片区	28.81	8
	天津港东疆片区	22.11	9
	南沙新区片区	19.48	10
	大连片区	19.20	11
	北京高端产业片区	18.99	12
	青岛片区	18.59	13
	厦门片区	18.59	14
	沈阳片区	18.45	15
	舟山离岛片区	18.44	16
	舟山岛南部片区	18.40	17
	天津机场片区	17.64	18
	济南片区	17.56	19
	福州片区	17.32	20

八、绿色共享指数排名

绿色共享指数显示绿色共享理念已植入自贸片区发展基因。如表1-8所示，绿色共享指数排名前三位的依次是天津港东疆片区、深圳前海蛇口片区、成都青白江铁路港片区，且在排名前20位的自贸片区中不乏郑州、重庆、昆明、西安、哈尔滨等中西部区域的自贸片区，说明中西部自贸片区发展中绿色共享理念得到重视和贯彻，并未简单承接产业转移带来的高能耗、高污染等负作用。但自贸片区绿色共享的区域差异同样值得注意，全国64个自贸片区绿色共享指数最大值为47.46，最小值为2.10，平均值为16.69，整体结构显著失衡，排名末端的自贸片区不乏上海张江高科片区、北京科技创新片区、河北大兴机场片区等先进地区。

表1-8　　　　　　　自贸试验区高质量发展绿色共享指数排名（前20位）

排名	自贸试验区	绿色共享指数	排序
前20位	天津港东疆片区	47.46	1
	深圳前海蛇口片区	44.68	2
	成都青白江铁路港片区	40.74	3
	成都天府新区片区	35.47	4
	雄安片区	34.10	5
	珠海横琴新区片区	33.44	6
	西安国际港务区片区	32.00	7
	天津滨海新区中心商务片区	26.92	8
	郑州片区	24.35	9
	舟山岛南部片区	22.78	10
	上海保税区片区	21.96	11
	重庆两江片区	21.93	12
	昆明片区	21.67	13
	海南片区	21.62	14
	北京国际商务服务片区	21.10	15
	南京片区	20.14	16
	西安中心片区	19.84	17
	哈尔滨片区	19.64	18
	厦门片区	19.39	19
	济南片区	19.19	20

专题篇

第二章　自贸试验区制度创新指数

设立自由贸易试验区是中国政府为推动经济转型升级的重要举措，其力度和意义堪比之前设立深圳经济特区及开发上海浦东新区两大举措，其核心是营造一个符合国际惯例，对内资和外资都具有吸引力的国际贸易、金融和服务环境。自贸试验区对我国经济发展有很大影响，自贸试验区以制度创新为主要手段，进一步推进我国扩大开放及深化改革进程。制度创新一定程度上加快转变我国政府职能及体制改革，推动我国产业结构优化升级，通过试点总结形成可以推广复制的成功经验，加快自由贸易试验区的推广。

首先，我国自贸试验区制度创新在推动经济发展和促进贸易自由化方面取得了一定的成果，但也面临一些问题和挑战。首先，不同国家和地区的自贸试验区制度存在差异，有的自贸试验区制度相对较为开放和灵活，有的则相对保守和限制。这种不平衡可能导致自贸试验区间出现不公平竞争，影响自贸试验区的吸引力和竞争力。其次，自贸试验区之间的制度协调和合作仍不够紧密，缺乏一套统一的规则和标准。这可能导致自贸试验区之间的互动和合作受到限制，影响自贸试验区的整体效果和影响力。最后，自贸试验区制度创新需要建立有效的监管和治理机制，以确保自贸试验区内的贸易和投资活动的合法性和可持续性。然而，目前一些自贸试验区在监管和治理方面仍存在不足，这可能导致一些不规范和不正当的行为发生。

当前，我国自贸试验区的制度创新主要趋向以下几个方面：第一，随着数字经济的快速发展，自贸试验区制度创新将越来越关注数字经济领域的合作。自贸试验区将加强数字贸易规则的制定，推动数据流动和数字经济的发展，促进跨境电子商务和数字服务的繁荣。第二，自贸试验区制度创新将越来越注重绿色经济的发展。自贸试验区将加强环境保护规则的制定，推动清洁能源、低碳技术和循环经济的合作，促进绿色产业的繁荣和可持续发展。第三，知识产权是创新驱动型经济的核心要素，自贸试验区制度创新将更加强调知识产权的保护，加强知识产权法律框架的建立，加强对知识产权保护的力度，提升创新能力和竞争力。

通过对自贸试验区进行制度创新可以为政府治理立标杆、为国家开放试制度、为区域发展筑高地，提升政府治理能力，形成开放的新格局，更大程度激发市场活力。

第一节　自贸试验区制度创新指标体系设计

一、指标体系设计思路

　　自贸试验区的制度创新是指在特定地区内，通过采取一系列新的经济、贸易、金融、法律等制度安排，为片区的经济发展和贸易自由化打造更加开放、灵活和便利的环境。自贸试验区的制度创新旨在推动经济转型、吸引投资、促进贸易自由化，并为当地企业和居民提供更多就业机会和福利。

　　设立自由贸易试验区是党中央、国务院着眼于和平发展这一世界主题，为全面深化改革、扩大开放而做出的重大战略举措。当前，我国的自贸试验区的数量正在不断增加，自贸试验区的布局逐渐完善，货物贸易和服务贸易领域的自由化水平不断提高。然而，国内环境复杂多变，自贸试验区区域发展不平衡现象严重，发达片区（如上海保税区片区）的金融、制度创新要远远领先于落后片区（如雄安片区），自贸试验区的制度创新也面临着片区之间的法律、制度和政策的一致性和协调性问题。当下对自贸试验区的制度创新的研究已经步入深水区。国内外研究成果发现，转变政府职能，营造法治化的营商环境与自贸区的制度创新息息相关。从自贸试验区发展历程来看，制度创新始终是自贸区建设的重要任务。本书从贸易便利化、政府职能转变、法治化环境三个方面去研究制度创新。政府职能转变对自贸试验区建立高效行政管理体系、强化市场监管、优化政策环境至关重要。转变政府职能可以推动政府机构的改革和效能提升。例如，简化行政程序、减少审批环节、增加自动化和数字化服务等措施可以提高政府工作效率和服务质量，降低企业经营成本和交易成本。另外，在自贸试验区内，建立健全的法律法规体系可以提供明确的操作指南，为企业和个人提供规范的行为准则。这有助于降低操作风险、减少纠纷的产生，并保障各方的合法权益，提高市场运行的效率和公正性，为自贸试验区经济的可持续发展和创新提供有力支持。自贸试验区通过降低或取消关税、贸易壁垒和非关税壁垒等手段，促进贸易自由化，为企业提供更广阔的市场机会，这有利于激发经济活力、吸引外资和技术转移。

　　综上，从数据可得性和指标代表性等方面选用最适宜的指标进行客观的设计和评价，构建评价中国自贸试验区制度创新指标体系，基于主观定权法来构建自贸试验区制度创新指数，并对64个自贸试验区的制度创新指数进行排序，为对各个自贸试验区的制度创新进行对比提供客观依据。

二、指标选取

　　对贸易便利化定量研究方面，国内外学者都进行了诸多富有创新意义的尝试，

Wilson 等（2003）研究的贸易便利化指标体系涵盖港口、海关、制度、电子商务四个方面，对贸易便利化与贸易流量之间的关系进行了分析，还分析了贸易便利化举措与减少传统贸易壁垒对贸易流量的影响，并考虑了它们之间的互补性，被大多数的学者所采用。Nguyen 等（2016）选取了世界银行发布的海关、基础设施、物流竞争等8个物流绩效指标对东盟成员国实施贸易便利化措施的有效性进行研究，并提出东盟成员国之间不同的贸易便利化需求，同时研究了东盟国家的物流相关成本，最终为协调东盟国家物流政策提出了切实可行的建议：建立单一的东盟市场；通过在东盟国家内建立综合物流服务环境，支持和提高东盟市场的竞争力。此外，Tang（2021）选取基础设施、政策有效性、海关环境以及技术水平四个一级指标，并细分了十个二级指标，作为贸易便利化指数体系的搭建基础，之后通过随机前沿引力模型和固定效应模型进行实证分析，实证结果表明贸易便利化水平对入境观光旅游和商务旅游效率具有显著的正向影响。国内学者彭羽和陈争辉（2014）选取营商环境、市场准入条件、基础建设和行政效率作为一级指标，估测了上海自贸试验区的投资贸易便利化水平，而项义军等（2021）选取海关环境、金融与电子商务、交通基础设施质量、政府规制这四个方面作为一级指标，并构建了20个二级指标，深入分析这四个方面对贸易便利化的影响，进而提出提高贸易便利化发展水平应采取的对策建议：树立良好政府形象，优化贸易营商环境；鼓励多方资金投入，完善交通设施环境；统一贸易政策，简化通关手续；支持跨境电商发展，提供跨境金融服务；多方积极沟通，减少贸易摩擦。

对政府职能转变的绩效评价方面，行政审批是重要切入点。行政审批流程影响着政府与市场、社会的关系，是国内外学者研究政府职能转变最普遍的视角。大多数学者从个案研究出发探讨行政审批制度改革对自贸试验区经济、法律、制度领域建设的重要作用。谭海波和赵雪娇（2016）以广东省J市行政服务中心的创建过程为例，讨论市场化转型过程中行政审批制度改革和地方政府招商引资政策下政府组织结构的变迁，反映了市场、政治和科层三种不同制度逻辑在特定时空场域中的交结和互动。刘辉军等（2018）借助多维度政策红利和制度基础观理论，以广东南沙片区为例，分析了南沙片区实施负面清单后国际产能合作现状与成效：外资引进增加，国际高端产能项目集聚；金融业发展迅猛，提供产能转移保障；产业集聚化发展，推动产业转型升级。蔡莉丽和李晓刚（2016）通过对厦门片区和新加坡自贸试验区在建设项目行政审批改革的对比，为自贸试验区机构改革提供了探索性实施路径。部分学者通过对行政审批事项的分析，研究政府管制范围和管制方式的变化。例如，陈天祥和李倩婷（2015）选取国务院、广东省、佛山市、南海区四级政府机构作为研究样本，通过"国家-市区行政审批制度下的变迁规模"、"变迁事件"和"变迁程度"三个变量对四级政府下不同类别行政审批项目的变迁进行对比分析，发现各类项目审批流程得到优化和提速，政府职能转变取得不错的成效。此外，考虑到行政审批项目数据获得困难，部分学者会将行政审批中心成立或政府规制水平作为代理变量来研究政府行政改革的福利效应。例如，Janowski等（2019）将市级行政审批中心的成立作为准自然实验来研究政府行政审批中心成立对自贸区内企业投资效率的影响。

对法治化环境研究方面，唐雪松（2010）以上市公司（2000—2006）为样本研究地方国企投资中政府干预的动因以及相应后果。发现地方政府干预程度与地方国有控股公司的过度投资程度显著正相关。万良勇（2013）基于中国A股上市公司样本，实证研究了法治环境与企业投资效率的关系，发现在法治水平越高的地区，上市公司投资不足的程度越低，并且更少地进行过度投资，表明加强法治有助于提高上市公司投资效率。冯向辉和李店标（2021）将黑龙江省的市县营商法治环境评价指标体系设计为5个维度、15个一级指标、50个二级指标，每个二级指标2分，共计100分。而且由于营商法治环境评价指标体系具有高度复杂性，不仅其学理建构需要跨学科知识的支撑，而且其实践操作更面临着人员、经验、技术和资金的支持，提出在适用市县营商法治环境评价指标体系时，应当加强观念引导、强化顶层设计、推行第三方评价和注重评价结果回应。

在梳理国内外相关研究的基础上，从数据的可获得性和指标的代表性考虑，用贸易便利化、政府职能转变和法治化环境三个二级指标来刻画制度创新指数，自贸试验区制度创新指数的各级指标如表2-1所示。

表2-1　　　　　自贸区制度创新指数所涉及的各级指标、计算依据及权重

二级指标	三级指标	计算方法
贸易便利化	拥有网站或网店的企业数量占比（0.33）	拥有网站或网店的企业数量/企业总数
	对外投资企业数量占比（0.33）	对外投资的企业数量/企业总数
	隶属第三产业企业数量占比（0.33）	隶属第三产业企业数量/企业总数
政府职能转变	授予产品生产许可证书的企业数量占比（0.33）	授予产品生产许可证书的企业数量/企业总数
	授予资质证书的企业数量占比（0.33）	授予资质证书的企业数量/企业总数
	授予特种行业许可证书的企业数量占比（0.33）	授予特种行业许可证书的企业数量/企业总数
法治化环境	重点关注产品抽查的企业数量占比（0.20）	重点关注产品抽查的企业数量/企业总数
	受到行政处罚的企业数量占比（0.20）	受到行政处罚的企业数量/企业总数
	受到司法协助的企业数量占比（0.20）	受到司法协助的企业数量/企业总数
	严重失信企业的数量占比（0.20）	严重失信企业的数量/企业总数
	受到环保处罚的企业数量占比（0.20）	受到环保处罚的企业数量/企业总数

在贸易便利化中，我们以拥有网站或网店的企业数量占比、对外投资企业数量占比、隶属第三产业企业数量占比来定量化贸易便利化。该三个三级指标既可以反映自贸试验区内企业利用互联网平台进行贸易和市场拓展的程度，也可以反映自贸试验区内企业参与国际贸易和跨境投资的活跃程度，这两个指标可以较为客观地量化自贸试验区的贸易便利化程度，并从不同角度展示自贸试验区在促进贸易便利化方面的创新进展。

在政府职能转变中，我们以授予产品生产许可证书的企业数量占比、授予资质

证书的企业数量占比、授予特种行业许可证书的企业数量占比来衡量自贸试验区政府职能转变程度。一方面，这些指标可以反映自贸试验区政府在产品质量监管和市场准入方面的改革成果；另一方面可以综合反映自贸试验区政府在提供专业服务领域的市场准入方面的改革成果。

在法治化环境中，我们以重点关注产品抽查的企业数量占比、受到行政处罚的企业数量占比、受到司法协助的企业数量占比、严重失信企业的数量占比、受到环保处罚的企业数量占比等指标来对法治化环境进行定量分析。通过上述指标，可以对自贸试验区的法治化环境进行定量分析，衡量自贸试验区内企业的守信程度，对自贸试验区内企业对产品质量监管的重视程度、违法违规情况、遵纪守法纳税情况进行衡量，反映出其法律制度健全情况与执行效果，为制度创新提供定量依据和参考。

三、指标测度

贸易便利化指数：该指标用来反映自贸试验区的企业可以自由贸易的程度。该指数包含拥有网站或网店的企业数量占比、对外投资的企业数量占比以及隶属第三产业企业数量占比。

政府职能转变指数：政府职能转变是指国家行政机关在一定时期内，根据国家和社会发展的需要，对其应担负的职责和所发挥的功能、作用的范围、内容、方式的转移与变化。该指数包含授予产品生产许可证书的企业数量占比、授予资质证书的企业数量占比、授予特种行业许可证书的企业数量占比。

法治化环境指数：法治具有保障经济社会根本价值的实现、促进依法行政和国家治理现代化、提升社会诚信和权利保护多方面的价值。本书的法治化环境指数主要包括重点关注产品抽查的企业数量占比、受到行政处罚的企业数量占比、受到司法协助的企业数量占比、严重失信企业的数量占比、受到环保处罚的企业数量占比。

四、指标处理

（1）指标无量纲化方法

为了增强指数的科学性和可比性，在对指标的无量纲化处理过程中，我们采用具有严格单调性、取值区间明确、结果直观的线性功效函数法。该线性功效函数的具体形式为：

正向指标：

$$d = \frac{(\frac{X}{S}) - (\frac{X}{S})_{min}}{(\frac{X}{S})_{max} - (\frac{X}{S})_{min}} \times 100$$

负向指标：

$$d = \frac{(\frac{X}{S})_{max} - (\frac{X}{S})}{(\frac{X}{S})_{max} - (\frac{X}{S})_{min}} \times 100$$

在该功效函数中，d是无量纲化后的结果，其中$\frac{X}{S}$是用观测值除以各自贸区企业总数，$(\frac{X}{S})_{min}$是其中的最小值，$(\frac{X}{S})_{max}$是其中的最大值。

（2）权重设定

整个指标体系分为三级，在编制指数之前，首先要确定各级指标的权重。本项目采用均权法、专家打分法以及多轮会议讨论法来确定权重。表2-1给出了自贸区制度创新指数所涉及的各级指标、计算依据及各指标权重。首先设定二级指标贸易便利化指数所涉及的三级指标权重。其中拥有网店和网站的企业数量占比、对外投资企业数量占比以及隶属第三产业企业数量占比各占1/3的权重，进一步加权合成二级指标贸易便利化指数。

对二级指标政府职能转变的权重进行计算。其中授予产品生产许可证书的企业数量占比、授予资质证书的企业数量占比、授予特种行业许可证书的企业数量占比各占1/3的权重，然后加权合成二级指标政府职能转变指数。

对法治化环境所涉及的指标进行定权，其中重点关注产品抽查的企业数量占比、受到行政处罚的企业数量占比、受到司法协助的企业数量占比、严重失信企业的数量占比、受到环保处罚的企业数量占比各占1/5，进一步加权合成二级指标法治化环境指数。

最后，确定一级指标——制度创新指数，分别赋予二级指标贸易便利化指数、政府职能转变指数和法治化环境指数相同的权重，加权合成一级指标制度创新指数。

第二节 自贸片区制度创新指数总体排序及分析

一、制度创新指数排名

表2-2给出了制度创新指数排名前20位的自贸片区的一级指标、二级指标具体数值。图2-1对制度创新指数排名前20位的自贸区的基本情况进行了更具象化的展示。从表2-3的测评结果来看，20个自贸区可以分为两个梯队，第一个梯队包括了上海保税区片区、上海金桥片区、上海张江高科片区、上海陆家嘴片区，第一梯队的制度创新指数显著高于第二个梯队。

表2-2 　　　　　　　　自贸片区制度创新指数排名（前20位）

自贸片区	制度创新指数	贸易便利化指数	政府职能转变指数	法治化环境指数
上海保税区片区	75.43	86.59	89.70	50.00
上海金桥片区	73.41	72.50	88.74	59.00
上海张江高科片区	63.64	78.24	65.09	47.58
上海陆家嘴片区	62.22	74.79	60.43	51.44
北京高端产业片区	47.21	49.22	53.63	38.77
厦门片区	44.22	68.17	27.98	36.52
北京国际商务服务片区	43.31	50.36	35.47	44.10
北京科技创新片区	37.70	53.64	28.78	30.68
深圳前海蛇口片区	37.49	68.05	21.51	22.91
大连片区	37.41	49.14	30.72	32.37
福州片区	37.26	35.38	35.24	41.17
天津机场片区	37.19	48.85	33.37	29.34
舟山岛南部片区	36.10	39.48	17.41	51.42
苏州片区	35.06	57.49	30.66	17.03
天津滨海新区中心商务片区	34.67	45.83	26.52	31.66
重庆果园港片区	34.44	36.97	19.54	46.82
天津港东疆片区	32.99	62.20	20.36	16.42
重庆两江片区	32.24	44.97	21.98	29.75
昆明片区	32.05	29.85	31.13	35.19
蚌埠片区	31.81	25.23	33.43	36.78

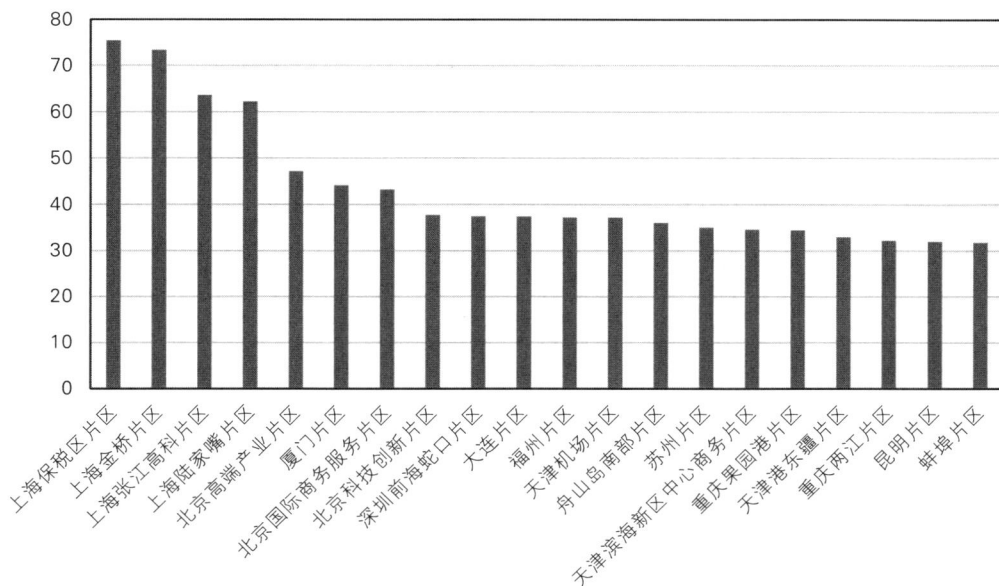

图2-1　自贸片区制度创新指数排名（前20位）

表2-3　　　　　　　　　　自贸片区制度创新指数梯队划分（前20位）

梯队	片区
第一梯队	上海保税区片区、上海金桥片区、上海张江高科片区、上海陆家嘴片区
第二梯队	北京高端产业片区、厦门片区、北京国际商务服务片区、北京科技创新片区、深圳前海蛇口片区、大连片区、福州片区、天津机场片区、舟山岛南部片区、苏州片区、天津滨海新区中心商务片区、重庆果园港片区、天津港东疆片区、重庆两江片区、昆明片区、蚌埠片区

其中，第一梯队中上海保税区片区、上海金桥片区、上海张江高科片区、上海陆家嘴片区的制度创新指数分别为75.43、73.41、63.64、62.22，平均值为68.68，第二梯队的自贸片区的制度创新指数大多集中在36左右。上海各个片区的制度创新指数高，反映了其在优化营商环境、转变政府职能、贸易便利化方面的努力和成就。究其原因，上海的各个片区较早采取了一系列措施，如简化审批流程、降低企业成本、强化知识产权保护等，吸引了大量的投资和企业进驻，促进了经济的繁荣。此外，上海各个片区还具备得天独厚的地理位置和交通优势。作为中国的经济中心之一，上海拥有完善的交通网络和现代化的物流体系，便利了企业的运营和货物的流通。这些优势为上海各个片区吸引了更多的外来资本和资源，并提供了更广阔的发展空间。

第一梯队前两名的上海保税区片区和上海金桥片区企业总数分别为25 054家和7 495家，隶属第三产业的企业数量分别为22 296家和6 227家，占企业总数量的88.99%和83.82%。拥有网站或网店的企业数量分别为4 084家和1 020家，占企业总数量的16.3%和13.6%，对外投资的企业数量分别占企业总数量的11.25%和9.6%；第二梯队的前两位，北京高端产业片区和厦门片区的企业总数分别27 977家和37 791家，隶属第三产业的企业数量分别为24 930家和33 678家，分别占企业总数量的89.11%和89.12%，拥有网站或网店的企业数量分别为1 243家和5 691家，占企业总数量的4.44%和15.6%，对外投资的企业数量分别占企业总数量的5.74%和4.53%。对比发现，上海保税区片区、上海金桥片区、北京高端产业片区和厦门片区在企业数量、第三产业比例、互联网经济和对外投资等方面较其他自贸试验区具备一定的优势。这些优势反映出这两个片区在经济结构调整、创新发展和国际化布局方面取得了积极的成果，为上海、北京乃至整个地区的经济繁荣做出了重要贡献。

从上述分析可以发现，各自贸片区的地理优势和发展定位对自贸试验区的制度创新指数影响很大。第一梯队的上海保税区片区、上海金桥片区、上海张江高科片区、上海陆家嘴片区都位于上海，第二梯队北京高端产业片区和厦门片区等都位于经济发达地区，从中可以看出，制度创新水平相对较高的自贸片区是经济本身更发达的地区，上海是我国最大的经济中心，北京是我国的政治、经济、文化中心，厦门是经济特区，也是东南沿海的中心城市，深圳拥有深交所，这些自贸片区在发展制度创新方面不仅有地理优势还具有先发优势，因此制度创新指数显著高于其他自贸片区。尽管其他城市相对于上述自贸片区可能存在一些劣势，但通过加强政策支持、培育特色产业、吸引人才以及区域协同发展，它们也有机会提高自身的发展水平，实现经济的快速增长和制度创新。每个城市都有自身的优势和特点，只要找准定位，发掘潜力，就能获得可持续的发展。

图2-1给出了自贸片区制度创新指数排名（前20位）的直观结果，图2-2给出了自贸片区制度创新指数（前20位）对应的二级指标得分的直观结果。从排序结果看，三个二级指标与制度创新指数的趋势大致相同。随着制度创新指数的下降，贸易便利化指数、政府职能转变指数和法治化环境指数虽然有一定波动，但整体上从左到右呈现下降趋势，大部分自贸片区的二级指标表现与制度创新指数的排位相符，两者高度相关，这也从反面证明了在自贸片区中，贸易便利化、政府职能转变以及法治化环境的改善对于推动制度创新至关重要，我们的指标设计也更加合理。

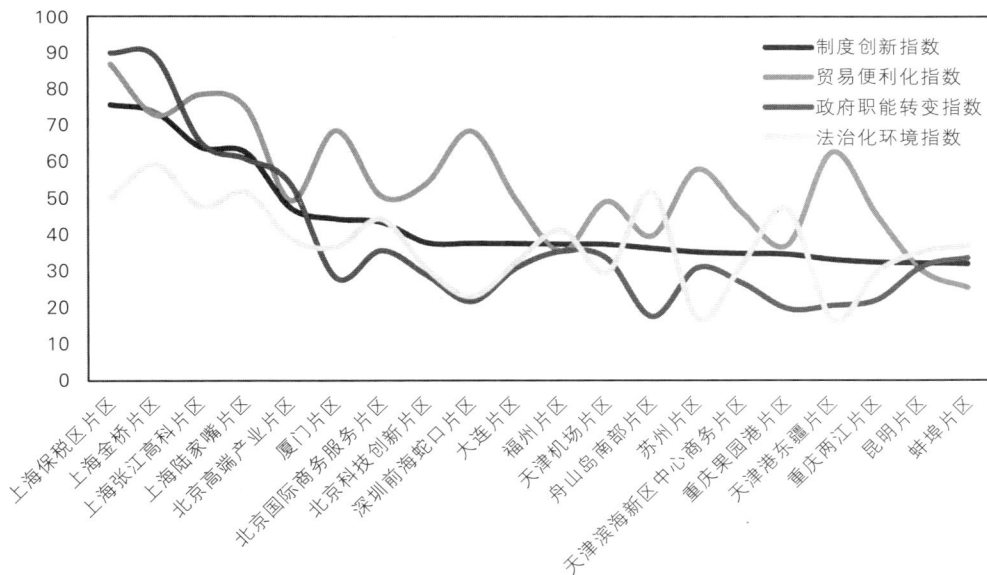

图2-2　自贸片区制度创新指数二级指标得分对比（前20位）

上海保税区片区的制度创新指数为75.43，在所有自贸片区中排名第一，它的三个二级指标都处于较高水平，贸易便利化指数和政府职能转变指数分别为86.59和89.70，均排在第一位，法治化环境指数为50.00排在第四位。总指数排名第二的上海金桥片区的制度创新指数为73.41。其中的贸易便利化指数为72.50，排在第四位，且远远高于第二梯队的贸易便利化指数。这主要是由于上海本就是我国的经济中心，但是上海金桥片区的法治化环境指数为59.00，排名为第一位，这主要是由于上海金桥片区的失信企业数量、受环保处罚和行政处罚的企业数量很少。此外，大连片区的制度创新指数为37.41，排在第十位，大连片区成立于2017年，是中国第三批设立的自贸试验区之一，大连片区涵盖了大连市的部分区县，包括大连市中山区、西岗区、沙河口区和甘井子区。自贸试验区内的企业可以享受更加便利的贸易和投资政策，包括减少行政审批、简化贸易手续、放宽市场准入等。其他自贸片区可以借鉴上海保税区片区和上海金桥片区的成功经验，在贸易便利化、政府职能转变、法治化环境建设等方面进行制度创新，实现经济的快速发展和可持续繁荣。同时，其他城市也应根据自身特点和需求进行调整和优化，为区域经济的发展做出应有的贡献。

二、前20位自贸片区贸易便利化指数排序及分析

表2-4给出了按贸易便利化指数排序前20位自贸片区的具体数值，图2-3给出了自贸片区贸易便利化指数排名前20位的直观结果。从排序结果来看，按贸易便利化指数排序，前20位自贸片区可以大致分为三个梯队（见表2-5），第一梯队为上海保税区片区、上海张江高科片区、上海陆家嘴片区、上海金桥片区，第三梯队为重庆果园港片区、福州片区、昆明片区、蚌埠片区，其他自贸片区为第二梯队。第一梯队的上海保税区片区的贸易便利化指数为86.59，远远高于其他自贸区，而第二梯队的厦门片区、深圳前海蛇口片区、天津港东疆片区、苏州片区指数较为接近，分别为68.17、68.05、62.20和57.49，第三梯队的自贸片区的贸易便利化指数大多集中在32左右。

表2-4 自贸片区贸易便利化指数排名（前20位）

片区	贸易便利化指数
上海保税区片区	86.59
上海张江高科片区	78.24
上海陆家嘴片区	74.79
上海金桥片区	72.50
厦门片区	68.17
深圳前海蛇口片区	68.05
天津港东疆片区	62.20
苏州片区	57.49
北京科技创新片区	53.64
北京国际商务服务片区	50.36
北京高端产业片区	49.22
大连片区	49.14

片区	贸易便利化指数
天津机场片区	48.85
天津滨海新区中心商务片区	45.83
重庆两江片区	44.97
舟山岛南部片区	39.48
重庆果园港片区	36.97
福州片区	35.38
昆明片区	29.85
蚌埠片区	25.23

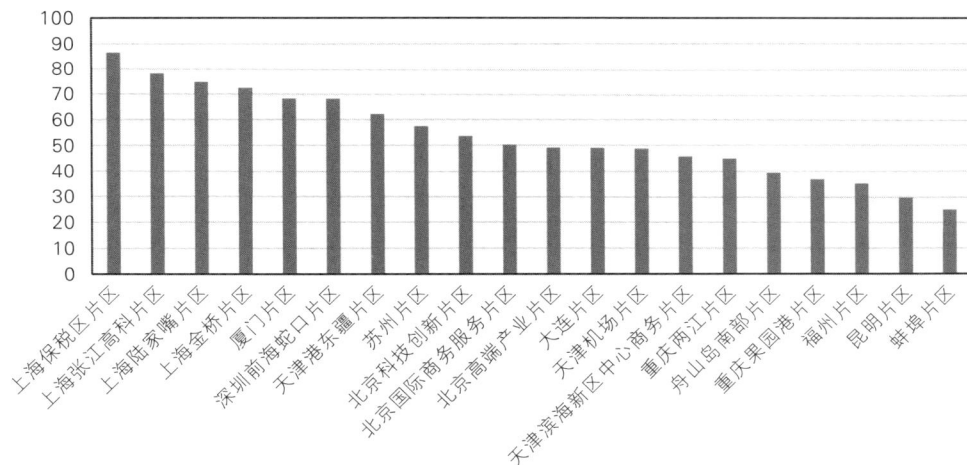

图2-3　自贸片区贸易便利化指数排名（前20位）

表2-5　　　　　　　　　自贸片区贸易便利化指数梯队划分（前20位）

梯队	片区
第一梯队	上海保税区片区、上海张江高科片区、上海陆家嘴片区、上海金桥片区
第二梯队	厦门片区、深圳前海蛇口片区、天津港东疆片区、苏州片区、北京科技创新片区、北京国际商务服务片区、北京高端产业片区、大连片区、天津机场片区、天津滨海新区中心商务片区、重庆两江片区、舟山岛南部片区
第三梯队	重庆果园港片区、福州片区、昆明片区、蚌埠片区

第一梯队的上海保税区片区和第二梯队的第一名厦门片区的企业总数分别为25 054家和37 791家，对外投资的企业数量分别为2 819家和1 713家，占企业总数的11.25%和4.53%，隶属第三产业的企业数量分别为22 296家和33 678家，占企业总数的88.99%和89.12%。拥有网站或网店的企业数量分别为4 084家和5 691

家，占企业总数的 16.3% 和 15.1%，第一梯队的上海保税区片区虽然在企业总数方面不占据优势，但在贸易便利化方面具有极大的优势。其原因可能有：上海保税区片区作为中国较早成立的自由贸易试验区之一，享受了更为优惠的政策和制度。政府对保税片区的发展给予了高度关注和支持，推出了许多政策和措施来促进自由贸易和投资便利化。上海保税区片区位于中国沿海地带，与世界上许多重要的国际贸易港口相邻，如上海港、杭州湾港等，这使得该片区在进出口贸易中具有重要的战略地位。同时，上海市也是中国经济最发达的城市之一，拥有完善的基础设施和便捷的交通网络，为企业提供了良好的营商环境。这也解释了为什么尽管在企业总数方面上海保税区片区并不占据优势，但其贸易便利化指数却远远高于其他自贸片区。第二梯队的大连片区的贸易便利化指数为 49.14，企业总数有 42 820 家，对外投资的企业数量为 1 012 家，占企业总数的 2.36%，隶属第三产业的企业数量为 30 258 家，占企业总数的 70.66%。拥有网站或网店的企业数量为 1 327 家，占企业总数的 3.10%，大连片区的企业总数具有极大的优势，大部分企业主要隶属于第三产业，其主要原因为大连作为一个重要的沿海城市，拥有发达的港口和物流体系以及丰富的旅游资源和文化底蕴，这为大连服务业的发展提供了良好的基础。大连的金融、房地产、商贸和旅游等行业都有较为完善的发展。此外，大连还拥有一些高水平的大学和科研机构，为教育和科技服务业提供了支持，大连的医疗卫生和社会服务领域也在不断发展壮大。

三、前 20 位自贸片区政府职能转变指数排序及分析

表 2-6 给出了按政府职能转变指数排序前 20 位自贸片区的具体数值，图 2-4 给出了自贸片区政府职能转变指数排名前 20 位的直观结果。从排序结果来看，按政府职能转变指数排序，前 20 位自贸片区可以大致分为两个梯队（如表 2-7 所示），第一梯队为上海保税区片区、上海金桥片区、上海张江高科片区、上海陆家嘴片区，其他自贸片区为第二梯队。第一梯队的上海保税区片区的政府职能转变指数为 89.70，远远高于其他大部分自贸区，而第二梯队的北京国际商务服务片区、福州片区、天津机场片区指数较为接近，分别为 35.47、35.24 和 33.37，相比之下，舟山岛南部片区的政府职能转变程度相对较低。这可能意味着该片区在推进经济改革和自由贸易方面仍有较大的提升空间，需要进一步加大政府职能转变力度。总体而言，通过政府职能转变指数的排序结果可以看出，上海保税区片区在推进政府职能转变方面取得了显著成效，位于自贸片区的领先地位。同时，不同梯队的自贸片区在政府职能转变指数上存在一定的差距，这反映了不同片区在自由贸易和经济改革方面的不同发展阶段和水平。

表2-6　　　　　　　　自贸片区政府职能转变指数排名（前20位）

片区	政府职能转变指数
上海保税区片区	89.70
上海金桥片区	88.74
上海张江高科片区	65.09
上海陆家嘴片区	60.43
北京高端产业片区	53.63
绥芬河片区	46.07
芜湖片区	43.37
北京国际商务服务片区	35.47
福州片区	35.24
西安中心片区	34.27
蚌埠片区	33.43
天津机场片区	33.37
黑河片区	32.57
烟台片区	32.42
昆明片区	31.13
洛阳片区	31.07
大连片区	30.72
苏州片区	30.66
济南片区	30.08
长沙片区	29.26

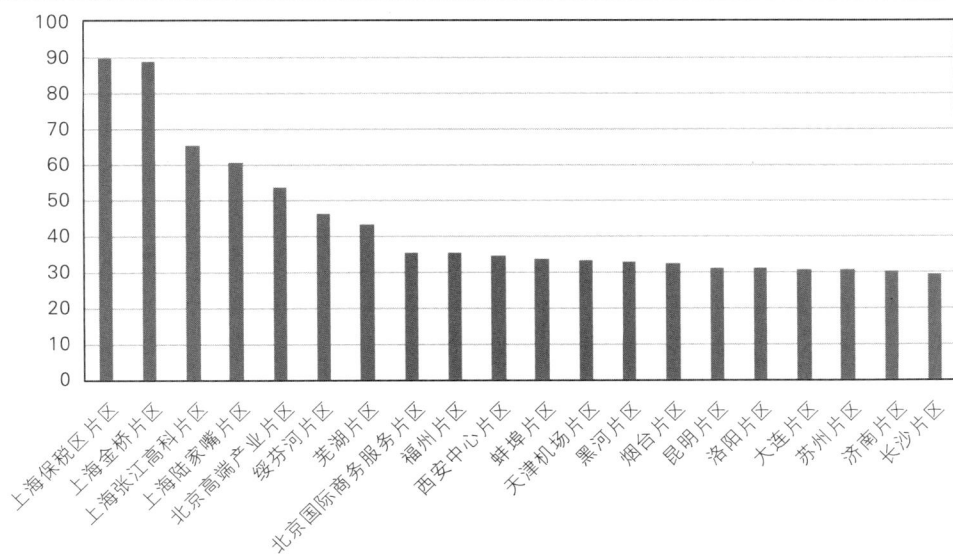

图2-4　自贸片区政府职能转变指数得分排名（前20位）

表2-7   自贸片区政府职能转变指数梯队划分（前20位）

梯队	片区
第一梯队	上海保税区片区、上海金桥片区、上海张江高科片区
第二梯队	上海陆家嘴片区、北京高端产业片区、绥芬河片区、芜湖片区、北京国际商务服务片区、福州片区、西安中心片区、蚌埠片区、天津机场片区、黑河片区、烟台片区、昆明片区、洛阳片区、大连片区、苏州片区、济南片区、长沙片区

第一梯队的上海保税区片区和第二梯队第一位的上海陆家嘴片区的企业总数分别为25 054家和38 615家，上海保税区片区授予产品生产许可证书的企业数量是662家，占比2.64%；授予资质证书的企业数量是6 914家，占比27.59%；授予特种行业生产许可证书的企业数量是55家，占比0.22%。

四、前20位自贸片区法治化环境指数排序及分析

表2-8给出了按法治化环境指数排序前20位自贸片区的具体数值，图2-5给出了自贸片区法治化环境指数排名前20位的直观排序结果，从排序结果来看，可以将法治化环境指数排名前20位的自贸片区大致分为三个梯队（如表2-9所示），第一梯队包括上海金桥片区、上海陆家嘴片区、舟山岛南部片区、上海保税区片区，其中上海金桥片区的法治化环境指数为59.00，显著高于其他片区；第三梯队包括深圳前海蛇口片区、苏州片区、天津港东疆片区，其法治化环境指数分别为22.91、17.03、16.42。其余自贸片区归为第二梯队。

表2-8   自贸片区法治化环境指数排名（前20位）

片区	法治化环境指数
上海金桥片区	59.00
上海陆家嘴片区	51.44
舟山岛南部片区	51.42
上海保税区片区	50.00
上海张江高科片区	47.58
重庆果园港片区	46.82
北京国际商务服务片区	44.10
福州片区	41.17
北京高端产业片区	38.77
蚌埠片区	36.78
厦门片区	36.52
昆明片区	35.19

片区	法治化环境指数
大连片区	32.37
天津滨海新区中心商务片区	31.66
北京科技创新片区	30.68
重庆两江片区	29.75
天津机场片区	29.34
深圳前海蛇口片区	22.91
苏州片区	17.03
天津港东疆片区	16.42

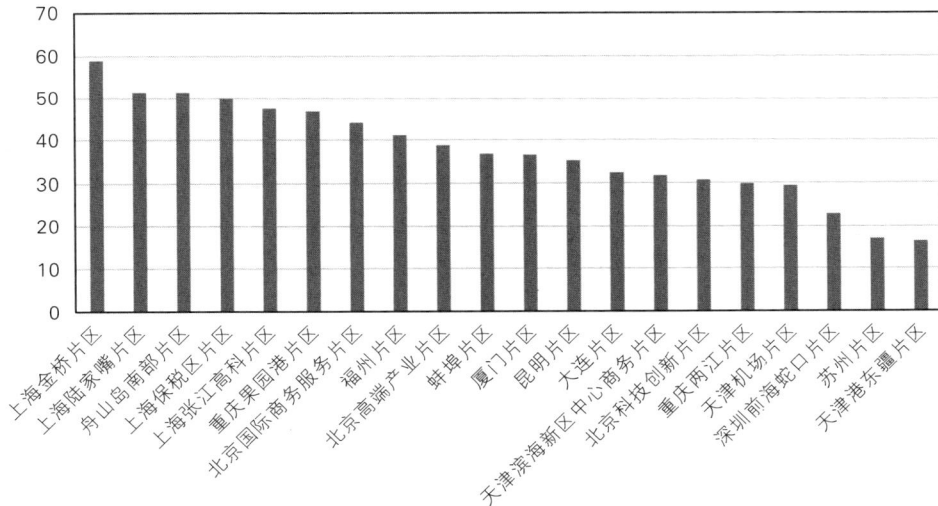

图2-5 自贸片区法治化环境指数排名（前20位）

表2-9 自贸片区法治化环境指数梯队划分（前20位）

梯队	片区
第一梯队	上海金桥片区、上海陆家嘴片区、舟山岛南部片区、上海保税区片区
第二梯队	上海张江高科片区、重庆果园港片区、北京国际商务服务片区、福州片区、北京高端产业片区、蚌埠片区、厦门片区、昆明片区、大连片区、天津滨海新区中心商务片区、北京科技创新片区、重庆两江片区、天津机场片区
第三梯队	深圳前海蛇口片区、苏州片区、天津港东疆片区

第一梯队的上海金桥片区的企业总数为7 495家，其中重点关注产品抽查的企业数量、受到行政处罚的企业数量、受到司法协助的企业数量、严重失信的数量企业、受到环保处罚的企业数量分别1 575家、126家、40家、34家、14家，分别占

企业总数的 21.01%、1.68%、0.53%、0.45%、0.19%。这说明上海金桥片区对产品质量的监管力度较大，注重保障消费者利益和市场秩序，且上海金桥片区在加强行政执法和规范市场行为方面有一定成效，对违法违规行为采取了相应的惩罚措施。综上所述，上海金桥片区在企业数量统计中体现出一定的监管力度和改革成效。通过关注产品质量、加强行政执法、司法协助、信用管理和环境保护等方面的工作，上海金桥片区致力于建立更加规范、健康和可持续发展的商业环境，为其他自贸片区树立了榜样。大连片区的法治化环境指数为 32.37，排在第十三位，由此可见，大连片区的法律体系相对完善，司法机关和执法部门在法律实施方面相对高效，而且大连片区建立了健全的法律监督机制，能够对法律实施过程进行监督，保障法律法规的公正执行。

第三节　自贸片区制度创新指数二级指标排序及分析

一、贸易便利化指数排名

表 2-10 给出了 64 个自贸片区按贸易便利化指数排名前 20 位的具体数值，图 2-6 给出了自贸片区贸易便利化指数排名前 20 位的直观结果。从排序结果来看，按贸易便利化指数排序，前 20 位自贸片区可以大致分为三个梯队（如表 2-11 所示），第一梯队为上海保税区片区、上海张江高科片区、上海陆家嘴片区、上海金桥片区，第三梯队为大兴机场片区、南京片区、舟山岛南部片区，其他自贸片区为第二梯队。相比于前文对制度创新指数排名前 20 位的片区进行贸易便利化分析而言，这部分是对 64 个自贸片区的贸易便利化情况进行分析，经济发达的上海地区的自贸片区依旧处于第一梯队，尤其是第一梯队的上海保税区片区的贸易便利化指数，远远高于其他自贸片区。

表 2-10　　　　　　　自贸片区贸易便利化指数排名（前20位）

片区	贸易便利化指数
上海保税区片区	86.59
上海张江高科片区	78.24
上海陆家嘴片区	74.79
上海金桥片区	72.50
厦门片区	68.17
深圳前海蛇口片区	68.05
天津港东疆片区	62.20
苏州片区	57.49
北京科技创新片区	53.64
北京国际商务服务片区	50.36

续表

片区	贸易便利化指数
珠海横琴新区片区	49.75
北京高端产业片区	49.22
大连片区	49.14
天津机场片区	48.85
上海临港新片区	46.18
天津滨海新区中心商务片区	45.83
重庆两江片区	44.97
大兴机场片区	41.38
南京片区	40.55
舟山岛南部片区	39.48

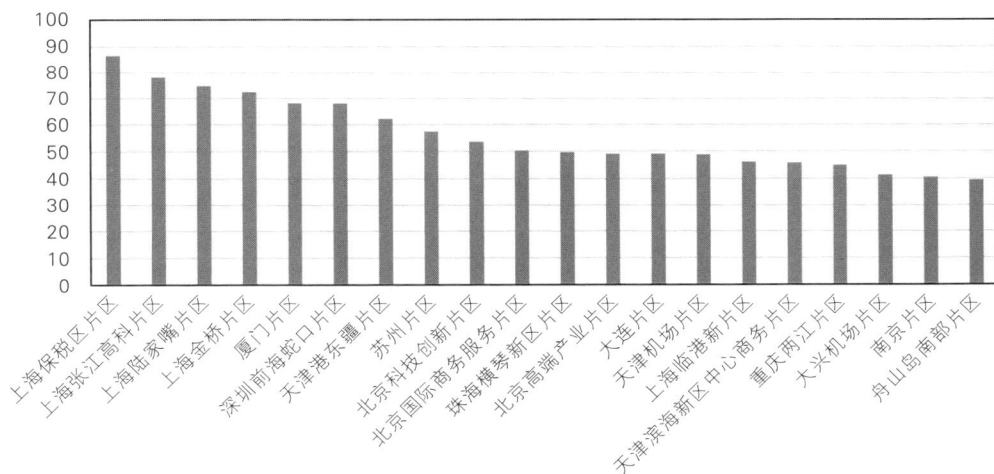

图2-6　自贸片区贸易便利化指数排名（前20位）

表2-11　　　　　　　　自贸片区贸易便利化指数梯队划分（前20位）

梯队	片区
第一梯队	上海保税区片区、上海张江高科片区、上海陆家嘴片区、上海金桥片区
第二梯队	厦门片区、深圳前海蛇口片区、天津港东疆片区、苏州片区、北京科技创新片区、北京国际商务服务片区、珠海横琴新区片区、北京高端产业片区、大连片区、天津机场片区、上海临港新片区、天津滨海新区中心商务片区、重庆两江片区
第三梯队	大兴机场片区、南京片区、舟山岛南部片区

　　相比前文的分析，该部分贸易便利化指数排名前20位的增加了珠海横琴新区片区、上海临港新片区、大兴机场片区、南京片区。其中珠海横琴新区片区和上海临港新片区位于第二梯队，贸易便利化指数分别为49.75和46.18，其企业总数分别

为51 594家和42 013家，拥有网站或网店的企业数量分别为2 894家和2 423家，占企业总数的5.61%和5.77%，对外投资的企业数量分别为3 331家和1 966家，占企业总数的6.46%和4.68%，隶属第三产业的企业数量分别为43 636家和35 713家，占企业总数的84.58%和85.00%。珠海横琴新区片区相比上海临港新片区而言，企业总数和对外投资能力更具优势。大兴机场片区和南京片区位于第三梯队，贸易便利化指数分别为41.38和40.55，企业总数分别为55家和14 104家。

珠海横琴片区拥有丰富的自然资源和优越的地理位置，交通便利，与澳门特别行政区隔海相望，与珠海市区通过大桥相连，片区内有横琴港口和横琴口岸，是中国内地与澳门之间的重要通道。南京片区位于长江中下游地区，是连接华东地区和中西部地区的重要交通枢纽，片区内有南京禄口国际机场、南京南站等重要交通设施，便利了片区与其他地区的联系。大连片区的贸易便利化指数在64个自贸片区中排名13，表现优异原因主要有以下几点：①区位优势。作为中国重要的港口城市，大连拥有得天独厚的海洋物流和国际贸易优势，吸引了大量的外资和国际企业入驻。②高新技术产业实力。大连具备强大的高新企业和研究机构，涉及信息技术、生物医药、先进制造等领域，为片区经济发展提供了支撑。③现代服务业的发展。大连片区注重培育金融、物流、旅游等现代服务业，提升服务质量和水平，为经济增长注入新动力。④创新创业环境和政策支持。大连市政府出台了一系列鼓励创新创业的政策，提供了支持和优惠政策，为创新型企业和初创企业提供了良好的发展平台。大连片区将在未来继续发展壮大，为自贸片区的经济增长做出更大贡献。

二、政府职能转变指数排名

表2-12给出了按政府职能转变指数排序前20位自贸片区的具体数值，图2-7给出了自贸片区政府职能转变指数排名前20位的直观结果。从排序结果来看，按政府职能转变指数排序，前20位自贸片区可以大致分为两个梯队（如表2-13所示），第一梯队为上海保税区片区、上海金桥片区、上海张江高科片区，第二梯队为上海陆家嘴片区、北京高端产业片区、北京国际商务服务片区、福州片区、西安中心片区、蚌埠片区、天津机场片区、绥芬河片区、黑河片区、烟台片区、昆明片区、洛阳片区、大连片区、苏州片区、芜湖片区、济南片区、长沙片区。表2-13与表2-7相比，西安中心片区、绥芬河片区、黑河片区、烟台片区、洛阳片区、芜湖片区、济南片区、长沙片区在64个片区中进入了前20位（如图2-7所示），这一结果很令人惊奇。分析可知，绥芬河片区和烟台片区的特色产业可能是使政府职能转变指数高的原因：绥芬河片区的特色产业为跨境贸易和物流。政府可能积极引导和支持该地区的贸易和物流发展，建立了便捷的海关及物流通关系统，提供高效的贸易服务，规范通关流程，降低贸易成本。政府还可能加强与相关部门的协作和信息共享，确保海关数

据的实时处理和准确性。烟台片区的特色产业包括港口和海洋经济。政府可能在港口规划和运营管理上进行改革，实施科学的港口规划和港口协同发展，提供高水平的港口基础设施和服务。此外，政府还可能推动海洋产业的发展，包括海洋旅游、海洋渔业、海洋能源等，通过政策支持和投资引导，促进产业转型升级。绥芬河片区和烟台片区可能都有发展数字经济的特色产业，政府可能重视数字化转型，致力于提供全面的数字基础设施支持，如快速网络覆盖、云计算和大数据平台。政府还可能出台优惠政策，吸引数字经济企业入驻，促进创新和科技研发，营造良好的创业环境。大连片区政府职能转变指数排进前20位的原因主要有以下几点：①有效的政策引导。大连片区的政府通过制定有针对性的政策，引导和推动经济结构调整、产业升级和转型。这些政策具有明确的目标和具体措施，能够有效地激励和引导企业的发展，促进经济的可持续增长。②积极的服务态度。大连片区政府在与企业的合作中表现出积极的服务态度。政府部门注重倾听企业需求，提供及时的支持和帮助。政府加强与企业的沟通和交流，及时解决企业所遇到的问题，提供便利的办事环境，提高企业的满意度和参与度。③透明和公正的决策机制。大连片区的政府决策机制透明公正，注重依法行政和公共决策的合理性。政府在制定相关政策和规划时充分征求各方利益相关者的意见和建议，保障了政策的公正性和合理性，增强了企业对政府工作的信任和支持。此外，西安中心片区、黑河片区、芜湖片区、洛阳片区、济南片区、长沙片区在授予资质证书的企业数量占比上得分较高，这一结果可能反映了以下几点情况：①创新氛围。这些片区可能积极推动创新驱动发展，鼓励企业投入研发和创新活动，从而使得更多的企业具备了获得资质证书的条件。②产业优势。这些片区可能在某些特定产业领域具备较强的优势，吸引了大量企业进驻。这些企业在技术实力、市场份额等方面表现出色，有能力获得相应的资质证书。③政策支持。这些片区可能受到了政府的积极扶持和政策支持，包括提供财政资金、减税降费、简化审批程序等。这些支持政策促进了企业的发展，并为其获得资质证书提供了有利条件。上述因素的综合作用，使得各片区在政府职能转变指标上得分表现优异。

表2-12　　　　　　　　　自贸片区政府职能转变指数排名（前20位）

片区	政府职能转变指数
上海保税区片区	89.70
上海金桥片区	88.74
上海张江高科片区	65.09
上海陆家嘴片区	60.43
北京高端产业片区	53.63
北京国际商务服务片区	35.47
福州片区	35.24
西安中心片区	34.27

续表

片区	政府职能转变指数
蚌埠片区	33.43
天津机场片区	33.37
绥芬河片区	33.00
黑河片区	32.57
烟台片区	32.42
昆明片区	31.13
洛阳片区	31.07
大连片区	30.72
苏州片区	30.66
芜湖片区	30.23
济南片区	30.08
长沙片区	29.26

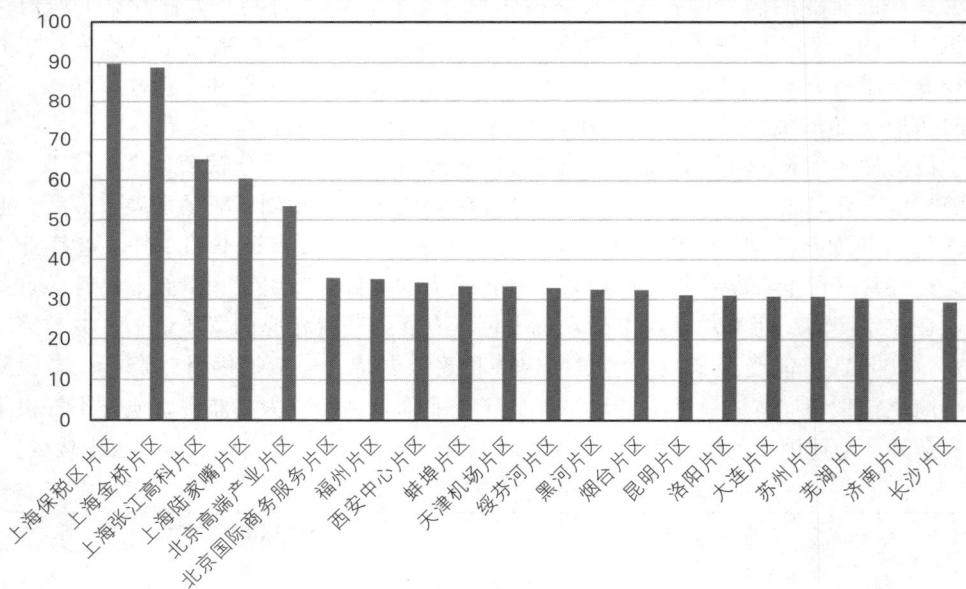

图2-7　自贸片区政府职能转变指数排名（前20位）

表2-13　　　　　自贸片区政府职能转变指数梯队划分（前20位）

梯队	片区
第一梯队	上海保税区片区、上海金桥片区、上海张江高科片区
第二梯队	上海陆家嘴片区、北京高端产业片区、北京国际商务服务片区、福州片区、西安中心片区、蚌埠片区、天津机场片区、绥芬河片区、黑河片区、烟台片区、昆明片区、洛阳片区、大连片区、苏州片区、芜湖片区、济南片区、长沙片区

三、法治化环境指数排名

表2-14给出了按法治化环境排序前20位自贸片区指数的具体数值，图2-8给出了自贸片区法治化环境指数排名前20位的直观结果。从排序结果来看，按法治化环境指数排序，前20位自贸片区可以大致分为三个梯队（如表2-15所示），第一梯队为上海金桥片区、上海陆家嘴片区、舟山岛南部片区、上海保税区片区，第二梯队为上海张江高科片区、重庆果园港片区、北京国际商务服务片区、舟山离岛片区、福州片区、洛阳片区、北京高端产业片区、川南临港片区、崇左片区、蚌埠片区、厦门片区、昆明片区。第三梯队为大连片区、杨凌示范区片区、天津滨海新区中心商务片区、芜湖片区。

表2-14　　　　　　　　　自贸片区法治化环境指数排名（前20位）

片区	法治化环境指数
上海金桥片区	59.00
上海陆家嘴片区	51.44
舟山岛南部片区	51.42
上海保税区片区	50.00
上海张江高科片区	47.58
重庆果园港片区	46.82
北京国际商务服务片区	44.10
舟山离岛片区	43.04
福州片区	41.17
洛阳片区	40.07
北京高端产业片区	38.77
川南临港片区	36.98
崇左片区	36.96
蚌埠片区	36.78
厦门片区	36.52
昆明片区	35.19
大连片区	32.37
杨凌示范区片区	32.07
天津滨海新区中心商务片区	31.66
芜湖片区	30.69

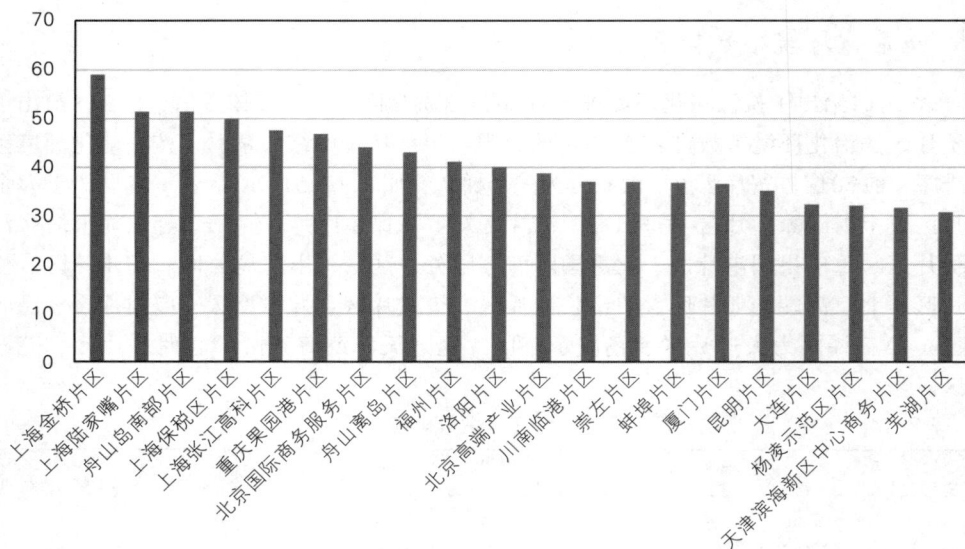

图2-8 自贸区政府职能转变指数排名（前20位）

表2-15 自贸片区法治化环境指数梯队划分（前20位）

梯队	片区
第一梯队	上海金桥片区、上海陆家嘴片区、舟山岛南部片区、上海保税区片区
第二梯队	上海张江高科片区、重庆果园港片区、北京国际商务服务片区、舟山离岛片区、福州片区、洛阳片区、北京高端产业片区、川南临港片区、崇左片区、蚌埠片区、厦门片区、昆明片区
第三梯队	大连片区、杨凌示范区片区、天津滨海新区中心商务片区、芜湖片区

　　表2-15与表2-9相比，舟山离岛片区、洛阳片区、川南临港片区、崇左片区、杨凌示范区片区、芜湖片区在64个片区中进入了前20位，这一结果很令人惊奇。分析可知，川南临港片区在受到行政处罚的企业数量占比指标（负向指标）上的得分表现极为优异，导致其法治化环境指数表现强于诸多发达地区。舟山离岛片区在对企业司法协助上的帮助较大，这可能说明：①法治环境。舟山离岛片区可能建立了较为健全和完善的法治环境，包括法律法规的制定和执行、法律体系的建设等方面。这为企业提供了更加稳定和可靠的司法保障，使得企业在法律事务和司法纠纷处理方面能够得到更好的支持。②司法机构的支持。舟山离岛片区可能与当地司法机构建立了良好的合作关系，加强了司法协助和沟通。这意味着企业在面临法律纠纷时可以得到及时和专业的帮助，提高了解决问题的效率和质量。③便捷的服务。舟山离岛片区可能通过简化办事流程、提供优质的法律服务等方式，提升了企业在

司法协助方面的便利程度。这有助于企业更快、更顺利地解决涉及法律事务的问题，减少了时间成本和经营风险。杨凌示范区片区在受到环保处罚的企业数量占比的指标（负向指标）上表现非常优异，这意味着杨凌示范区片区在环保管理方面取得了较好的成绩，使得受到环保处罚的企业数量占比较低。上述因素的综合作用，使得各片区在法治化环境指标上得分表现优异。

第三章　自贸试验区金融发展指数

建设自贸试验区是党中央在新时代推进改革开放的一项战略举措，在我国改革开放进程中具有里程碑意义。自贸试验区设立以来，金融管理部门在坚持宏观审慎、风险可控的前提下，大力支持各地自贸试验区的金融创新，发布各类支持自贸试验区建设的意见和措施，逐步形成自贸试验区金融制度创新框架。

我国自贸试验区的建设坚持以服务实体经济、促进贸易和投资自由化为出发点，深化金融改革，不断扩大金融服务业对内对外开放。在金融机构方面，自贸试验区在金融服务机构数量与种类上都有进步，金融服务业对符合条件的民营资本和外资机构持续扩大开放程度。在股权投融资方面，各自贸区的股权投资金额和融资金额都有提高，此外各自贸试验区也根据自身特点和优势积极出台新政策以吸引跨境股权投资机构集聚，推动区域金融创新发展，促进自贸试验区引进和利用外资。在投资自由化方面，为推进贸易投资便利化改革创新，各自贸试验区加大对中国香港和澳门投资的开放力度，继续压减自贸试验区外资准入负面清单，根据部署研究制定自贸试验区跨境服务贸易负面清单。

第一节　自贸试验区金融发展指标体系设计

一、指标体系设计思路

自贸试验区金融发展指数构建的前提是设计一个完整、准确的金融发展指标体系。在梳理关于自贸试验区金融发展的一系列研究基础的前提下，结合中国自贸试验区的实际情况，以金融机构、股权投融资和投资自由化三个方面的协同发展作为切入点，在相应的指标数据可获得的前提下，选用最适宜的指标进行尽可能客观的设计和评价，构建起适宜评价中国自贸试验区金融发展情况的指标体系，基于主观定权法，并采用功效函数法对指标进行处理，最终合成自贸试验区金融发展指数，并对64个自贸试验区进行排名，为对各个自贸试验区的金融发展进行对比提供客观依据。

二、指标选取

自贸试验区金融发展指数涉及的各级指标如表3-1所示。自贸试验区的金融发展情况主要体现在金融机构发展、金融创新发展和投资自由化。金融机构的数量一定程度上可以反映自贸试验区内金融服务业的发展情况以及企业获取金融服务的便利程度。由于自贸试验区具有对内对外开放的特殊性质,本书从内资、外资以及金融机构的具体分类两个角度研究自贸试验区金融机构的发展情况。金融发展也体现为金融业在政府部门的监管和指导下的有序创新。自贸试验区的金融创新发展体现为企业的股权投资和股权融资。股权投融资在金融市场上扮演着重要的角色,有效补充了企业扩张和融资的途径。同时自贸试验区积极进行金融创新,降低外商投资股权投资企业的门槛,减少股权投融资的限制,优化行政审批流程,最大化便利企业的设立和投资。我国金融业的发展一直坚持以服务实体经济、投资自由化为出发点,自贸试验区投资自由化程度反映了金融发展的成果。投资自由化体现在自贸区金融机构发展和金融创新发展为企业投资提供了各种便利,使得企业落地自贸区和企业投资自贸区的数量大幅增加,因此本书采用分行业的注册登记企业数量指数和企业股东投资金额来衡量自贸区投资的自由程度。这三个方面可以从金融供给和金融需求发展的微观视角来刻画自贸区的金融发展。

表3-1　　　　　　自贸区金融发展指数所涉及的各级指标、计算依据及权重

二级指标	三级指标	四级指标	计算方法
金融机构指数（0.33）	中资金融机构占比指数（0.50）	货币金融服务业占比（0.25）	货币金融服务机构数量/企业总数
		资本市场服务业占比（0.25）	资本市场服务机构数量/企业总数
		保险业占比（0.25）	保险业机构数量/企业总数
		其他金融业占比（0.25）	其他金融业机构数量/企业总数
	外资和港澳台地区投资金融机构占比指数（0.50）	货币金融服务业占比（0.25）	外资和港澳台地区投资货币金融服务机构数量/企业总数
		资本市场服务业占比（0.25）	外资和港澳台地区投资资本市场服务机构数量/企业总数
		保险业占比（0.25）	外资和港澳台地区投资保险业机构数量/企业总数
		其他金融业占比（0.25）	外资和港澳台地区投资其他金融业机构数量/企业总数
股权投融资指数（0.33）	股权投资累计金额指数（0.50）	第一产业（0.10）	第一产业股权投资累计金额/自贸区面积
		第二产业（0.40）	第二产业股权投资累计金额/自贸区面积
		第三产业（0.50）	第三产业股权投资累计金额/自贸区面积
	股权融资累计金额指数（0.50）	第一产业（0.10）	第一产业股权融资累计金额/自贸区面积
		第二产业（0.40）	第二产业股权融资累计金额/自贸区面积
		第三产业（0.50）	第三产业股权融资累计金额/自贸区面积
投资自由化指数（0.33）	注册登记企业数量指数（0.50）	第一产业（0.10）	第一产业注册登记企业数量/自贸区面积
		第二产业（0.40）	第二产业注册登记企业数量/自贸区面积
		第三产业（0.50）	第三产业注册登记企业数量/自贸区面积
	企业股东投资金额指数（0.50）	第一产业（0.10）	第一产业企业股东投资金额/自贸区面积
		第二产业（0.40）	第二产业企业股东投资金额/自贸区面积
		第三产业（0.50）	第三产业企业股东投资金额/自贸区面积

　　在金融机构中,分为中资金融机构以及外资和港澳台地区投资金融机构,为了更加全面地衡量金融机构的构成类别,将金融机构分为货币金融服务机构、资本市

场服务机构、保险业机构和其他金融业机构。为了衡量自贸区的金融创新水平，统计出股权投资累计金额和股权融资累计金额。出于增强各个自贸区之间产业发展水平的比较的目的，将股权投融资累计金额分产业统计，产业分类如表3-2所示。最后投资自由化水平也应该被纳入衡量自贸区金融发展的指标体系，经过系统的考虑，选择注册登记企业数量和企业股东投资金额来刻画投资自由化水平，同样为了比较不同自贸区产业间投资自由化水平，我们将注册登记企业数量和企业股东投资金额也按第一产业、第二产业和第三产业进行分产业统计，产业分类如表3-2所示。

表3-2 产业分类对照表

国标行业-门类	产业分类
采矿业	第二产业
教育	第三产业
租赁和商务服务业	第三产业
批发和零售业	第三产业
金融业	第三产业
制造业	第二产业
建筑业	第二产业
信息传输、软件和信息技术服务业	第三产业
科学研究和技术服务业	第三产业
交通运输、仓储和邮政业	第三产业
水利、环境和公共设施管理业	第三产业
文化、体育和娱乐业	第三产业
住宿和餐饮业	第三产业
房地产业	第三产业
居民服务、修理和其他服务业	第三产业
卫生和社会工作	第三产业
农、林、牧、渔业	第一产业
电力、热力、燃气及水生产和供应业	第二产业
公共管理、社会保障和社会组织	第三产业
国际组织	第三产业

三、指标测度

1.金融机构指数

该指标用来反映自贸区企业获取金融服务的便利程度，具体由三级指标——中资金融机构占比以及外资和港澳台地区投资金融机构占比加权合成。中资金融机构则包括货币金融服务业、资本市场服务业、保险业和其他金融业四种类型。用这四种类型的金融机构数量分别除以自贸区企业总数进行加权平均，得到中资金融机构占比以及外资和港澳台地区投资金融机构占比。

2.股权投融资指数

该指标用来反映自贸区企业股权投融资的发展水平，具体由三级指标——股权投资累计金额指数和股权融资累计金额指数加权合成。将自贸区企业按所属行业分为第一产业、第二产业和第三产业，通过某产业股权投融资累计金额除以自贸区面积，进行加权平均分别得到三级指标股权投资累计金额指数和股权融资累计金额指数。

3.投资自由化指数

该指标用来反映在自贸区进行投资的自由程度，具体由三级指标——注册登记企业数量指数和企业股东投资金额指数加权合成。将自贸区企业按所属行业分为第一产业、第二产业和第三产业，分别用某产业注册登记企业数量和某产业企业股东投资金额除以自贸区面积，进行加权平均得到注册登记企业数量指数和企业股东投资金额指数。

四、指标处理

1.指标无量纲化方法

为了增强指数的科学性和可比性，在对指标的无量纲化处理过程中，本书采用了具有严格单调性、取值区间明确、结果直观的线性功效函数法。为了排除自贸区面积对指标的影响，针对中资金融机构占比以及外资和港澳台地区投资金融机构占比两个指标用具体观测值除以企业总数，其余指标用具体观测值除以自贸区面积，从而增强横向可比性。该线性功效函数的具体形式为：

$$d = \frac{(\frac{X}{S}) - (\frac{X}{S})_{min}}{(\frac{X}{S})_{max} - (\frac{X}{S})_{min}} \times 100$$

在该功效函数中，d是无量纲化后的结果，其中$\frac{X}{S}$是观测值除以各自贸区企业总数或面积，$(\frac{X}{S})_{min}$是其中的最小值，$(\frac{X}{S})_{max}$是其中的最大值。

2.权重设定

整个指标体系分为四级，在编制指数之前，首先要确定各级指标的权重。本项目采用主观定性法来确定权重。表3-1给出了自贸区金融发展指数所涉及的各级指标、计算依据及各指标权重，表3-2给出了按照国标行业门类划定的产业分类。

首先，设定二级指标金融机构指数所涉及的三级指标和四级指标权重。金融机构分为货币金融服务业、资本市场服务业、保险业和其他金融业四种类型，各占25%的权重，合成中资金融机构占比指数以及外资和港澳台地区投资金融机构占比指数，二者各按50%的权重进一步加权合成二级指标金融机构指数。

其次，设定二级指标股权投融资指数和投资自由化指数所涉及的三级指标和四级指标权重。根据"十四五"时期我国产业结构变动特征，第一产业比重呈现持续稳步下降的态势，"十四五"期末第一产业比重将降至6.5%左右，第二产业比重将降至35.5%左右，第三产业比重将升至58.0%左右。因此将产业分类权重设定为第一产业10%，第二产业40%，第三产业50%。按此权重分别计算出三级指标股权投融资累计金额指数以及注册登记企业数量指数和企业股东投资金额指数。分别赋予三级指标股权投融资累计金额指数50%的权重合成二级指标股权投融资指数，赋予注册登记企业数量指数和企业股东投资金额指数50%的权重合成二级指标投资自由化指数。

最后，确定一级指标金融发展指数所涉及的二级指标权重。分别赋予二级指标金融机构指数、股权投融资指数和投资自由化指数相同的权重33%，加权合成一级指标金融发展指数。

第二节　自贸片区金融发展指数总体排序及分析

表3-3给出了按金融发展指数排序前20位的自贸片区的一级指标金融发展指数以及二级指标金融机构指数、股权投融资指数和投资自由化指数的具体数值。图3-1对金融发展指数排名前20位的自贸区的基本情况进行了更具象化的展示。从图3-1来看，排名前20位的自贸区可以大致分为两个梯队，第一个梯队包括深圳前海蛇口片区、上海陆家嘴片区，第一梯队的金融发展指数显著高于其他自贸区。其中，排名第一的深圳前海蛇口片区的金融发展指数为37.87，排名第二的上海陆家嘴片区为33.73，二者较为接近。第二梯队的自贸片区的金融发展指数大多集中在9~25这个范围内。

表3-3　　　　　　　　　　自贸片区金融发展指数排名（前20位）

自贸片区	金融发展指数	金融机构指数	股权投融资指数	投资自由化指数
深圳前海蛇口片区	37.87	44.49	8.99	61.27
上海陆家嘴片区	33.73	63.00	15.16	24.06
珠海横琴新区片区	24.57	34.95	3.99	35.52
上海保税区片区	21.23	39.26	3.38	21.71
杨凌示范区片区	18.43	7.26	10.40	38.20
天津港东疆片区	17.15	41.84	1.34	8.79
苏州片区	17.05	18.24	21.56	11.86
济南片区	16.60	8.34	13.61	28.35
福州片区	15.89	10.15	25.56	12.45
南宁片区	15.41	9.42	5.20	32.07
广州南沙新区片区	15.31	6.64	3.32	36.45
合肥片区	14.67	3.71	23.05	17.70
南京片区	13.54	9.27	25.25	6.52

续表

自贸片区	金融发展指数	金融机构指数	股权投融资指数	投资自由化指数
上海张江高科片区	11.26	16.91	9.73	7.49
北京国际商务服务片区	10.28	16.44	1.56	13.16
昆明片区	9.77	4.97	3.15	21.49
舟山岛北部片区	9.43	6.18	0.51	21.89
平潭片区	9.34	24.63	0.24	3.45
郑州片区	9.33	9.24	1.61	17.42
成都天府新区片区	9.27	3.40	2.35	22.33

注：依据自贸片区的企业级数据，选取金融机构、股权投融资和投资自由化作为二级指标，以金融机构类型和三级产业类型分别作为三级指标，采用线性功效函数法进行无量纲化处理，通过加权平均最终得到一级指标金融发展指数。

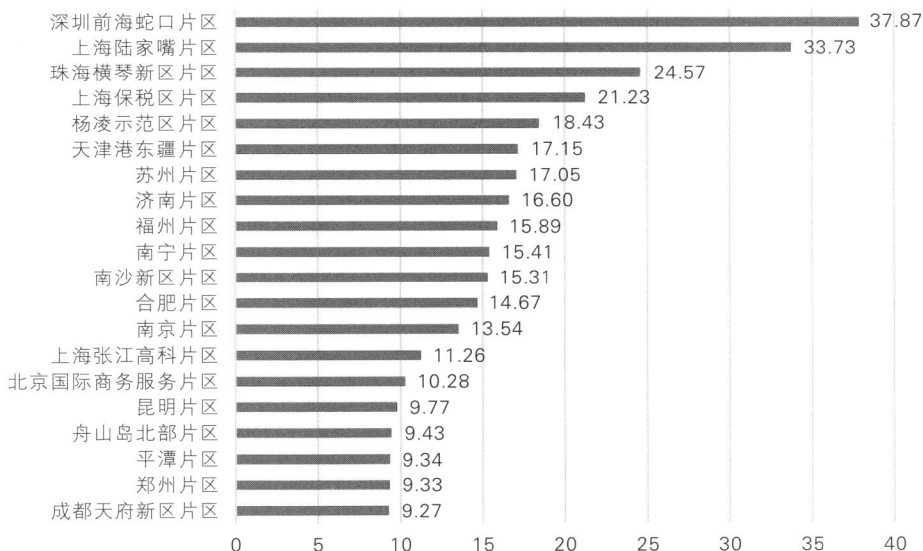

图3-1　自贸片区金融发展指数排名（前20位）

　　第一梯队排在前两位的深圳前海蛇口片区、上海陆家嘴片区的企业总数分别为121 665家和38 615家，金融机构总数为38 591家和6 841家，其中外资和港澳台地区投资金融机构总数为2 614家和917家，金融机构数量分别占总企业数量的31.72%和17.72%，外资和港澳台地区投资金融机构数量分别占总企业数量的2.15%和2.37%。对比可以发现，深圳前海蛇口片区的规模较上海陆家嘴片区的规模更大，企业总数以及金融机构的数量都具有绝对优势，金融机构占比也具有明显优势。

　　第二梯队的前两位，即珠海横琴新区片区、上海保税区片区的企业总数分别为51 594家和25 054家，金融机构总数为11 720家和4 485家，其中外资和港澳台地区投资金融机构总数为556家和1 399家，金融机构数量分别占总企业数量的22.72%和

17.90%，外资和港澳台地区投资金融机构数量分别占总企业数量的 1.08% 和 5.58%。对比可以发现，珠海横琴新区片区的企业总数与金融机构数量占比都比较具有优势，但是上海保税区片区的外资和港澳台地区投资金融机构数量占比优势更大，对外开放程度更高。

第一梯队的深圳前海蛇口片区的股权投融资累计金额分别为 12 820.33 亿元和 10 411.23 亿元，其中第二产业、第三产业的股权投资累计金额分别为 156.64 亿元和 12 663.30 亿元，第二产业、第三产业的股权融资累计金额分别为 248.50 亿元和 10 160.99 亿元。上海陆家嘴片区的股权投融资累计金额分别为 5 942.60 亿元和 4 933.15 亿元，其中第二产业、第三产业的股权投资累计金额分别为 770.28 亿元和 5 168.12 亿元，第二产业、第三产业的股权融资累计金额分别为 709.36 亿元和 4 223.77 亿元。深圳前海蛇口片区的累计投融资金额均大于上海陆家嘴片区，且深圳前海蛇口片区第三产业的股权投融资累计金额显著高于第二产业。

第二梯队的珠海横琴新区片区的股权投融资累计金额分别为 3 128.12 亿元和 1 322.47 亿元，其中第二产业、第三产业的股权投资累计金额分别为 123.60 亿元和 3 003.86 亿元，第二产业、第三产业的股权融资累计金额分别为 192.36 亿元和 1 129.35 亿元。上海保税区的股权投融资累计金额分别为 2 191.28 亿元和 1 352.84 亿元，其中第二产业、第三产业的股权投资累计金额分别为 29.31 亿元和 2 160.96 亿元，第二产业、第三产业的股权融资累计金额分别为 85.51 亿元和 1 267.33 亿元。对比可以发现第一、第二梯队的股权投融资累计金额差距较大。

通过对第一、第二梯队前两位的对比分析可以发现，第一梯队的深圳前海蛇口片区和上海陆家嘴片区在第三产业的股权投融资累计金额方面有绝对的优势，但是在以企业总数衡量的自贸区规模方面，位于粤港澳大湾区的深圳前海蛇口片区和珠海横琴新区片区都远远超过了其他自贸区。深圳前海蛇口片区重点发展金融、现代物流、信息服务、科技服务等战略性新兴服务业，建设我国金融业对外开放试验示范窗口，更重视金融的发展；而珠海横琴新区片区重点发展旅游休闲健康、商务金融服务、文化科教和高新技术等产业，建设文化教育开放先导区和国际商务服务休闲旅游基地，打造促进澳门经济适度多元发展的新载体。

图 3-2 给出了自贸片区金融发展指数对应的二级指标得分的直观结果（前 20 位）。从排序结果看，三个二级指标与金融发展指数的趋势大致相同。随着金融发展指数的下降，金融机构指数、股权投融资指数以及投资自由化指数虽然有一定波动，但整体上从左到右呈现下降趋势，大部分自贸区的二级指标表现与金融发展指数的排位相符。深圳前海蛇口片区的金融发展指数为 37.87，在所有自贸片区中排名第一，它的三个二级指标都处于较高水平，金融机构指数为 44.49，排在第 2 位，股权投融资指数为 8.99，排在第 9 位，投资自由化指数为 61.27，排在第 1 位。总指数排名第二的上海陆家嘴片区的金融发展指数为 33.73，其中它的金融机构指数排

第1位为63.00，且远远高于第2名深圳前海蛇口片区的44.49和第3名天津港东疆片区的41.84。这主要是由于上海本就是我国的金融中心，而陆家嘴金融城又是上海自贸区金融改革和对外开放的试验田和主战场，也是上海国际金融中心的核心功能区，因此上海陆家嘴自贸片区的金融机构数量占比远远高于其他自贸片区。

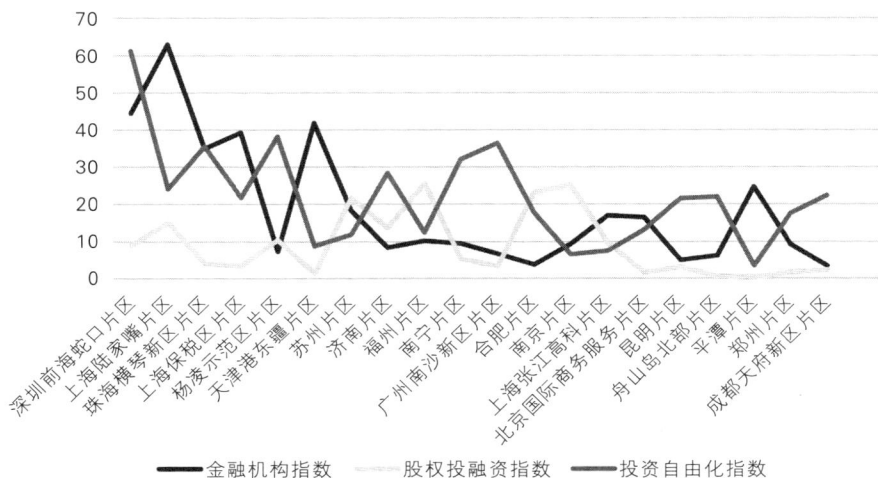

图3-2 自贸片区金融发展指数二级指标得分对比（前20位）

综上所述，各自贸区的地理优势和发展定位对自贸区的金融发展指数影响很大。上海陆家嘴片区和上海保税区片区都位于上海，珠海横琴新区片区和深圳前海蛇口片区则都被划入了粤港澳大湾区。从排名和分析中可以明显看出，金融发展水平相对较高的自贸区是金融业本身就更发达的地区，上海是我国的金融中心，深圳拥有深交所，珠海横琴则是粤港澳深度合作区，粤港澳大湾区的建设使其更容易受到中国香港、深圳的发达金融业的辐射。这些自贸区在发展金融方面不仅有地理优势还具有先发优势，因此金融发展指数显著高于其他自贸片区。

第三节 自贸片区金融发展分类排序及分析

一、自贸片区金融机构指数二级指标排序及分析

表3-4给出了按金融机构指数排序排在前20位自贸片区的具体情况，图3-3给出了自贸片区金融机构指数排名前20位的直观结果。从排序的结果来看，排在前20位的自贸片区大致可以分为三个梯队，第一梯队的为上海陆家嘴片区，第二梯队的为深圳前海蛇口片区、天津港东疆片区、上海保税区片区以及珠海横琴新区片区，其他自贸片区为第三梯队。第一梯队的上海陆家嘴片区的金融机构指数为63.00，远高于其他自贸区，而第二梯队的深圳前海蛇口片区、天津港东疆片区、上海保税区

片区以及珠海横琴新区片区的指数较为接近，分别为44.49、41.84、39.26和34.95，
而第三梯队自贸片区的金融机构指数大多集中在11~25这个范围内。

表3-4　　　　　　　　自贸片区金融机构指数排名（前20位）

自贸区	金融机构指数
上海陆家嘴片区	63.00
深圳前海蛇口片区	44.49
天津港东疆片区	41.84
上海保税区片区	39.26
珠海横琴新区片区	34.95
平潭片区	24.63
绥芬河片区	20.87
黑河片区	20.68
上海金桥片区	20.13
苏州片区	18.24
厦门片区	16.96
上海张江高科片区	16.91
北京国际商务服务片区	16.44
营口片区	15.71
重庆两江片区	14.57
天津滨海新区中心商务片区	14.22
舟山岛南部片区	12.02
天津机场片区	11.85
钦州港片区	11.82
红河片区	11.08

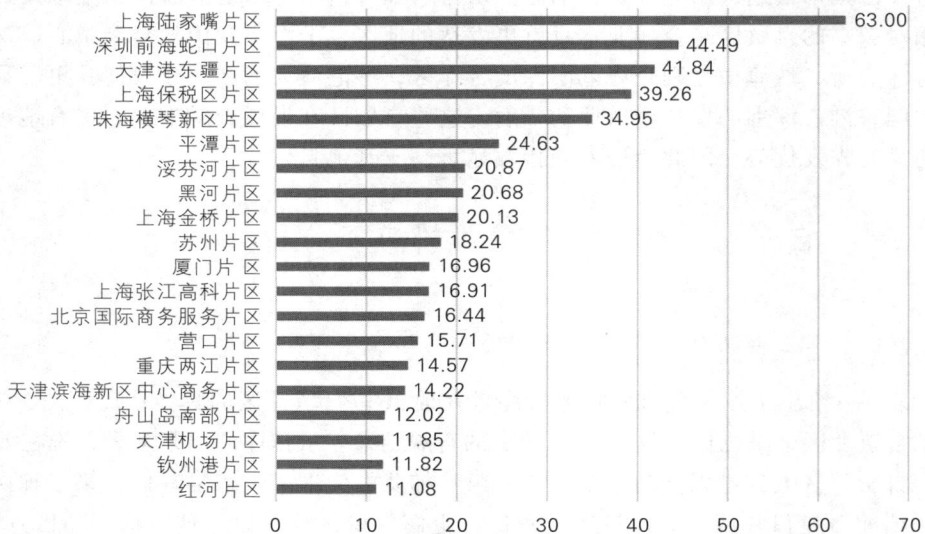

图3-3　自贸片区金融机构指数排名（前20位）

第一梯队的上海陆家嘴片区和第二梯队排在第一位的深圳前海蛇口片区的企业

总数分别为 38 615 家和 121 665 家，金融机构总数为 6 841 家和 38 591 家，其中外资和港澳台地区投资金融机构总数为 917 家和 2 614 家，金融机构分别占总企业数量的 17.72% 和 31.72%，外资和港澳台地区投资金融机构数量分别占总金融机构数量的 13.40% 和 6.77%。

上海陆家嘴片区的四类金融机构，即货币金融服务机构、资本市场服务机构、保险业机构和其他金融业机构数量分别为 748 家、1 432 家、296 家和 4 365 家，外资和港澳台地区投资的四类金融机构的数量分别为 285 家、83 家、42 家和 507 家，分类型的机构绝对数量除货币金融服务机构数量在所有自贸区中排在第 8 位外，其余均排名前 5 位。此外，无量纲化后的保险业机构数量、外资和港澳台地区投资资本市场服务机构数量、外资和港澳台地区投资保险业机构数量得分排名第一。由此可见，上海陆家嘴片区在外资金融机构数量及保险行业数量方面具有较大优势。

第二梯队排在第一位的深圳前海蛇口片区的优势则在于它在金融机构数量以及资本市场服务机构数量方面具有明显优势。深圳前海蛇口片区的金融机构数量为 38 591 家，占所有金融机构数量的 26.74%。深圳前海蛇口片区的货币金融服务机构、资本市场服务机构、保险业机构、其他金融业机构数量分别为 9 837 家、10 407 家、176 家和 18 171 家，排名分别是第一、第一、第三和第一，具有绝对的数量优势。无量纲化后金融机构数量得分和资本市场服务机构数量在所有自贸区中均排在第一位。作为前海蛇口区经济发展的主推动力，金融行业入驻企业数量和质量的不断提升，另外聚集的大量的融资租赁公司、商业保理公司等都使之在金融机构数量及资本市场服务机构数量上在全国处于领先地位。但由于指标无量纲化需要除以自贸区企业总数，因此深圳前海蛇口片区最终的金融机构指数在所有自贸区中排在第二位。

第二梯队排名第二的天津港东疆片区在货币金融服务机构数量方面具有优势。天津港东疆片区的货币金融服务机构数量为 2 682 家，占所有金融机构的 73.58%，其中外资和港澳台地区投资货币金融服务机构数量为 1 189 家。无量纲化后货币金融服务机构数量得分以及外资和港澳台地区投资货币金融服务机构数量得分在所有自贸区中均排在第一位。但是由于天津港东疆片区保险业机构数量仅居第 44 位，外资和港澳台地区投资保险业机构数量位居第 14 位，无量纲化后保险业机构数量得分及外资和港澳台地区投资保险业机构数量得分均较靠后，所以天津港东疆片区最终的金融机构指数在所有自贸区中排在第三位。

对于第三梯队来说，位于第三梯队第一位的平潭片区的资本市场服务机构数量和金融机构数量无量纲化后得分分别排在第二位和第四位。这主要得益于平潭片区积极推动中国台湾及大陆两岸金融产业融合发展，致力于打造金融业态丰富、区域特色突出的平潭金融港。依托港口优势，其跨境电商高速增长，形成了独有的金融特色，使资本市场服务机构数量及金融机构数量无量纲化得分排名在全国名列前茅。绥芬河片区处在第三梯队的第二位，其外资和港澳台地区投资保险业机构数量无量纲化后得分排在第一位，绥芬河为黑龙江省最大的沿边陆路口岸，该自贸区利用金融集成创新积极发展对俄贸易，充分发挥自身的区位优势，积极推动跨境贸易，同时绥芬河作为百年口岸，通关便利化有利于加快企业发展。其积极推广"保险+企业"模式，扩大了绥芬河自贸片区内外贸企业关税保证保险覆盖，降低了企业成本。这些都助推其在外资和港澳台地区投资保险业机构数量方面处在全国领先地位。处在第三梯队第三位的黑河片区，其保险业机构数量以及外资和港澳台地区投资保险业机构数量无量纲化后得分分别排在第二位和第三位，同绥芬河片区相似，黑河片区对俄区位优势明显，作为向北开放的新高地，其积极开展跨境合作，坚持制度创新，提升贸易便利化水平。另外，黑河片区保险业发展迅速，特别是关税保证保险，为提高我国进出口企业通关效率以及保证国家税款安全发挥着重要作用。

二、自贸片区股权投融资指数排序及分析

表3-5给出了按股权投融资指数排序前20位自贸片区的具体数值，图3-4给出了自贸片区股权投融资指数排名前20位的直观结果。从排序结果来看，可以将股权投融资指数排名前20位的自贸片区划分为三个梯队。第一梯队包括福州片区和南京片区，对应的股权投融资指数分别为25.56和25.25，均高于25；第二梯队的合肥片区、苏州片区、上海陆家嘴片区、济南片区以及杨凌示范区片区均处于10~24的区间内。位于第三梯队的上海张江高科片区、深圳前海蛇口片区、舟山岛南部片区等13个片区，股权投融资指数基本在10以下。

表3-5　　　　　　　　自贸片区股权投融资指数排名（前20位）

自贸区	股权投融资指数
福州片区	25.56
南京片区	25.25
合肥片区	23.05
苏州片区	21.56
上海陆家嘴片区	15.16
济南片区	13.61
杨凌示范区片区	10.40
上海张江高科片区	9.73

续表

自贸区	股权投融资指数
深圳前海蛇口片区	8.99
舟山岛南部片区	5.46
南宁片区	5.20
长沙片区	4.09
天津机场片区	4.06
珠海横琴新区片区	3.99
上海保税区片区	3.38
南沙新区片区	3.32
昆明片区	3.15
北京高端产业片区	3.09
西安中心片区	2.60
成都天府新区片区	2.35

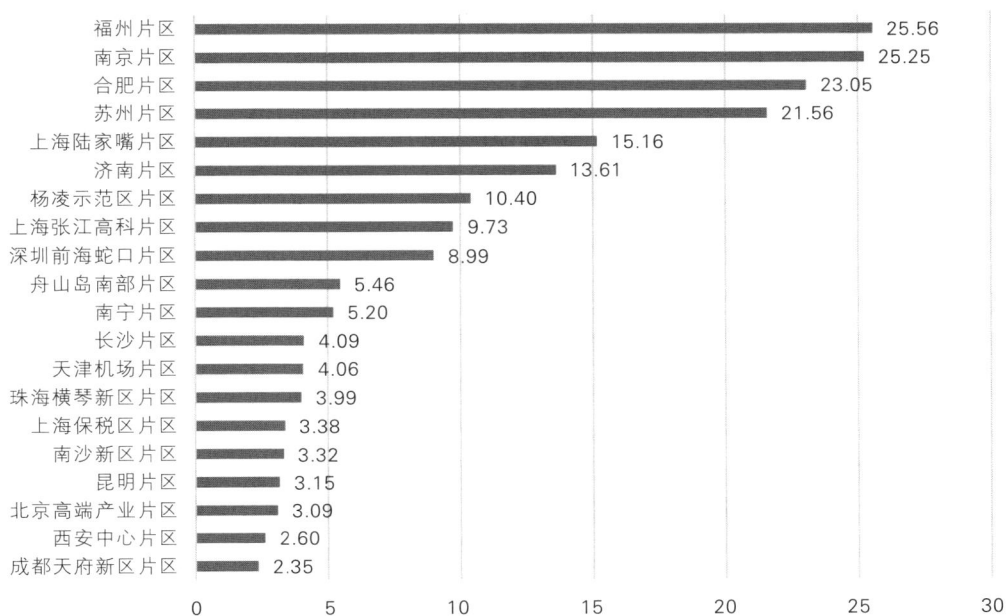

图3-4 自贸片区股权投融资指数排名（前20位）

第一梯队的福州片区股权投融资累计金额分别为177.21万元和234 496.41万元，第二产业、第三产业的股权投资累计金额分别为28.7万元和148.51万元，第二产业、第三产业的股权融资累计金额分别为50.45万元和234 445.6万元；南京片区股权投融资累计金额分别为100 081.52万元和483.13万元，第二产业、第三产业的股权投资累计金额分别为16.5万元和100 065.02万元，第二产业、第三产业的股权融资累计金额分别为64.21万元和418.9万元。福州片区第三产业的股权融资累计金额排在第一位，同时无量纲化股权融资累计金额得分排在第一位。而南京的第三产业股权投资累计金额得分排在第一位。

第二梯队的合肥片区股权投融资累计金额分别为6 028.24万元和7 032.17万元，第二产业、第三产业的股权投资累计金额分别为2 879.56万元和3 142.94万元，第二产业、第三产业的股权融资累计金额分别247.46万元和6 783.68万元，其中第二产业股权投资累计金额的无量纲化得分排名第一，第一产业股权投资累计金额的无量纲化得分排名第六。苏州片区的股权投融资累计金额分别为2 594.18万元和100 397.95万元，其中第二产业、第三产业的股权投资累计金额分别为146.25万元和2 447.91万元，第二产业、第三产业的股权融资累计金额分别为99 613.72万元和784.11万元，其中第二产业股权融资累计金额及第三产业股权投资累计金额得分排名为第一和第九。上海陆家嘴片区的股权投融资累计金额分别为5 942.6万元和4 933.15万元，其中第二产业、第三产业的股权投资累计金额分别为770.28万元和5 168.12万元，第二产业、第三产业的股权融资累计金额分别为709.36万元和4 223.77万元，其中第二产业股权投资累计金额无量纲化得分排名第三，表现较为突出。济南片区的股权投融资累计金额分别为2 343.25万元和2 774.91万元，其中第二产业、第三产业的股权投资累计金额分别为1 038.5万元和1 304.42万元，第二产业、第三产业的股权融资累计金额分别为1 173.29万元和1 600.41万元，其中第二产业股权投资累计金额及第二产业股权融资累计金额无量纲化表现较为突出，在全部自贸区中得分排名分别为第二和第三。杨凌示范区片区的股权投融资累计金额分别为27.53万元和90.36万元，其中第二产业、第三产业的股权投资累计金额分别为3.2万元和23.11万元，第二产业、第三产业的股权融资累计金额分别为36.19万元和49.95万元，其中第一产业股权投融资累计金额的无量纲化表现较为突出，在全部自贸区中得分排名均为第一。

通过对股权投融资指数第一、第二梯队的对比分析，可以发现福州片区和南京片区相对于合肥片区和苏州片区在第三产业的股权投融资累计金额上占有绝对优势，这种优势产生的一个原因在于当地政府对股权投融资的重视。

表3-6给出了自贸片区股权投融资第一、第二梯队相关投融资政策及条例。可以看到，2022年《中国（福建）自由贸易试验区福州片区自贸联动创新发展工作方案》正式印发，开始积极推进合格境外有限合伙人（QFLP）试点，开展更高

水平贸易投资便利化试点业务。同时推动区内金融业的对外开放，促进区内股权投融资市场的发展。2023年1月《福建自贸试验区提升战略实施方案》正式印发，同时发布了《福建自贸试验区创新发展平台提升行动方案》，力争经过3年的改革探索，完善以股权投融资贸易自由化便利化为核心的政策制度体系，努力打造"产权流转+投融资+增值服务"的数字金融服务平台。南京片区积极探索知识产权等融资模式创新，探索股权投资份额转让与退出机制，创新打造"扬子江国际基金街区"，建成集多功能金融服务管理平台于一体的"五层级"基金街区，构建产、投、融一体化的完整金融生态系统，从而拉动股权投融资金额增长。合肥片区创新产业投融资模式，围绕股权投融资发展需要，支持引进和培育资产评估、资信评级等各类专业服务机构。创设各类产业"股权投资基金"，拓宽直接融资渠道，形成了"合肥模式"。

表3-6　　　　自贸片区股权投融资第一、第二梯队相关投融资政策及条例

自贸片区 （第一、第二梯队）	股权投融资相关政策及条例
福州片区	《福建自贸试验区提升战略实施方案》《福建自贸试验区创新发展平台提升行动方案》《福州市"十四五"金融业发展专项规划》《自贸试验区福州片区开展合格境外有限合伙人（QFLP）试点暂行办法》《福州市持续推进稳外资工作若干措施》《中国（福建）自由贸易试验区福州片区自贸联动创新发展工作方案》
南京片区	《南京江北新区促进金融产业发展的若干措施》《关于进一步促进南京江北新区（自贸区南京片区）知识产权金融发展的若干政策》《关于推进江苏自贸试验区贸易投资便利化改革创新的若干措施》
合肥片区	《合肥高新区支持自贸试验区建设 推进"双自联动"发展若干政策》《合肥市促进股权投资发展加快打造科创资本中心若干政策实施细则》
苏州片区	《关于推进江苏自贸试验区贸易投资便利化改革创新的若干措施》《苏州工业园区2023年营商环境建设方案》
上海陆家嘴片区	《自贸试验区陆家嘴片区发展"十四五"规划》《落实中央〈引领区意见〉，建设全球资产管理中心核心功能区的若干措施》
济南片区	《关于推进中国（山东）自由贸易试验区济南片区贸易投资便利化改革创新的若干措施》《济南自贸创新政策100条》
杨凌示范区片区	《加快中国（陕西）自由贸易试验区杨凌示范区片区发展的若干政策》《中国（陕西）自由贸易试验区"十四五"规划》

上述情况说明，省会城市和沿海城市的自贸片区股权投融资累计金额较为突出。同时，各自贸片区所在地政府出台的股权投融资相关政策与条例对于投融资便利和营商环境改善发挥了重要作用。

三、自贸片区投资自由化指数排序及分析

表3-7给出了按投资自由化指数排序前20位自贸片区的具体数值，图3-5给出了自贸片区投资自由化指数排名前20位的直观结果。从排序结果来看，可以将投资自由化指数排名前20位的自贸区大致分为三个梯队，第一梯队包括深圳前海蛇口片区，投资自由化指数为61.27，显著高于其他自贸区片区；第二梯队包括杨凌示范区片区、南沙新区片区、珠海横琴新区片区和南宁片区，其投资自由化指数分别为38.20、36.45、35.52和32.07。其余自贸片区归为第三梯队，其中投资自由化指数最高的是济南片区，为28.35。

表3-7　　　　　　　　自贸片区投资自由化指数排名（前20位）

自贸区	投资自由化指数
深圳前海蛇口片区	61.27
杨凌示范区片区	38.20
南沙新区片区	36.45
珠海横琴新区片区	35.52
南宁片区	32.07
济南片区	28.35
上海陆家嘴片区	24.06
成都天府新区片区	22.33
舟山岛北部片区	21.89
上海保税区片区	21.71
昆明片区	21.49
成都青白江铁路港片区	20.74
合肥片区	17.70
郑州片区	17.42
西安中心片区	16.13
武汉片区	15.73
北京国际商务服务片区	13.16
大连片区	12.82
福州片区	12.45
北京高端产业片区	12.01

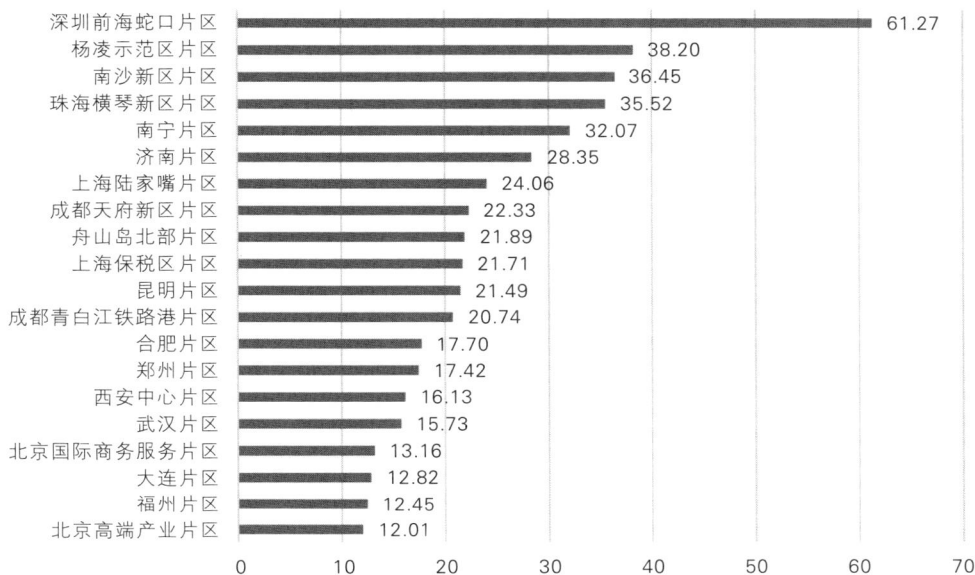

图3-5　自贸片区投资自由化指数排名（前20位）

　　第一梯队的深圳前海蛇口片区的总企业股东投资金额为68 607.09万元，其中第一、第二、第三产业企业股东投资金额分别为11.82万元、1 804.87万元和66 790.4万元，注册登记企业数量为121 580家，其中第一、第二、第三产业注册登记企业数量分别为85家、6 875家、114 620家。根据深圳前海蛇口片区各项指标无量纲化后得分表现可以看出，深圳前海蛇口片区第三产业的发展尤为突出，第三产业企业股东投资金额和第三产业注册登记企业数量的无量纲化得分均排在第一位。

　　第二梯队第一名杨凌示范区片区的总企业股东投资金额为954.51万元，其中第一、第二、第三产业企业股东投资金额分别为173.42万元、333.86万元和447.22万元，注册登记企业数量为9 128家，其中第一、第二、第三产业注册登记企业数量分别为930家、3 154家和5 044家。第二梯队第二名南沙新区片区的总企业股东投资金额为25 072.19万元，其中第一、第二、第三产业企业股东投资金额分别为66.89万元、2 427.31万元和22 577.99万元，注册登记企业数量为199 297家，其中第一、第二、第三产业注册登记企业数量分别为1 083家、19 808家和178 406家。广州南沙新区片区在注册登记企业数量方面有较大优势，第一、第二、第三产业注册登记企业数量的无量纲化得分分别排第二、第四和第二。珠海横琴新区片区的第二、第三产业企业股东投资金额分别为5 014.87万元和24 082.52万元，其总金额在所有自贸片区中均排第四位，无量纲化后的得分分别排在第二位和第三位。南宁片区的主要优势在于第二产业，第二产业企业股东投资金额为27 096.16万元，其总金额在所有自贸片区中排在第一位，无量纲化后的得分仍排在第一位。此外，第一梯队和第二梯队的自贸片区中，只有杨凌示范区片区位于内陆城市。但杨凌示范区片区的第一、第二产业注册企业登记数量的无量纲化得分表现十分突出，均排在第一位，同样第一产业企业股东投资金额的无量纲化得分也排在第一位。杨凌示范区是我国第一个农业高新技术产业示范区，杨凌示范区片区着力深化农村改革，扎实做好乡村振兴示范工作，在探索过程中形成了具有旱区特色的现代农业产业体系、生产体系和经营体系，这吸引了大批投资者来杨凌投资。同时农业是国家经济的重要支柱之一，其对国家经济社会的稳定发展和人民生活水平的提高具有非常重要的意义。之所以其投资自由化指数排在第二位主要是由于杨凌示范区片区第三产业发展较为滞后，第三产业注册登记企业数量以及企业股东投资金额的无量纲化得分均排在10名以外。

第四节 小结

在对自贸试验区金融发展进行研究之前，首先在梳理关于自贸试验区金融发展的一系列研究基础的前提下，结合中国自贸试验区的实际情况，构建起适宜评价中国自贸试验区金融发展的指标体系。研究中选取金融机构、股权投融资和投资自由化三个指标来刻画金融发展指数。通过金融机构指数来反映自贸区企业获取金融服务的便利程度；股权投融资指数反映自贸区企业股权投融资的发展水平；投资自由化指数反映在自贸区进行投资的自由程度。将具体指标按照一定的权重加权合成一级指标金融发展指数，采取无量纲化的方法进行处理，增强指数的科学性和可比性。

在对自贸片区金融发展指数总体分析的过程中，将一级指标和二级指标具体数值结合各自贸区的基本情况进行分析，得出了地理优势和发展定位对自贸区的金融发展指数具有非常大影响的结论。总体分析之后对金融发展指数具体分类进行研究，将二十个自贸片区大致分为三个梯队，将三个梯队的自贸片区进行对比分析。首先是金融机构指数，分析过程中发现前20位自贸片区大多处于经济发达地区，但不可忽略的是具有独特的金融特色也是影响金融机构指数的一个重要因素。就股权投融资指数而言，省会城市和沿海城市的自贸片区表现较为突出，同时所在地政府出台的相关政策与条例对其也具有重大影响。对于投资自由化指数来说，同股权投融资指数类似，省会城市和沿海城市的自贸片区表现出巨大潜力，但符合国情且突出的产业特色对该指数也具有重大影响，对投资具有巨大的吸引力。

第四章　自贸试验区企业经营指数

建设自贸试验区是党中央在新时代推进改革开放的一项战略举措，在我国改革开放进程中具有里程碑意义。自贸试验区设立以来，一直被作为企业创新发展的高地，大量企业尤其是新创企业在自贸区集聚发展。但这些企业经营得怎么样，尚缺乏一个来自于微观数据支撑的专项评估评价。

第一节　自贸试验区金融发展指标体系设计

一、指标体系设计思路

自贸试验区企业经营指数目标是测度自贸试验区企业经营与创新发展的实效。在梳理关于自贸试验区企业经营与创新发展的一系列文献的基础上，结合中国自贸试验区的实际情况，从企业数量的基数水平、高新企业占比、创新经营情况三个方面入手，在相应的指标数据可获得的前提下，选用最适宜的指标进行客观的设计和评价，构建起适宜评价中国自贸试验区企业经营的指标体系，通过基于文献研究的主观定权法，并采用功效函数法对指标进行处理，最终合成自贸试验区企业经营指数，并对64个自贸试验区进行排名，为中国自贸试验区企业经营的发展参照提供客观依据。

二、指标选取

为合理规避新增僵尸企业被广泛计入创新统计，以及建立鼓励创新发展和增强产业链控制力的价值导向，在对自贸区企业经营的文献研究和调查研究的基础上，结合数据的客观性和可获得性，从企业数量的基数水平、高新企业占比、创新经营情况三个方面来刻画企业经营指数。在企业数量的基数水平中，分为单位面积新增企业数量、新增注册企业的规模、异常经营数量、注销数量，为了更加全面地衡量企业新增与退出情况，对异常经营和注销进行了专门累计。为了衡量自贸区的高新企业占比，用三次产业高新企业数量的新增企业占比来衡量自贸区的高新企业集聚能力。为了尽量降低客观数据统计口径的非人为干预，统一按照第一产业、第二产业和第三产业进行分产业统计。最后创新经营情况也应该被纳入衡量自贸区企业经营的指标体系，经过系统的考虑，选择新增实用新型、新增发明专利、新增商标持有情况、新增软件著作权、新增产品许可证五项具有客观统计数据的指标的相对新增企业的占比来刻画该自贸片区的企业创新经营情况。

三、指标测度

1.企业数量的基数水平

该指标用来反映自贸区企业数量的基本情况，包括单位面积新增企业数量、新增注册企业的规模、异常经营数量、注销数量四个方面的客观统计数据。异常经营数量与注销数量按照相对（对应数值减去最小值）/（最大值减去最小值）的无量纲处理办法，采用（最大值减去对应数值）/（最大值减去最小值）的处理方式，尽量避免客观的非人为数据带入在计算过程中产生的复杂加权处理偏差。

2.高新企业占比

该指标用来反映自贸区高新企业的集聚发展导向。考虑到杨凌等片区的农业化发展导向、一些东北和西部中心城市工业化发展的导向以及普遍的服务贸易发展导向，按照三次产业进行分类评估。将自贸区企业按所属行业分为第一产业、第二产业和第三产业。通过高新企业数量除以自贸区面积进行加权平均。通过片区所占面积的引入，将土地集约化利用作为集聚发展的重要约束条件。

3.企业创新经营情况

该指标用来反映在自贸区具有普遍性特征的企业创新经营水平，具体由新增实用新型、新增发明专利、新增商标持有情况、新增软件著作权、新增产品许可证五项具有客观统计数据的指标加权合成。根据企业数字化发展模式的实际情况，将实用新型与发明专利共同纳入到具有普遍性特征的企业经营发展指标评价体系。

四、指标处理

1.指标无量纲化方法

为了增强指数的科学性和可比性，在对指标的无量纲化处理过程中，我们采用具有严格单调性、取值区间明确、结果直观的线性功效函数法。为了排除自贸区面积对指标的影响，充分考虑到土地集约化利用的发展导向，新增企业数量、三次产业高新企业数量等均除以自贸区面积，从而增强横向可比性。该线性功效函数的具体形式为：

$$d = \frac{(\frac{X}{S}) - (\frac{X}{S})_{min}}{(\frac{X}{S})_{max} - (\frac{X}{S})_{min}} \times 100$$

在该功效函数中，d是无量纲化后的结果，其中$\frac{X}{S}$是观测值除以各自贸区企业总数或面积，$(\frac{X}{S})_{min}$是其中的最小值，$(\frac{X}{S})_{max}$是其中的最大值。

2.权重设定

整个指标体系分为四级，在编制指数之前，首先要确定各级指标的权重。本项目采用主观定性法来确定权重。表4-1给出了自贸区企业经营指数所涉及的各级指标、计算依据及权重，表4-2给出了按照国标行业门类划定的产业分类。

表4-1　　　　　自贸区企业经营指数所涉及的各级指标、计算依据及权重

二级指标	三级指标	计算方法
基数水平 （0.33）	单位面积新增数量（0.25）	2019—2021年三年的新增注册企业数量/自贸区面积
	新增注册单位规模（0.25）	2019—2021年三年的新增注册资产/2019—2021年三年的新增注册企业数量
	异常经营数量（0.25）	2019—2021年三年的异常经营数量/2019—2021年三年的新增注册企业数量
	注销数量（0.25）	2019—2021年三年的注销企业数量//2019—2021年三年的新增注册企业数量
高新企业 占比 （0.33）	第一产业（0.10）	第一产业高新企业数量/自贸区面积
	第二产业（0.40）	第二产业高新企业数量/自贸区面积t
	第三产业（0.50）	第三产业高新企业数量/自贸区面积
创新经营 情况 （0.33）	新增实用新型（0.20）	2019—2021年三年新增的实用新型数量/2019—2021年三年的新增注册企业数量
	新增发明专利（0.20）	2019—2021年三年新增的发明专利数量/2019—2021年三年的新增注册企业数量
	新增商标持有情况（0.20）	2019—2021年三年新增的商标注册数量/2019—2021年三年的新增注册企业数量
	新增软件著作权（0.20）	2019—2021年三年新增的软件著作权数量/2019—2021年三年的新增注册企业数量
	新增产品许可证（0.20）	2019—2021年三年新增的产品许可数量/2019—2021年三年的新增注册企业数量

表4-2　　　　　　　　　　　产业分类对照表

国标行业-门类	产业分类
采矿业	第二产业
教育	第三产业
租赁和商务服务业	第三产业
批发和零售业	第三产业
金融业	第三产业
制造业	第二产业

续表

国标行业-门类	产业分类
建筑业	第二产业
信息传输、软件和信息技术服务业	第三产业
科学研究和技术服务业	第三产业
交通运输、仓储和邮政业	第三产业
水利、环境和公共设施管理业	第三产业
文化、体育和娱乐业	第三产业
住宿和餐饮业	第三产业
房地产业	第三产业
居民服务、修理和其他服务业	第三产业
卫生和社会工作	第三产业
农、林、牧、渔业	第一产业
电力、热力、燃气及水生产和供应业	第二产业
公共管理、社会保障和社会组织	第三产业
国际组织	第三产业

权重设计主要采用基于文献研究的主观定权法，以当面座谈的形式，向企业家、创业者、企业监管者征求权重定权建议。以面谈和充分讨论的形式，提出不同观点，并形成基于文献研究和科学测度要求基础上的近似权重。例如，三次产业的高新企业占比中三次产业的权重根据"十四五"时期我国产业结构变动特征，第一产业比重呈现持续稳步下降的态势，"十四五"期末第一产业比重将小幅下降至6.5%左右，第二产业比重将降至35.5%左右，第三产业比重将升至58.0%左右。因此将产业分类权重设定为第一产业10%、第二产业40%、第三产业50%。异常经营权重则由监管部门的工作人员提出修正建议，充分考虑到非税企业注册等实际情况，采用均权方式来提升异常经营和注销权重占比。创新经营情况指数中，扩大了新增实用新型和商标持有情况的权重占比，主要原因是在广东自贸区、浙江自贸区调研的过程中同样发现了实用新型对企业数字化经营模式转型过程中的直接作用，并结合企业家和创业者的讨论，最终进行了权数设计。

最后基于同类型评估指标对该二级指标项下三级指标的赋权情况，以及来自于企业家、创业者、企业监管者的共同建议，确定了三级指标的基本权重，加权合成企业经营指数。

第二节　自贸片区企业经营指数总体排序及分析

　　表4-3给出了按企业经营指数排序前20位的自贸片区的企业经营指数以及三级指标企业数量的基数水平、高新企业占比、创新经营情况的具体数值。图4-1对企业经营指数排名前20位的自贸区的基本情况进行了更具象化的展示。从图4-1的测评结果来看，20个自贸区可以大致概括为一枝独秀，渐进下行。在上海张江高科片区一枝独秀之后，基本可以分为两个梯队。北京高端产业片区、西安中心片区、武汉片区、济南片区、深圳前海蛇口片区、北京科技创新片区为第一梯队，第一梯队具有两项二级指标显著高于均值的特征。

表4-3　　　　　　　　　　　　自贸片区企业经营指数排名（前20位）

自贸区	企业经营指数	基数水平指数	高新企业占比指数	创新经营情况指数
上海张江高科片区	65.51	51.38	66.52	78.25
北京高端产业片区	46.05	49.83	57.79	30.98
西安中心片区	44.37	42.49	74.48	16.98
武汉片区	44.03	41.85	71.66	19.32
济南片区	43.99	44.94	78.45	16.40
深圳前海蛇口片区	41.34	40.18	60.07	24.28
北京科技创新片区	40.12	40.56	58.31	22.05
上海保税区片区	38.64	56.58	24.89	34.56
成都天府新区片区	37.26	41.17	56.12	15.16
上海金桥片区	36.91	49.03	25.51	36.21
苏州片区	36.90	37.78	43.23	29.91
雄安片区	35.25	65.86	0.53	39.23
南京片区	33.83	45.77	23.54	32.22
沈阳片区	32.98	43.89	26.41	28.77
合肥片区	32.15	38.72	38.90	19.22
珠海横琴新区片区	32.13	60.64	23.21	13.10
上海陆家嘴片区	30.27	55.57	20.47	15.23
北京国际商务服务片区	29.19	42.66	29.08	16.22
南沙新区片区	28.99	51.28	30.31	6.09
重庆两江片区	28.07	59.51	10.81	14.32

　　注：依据自贸片区的企业级数据，选取基数水平、高新企业占比、创新经营情况作为二级指标，采用线性功效函数法进行无量纲化处理，通过加权平均最终得到一级指标企业经营指数。

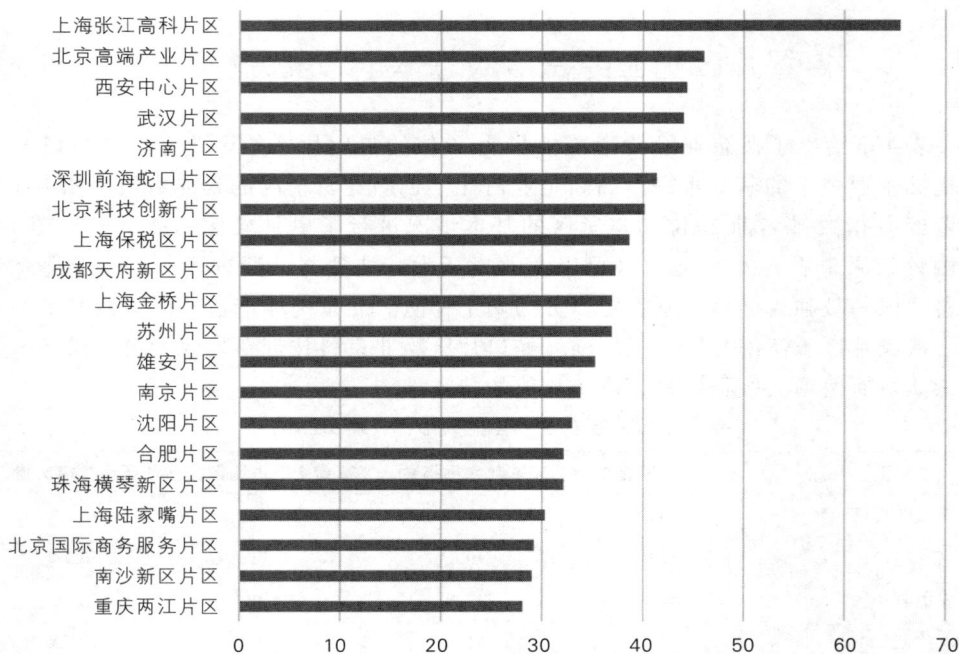

图4-1　自贸片区企业经营指数排名（前20位）

上海张江高科片区一枝独秀，主要原因是在高新技术产业链完成、企业创新发展禀赋条件极好的基础上，由于自贸区平台功能的加持，新创企业数量也有较大突破，因此呈现出了一枝独秀的局面。

随后的第一梯队的前两位，即北京高端产业片区、西安中心片区，其企业新创基数水平不低，并且随着第一批、第二批自贸区新增企业已经达到一定的数量，呈现出边际递减现象，新增企业数量没有显著劣势。同时由于政府有意而为的科技导向发展规划，高新企业占比相对较高，一些科技及产业创新政策有的放矢，创新经营情况成绩显著，相对第一梯队的深圳前海蛇口片区，也呈现出了更强的实体企业发展绩效。

第二梯队的雄安片区、珠海横琴新区片区、重庆两江片区在企业基数水平上虽然较好，但出于土地资源被大量占用等原因，其单位土地面积上高新企业占比呈现出相对比较劣势。南沙新区片区则在单位新增实用新型、发明专利等创新经营评价的三级指标中具有显著的劣势，导致其总体评价相对靠后。

通过第一、第二梯队前两位的对比分析可以发现，第一梯队的北京高端产业片区、西安中心片区、武汉片区、济南片区、深圳前海蛇口片区、北京科技创新片区都是三项二级指标中两项普遍高于均值，且行政性的规划、科技与区域政策对企业经营，尤其是创新与集聚发展有显著影响。随着产业体系逐步形成，企业经营的区域性创新生态逐步建立，获得了较好的创新经营绩效，并且在2020—2022年三年间，受到疫情的冲击和疫情管控的影响，有为政府对恢复和维系企业经营及创新发展活动也具有重要的支撑作用。

图4-2给出了自贸片区企业经营指数（前20位）对应的二级指标得分的直观结果。从排序结果看，三个二级指标基本错落交织，这与企业经营具有区域性特征的现象高度契合。由于各片区在市场化、规划、区域市场分割各不相同、各有侧重等原因，导致除上海张江高科片区外，其他片区的得分均小于50。一方面反映出市场化与行政规划的兼容度还需要有针对性地解决和提高；另一方面也从一个侧面反映出各片区仍以面向区域性市场为主。全国统一大市场在企业经营层面仍任重而道远。

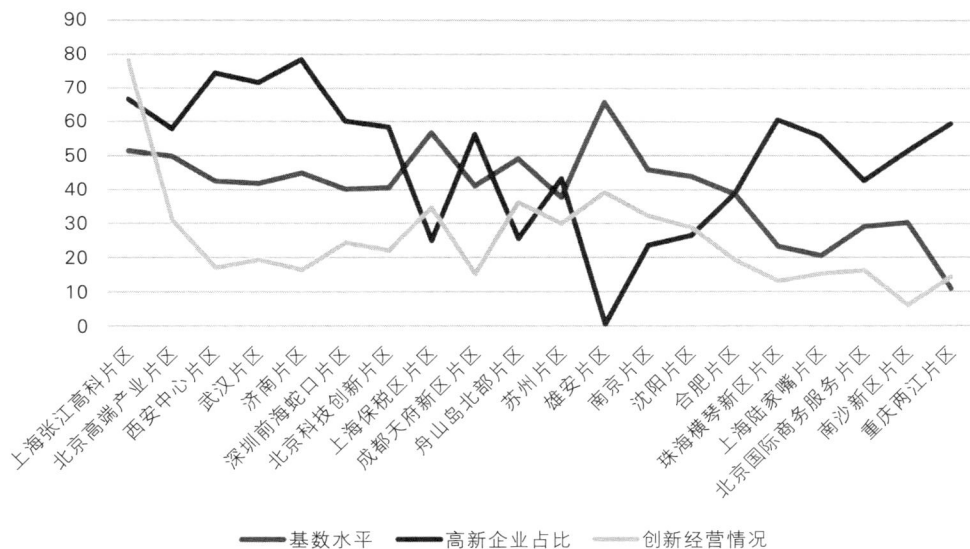

图4-2　自贸片区企业经营指数二级指标对比（前20位）

综上所述，各自贸区的地理优势和发展定位对自贸区的企业经营指数影响很大。排名较高的上海张江高科片区、北京高端产业片区都具有辐射全国的市场便利。排名相对较高的西安中心片区、武汉片区、济南片区、深圳前海蛇口片区都有区域性大市场的支撑。企业经营很难脱离所在的区域性市场而独立，并且有为政府的产业规划与政策制定为企业集聚、龙头企业创新生态的构建、企业经营与创新发展要素的便利获取至关重要。而更便捷地搜索上下游行业合作机会、降成本也日益成为企业经营的核心议题，直接影响着企业经营。同时，只依靠规划的产业集聚与集群很难打破已经形成的区域竞争格局，市场化改革依然是东北、西北等市场经济落后地区亟待解决的重大议题。

第三节 自贸片区企业经营分类排序及分析

一、自贸片区企业经营指数排序及分析

表4-4给出了按企业基数水平排序前20位自贸片区的具体情况以及数值，图
4-3给出了自贸片区企业基数水平指数排名前20位的直观结果。从排序的结果来
看，前20位自贸片区大致可以分为三个梯队，第一梯队为南宁片区、雄安片区，
第二梯队为珠海横琴新区片区、重庆两江片区、上海保税区片区、上海陆家嘴片区
以及成都青白江铁路港片区，其他自贸片区为第三梯队。第一梯队的南宁片区和雄
安片区的企业经营技术水平指数为67.63和65.86，远高于其他自贸区，而第二梯队
的珠海横琴新区片区、重庆两江片区、上海保税区片区、上海陆家嘴片区以及成都
青白江铁路港片区的指数较为接近。

表4-4 自贸片区企业经营基数水平指数排名（前20位）

自贸区	基数水平
南宁片区	67.63
雄安片区	65.86
珠海横琴新区片区	60.64
重庆两江片区	59.51
上海保税区片区	56.58
上海陆家嘴片区	55.57
成都青白江铁路港片区	55.56
岳阳片区	51.90
上海张江高科片区	51.38
南沙新区片区	51.28
昆明片区	51.15
天津港东疆片区	50.73
北京高端产业片区	49.83
上海金桥片区	49.03
正定片区	47.62
烟台片区	46.96
杨凌片区	46.58
上海临港新片区	46.41
平潭片区	45.95
南京片区	45.77

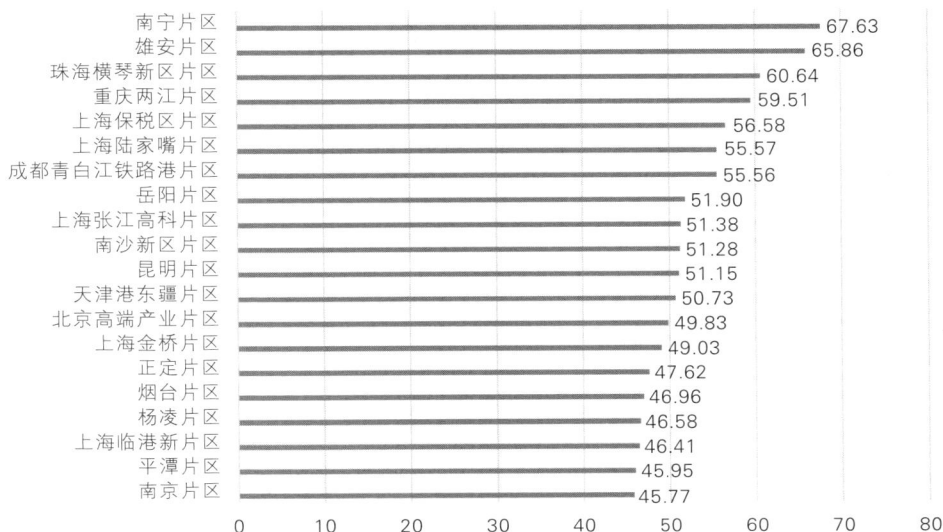

图4-3 自贸片区企业经营基数水平指数排名（前20位）

第一梯队的南宁片区和雄安片区均为新片区，并且都存在区域性企业和产业资源的行政性转移特征，新增企业数量、新增企业注册资本相对较多，且企业异常经营和注销情况又普遍较少。

第二梯队的珠海横琴新区片区、重庆两江片区、上海保税区片区、上海陆家嘴片区以及成都青白江铁路港片区除横琴新区片区和上海陆家嘴片区外，均为第三批之后获批的片区或新扩区，新增注册企业正处于蓬勃发展时期。相对第一批和第二批自贸区，珠海横琴新区片区及上海陆家嘴片区脱颖而出的原因，一是注销和异常经营占比相对较低，二是由于新增企业类型偏重金融企业，单位企业的注册资本相对较高。以上综合原因导致珠海横琴新区片区以及上海陆家嘴片区在前两批自贸区中脱颖而出。

值得关注的是与高新企业占比和创新经营情况不同，企业经营的基数水平二级指标得分都相对较高，虽然前两批自贸区甚至包括第三批自贸区中来自发达地区的自贸片区已经出现了较高异常经营占比的情况，但各自贸片区对新增企业的吸纳能力依然很强。尤其是考虑到剔除土地面积的单位土地上新增企业及平均注册资本等指标，更能够反映出自贸区商事登记政策普遍利好对新增企业的积极作用。

二、自贸片区高新企业占比指数排序及分析

表4-5给出了按高新企业占比指数排序前20位自贸片区的具体数值，图4-4给出了自贸片区高新企业占比指数排名前20位的直观结果。从排序结果来看，可以

将高新企业占比指数排名前20位的自贸片区划分为三个梯队。第一梯队包括西安中心片区、武汉片区和济南片区，对应的高新企业占比指标分别为74.48、71.66和70.61，均高于70；第二梯队的上海张江高科片区、深圳前海蛇口片区、北京科技创新片区、北京高端产业片区和成都天府新区片区高新企业占比指数均处于56~67之间。位于第三梯队的苏州片区、合肥片区等12个片区，高新企业占比指数基本在44以下。

表4-5　　　　　　　　自贸片区高新企业占比指数排名（前20位）

自贸区	高新企业占比指数（无量纲化合成）
西安中心片区	74.48
武汉片区	71.66
济南片区	70.61
上海张江高科片区	66.52
深圳前海蛇口片区	60.07
北京科技创新片区	58.31
北京高端产业片区	57.79
成都天府新区片区	56.12
苏州片区	43.23
合肥片区	38.90
杨凌片区	38.12
南沙新区片区	30.31
北京国际商务服务片区	29.08
沈阳片区	26.41
上海金桥片区	25.51
上海保税区片区	24.89
洛阳片区	24.75
天津机场片区	24.74
南京片区	23.54
珠海横琴新区片区	23.21

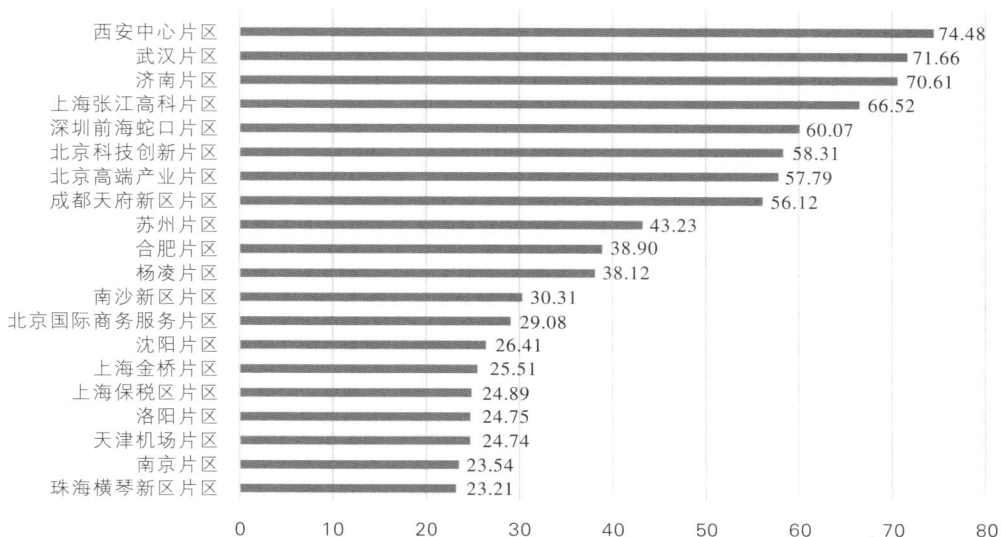

图4-4 自贸片区股权投融资指数排名（前20位）

第一梯队的西安中心片区、武汉片区和济南片区均为第三批以后新设立的自贸区，在成立之初就充分借鉴了前两批试点的经验，更加关注从制度创新到产业创新发展的驱动能力。在区划上，选取了产业基础相对较好的片区，并且相对沿海片区，这些片区的国际物流具有先天的劣势，所以更加重视企业与产业发展。有为的行政规划进一步促进了全市高新企业向自贸区的集聚和集群发展，逐渐形成了其特有的企业生态。

第二梯队的上海张江高科片区、深圳前海蛇口片区、北京科技创新片区、北京高端产业片区和成都天府新区片区多是位于一线城市。这些片区本身就有较好的高新企业基础和人才基础。这些片区多是在已有规划和已经逐步成熟的企业创新生态基础上，进入到市场化发展的新阶段。在三次产业高新企业占新增注册企业比重中均表现较好，但相对落后于行政规划有意识地将高新企业向自贸区集中的片区。

通过对高新企业占比指数三个梯队的对比分析可以发现，与企业经营的基数水平不同，高新企业占比指数呈现出了较大的方差，即前20位片区的高新企业占比指数离散程度非常大，从23.21到74.48。前20位片区的企业经营基数水平指数从45.77到67.63。虽然众所周知，在自贸区的新注册企业中有大量的僵尸企业，深圳前海自贸片区的在册企业中有税申报率长期位于11%~15%，一些经济相对落后且获批较晚的片区，将新增注册企业列入考核指标，具有典型的政策干预导向。但行政干预对企业技术水平的影响远远低于对高新企业占比的影响，这一举措是否是有益的，还需要等待时间的检验。

三、自贸片区企业创新经营情况指数排序及分析

表4-6给出了企业创新经营情况指数排序前20位自贸片区的具体数值，图4-5给出了自贸片区企业创新经营情况指数排名前20位的直观结果。从排序结果来看，可以将企业创新经营情况指数排名前20位的自贸区概括为一枝独秀，渐进下行。这也是企业经营总体排名一枝独秀，渐进下行格局确立的基础。从企业经营的基数水平到高新企业占比，再到企业创新经营情况，从主体到竞争格局再到经营绩效，基本构成了相对完整的企业经营的逻辑脉络。但与总体排名具有显著差异的是企业创新经营情况上海张江高科片区一枝独秀后的两个梯队中，第一梯队的第一名是雄安片区，企业创新经营情况指数为39.23，显著高于其他自贸片区；第二梯队包括苏州片区、沈阳片区、哈尔滨片区等13个片区，其企业创新经营情况指数均低于30。

表4-6　　　　　自贸片区企业创新经营情况指数排名（前20位）

自贸区	企业创新经营情况指数
上海张江高科片区	78.25
雄安片区	39.23
蚌埠片区	37.09
上海金桥片区	36.21
上海保税区片区	34.56
南京片区	32.22
北京高端产业片区	30.98
苏州片区	29.91
沈阳片区	28.77
哈尔滨片区	26.92
天津滨海新区中心商务片区	25.33
芜湖片区	24.53
上海临港新片区	24.39
深圳前海蛇口片区	24.28
重庆果园港片区	22.27
北京科技创新片区	22.05
武汉片区	19.32
合肥片区	19.22
西安中心片区	16.98
天津机场片区	16.92

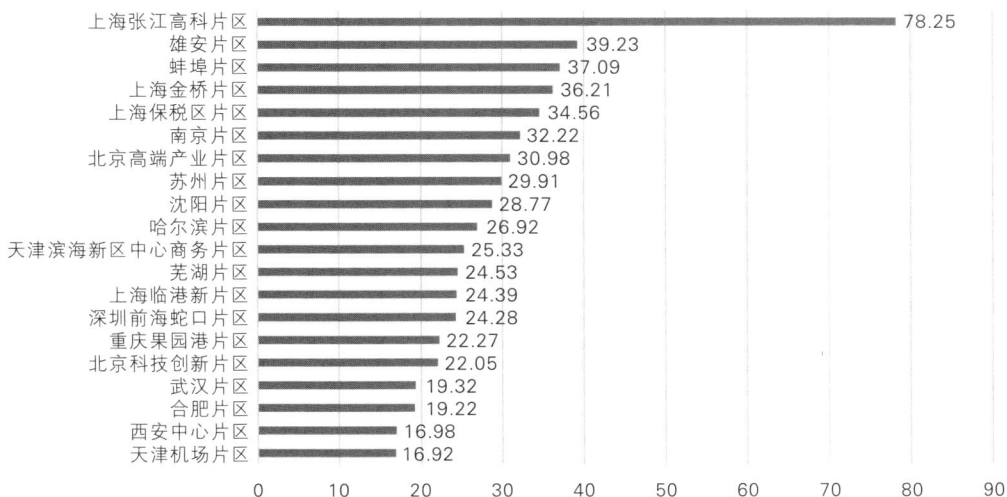

图4-5　自贸片区投资自由化指数排名（前20位）

上海张江高科片区一枝独秀，主要原因是其区划起步高，有国家上海生物医药科技产业基地、国家信息产业基地、国家集成电路产业基地、国家半导体照明产业基地、国家863信息安全成果产业化（东部）基地、国家软件产业基地、国家软件出口基地、国家文化产业示范基地、国家网游动漫产业发展基地等多个国家级基地，建有国家火炬创业园、国家留学人员创业园。其产出的终端产品和关键核心产品面向全球市场，在发明专利、实用新型、商标、软著、产品许可证等多个方面都有较好的创新绩效。

随后第一梯队分别为雄安片区、蚌埠片区、上海金桥片区、上海保税区片区、南京片区和北京高端产业片区，除蚌埠片区外，均为来源于一线城市或强区域的中心城市，企业创新生态较好，城市产业链完整，依托自贸区制度创新政策的便利，企业能够通过自贸区平台来申报和持有发明专利、实用新型、商标、软著、产品许可证等。蚌埠则于2022年首获国家创新型城市，数据统计时段恰好是蚌埠科技型企业的蓬勃发展期与成果产出期。

第二梯队第一名苏州片区也源于其强区域中心城市的良好产业生态和创新生态。调研走访发现，一线工作者、观察者、研究者和来自于国内的主要评估团队基本形成了一个初步的共识，那就是随着中国自贸区改革进入到第十年，从制度创新到制度集成创新再到企业与产业创新发展，各片区区域的产业基础及其所在区域统一大市场的水平将成为未来自贸试验区发展，甚至是制度创新的关键动能。

第四节　小结

在梳理关于自贸试验区企业经营系列研究的前提下，结合中国自贸试验区的实际情况，构建起适宜评价中国自贸试验区企业经营的指标体系。研究中选取企业经营的基数水平、高新企业占比、创新发展情况三个指标来刻画企业经营指数。通过企业经营指数来反映自贸区企业经营的基本情况；企业经营的基数水平指数反映自贸区企业单位土地面积的新增注册、企业规模、注销与异常经营等基本情况；高新企业占比指数反映在自贸区三次产业的新增高新企业情况；创新发展情况则反映发明专利、实用新型、商标、软著、产品许可证等多方面创新绩效。将具体指标按照一定的权重加权合成各二级指标，并采取无量纲化的方法进行处理，增强指数的科学性和可比性，最终合成企业经营指数。

在对自贸片区企业经营指数总体分析的过程中，将一级指标以及二级指标具体数值结合各自贸区的基本情况进行分析，得出了区划优势和发展定位对自贸区的企业经营指数具有巨大影响的结论。总体分析之后对企业经营指数具体分类进行研究，将二十个自贸片区大致分为不同梯队，组内进行同质分析，梯队间进行对比分析。首先企业经营不能脱离所在区域性的统一大市场而独立存在，具有典型的区域性特征；其次企业经营要面临局部的创新生态，由于自贸区土地范围相对有限，并不是一个完整开放的全门类产业体系，行政规划的影响非常大且能够形成局部的系统性支撑；最后与调研走访的一线工作者、观察者、研究者和来自国内的主要评估团队基本达成了一个共识，制度创新要落脚在企业创新发展和产业创新发展，企业和产业基础至关重要，制度创新应该服务于更广泛的市场主体的创新发展需要，探索更广阔的应用场景与试验载体。

第五章　自贸试验区产业发展指数

　　自贸试验区的建设有助于引进高端产业和先进技术，促进产业结构的升级和转型。自贸试验区引入国内外先进的技术、设备，有助于本地企业提高技术水平，提升产品质量和市场竞争力，推动产业结构向高端化发展，因此构建自贸试验区产业发展指数非常必要。

　　自贸试验区在产业规模、产业结构、产业创新、产业环境等方面发挥着重要作用，是促进区域经济发展的重要推动力。在产业规模方面，大批企业的进驻会加剧区内竞争，为实现利润最大化，竞争压力将会倒逼企业通过转型升级和技术创新来提高生产效率，以获取技术和市场两大优势。在产业结构方面，自贸试验区区内产业优势使得园区内产业发展起来，进一步带动周边产业的转型和升级，外向型产业及相关配套产业由点到线、由线到面、由面到空间的经济结构体系带动全区域产业发展。在产业创新方面，随着更多突破性创新举措的推出，自贸试验区在培育重点产业方面的优势将得到更好发挥，有助于提升我国产业的整体发展质量。在产业环境方面，通过进口便利化、政策倾斜等营商环境的优化，能够吸引优质资源和要素向自贸试验区内聚集，使产业结构高级化并带来经济溢出效应，为地区产业的高质量发展营造有利的外部环境。

第一节　自贸试验区产业发展指标体系设计

一、指标体系设计思路

　　构建自贸试验区产业发展指数，前提是设计完备的产业发展指标体系。在梳理关于自贸试验区产业发展的文献的前提下，结合中国自贸试验区的实际情况，从产业规模、产业结构、产业创新和产业环境四个方面入手，考虑到相关指标数据的可获得性，选择最佳代表产业发展的指标，构建适合我国自贸试验区产业发展的指标体系，最终合成64个自贸试验区的产业发展指数，为比较各自贸试验区的产业发展提供了客观依据。

二、指标选取

　　根据现有文献相关指标的测度方法和指标的可获得性，从产业规模、产业结构、产业创新和产业环境四个维度对自贸试验区产业发展进行科学界定与测度。产业规模一定程度上可以反映自贸试验区产业发展状况，本书从产业投资、产业数量两个角度具体研究自贸试验区产业发展状况。自贸试验区的产业结构反映了产业发展的成果，从第三产业的投资占比、第三产业与第二产业投资的比重以及高新技术产业投资占比三个方面具体研究产业结构情况。产业创新反映自贸试验区的创新成果，体现为企业专利的授权数以及发明专利和实用新型专利的数量。产业环境反映自贸试验区的营商环境情况，体现为自贸试验区中受行政处罚次数为正的企业总数，自贸试验区中是失信被执行人的企业总数。

具体衡量产业规模方面，使用第一产业投资除以自贸试验区面积、第二产业投资除以自贸试验区面积、第三产业投资除以自贸试验区面积、第一产业企业数量除以自贸试验区面积、第二产业企业数量除以自贸试验区面积、第三产业企业数量除以自贸试验区面积六项三级指标进行测算，数据可通过国标行业-门类进行分类汇总。衡量产业结构指数，选取第三产业投资比重、第三产业投资与第二产业投资之比、高新技术产业投资占比三个三级指标。产业创新、产业环境也被纳入衡量自贸试验区产业发展的指标体系，使用单位企业专利授权数、单位企业发明专利数量、单位企业实用新型专利数量三个三级指标衡量产业创新；使用企业各类惩罚占比、失信企业占比来衡量产业环境。

三、指标测度

1.产业规模指数

该指标用来研究自贸试验区产业的产出规模或经营规模，通过三级指标产业投资指数、产业企业数量指数加权合成产业规模指数。将自贸试验区企业按所属行业分为第一产业、第二产业和第三产业，用每一产业的股权投资累计金额除以自贸试验区面积来衡量产业投资指数，用不同片区每一产业的企业总数除以自贸试验区面积得到产业企业数量指数。产业投资指数和产业企业数量指数分别进行无量纲化处理后，以各占50%的比例计算产业规模指数。

2.产业结构指数

在第三产业快速发展过程中，要把优化结构提到更重要的位置，由第三产业投资比重、第三产业投资与第二产业投资之比、高新技术产业投资占比三个分项指标构建产业结构指数。分别用第三产业不同片区企业股权投资累计金额占企业股权投资累计金额总额的比重、第三产业不同片区企业股权投资累计金额与第二产业不同片区企业股权投资累计金额的比、不同片区高新企业股权投资累计金额占企业股权投资总额的比重加权平均得到产业结构指数。

3.产业创新指数

该指数由三级指标单位企业专利授权数、单位企业发明专利数量、单位企业实用新型专利数量构成，具体通过计算不同片区的专利数与企业总数的比、发明专利数与企业总数的比、实用新型专利数与企业总数的比得到三级指标，再对三级指标加权平均得到产业创新指数。

4.产业环境指数

该指数由三级指标企业各类惩罚占比和失信企业占比构成，通过计算不同片区中行政处罚次数为正的企业的比重以及不同片区中是失信被执行人的企业占比得到三级指标，进而加权平均得到产业环境指数。

四、指标处理

1.指标无量纲化方法

为了增强指数的科学性与可比性，对指标进行无量纲化处理，我们采用具有单调性和凸性特征的线性功效函数。在产业规模指数的三级指标产业投资指数和企业数量指数中，使用观测值除以面积；而在测算产业结构指数、产业创新指数以及产业环境指数中都使用观测值除以观测值总数的方法，从而增强横向可比性。该线性功效函数具体为：

正向指标：

$$d = \frac{(\frac{X}{S}) - (\frac{X}{S})_{min}}{(\frac{X}{S})_{max} - (\frac{X}{S})_{min}} \times 100$$

负向指标：

$$x^* = \frac{(\frac{X}{S})_{max} - (\frac{X}{S})}{(\frac{X}{S})_{max} - (\frac{X}{S})_{min}} \times 100$$

2.权重设定

整个指标体系分为三级，在测算产业发展指数之前，我们按照专家赋权方式确定各级指标的权重。表5-1给出了自贸试验区产业发展指数所涉及的各级指标、计算依据及权重。

表5-1　　　　自贸区产业发展指数所涉及的各级指标、计算依据及权重

二级指标	三级指标	计算方法
产业规模（0.25）	第一产业投资（0.10）/面积	按国标行业-门类进行汇总，第一产业不同片区企业股权投资累计金额（AV）
	第二产业投资（0.40）/面积	按国标行业-门类进行汇总，第二产业不同片区企业股权投资累计金额
	第三产业投资（0.50）/面积	按国标行业-门类进行汇总，第三产业不同片区企业股权投资累计金额
	第一产业企业数量（0.10）/面积	按国标行业-门类进行汇总，第一产业不同片区企业总数
	第二产业企业数量（0.40）/面积	按国标行业-门类进行汇总，第二产业不同片区企业总数
	第三产业企业数量（0.50）/面积	按国标行业-门类进行汇总，第三产业不同片区企业总数

二级指标	三级指标	计算方法
产业结构（0.25）	第三产业投资比重（0.33）	第三产业不同片区企业股权投资累计金额（AV）/企业股权投资累计金额总额
	第三产业投资/第二产业投资（0.33）	第三产业不同片区企业股权投资累计金额（AV）/第二产业不同片区企业股权投资累计金额（AV）
	高新技术产业投资占比（0.33）	不同片区高新企业（AE、AF）企业股权投资（AV）累计金额/企业股权投资总额
产业创新（0.25）	单位企业专利授权数（0.33）	不同片区专利数量（S）/不同片区企业总数
	单位企业发明专利数量（0.33）	不同片区发明专利数量（T）/不同片区企业总数
	单位企业实用新型专利数量（0.33）	不同片区实用新型专利数量（U）/不同片区企业总数
产业环境（0.25）	企业各类惩罚占比（0.50）	不同片区行政处罚次数（AM）>0的企业总数/企业数量
	失信企业占比（0.50）	不同片区是否失信被执行人（AN）=1的企业总数/企业数量

首先设定二级指标所涉及的三级指标权重。二级指标产业规模指数分为产业投资指数和产业企业数量指数两个三级指标，三级指标产业投资指数又分为第一产业投资、第二产业投资和第三产业投资；三级指标产业企业数量指数又分为第一产业企业数量、第二产业企业数量和第三产业企业数量。根据"十四五"时期我国产业结构变动特征，将第一产业投资权重设置为10%，将第二产业投资权重设置为40%，将第三产业投资权重设置为50%，按此权重计算出三级指标产业投资指数和产业企业数量指数，产业投资指数和产业企业数量指数又各占50%计算二级指标产业规模指数。

二级指标产业结构、产业创新和产业环境的三级指标权重皆采用1/N（N代表三级指标的数量），所以按照三级指标各占33.33%的比重计算出产业结构指数和产业创新指数，按照三级指标各占50%的比重计算出产业环境指数。

最后确定一级指标所涉及的二级指标的权重。分别赋予二级指标产业规模指数、产业结构指数、产业创新指数和产业环境指数相同的权重25%，加权平均得到一级指标产业发展指数。

第二节 自贸片区产业发展指数总体排序及分析

表5-2给出了按产业发展指数排序前20位的自贸片区的一级指标产业发展指数以及二级指标产业规模指数、产业结构指数、产业创新指数和产业环境指数的具体数值。图5-1对产业发展指数排名前20位的自贸片区的基本情况进行了更具象化的展示。从图5-1的测评结果来看，可以分成三个梯队，第一梯队的上海张江高

科片区、南京片区的产业发展指数分别是48.67和47.47，其次珠海横琴新区片区、深圳前海蛇口片区、合肥片区、南沙新区片区的产业发展指数分别为45.03、43.51、40.52和40.04，第三梯队的自贸片区的产业发展指数集中在35~40之间，分布比较集中。

表5-2 自贸片区产业发展指数排名（前20位）

自贸区	产业发展	产业规模	产业结构	产业创新	产业环境
上海张江高科片区	48.67	12.39	41.00	75.02	66.26
南京片区	47.47	30.06	65.44	16.61	77.75
珠海横琴新区片区	45.03	23.47	33.31	28.63	94.72
深圳前海蛇口片区	43.51	41.26	33.74	6.69	92.36
合肥片区	40.52	37.53	17.88	17.94	88.75
南沙新区片区	40.04	33.22	33.43	3.42	90.10
济南片区	39.37	34.15	19.90	11.43	91.98
武汉片区	38.88	12.77	34.73	14.05	93.98
西安中心片区	38.54	15.38	29.40	16.97	92.40
成都青白江铁路港片区	38.28	19.94	33.33	0.29	99.56
北京科技创新片区	37.86	7.23	49.53	18.00	76.69
北京高端产业片区	37.79	9.26	39.65	35.61	66.64
成都天府新区片区	37.70	20.64	30.48	7.19	92.50
襄阳片区	36.71	3.46	33.83	19.98	89.60
连云港片区	36.51	7.12	66.66	1.53	70.72
苏州片区	36.19	10.89	33.85	27.47	72.56
天津机场片区	35.53	9.61	33.76	19.54	79.21
大连片区	35.42	11.46	28.40	17.95	83.88
雄安片区	35.35	0.52	36.02	8.50	96.35
蚌埠片区	35.28	2.81	47.34	19.24	71.74

第一梯队前两位的上海张江高科片区的企业股权投资累计金额是11 927 647万元，其中第二产业企业股权投资累计金额为6 025 010万元，第三产业企业股权投资累计金额为5 902 637万元，高新企业股权投资为3 642 439万元，所以第三产业投资占比49.49%，第三产业投资与第二产业投资的比为0.9797，高新技术产业投资占比30.54%，无量纲化后二级指标产业结构指数为41。南京片区的企业股权投资累计金额是1 000 815 183万元，其中第二产业企业股权投资累计金额为164 966万元，第三产业企业股权投资累计金额为1 000 650 217万元，高新企业股权投资为107 694万元，所以第三产业投资占比99.98%，第三产业投资与第二产业投资的比为6 065.7967，高新技术产业投资占比0.01%，二级指标产业结构指数为65.44。

对比发现，上海张江高科片区第二产业企业股权投资累计金额大于南京片区，但是第三产业企业股权投资累计金额远小于南京片区，所以南京片区的三级指标产业投资指数大于上海张江高科片区。上海张江高科片区第二产业企业数量2 660家，第三产业企业数量13 929家，南京片区第二产业企业数量3 470家，第三产业企业数量10 566家，上海张江高科片区的三级指标产业企业数量指数略高于南京片区。对比发现，南京片区的产业规模指数、产业结构指数总体大于上海张江高科片区。

第二梯队前两位的深圳前海蛇口片区的企业股权投资累计金额是128 203 348万元，其中第二产业企业股权投资累计金额为1 566 422万元，第三产业企业股权投资累计金额为126 633 036万元，高新企业股权投资为614 921万元，所以第三产业投资占比98.78%，第三产业投资与第二产业投资的比为80.8422，高新技术产业投资占比0.48%，二级指标产业结构指数为33.40。珠海横琴新区片区的企业股权投资累计金额是31 281 155万元，其中第二产业企业股权投资累计金额为1 236 038万元，第三产业企业股权投资累计金额为30 038 646万元，高新企业股权投资为456 156万元，所以第三产业投资占比96.03%，第三产业投资与第二产业投资的比为24.3024，高新技术产业投资占比1.46%，二级指标产业结构指数为32.97。对比发现，深圳前海蛇口片区第二、第三产业企业股权投资累计金额大于珠海横琴新区片区，所以深圳前海蛇口片区的产业投资指数大于珠海横琴新区片区。深圳前海蛇口片区第二产业企业数量6 875家，第三产业企业数量114 620家，珠海横琴新区片区第二产业企业数量7 764家，第三产业企业数量43 636家，深圳前海蛇口片区的产业企业数量指数大于珠海横琴新区片区。综合对比，深圳前海蛇口片区的产业规模指数、产业结构指数总体大于珠海横琴新区片区。

第一梯队前两位的上海张江高科片区专利数量为146 786件，发明专利数量为114 210件，实用新型专利数量为23 340件，企业总数为16 639家，南京片区专利数量为23 628件，发明专利数量为12 431件，实用新型专利数量为10 119件，企业总数为14 104家。对比发现，上海张江高科片区的单位企业专利授权数、单位企业发明专利数量、单位企业实用新型专利数量大于南京片区，所以上海张江高科片区的产业创新总体大于南京片区。

第二梯队前两位的珠海横琴新区片区专利数量为162 096件，发明专利数量为97 393件，实用新型专利数量为50 007件，企业总数为51 594家，深圳前海蛇口片区专利数量为96 483件，发明专利数量为57 304件，实用新型专利数量为24 577件，企业总数为121 665家。对比发现，珠海横琴新区片区的单位企业专利授权数、单位企业发明专利数量、单位企业实用新型专利数量大于深圳前海蛇口片区，所以珠海横琴新区片区的产业创新总体大于深圳前海蛇口片区。

第一梯队前两位的上海张江高科片区行政处罚次数为正的企业总数为7 395家，是失信被执行人的企业总数为230家，南京片区行政处罚次数为正的企业总数为2 010家，是失信被执行人的企业总数为213家。对比发现，无量纲化后上海张江高科片区的企业各类惩罚占比小于南京片区，失信企业占比略大于南京片区，所以上海张江高科片区的产业环境总体劣于南京片区。

第二梯队前两位的珠海横琴新区片区行政处罚次数为正的企业总数为4 226家，是失信被执行人的企业总数为99家，深圳前海蛇口片区行政处罚次数为正的企业总数为7 398家，是失信被执行人的企业总数为598家。对比发现，无量纲化后珠海横琴新区片区的企业各类惩罚占比略小于深圳前海蛇口片区，失信企业占比大于深圳前海蛇口片区，所以珠海横琴新区片区的产业环境总体优于深圳前海蛇口片区。

通过对第一、第二梯队前两位片区的对比分析发现，第一梯队的上海张江高科片区在产业创新方面比南京片区有优势，说明上海张江高科片区的企业注重发明专利，创新能力强；南京片区在产业规模、产业结构、产业环境方面比上海张江高科片区有优势，说明南京片区的第三产业企业数量多，且受到各类惩罚的企业、失信的企业占比低，营商环境强。第二梯队的珠海横琴新区片区在产业创新、产业环境方面优于深圳前海蛇口片区，在产业规模、产业结构方面劣于深圳前海蛇口片区。

图5-1给出了自贸片区产业发展指数排名（前20位）的直观结果，图5-2给出了自贸片区产业发展指数（前20位）对应的二级指标得分的直观结果。从排序结果看，二级指标与产业发展指数的趋势大致相同。随着产业发展指数的下降，产业规模指数、产业创新指数虽有一定波动，但整体上从左到右呈现下降趋势；产业结构指数前20位虽有波动，但所有片区数值大致相同；产业环境指数前20位大致呈上升趋势。

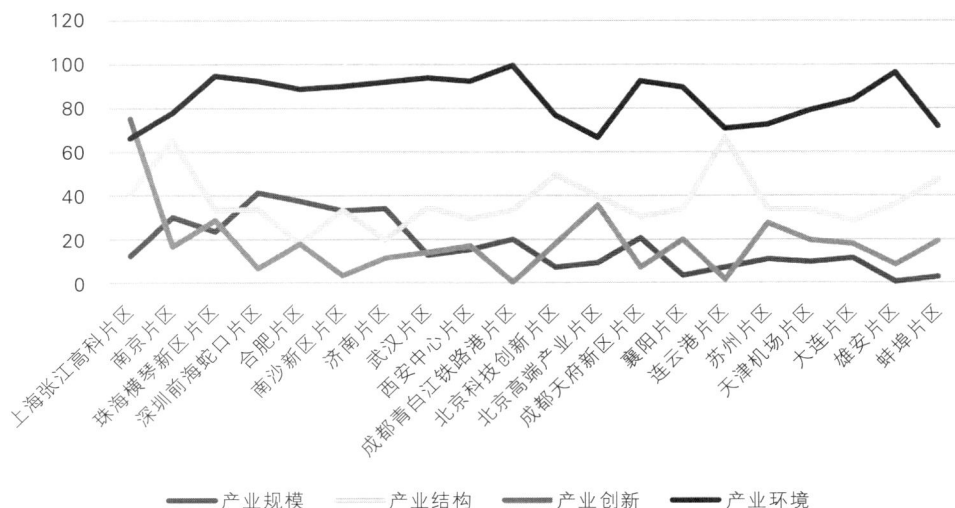

图5-1　自贸片区产业发展指数排名（前20位）

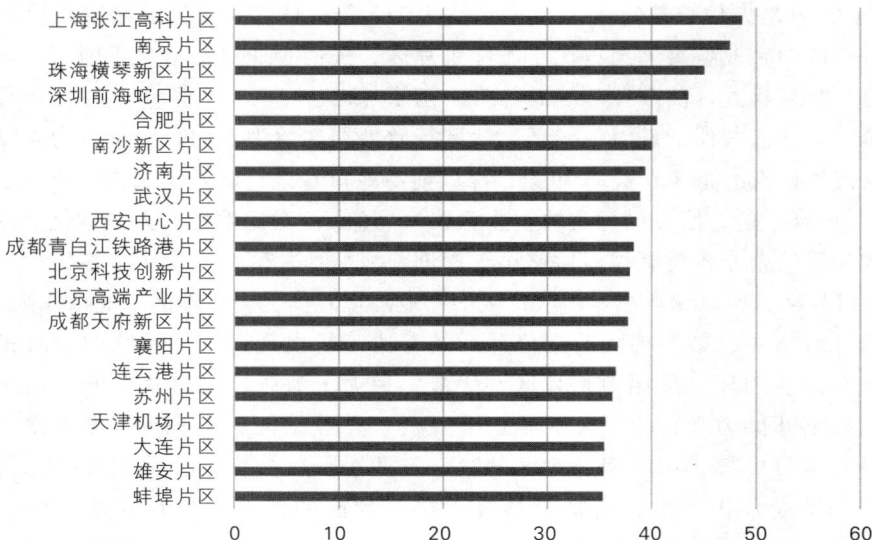

图5-2 自贸片区产业发展指数二级指标得分对比（前20位）

上海张江高科片区的产业发展指数为48.67，在64个片区中排名第一，它的二级指标产业结构指数、产业创新指数、产业规模指数都处于全国前20位，但产业环境指数处于全国下游。产业发展指数排名第二的南京片区产业发展指数为47.47，产业规模指数、产业结构指数、产业创新指数也都处于全国上游，产业环境指数也处于全国下游。

连云港片区产业结构指数表现突出，二级指标产业结构指数为66.66，在全国自贸片区中排第一，主要原因是第三产业投资与第二产业投资的比值高。连云港片区着力发展"4+N"主导产业，依托中华药港、花果山总部经济产业园等高端载体，重点发展新医药、新材料、新能源和高端装备制造等特色产业，已集聚中国建材等40多家世界500强企业、跨国公司和央企投资兴业，形成了抗肿瘤新药、抗肝炎药物、高性能纤维材料、风电装备等特色产业集群。[1]

第三节 自贸片区产业发展分类排序及分析

一、自贸片区产业规模指数排序及分析

表5-3给出了按产业规模指数排序前20位自贸片区的具体数值，图5-3给出了

---

① 佚名.连云港经开区三坚持推动产业园区发展提质增效［EB/OL］.［2023-09-03］.https://www.163.com/dy/article/ID0830EP0552ADWT.html.

自贸片区产业规模指数排名前20位的直观结果。从排序结果来看，按产业规模指数排序，前20位自贸片区可以大致分成三个梯队，第一梯队为深圳前海蛇口片区、合肥片区、杨凌示范区片区、济南片区、南沙新区片区、南京片区，指数都为30以上；第二梯队为上海陆家嘴片区、珠海横琴新区片区、成都天府新区片区，指数都为20以上；第三梯队为其他片区，指数集中在10~20之间。

表5-3　　　　　　　　　　自贸片区产业规模指数排名（前20位）

自贸区	产业规模
深圳前海蛇口片区	41.26
合肥片区	37.53
杨凌示范区片区	35.67
济南片区	34.15
南沙新区片区	33.22
南京片区	30.06
上海陆家嘴片区	25.00
珠海横琴新区片区	23.47
成都天府新区片区	20.64
成都青白江铁路港片区	19.94
昆明片区	19.35
舟山岛北部片区	18.08
上海保税区片区	15.72
西安中心片区	15.38
郑州片区	15.14
武汉片区	12.77
上海张江高科片区	12.39
南宁片区	11.66
大连片区	11.46
苏州片区	10.89

第一梯队的深圳前海蛇口片区的三级指标产业投资指数为14.53、三级指标产业企业数量指数为67.98。深圳前海蛇口片区的第一产业企业股权投资累计金额为3 890万元，在全国排名第20位；第二产业企业股权投资累计金额为1 566 422万元，第二产业企业股权投资累计金额在全国排名第10位；深圳前海蛇口片区第三产业企业股权投资累计金额为126 633 036万元，在全国排名第2位，所以深圳前海蛇口片区在第三产业企业股权投资方面具有优势；深圳前海蛇口片区第一产业、第二产业、第三产业企业数量分别为85家、6 875家、114 620家，第一产业企业数量在全国排名第30位，第二产业企业数量在全国排名第14位，第三产业企业数量位于全国第4位，说明深圳前海蛇口片区的第二、第三产业企业数量非常多，重视第三产业发展。指标无量纲化需要除以面积，深圳前海蛇口片区各项指标的无量纲化得分排名都比较靠前，其中第二产业企业投资股权累计金额位于第5名，第三产业

企业投资股权累计金额位于第2名，第三产业企业数量位于第1名。

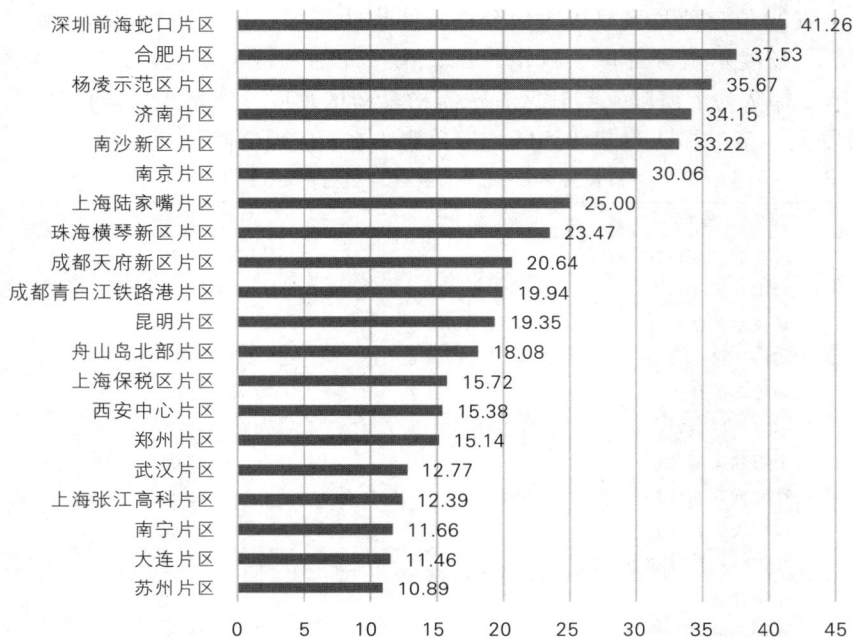

图5-3 自贸片区产业规模指数排名（前20位）

第二梯队的上海陆家嘴片区的产业投资指数为29.00、产业企业数量指数为21.00。上海陆家嘴片区的第一、第二、第三产业企业股权投资累计金额分别为42 000万元、7 702 790万元和51 681 204万元，第一产业企业股权投资累计金额在前20位片区中排名第4位，第二、第三产业企业股权投资累计金额在前20位片区中都排在第3位；第一、第二、第三产业企业数量分别为55家、4 006家、34 533家，第一产业企业数量在前20位片区中排在第16位，第二产业企业数量在前20位片区中排在第15位，第三产业企业数量在前20位片区中排在第11位。指标无量纲化后的得分排名比较靠前，第一产业企业投资股权累计金额排在第3位，上升一个位次，第二、第三产业企业投资股权累计金额排名没有变化；第一产业企业数量排在第15位，上升一个位次，第二产业企业数量排在第17位，下降两个位次，第三产业企业数量排在第9位，上升两个位次。

二、自贸片区产业结构指数排序及分析

表5-4给出了按产业结构指数排序前20位自贸片区的具体数值，图5-4给出了自贸片区产业结构指数排名前20位的直观结果。从排序结果来看，可以分成三个梯队，第一梯队为连云港片区、南京片区，产业结构指数为65以上；第二梯队为北京科技创新片区、蚌埠片区、长沙片区、上海张江高科片区，产业结构指数为40以上；第三梯队为其他片区，产业结构指数集中在33~39之间。

表5-4 自贸片区产业结构指数排名（前20位）

自贸区	产业结构
连云港片区	66.66
南京片区	65.44
北京科技创新片区	49.53
蚌埠片区	47.34
长沙片区	42.41
上海张江高科片区	41.00
北京高端产业片区	39.65
营口片区	38.64
烟台片区	38.23
正定片区	37.39
雄安片区	36.02
岳阳片区	35.54
武汉片区	34.73
上海金桥片区	34.49
青岛片区	34.11
上海保税区片区	33.96
崇左片区	33.90
苏州片区	33.85
襄阳片区	33.83
天津机场片区	33.76

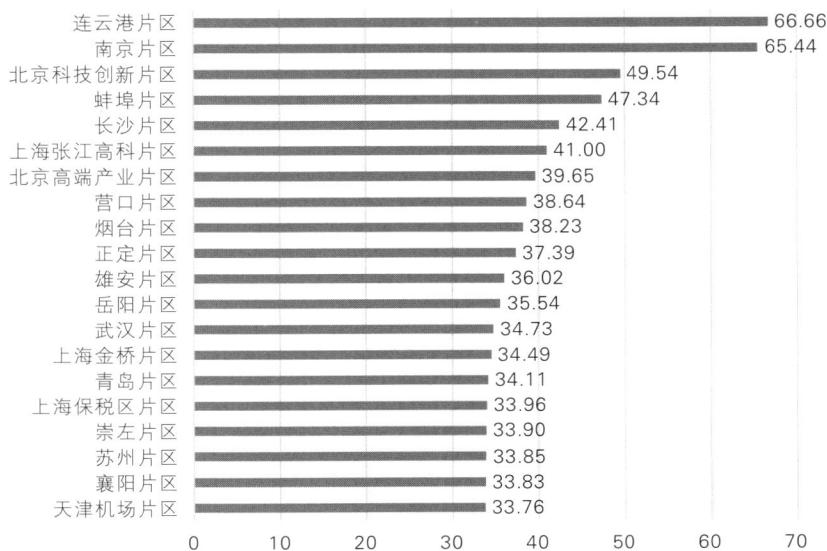

图5-4 自贸片区产业结构指数排名（前20位）

　　第一梯队的连云港片区产业结构指数为66.66，企业股权投资累计金额为40 135 287万元，其中第二产业企业股权投资累计金额为6 373万元，第三产业企业股权投资累计金额为 40 128 914 万元，高新企业股权投资累计金额为 0，无量纲化指标第三产业投资比重为 0.9980，在全国排在第 2 位，第三产业投资与第二产业投资比值为 1，在全国排在第 1 位，高新技术产业投资占比为 0，在全国排在倒数第 11 位。

第二梯队的北京科技创新片区企业股权投资累计金额为 2 763 510 万元，其中第二产业企业股权投资累计金额为 295 610 万元，第三产业企业股权投资累计金额为 2 461 460 万元，高新企业股权投资累计金额为 678 156 万元，无量纲化指标第三产业投资比重为 0.8895、第三产业投资与第二产业投资比为 0.0009，在全国排名都是第 24 位，高新技术产业投资占比 0.5951，在全国排名第 4 位。

三、自贸片区产业创新指数排序及分析

表5-5给出了按产业创新指数排序前20位自贸片区的具体数值，图5-5给出了自贸片区产业创新指数排名前20位的直观结果。从排序来看，可以分为三个梯队，第一梯队为上海张江高科片区、上海金桥片区，产业创新指数为50以上；第二梯队为北京高端产业片区、珠海横琴新区片区、苏州片区、重庆果园港片区、上海陆家嘴片区，产业创新指数在20以上；其他为第三梯队，产业创新指数在9~19之间。

表5-5　　　　　　　　自贸片区产业创新指数排名（前20位）

自贸区	产业创新
上海张江高科片区	75.02
上海金桥片区	52.47
北京高端产业片区	35.61
珠海横琴新区片区	28.63
苏州片区	27.47
重庆果园港片区	23.49
上海陆家嘴片区	20.87
襄阳片区	19.98
天津机场片区	19.54
蚌埠片区	19.24
北京科技创新片区	18.00
大连片区	17.95
合肥片区	17.94
洛阳片区	17.77
西安中心片区	16.97
南京片区	16.61
长沙片区	15.10
武汉片区	14.05
济南片区	11.43
上海保税区片区	9.99

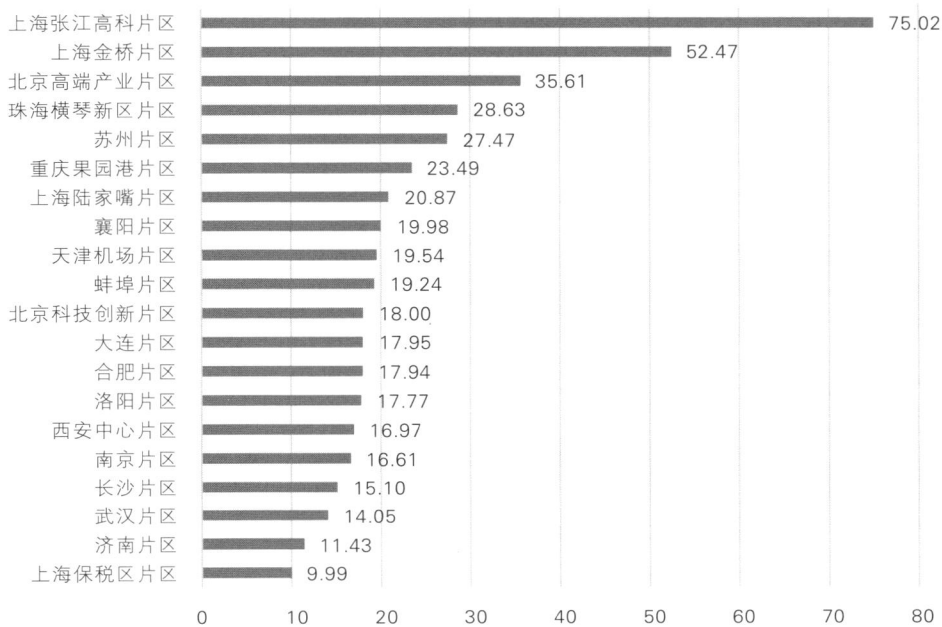

图5-5 自贸片区产业创新指数排名（前20位）

第一梯队的上海张江高科片区专利数量为146 786件，在所有片区中排在第2位，发明专利数量114 210件，在所有片区中排在第1位，实用新型专利数量23 340件，在所有片区中排在第14位。无量纲化需要除以企业总数，无量纲化之后单位企业专利授权数0.8319，在所有片区中排在第2位，单位企业发明专利数为1，在所有片区中排名第一，单位企业实用新型专利数为0.4187，排在第4位。

第二梯队的北京高端产业片区专利数量107 451件，在所有片区中排在第7位，发明专利数量63 601件，在所有片区中排在第6位，实用新型专利数量35 246件，在所有片区中排在第6位，无量纲化之后单位企业专利授权数为0.3614，在所有片区中排在第5位，单位企业发明专利数为0.331，在所有片区中排在第4位，单位企业实用新型专利数为0.3758，排第6位。

四、自贸片区产业环境指数排序及分析

表5-6给出了按产业环境指数排序前20位自贸片区的具体数值，图5-6给出了自贸片区产业环境指数排名前20位的直观结果。从排序来看，可以分成两个梯队，第一梯队为成都青白江铁路港片区、雄安片区，产业环境指数在96以上；第二梯队为其他片区，产业环境指数分布在86~95范围内。

表5-6 自贸片区产业环境指数排名（前20位）

自贸区	产业环境指数
成都青白江铁路港片区	99.56
雄安片区	96.35
珠海横琴新区片区	94.72
钦州港片区	94.36
武汉片区	93.98
大兴机场片区	93.30
成都天府新区片区	92.50
西安中心片区	92.40
哈尔滨片区	92.36
深圳前海蛇口片区	92.36
舟山岛北部片区	92.05
济南片区	91.98
岳阳片区	91.76
曹妃甸片区	90.45
南沙新区片区	90.10
襄阳片区	89.60
郴州片区	89.17
合肥片区	88.75
青岛片区	87.95
重庆西永片区	87.84

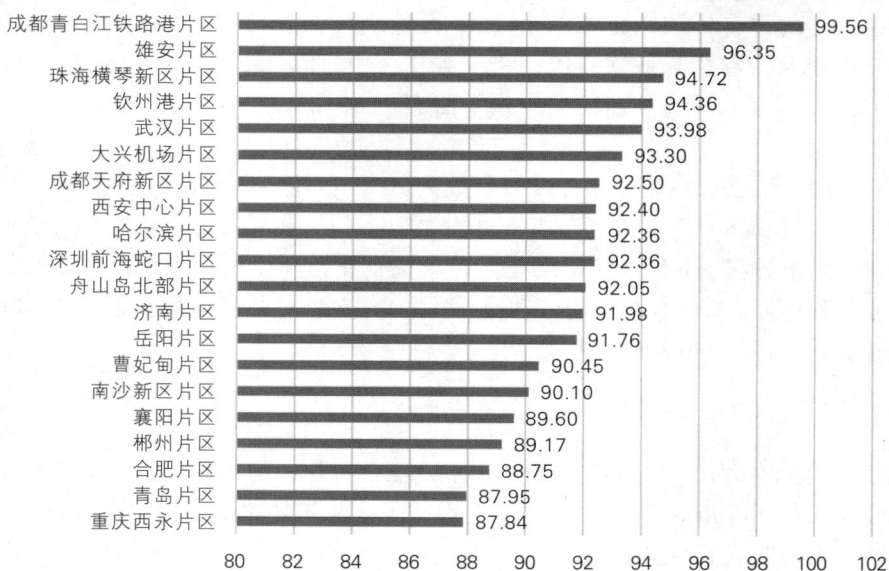

图5-6 自贸片区产业环境指数排名（前20位）

第一梯队的成都青白江铁路港片区行政处罚次数为正的企业总数为198家，在所有片区中排在倒数第5位，说明成都青白江铁路港片区受到行政处罚的企业很少；是失信被执行人的企业总数为12家，在所有片区中排在倒数第4位。指标无量纲化需要除以企业数量，无量纲化后成都青白江铁路港片区企业各类惩罚占比为1，说明成都青白江铁路港片区受到惩罚的企业数量最少，失信企业占比0.9913，在所有片区中排在第2位。

第二梯队的珠海横琴新区片区受到行政处罚次数为正的企业总数为4 226家，在所有片区中排第21名，是失信被执行人的企业总数99家，在所有片区中排名39。无量纲化后受到各类惩罚的企业占比0.9358，排在第18位，失信企业占比0.9586，在所有片区中排在第3位。

第四节　小结

在对自贸试验区产业发展研究之前，首先梳理关于自贸试验区产业发展的一系列研究基础的前提下，结合中国自贸试验区的实际情况，构建适宜评价中国自贸试验区产业发展指标体系。研究中选取产业规模、产业结构、产业创新、产业环境四个指标来刻画产业发展指数。将具体指标按照一定的权重加权合成一级指标产业发展指数，采取无量纲化的方法进行处理，增强指数的科学性和可比性。

在对自贸试验区产业发展指数总体分析的过程中，将一级指标以及二级指标具体数值结合各自贸片区的基本情况进行分析。总体分析之后对产业发展指数具体分类进行研究，将二十个自贸片区大致分为三个梯队，三个梯队内部进行比较分析。分析过程中发现前二十位自贸片区大多处于经济发达地区，就产业规模、产业结构而言，省会城市及沿海城市的自贸片区表现较为突出，不仅产业数量多，而且产业投资多，第三产业、高新技术产业投资占比大。就产业创新而言，省会城市表现出巨大潜力，重视发明专利。在产业环境方面，全国自贸片区表现优异，自贸片区的企业皆注重口碑，政府也出台政策来优化营商环境。

第六章　自贸试验区科技创新指数

自贸试验区的设立是我国深化改革和进一步扩大对外开放的需要，旨在激发区域科技创新并驱动经济社会发展。自贸试验区可以充分发挥市场的作用，鼓励企业进行科技创新和产业升级，在推动创新发展方面发挥积极作用。试验区内的企业可以享受到更加优惠的税收政策和创新支持，从而更好地推动科技创新和产业发展。例如，广东自贸试验区在推动科技创新方面取得了重要进展，成为中国高新技术产业的重要基地。自贸试验区积极推动跨境电商、人工智能、数字经济等新兴产业的发展，为中国经济的转型升级提供了新的动力。但目前我国各大自贸试验区基于各自功能定位的差异，科技创新不充分、不平衡的现象较为突出。例如，天津自贸试验区针对片区实际情况制定的关于航运物流、国际贸易、外汇等方面的创新改革措施中，发展不平衡的现象较为突出，目前仅有融资租赁业务发展较快，而其他方面发展较缓。站在国家综合战略视角，科技创新是自贸区经济发展的催化剂，更是自贸试验区在全球化条件下参与国际产业分工的关键因素（苏屹和李柏洲，2011）。自贸试验区的科技创新能力影响着区域发展（匡海波等，2018），因此，科学评价自贸试验区科技创新能力对推动科技进步和产业发展具有积极的理论与实践意义。

第一节　自贸试验区科技创新指标体系设计

一、指标体系设计思路

自贸试验区科技创新指数构建的前提是设计一个完整、准确的科技创新评估指标体系。在梳理关于自贸试验区科技创新评价的一系列研究的基础上，结合中国自贸试验区的实际情况，在相应的指标数据可获得的前提下，选用最适宜的指标进行尽可能客观的设计和评价，构建起适宜评价中国自贸试验区科技创新的指标体系，基于主观定权法确定各级指数占比，并采用功效函数法对指标进行处理，最终合成自贸试验区科技创新指数，并对64个自贸试验区进行排名，为对各个自贸试验区的科技创新情况对比提供客观依据。

二、指标选取

科技创新能力是指在某一专业领域进行发明创新的综合实力（陈艳华，2017）。学者们选取的科技创新能力评价指标各有侧重，目前还未形成统一意见，如殷俊等

（2019）从创新主体的角度，分别从创新投入和创新产出设计评价指标；张婧等（2021）基于区域创新体系理论，从创新环境、创新资源、企业创新和创新绩效来构建四川科技创新监测指标体系；蔡晓琳等（2021）基于系统论，从科技创新环境、科技创新投入能力、科技创新实施能力和科技创新产出能力构建珠三角城市科技创新能力评价指标体系；汪小龙和丁佐琴（2023）将科技创新分为科技创新投入与科技创新产出两个指标，对中国28个省、直辖市和291个地级城市科技创新问题进行研究。进一步梳理，国内外权威科技创新监测与评价报告及主要评价指标如表6-1所示。为科学构建自贸试验区科技创新能力评价指标体系，本书参考国内学者文献与国内外典型创新评价报告，按照投入、产出和环境的关系逻辑，将自贸试验区科技创新系统分为科技创新环境、科技创新投入和科技创新产出三个方面，其关系如图6-1所示。

表6-1 国内外典型创新评价报告梳理

参考来源	发布机构	评价区域范围	主要评价指标
《中国区域创新能力监测报告2022》	科学技术部战略规划司	全国各省、自治区、直辖市（不包括港澳台地区）	创新环境、创新资源、企业创新、创新产出和创新绩效
《中国创新指数研究》	国家统计局社科文司《中国创新指数研究》课题组	我国整体	创新环境、创新投入、创新产出和创新成效
《2022年全球创新指数报告》	世界知识产权组织（WIPO）	全球各国	创新投入和创新产出
《中国区域科技创新评价报告2022》	中国科学技术发展战略研究院	全国31个省、自治区、直辖市	科技创新环境、科技活动投入、科技活动产出、高新技术产业化和科技促进经济社会发展

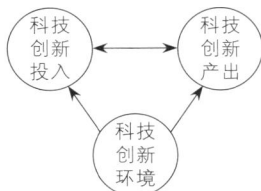

图6-1 科技创新指标体系的逻辑架构

基于逻辑合理性、客观性和数据可得性，确定科技创新指标评价体系。在此评价体系下，对全国64个自贸试验区2022年截面统计数据进行计算并对比，可得各自贸试验区科技创新总指数与科技创新环境、科技创新投入和科技创新产出水平。进一步对各自贸试验区科技创新指标进行比较，可看出各自贸试验区在不同方面的优势与劣势，有助于对我国各自贸试验区的科技创新水平形成科学系统的分析。

三、指标测度

科技创新指标体系分为四个等级，一级指标用以反映我国各自贸试验区科技创新总体发展情况，通过计算科技创新指数实现；二级指标用以反映我国各自贸试验区在创新环境、创新投入和创新产出三个领域的发展情况，通过计算分领域指数实现；三级指标用以反映我国各自贸试验区构成科技创新能力各方面的具体发展情况，通过上述3个领域所选取的6个三级指标和14个对应的四级指标实现，各级指标的简要说明如下：

1.创新环境指数

该指标主要反映自贸试验区中驱动科技创新能力发展所必备的人力、财力等基础环境条件的支撑情况，共设2个三级指标以及8个对应的四级指标。

（1）创新主体企业占比指数。企业是科技创新的实施主体，也是科技创新成果转化的重要载体，因此在评价区域创新环境时，在科技创新实施能力指标设计上，创新主体企业占比是重要组成部分（王宏伟等，2021）。

①高新企业占比。该指标用以反映自贸试验区中在国家重点支持的高新技术领域内进行研究开发与技术成果转化，并取得一定核心知识产权的高新企业占比。

②瞪羚企业占比。该指标用以反映自贸试验区中成长快、创新强、潜力大，且具有人才密集、技术密集等特征的瞪羚企业占比。

③专精特新企业占比。该指标用以反映自贸试验区中专业化、精细化、特色化、新颖化，以专注铸专长、以配套强产业、以创新赢市场的专精特新企业占比。

④独角兽企业占比。该指标用以反映自贸试验区中成立10年以内、估值超过10亿美元、获得过私募投资且尚未上市的独角兽企业占比。

⑤展翼企业占比。该指标用以反映自贸试验区中产业领域符合国家或地方战略发展方向，涵盖战略性新兴产业等领域，积极发展新技术、新业态、新模式的展翼企业占比。

（2）科技服务企业占比指数。科技服务企业数量作为创新主体成长环境的重要组成部分，反映了支撑企业特别是科技型企业成长的投融资支持、创业指导、科技评估等各类科技服务情况（王宏伟等，2021）。

①风险投资机构占比，即自贸试验区中风险投资机构占比，该指标用以比较区域的风险投资能力。

②私募机构占比，即自贸试验区私募机构占比，该指标用以比较区域的私募投资能力。

③科技孵化器占比，即自贸试验区科技企业孵化器（也称高新技术创业服务中心）占比，该指标用以比较区域的科技孵化能力。

2.创新投入指数

该指标主要反映自贸试验区中支持创新的人力、财政、拨款等投入的综合水平，共设2个三级指标和2个对应的四级指标。

（1）创新创业企业指数。企业是科技创新投入主体，开展创新工作的企业数量代表了区域的创新投入水平，此处用申请专利、软件著作权或作品著作权的企业指代开展创新的企业。

自贸试验区开展创新创业的企业占比，用以比较区域的科技创新投入企业比例。

（2）创投市场融资指数。在科技创新投入能力方面，企业除了调动内部资源进行创新外，还会以项目融资的方式在创新投资市场开展融资，作为衡量资金投入力度的指标，项目融资水平更加突出经费投入对科技创新能力的影响，因此将项目融资水平纳入创投市场融资范围内。

自贸试验区企业融资项目累计数占企业总数的比重，即项目融资指数，用以比较区域项目创新投入水平。

3.创新产出指数

相较于创新投入偏向于对企业创新态度的衡量，创新产出更侧重于反映企业创新效率。该指标主要反映自贸试验区中各类企业通过专利、软件著作权或生产许可等反映的创新中间产出结果，共设2个三级指标和4个对应的四级指标。

（1）科技活动直接产出指数。企业由科技活动产生的科技成果，基于客观性和可获得性，此处选取各自贸试验区企业专利授权总数与软件著作权总数占企业总数的比例，衡量科技活动直接产出（王跃婷，2022）。

①专利授权水平，即自贸试验区企业专利授权数占企业总数的比重，该指标用以比较区域专利产出水平。

②软件著作权水平，即自贸试验区企业软件著作权授权数占企业总数的比重，该指标用以比较区域软件著作权产出水平。

（2）科技成果转化指数。科技成果转化是为了推动科技创新实施的一系列有效、即时、准确地将科技活动产出转化为科技生产力的行为（唐露源等，2023），能够更为直观地反映区域高技术发展规模、经济效益以及技术创新成果在市场上的竞争能力。

①资质水平，即自贸试验区企业获得资质证书数占企业总数的比重，该指标用以比较区域科技成果转化水平。

②产品生产许可水平，即自贸试验区企业获得产品许可证书占企业总数的比重，该指标用以比较区域科技成果转化水平。

四、指标处理

1.指标无量纲化方法

为了增强指数的科学性和可比性，在对指标的无量纲化处理过程中，我们采用具有严格单调性、取值区间明确、结果直观的线性功效函数法对三级指标计算结果进行无量纲化及标准化处理。该线性功效函数的具体形式为：

$$x' = \frac{x - minA}{maxA - minA} \times 100$$

此函数为归一化处理方式，可将三级指标计算结果保持在［0，100］范围内，包括两个边界数字0和数字100，让数据间的数理单位保持一致。在该功效函数中，x′是无量纲化结果，其中x指观测值，minA指该三级指标计算结果中的最小值，maxA是指该三级指标计算结果中的最大值。

2.权重设定

整个指标体系分为四级，在编制指数之前，首先要确定各级指标的权重。本项目采用主观定性法来确定权重。表6-2给出了自贸区科技创新指数所涉及的各级指标、计算依据及权重。

表6-2　　　　自贸区科技创新指数所涉及的各级指标、计算依据及权重

二级	三级	四级	计算方法
创新环境 指数 （0.2）	创新主体企业占比指数（0.5）	高新企业占比（0.2）	高新企业数量/企业总数
		瞪羚企业占比（0.2）	瞪羚企业数量/企业总数
		专精特新企业占比（0.2）	专精特新企业数量/企业总数
		独角兽企业占比（0.2）	独角兽企业数量/企业总数
		展翼企业占比（0.2）	展翼企业数量/企业总数
	科技服务企业占比指数（0.5）	风险投资机构占比（0.33）	风险投资机构数量/企业总数
		私募机构占比（0.33）	私募机构数量/企业总数
		科技孵化器占比（0.33）	科技孵化器数量/企业总数
创新投入 指数 （0.2）	创新创业企业指数（0.5）	开展创新创业的企业占比（1）	申请专利、软件著作权与作品著作权的企业数量/企业总数
	创投市场融资指数（0.5）	项目融资指数（1）	融资项目累计数量/企业总数
创新产出 指数 （0.6）	科技活动直接产出指数（0.5）	专利授权水平（0.5）	授权专利数量/企业总数
		软件著作权水平（0.5）	软件著作权数量/企业总数
	科技成果转化指数（0.5）	资质水平（0.5）	拥有资质数量/企业总数
		产品生产许可水平（0.5）	拥有产品生产许可证数量/企业总数

首先，设定二级指标创新环境指数所涉及的三级指标和四级指标权重。创新主体企业占比指数分为高新企业占比、瞪羚企业占比、专精特新企业占比、独角兽企业占比和展翼企业占比五个细分指标，各占20%的权重。科技服务企业占比指数分为风险投资机构占比、私募机构占比和科技孵化器占比三个细分指标，各占33%的权重。创新主体企业占比指数与科技服务企业占比指数二者各按50%的权重进一步加权合成二级指标创新环境指数。

其次，设定二级指标创新投入指数所涉及的三级指标和四级指标权重。创新创业企业指数由开展创新创业的企业占比体现，创投市场融资指数由项目融资指数体现。开展创新创业企业指数与创投市场融资指数二者各按50%的权重进一步加权合成二级指标创新投入指数。

再次，设定二级指标创新产出指数所涉及的三级指标和四级指标权重。科技活

动直接产出指数由专利授权水平与软件著作权水平组成，各占50%权重，科技成果转化指数由资质水平与产品生产许可水平组成，各占50%权重。科技活动直接产出指数与科技成果转化指数二者各按50%的权重进一步加权合成创新产出指数。

最后，确定一级指标科技创新指数所涉及的二级指标权重。根据专家赋权法，赋予二级指标创新环境指数与创新投入指数各20%的权重，赋予创新产出指数60%的权重，加权合成一级指标科技创新指数。

第二节 自贸试验区科技创新指数总体排序及分析

表6-3给出了按科技创新指数排序前20位的自贸试验区的一级指标科技创新指数以及二级指标创新环境指数、创新投入指数和创新产出指数的具体数值。图6-2对科技创新指数排名前20位的自贸试验区的基本情况进行具象化展示。从图6-2的测评结果来看，前20位自贸试验区可以大致分为三个梯队，第一梯队为上海张江高科片区和上海金桥片区，其科技创新指数显著高于其他自贸试验区。第二梯队为北京高端产业片区至北京科技创新片区，科技创新指数集中在30~50范围内。其他自贸试验区属于第三梯队，科技创新指数集中在19~30范围内。

表6-3　　　　　　　　　　　自贸试验区科技创新指数排名（前20位）

自贸片区	科技创新指数	创新环境指数	创新投入指数	创新产出指数
上海张江高科片区	77.13	59.43	60.00	88.74
上海金桥片区	58.87	33.19	31.93	76.41
北京高端产业片区	48.48	40.86	37.50	54.68
上海保税区片区	41.06	27.16	38.65	46.50
苏州片区	34.91	43.37	35.59	31.86
北京科技创新片区	34.48	42.06	40.77	29.86
上海陆家嘴片区	27.76	23.50	18.83	32.16
西安中心片区	27.24	27.94	25.46	27.60
南京片区	26.03	28.70	28.20	24.42
武汉片区	22.97	28.10	22.70	21.35
芜湖片区	22.76	18.57	23.25	24.00
蚌埠片区	22.74	12.95	16.09	28.22
珠海横琴新区片区	21.87	14.85	7.56	28.98
合肥片区	21.40	13.28	17.31	25.47
重庆果园港片区	20.11	11.86	11.33	25.79
天津机场片区	19.94	14.89	14.95	23.29
深圳前海蛇口片区	19.67	41.70	22.94	11.24
济南片区	19.43	17.64	16.76	20.91
哈尔滨片区	19.38	21.30	20.65	18.32
北京国际商务服务片区	19.15	14.90	21.55	19.77

注：依据自贸试验区的企业数据，选取创新环境指数、创新投入指数和创新产出指数作为二级指标，采用线性函数归一化进行无量纲化处理，通过加权平均最终得到一级指标科技创新指数。

上海张江高科片区 77.13
上海金桥片区 58.87
北京高端产业片区 48.48
上海保税区片区 41.06
苏州片区 34.91
北京科技创新片区 34.48
上海陆家嘴片区 27.76
西安中心片区 27.24
南京片区 26.03
武汉片区 22.97
芜湖片区 22.76
蚌埠片区 22.74
珠海横琴新区片区 21.87
合肥片区 21.40
重庆果园港片区 20.11
天津机场片区 19.94
深圳前海蛇口片区 19.67
济南片区 19.43
哈尔滨片区 19.38
北京国际商务服务片区 19.15

0 10 20 30 40 50 60 70 80 90

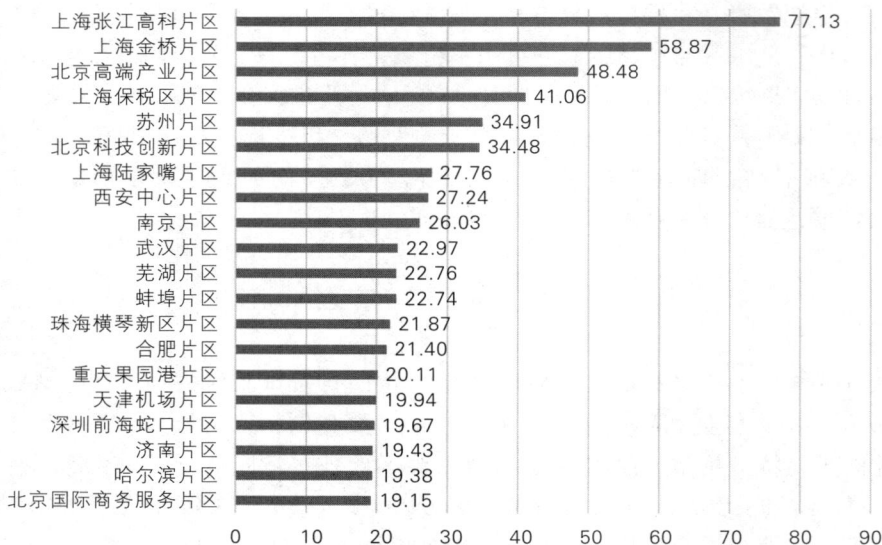

图6-2　自贸试验区科技创新指数排名（前20位）

第一梯队的上海张江高科片区企业总数为16 639家，创新主体企业为922家，科技服务企业为209家，分别占企业总数的5.54%和1.26%；开展创新创业的企业为4 659家，占企业总数的28%。通过数据对比可以发现，上海张江高科片区在创新环境、创新投入及创新产出方面都呈现出较高的水准。片区企业在创新创业，科技活动产出及科技成果转化上均具有明显优势，这与该园区产业布局相关，园区内有国家上海生物医药科技产业基地、国家信息产业基地、国家集成电路产业基地、国家半导体照明产业基地、国家信息安全成果产业化（东部）基地、国家软件产业基地、国家软件出口基地、国家文化产业示范基地、国家网游动漫产业发展基地等多个国家级基地，集聚了集成电路、生物医药、软件行业等生产制造与研发创意产业；区域内驻扎了霍尼韦尔、通用电气、罗氏、上海医药等众多世界、中国500强企业，并配套发展了银行、科研院所等，呈现出全球化生产空间的显著特征。与上海保税区片区的临空功能服务中心、国际航运与贸易服务中心和陆家嘴片区的国际金融中心、国际航运服务与商贸中心定位相比，张江高科片区是上海贯彻落实创新型国家战略的核心基地以及国家级科技园区。上海金桥片区企业总数为7 495家，创新主体企业占比2.35%，科技服务企业占比1.6%，开展创新创业的企业占比12.38%，上海金桥片区科技创新指数排名被该区域创新产出水平显著拉高，该片区内企业授权专利43 748项，软件著作权数量7 647项，拥有资质数量19 035项，拥有产品生产许可证3 634项，结合该片区体量，其创新产出水平较高。这与该片区产业定位密切相关，金桥片区是上海重要的先进制造业核心功能区、生产性服务业集聚区、战略性新兴产业先行区和生态工业示范区。

　　第二梯队北京高端产业片区至北京科技创新片区科技创新指数呈现较为稳定的变化趋势，整体科技创新指数相对靠前。通过图6-3中各自贸试验区科技创新指数（前20位）对应的二级指标得分直观结果对比分析，北京高端产业片区的创新产出指数与另两个指数相差较大，该片区科技活动直接产出指数与科技成果转化指数排名较靠前，北京高端产业片区授权专利107 451项，授权软件著作权32 655项，拥有资质数量55 550项，拥有产品许可证数量4 495项。北京高端产业片区重点发展商务服务、国际金融、文化创意、生物技术和大健康等产业，拥有成熟的产业基础，致力于建设科技成果转换承载地、战略性新兴产业集聚区和国际高端功能机构集聚区。上海保税区片区创新环境指数与另两个指数相差较大，该片区创新主体企业占比指数与科技服务企业占比指数分别位于64个片区的第32位和第10位，显著拉低了该片区的整体水平。进一步拆分，上海保税区片区共有企业25 054家，其中高新企业133家，专精特新企业18家，独角兽企业7家，创新主体企业数量及占比均有待提升。第二梯队的苏州片区与北京科技创新片区二级指标无较大差异，但科技创新指数与北京高端产业片区及上海保税区片区相比存在小幅断层。

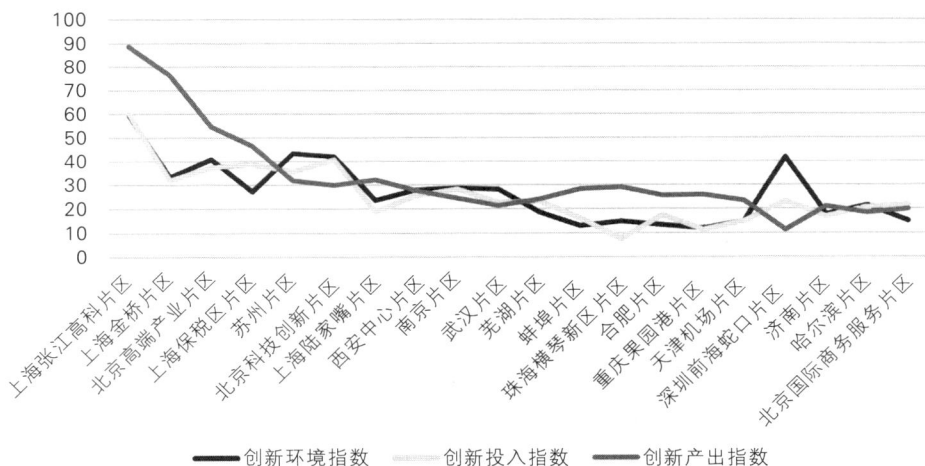

图6-3　自贸试验区科技创新指数二级指标对比（前20位）

　　第三梯队上海陆家嘴片区至北京国际商务服务片区科技创新指数整体呈现较为稳定的变化趋势，但通过图6-3中各自贸试验区科技创新指数（前20位）对应的二级指标直观结果的对比分析，第三梯队中个别片区创新环境、创新投入与创新产出三项指标得分呈现较大偏差的情况，珠海横琴新区片区创新产出指数较大，深圳前海蛇口片区创新环境指数较大。珠海横琴新区片区创新产出指数表现较好，位于64个自贸试验区的第8位。拆解数据构成可发现该片区科技活动直接产出指数和成果转化指数均拉高了创新产出整体指数。横琴科技研发区位于珠海自然环境优良的中心沟西部，通过集聚科技资源，吸引国内外高科技公司和高端人才，建设高水平研发中心，推进高新技术成果转化和产业化，提升自主创新能力。基于区位优势，横琴自贸试验区功能定位为促进中国澳门经济适度多元发展新载体、新高地。深圳前海蛇口片区创新环境表现较好，拆解构成内容发现该片区科技服务企业占比在64个自贸试验区排名第一，拉高了创新环境整体指数。该片区风险投资机构数量和私募机构数量均有较大优势。2018年，中国国有资本风投大厦作为中国国有资本风险投资基金的总部在前海蛇口片区开工，在一定程度上吸引了其他金融投资机构的注意，也为该片区带来了一定的金融机构集聚效应。同时，按功能性划分，片区内有前海金融商务区、海湾保税港区和蛇口商务区，分别集中于生产性服务业、贸易枢纽和新兴服务业，结合深圳国际性枢纽港的区位优势，片区原有科技服务企业即存在积累优势。

通过对第一、第二、第三梯队的分析可以发现，自贸试验区的科技创新指数与区位特点存在相关性，北京、上海、深圳等一线城市的自贸试验区大多具有较高的科技创新指数，位于第一、第二梯队，而武汉、西安、青岛等新一线和二线城市科技创新指数大多位于第三梯队，且各自贸试验区的地理位置、产业定位、区域划分、产业集群布局等均会直接影响区域科技创新能力，同样位于上海的张江高科片区、上海保税区片区与上海陆家嘴片区由于各自的产业定位不同，因而科技创新指数的表现不同，而芜湖片区基于打造战略性新兴产业先导区和江海联运国际物流枢纽区的战略定位，重点发展智能网联汽车、智慧家电、航空、机器人、航运服务、跨境电商等6大产业，呈现出强劲的科技创新实力。

第三节　自贸试验区科技创新指数分类排序及分析

一、自贸试验区创新环境指数排序及分析

表6-4给出了按创新环境指数排序前20位自贸试验区的具体情况以及数值，图6-4给出了自贸试验区创新环境指数排名前20位的直观结果。从排序的结果来看，前20位自贸试验区大致可以分为三个梯队，第一梯队为上海张江高科片区，第二梯队为苏州片区、北京科技创新片区、深圳前海蛇口片区以及北京高端产业片区，其他自贸试验区为第三梯队。第一梯队的上海张江高科片区创新环境指数为59.43，远高于其他自贸试验区，第二梯队的苏州片区、北京科技创新片区、深圳前海蛇口片区和北京高端产业片区的创新环境指数较为接近，分别为43.37、42.06、41.70和40.86，第三梯队自贸试验区的创新环境指数集中在11~34区间内。

第一梯队的上海张江高科片区企业总数为16 639家，创新主体企业数量为922家，科技服务企业为209家，创新主体企业占企业总数的5.54%，居64个自贸试验区第1位；科技服务企业占企业总数的比例为1.26%，居64个自贸试验区第8位。进一步拆分，上海张江高科片区高新企业占比、专精特新企业占比和独角兽企业占

比均位于64个片区第一名。

表6-4　　　　　　　　　　自贸试验区创新环境指数排名（前20位）

自贸片区	创新环境指数
上海张江高科片区	59.43
苏州片区	43.37
北京科技创新片区	42.06
深圳前海蛇口片区	41.70
北京高端产业片区	40.86
上海金桥片区	33.19
南京片区	28.70
武汉片区	28.10
西安中心片区	27.94
上海保税区片区	27.16
上海陆家嘴片区	23.50
哈尔滨片区	21.30
芜湖片区	18.57
济南片区	17.64
北京国际商务服务片区	14.90
天津机场片区	14.89
珠海横琴新区片区	14.85
合肥片区	13.28
蚌埠片区	12.95
重庆果园港片区	11.86

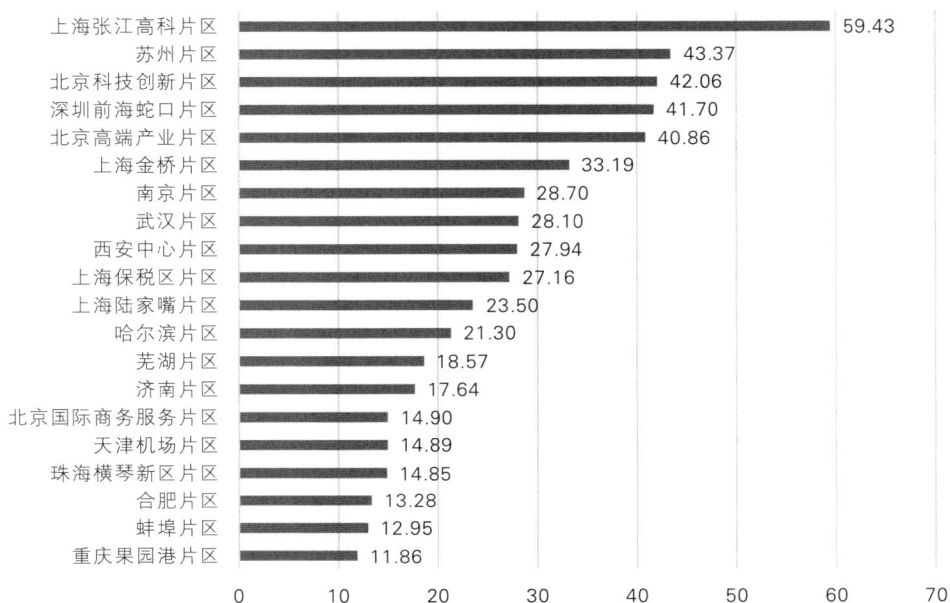

图6-4　自贸试验区创新环境指数排名（前20位）

第二梯队的苏州片区、北京科技创新片区、深圳前海蛇口片区以及北京高端产业片区企业总数分别为 41 138 家、26 300 家、121 665 家和 27 977 家，创新主体企业数量为 888 家、1 145 家、561 家和 1 208 家，占企业总数的 2.16%、4.37%、0.46% 和 4.32%；科技服务企业数量为 1 313 家、91 家、8 128 家和 72 家，占企业总数的 3.19%、0.35%、6.68% 和 0.25%。其中可以看出，北京科技创新片区和北京高端产业片区的创新主体企业占比指数相对领先，但苏州片区与深圳前海蛇口片区科技服务企业占比指数领先。

第三梯队的西安中心片区、武汉片区和上海金桥片区的创新主体企业指数无量纲化结果位于该梯队第 1、第 2、第 3 名，分别为 51.08、50.36 和 42.42，西安中心片区创新主体企业在第三梯队中呈现领先趋势，侧面反映出西安营造创新中心上的决心与现阶段成果。上海陆家嘴片区科技服务企业占比指数位于第三梯队前列，为 35.63。结合陆家嘴上海国际金融中心的核心功能区，多家跨国银行的中国（含港澳台）及东亚总部所在地的功能特点，该片区通过金融赋能科技创新，呈现了一定的成效。

综合分析各自贸试验区创新环境指数，可发现各大自贸试验区创新环境评估结果有所侧重，有的片区创新企业主体数量处于优势地位，而有的片区科技服务企业数量具有优势，这与片区所处地理、经济、政策环境等均有关，而政策条款往往倾向于补齐该片区某方面的劣势，因此可以估计，今后各片区创新环境指数排名会不断发生变化。

二、自贸试验区创新投入指数排序及分析

表 6-5 给出了各自贸试验区创新投入指数排序前 20 位片区的具体数值，图 6-5 给出了自贸试验区创新投入指数排名前 20 位的直观结果，从排序结果来看，可以将股权投融资指数排名前 20 位的自贸片区划分为四个梯队。第一梯队包括上海张江高科片区，创新投入指数为 60.00。第二梯队的北京科技创新片区、上海保税区片区、北京高端产业片区、苏州片区和上海金桥片区指数处于 30~45 之间。位于第三梯队的南京片区至天津机场片区共 12 个片区，创新投入指数处于 14~30 之间。第四梯队的重庆果园港片区和珠海横琴新区片区的创新投入指数在 14 以下。

表6-5　　　　　　　　　　自贸试验区创新投入指数排名（前20位）

自贸片区	创新投入指数
上海张江高科片区	60.00
北京科技创新片区	40.77
上海保税区片区	38.65
北京高端产业片区	37.50
苏州片区	35.59
上海金桥片区	31.93

续表

自贸片区	创新投入指数
南京片区	28.20
西安中心片区	25.46
芜湖片区	23.25
深圳前海蛇口片区	22.94
武汉片区	22.70
北京国际商务服务片区	21.55
哈尔滨片区	20.65
上海陆家嘴片区	18.83
合肥片区	17.31
济南片区	16.76
蚌埠片区	16.09
天津机场片区	14.95
重庆果园港片区	11.33
珠海横琴新区片区	7.56

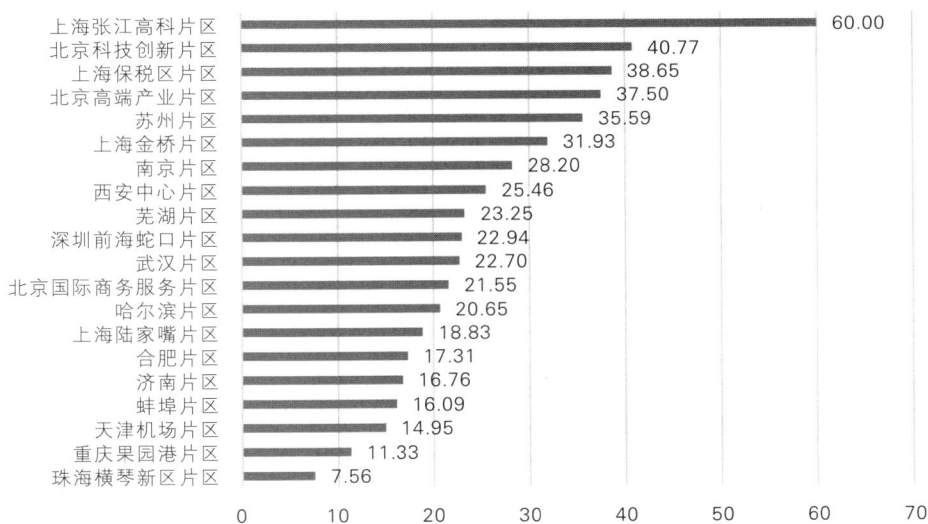

图6-5　自贸试验区创新投入指数排名（前20位）

第一梯队的上海张江高科片区16 639家企业中，申请专利、软件著作权与作品著作权的企业数量达到了4 684家，占比达到了28.15%；上海张江高科片区企业在创投市场融资项目4 820个。上海张江高科片区创新创业企业指数和创投市场融资指数分别为28.15和28.97，在64个自贸试验区排序中均较为领先。统计结果进一步证明了上海张江高科片区的科技创新实力，2021年浦东首批20家大企业开放创新中心 17 家来自上海张江高科片区；截至 2023 年 2 月，上海浦东大企业开放创新中心累计 65 家，一半以上汇聚在上海张江高科片区。得益于超前的战略眼光，持续优化的产业结构，上海张江高科片区始终紧跟形势，向"科技城功能建设的市场化实施主体"转型，成为上海创新发展的领跑者之一。

北京科技创新片区至上海金桥片区创新投入指数处于第二梯队，开展创新创业的企业占比与创投市场融资均处于相对优势地位，但仍存在进步空间。北京科技创新片区、上海保税区片区、北京高端产业片区、苏州片区和上海金桥片区无量纲化后创新创业企业指数分别为 47.78、50.01、48.20、46.11 和 43.98；无量纲化后创投市场融资指数分别为 33.76、27.28、26.79、25.06 和 19.88。三级指标排名与创新投入指数整体排名基本一致。

位于第三梯队的南京片区至天津机场片区的创新创业企业指数处于 22.10~49.63 之间，其中南京片区、西安中心片区、哈尔滨片区与芜湖片区的创新创业企业指数位于第三梯队前四位；南京片区至天津机场片区创投市场融资指数处于 2.83~15.57 之间，上海陆家嘴片区、武汉片区、深圳前海蛇口片区和芜湖片区排名处于第三梯队前四位。位于第四梯队的重庆果园港片区与珠海横琴新区片区创新投入指数存在一定的提升空间，而珠海横琴新区片区由于创投市场融资指数较低，显著拉低了整个片区的创新投入指数。

综合分析自贸试验区创新投入指数，可以发现第三、第四梯队自贸试验区创新投入指数差异较大，整体呈现出除了北京、上海、苏州等经济发达地区以外，其他自贸试验区的创新投入指数相对较低，且其中多个片区存在创新创业企业指数或创投市场融资指数单项较低的情况。

三、自贸试验区创新产出指数排序及分析

表 6-6 给出了创新产出指数排序前 20 位自贸试验区的具体数值，图 6-6 给出了自贸试验区创新产出指数排名前 20 位的直观结果。从排序结果来看，可以将创新产出指数排名前 20 位的自贸试验区大致分为三个梯队，第一梯队包括上海张江高科片区和上海金桥片区，其创新产出指数显著高于其他片区；第二梯队包括北京高端产业片区、上海保税区片区，创新产出指数在 45~55 之间；其余 16 个片区属于第三梯队，创新产出指数均低于 35。

表6-6　　　　　　　自贸试验区创新产出指数排名（前20位）

自贸片区	创新产出指数
上海张江高科片区	88.74
上海金桥片区	76.41
北京高端产业片区	54.68
上海保税区片区	46.50

续表

自贸片区	创新产出指数
上海陆家嘴片区	32.16
苏州片区	31.86
北京科技创新片区	29.86
珠海横琴新区片区	28.98
蚌埠片区	28.22
西安中心片区	27.60
重庆果园港片区	25.79
合肥片区	25.47
南京片区	24.42
芜湖片区	24.00
天津机场片区	23.29
武汉片区	21.35
济南片区	20.91
北京国际商务服务片区	19.77
哈尔滨片区	18.32
深圳前海蛇口片区	11.24

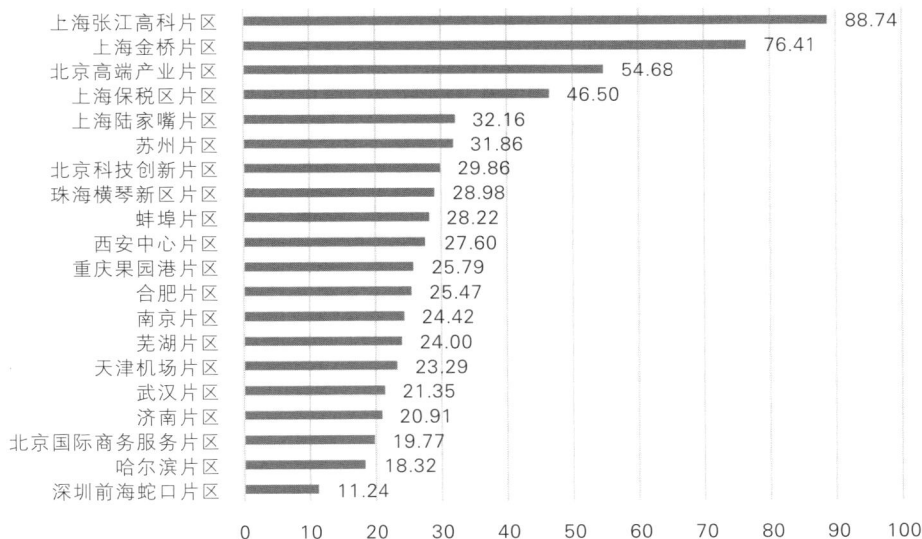

图6-6 自贸试验区创新产出指数排名（前20位）

　　第一梯队的上海张江高科片区和上海金桥片区企业总数分别为16 639家和7 495家，片区内企业授权专利数分别为146 786件和43 748件，片区内企业软件著作权数量分别为52 246项和7 647项，片区内企业拥有资质数量分别为38 249项和19 035项，拥有产品生产许可证数量分别为2 673个和3 634个。由此可以看出，上海张江高科片区和上海金桥片区企业拥有资质数量较为领先，这也得益于两个片区企业良好的科技创新积累。

第二梯队的北京高端产业片区和上海保税区片区，科技活动直接产出指数无量纲化结果分别为41.86和10.00，科技成果转化指数无量纲化结果分别为67.50和83.00。上海保税区片区的专利授权数量和软件著作权数量相比其他片区总体占比较低，但片区内企业所拥有的资质和产品许可证数量在64个片区中排名第一，上海保税区片区主要由上海浦东机场综合保税区、上海外高桥港综合保税区和上海外高桥保税区构成，三大保税区依托"货运空港"、"区港联动"、"国际贸易"和"高端制造"为主的功能集聚，全力打造要素资源高度集聚，充分畅通、广泛辐射的自由贸易枢纽区。

第三梯队的16个片区除深圳前海蛇口片区创新产出指数相对较低以外，创新产出指数变化趋势较为平缓。除上海陆家嘴片区科技活动直接产出指数较低，科技成果转化指数相对较高，重庆果园港片区科技活动直接产出指数较低，科技成果转化指数相对较高，芜湖片区科技活动直接产出指数较高，科技成果转化指数相对较低以外，其他片区三级指标基本与二级指标变化趋势相同。芜湖片区在科技活动直接产出指数中表现较为突出。剖析芜湖片区在营企业规模能够发现，该片区大型、中型企业占比约5%，而小型与微型企业占比达到了95%，拆解组成数据，片区中5%的大中型企业贡献出了区域约85%的授权专利数。也正是该区域专利授权数的数量优势拉高了芜湖片区整体创新产出水平。

综合分析自贸试验区创新产出指数，可以发现每个梯队自贸试验区的变化较为平缓，梯队内不存在明显断层。除一线城市外，合肥片区、芜湖片区表现出了突出的创新产出成果，主要是其片区内企业创新产出水平较高，拉动了区域整体表现。而对创新产出的排名分析也能够看出，存在部分区域创新环境、创新投入与创新产出排名差异较大的情况，这与片区原有的资源积淀与产业定位相关。

第四节 小结

本章在对自贸试验区科技创新水平进行研究之前，首先在梳理关于自贸试验区科技创新的一系列研究基础的前提下，结合中国自贸试验区的实际情况，构建起适宜评价中国自贸试验区科技创新评价的指标体系。研究选取创新环境指数、创新投入指数和创新产出指数三个指标来分别衡量区域科技创新能力。用具有一定逻辑关系的数据计算三级指标，将具体指标按照一定的权重加权合成二级指标，采用无量纲化方法进行数据处理，增强数据的科学性和可比性，并最终生成科技创新指数。

在对各大自贸试验区科技创新指数计算结果进行分析的过程中，通过对第一、第二、第三梯队的整体分析发现，科技创新指数与自贸试验区的区位位置存在相关性，位于一线城市的自贸试验区科技创新指数大多位于第一、第二梯队，而位于新一线城市和二线城市的自贸试验区科技创新指数大多位于第三梯队，且随着各大自贸试验区的位置划分、产业特点、战略定位以及成立时间等因素的不同，各大自贸试验区在创新主体企业占比指数、科技服务企业占比指数、创新创业企业指数、创投市场融资指数、科技活动直接产出指数和科技成果转化指数中存在一定的差异，且随着各大自贸试验区制度、产业发展以及对外开放等的不断变化，可以预见，各大自贸试验区的科技创新指数在未来一段时间内，仍会不断发生变化。

第七章　自贸试验区区域带动指数

　　自贸试验区是我国构建开放型经济新体制背景下推出的重大国家战略。各自贸试验区以制度创新为核心，为所在城市、区域的经济社会发展注入新动力，对所在城市、区域起到引领和带动作用，对促进区域协调发展具有重要意义。自贸试验区是城市、区域的增长极，随着改革的深化，制度红利将持续释放，将对所在城市、区域产生更大的影响，因此，应将自贸试验区作为区域协调发展的重要抓手，在推进自贸试验区建设的过程中，注重自贸试验区战略与区域战略的协同发展。

　　目前，我国已经设立的一些自贸试验区已经对所在城市、区域的经济增长、对外贸易、引进投资等方面产生正向影响，也通过制度开放集聚经济资源，并产生辐射带动作用，有助于减缓我国区域差距扩大的趋势。一些自贸试验区对所在城市、区域的带动作用已得到实证研究的证实。特别是在我国内陆地区设立的自贸试验区，为所在城市、区域提供了更高水平的开放平台，弥补了其区域劣势，为缩小这些城市、区域与东南沿海地区的差距提供了可行路径。但是，由于自贸试验区各片区的大小不一，较大城市内面积较小的自贸片区，其对经济资源的容纳量有限，致使有些自贸试验区的区域带动作用较小。而在较小城市内面积较大的自贸片区，对所在城市、区域可能会产生较大的带动作用。因此，各自贸片区由于区位、面积、功能定位等方面存在的差异，其区域带动作用也存在差异。从总体趋势来看，随着自贸试验区的高质量发展，不同的自贸片区将对城市、区域产生更大的辐射带动作用。

第一节　自贸试验区为区域发展提供新动力

一、自贸试验区作为增长极对区域的拉动效应

　　中国特色的自贸试验区以深化改革、扩大开放为职能，持续推进制度创新和创新成果的复制推广，并被赋予较大的经济管理自主权。自贸试验区的鲜明特点是突破先前改革"政策洼地"的局限性，进行集成创新的全面改革，不再是优惠政策的局部吸引力，而是与国际接轨的市场规则整体环境创建，是挖掘改革潜力，释放全面动能。自贸试验区内经济增长动力机制既有产业开放引致的集聚经济、规模效应对经济增长的促进，也有技术创新、知识溢出对城市发展的促进，形成自贸试验区增长极效应，对所在城市、区域发展起到拉动作用。

二、自贸试验区扩大开放对投资贸易的促进效应

实现投资自由化、贸易便利化是我国自贸试验区的重要任务。为了推进投资自由化，我国深化投资领域改革，率先在上海自贸试验区对外商投资实施准入前国民待遇加负面清单管理模式，不断放宽投资准入，提高开放度和透明度，负面清单特别管理措施由2013年版的190项缩减到2014年版的139项，再到2015年版的122项，并在全国四大自贸试验区统一实施。2017年6月，国务院公布2017版自贸试验区负面清单，特别管理措施由122项减少到95项，于2017年7月10日起在全国11个自贸试验区实施。此后，我国持续推进高水平对外开放，不断降低外商投资进入自贸试验区的准入门槛，到2021年，自贸试验区的负面清单仅有27项，全国版也只有31项，比上年分别减少10%和6.1%，我国全面实施新一轮高水平对外开放。

自贸试验区对外商投资产业和领域不断扩大开放，产生巨大的吸引力和集聚力。自2013年上海自贸区正式成立以来，新增大量市场主体，其中外贸企业和服务企业占新设企业的较大比例。外贸企业大量增加使自贸试验区内贸易品种增多，贸易量增大，形成规模经济效应。贸易便利化的相关制度创新举措进一步降低了货物贸易、服务贸易成本，促进了资源自由流动，形成了规模经济、集聚经济，为城市、区域发展提供了新动能。

三、自贸试验区制度创新对市场活力的激发效应

切实转变政府职能是自贸试验区的首要任务。围绕简政放权、放管结合、优化服务所进行的行政审批制度改革、商事登记制度改革、政府管理方式转变、优化公共服务等一系列举措，着力划清政府、市场、社会边界，使制度红利不断显现，市场资源配置功能得到进一步发挥，自贸试验区的集聚效应得以显现。以广东自贸试验区横琴片区为例，2015年推出并实际落地120项改革创新举措，出台《2015年广东自贸试验区珠海横琴片区改革创新发展总体方案》，在构建国际化营商环境、粤港澳服务贸易自由化、国际贸易功能集成、金融领域开放创新、增强辐射带动功能等方面形成引领示范作用。目前横琴自贸片区营造国际化营商环境等措施已见成效，如商事制度改革方面推出商事主体电子证照卡、商事登记一站式服务、商事主体失信联合惩戒机制等改革措施，使企业营商环境日益趋同我国港澳、接轨国际，横琴口岸的关检合作查验通关模式使通关效率提升30%，极大地激发了市场主体的活力，促进了城市、区域经济的发展。

四、自贸试验区成本降低对市场主体的集聚效应

自贸试验区促进贸易便利化、投资自由化的诸多政策，精简贸易流程，优化贸

易环境，有效降低了生产要素向自贸试验区的流动成本，对资本产生显著的集聚效应。例如，广东自贸试验区南沙片区在跨境人民币业务创新方面进行先行先试，通过引入我国港澳地区低成本离岸人民币资金，降低企业融资成本20%~30%。又如，南沙片区在全国首创以政府购买服务方式帮助进出口企业支付查验费，降低企业生产成本；在全国首创检验检疫"智检口岸"模式，实现24小时无纸化便捷通关，出口通检时间缩短至几近"零等候"。这些措施对市场主体产生了显著的吸引力，大批企业向广东自贸试验区集聚。

自贸试验区建设过程中为减少对市场干预所实施的诸多政策还降低了企业交易成本，如企业设立"单一窗口""多证合一""证照分离"等改革措施，海关快速验放机制等，不仅降低了企业准入门槛，还降低了制度性交易成本，吸引市场主体向自贸试验区流动。2019年7月设立的上海自贸试验区临港新片区，成立两年时间就新增企业超4万家，2021年，上海临港新片区累计新增企业5.2万户。

五、自贸试验区对所在区域的辐射带动效应

自贸试验区是一个开放体系，是城市系统的有机组成部分，与城市系统的其他组成部分发生着密切的联系。区内产业发展通过前向关联效应和后向关联效应带动城市上下游产业发展，自贸试验区是城市发展的系统性动力，如自贸试验区内制造业、商贸业的发展，对港口运输、物流业产生强劲需求，为其发展提供了有利条件，这是自贸试验区对城市和区域产生的溢出效应。自贸试验区内集聚的产业类别越多、业态越丰富，溢出效应越强。知识、技术、信息由自贸试验区向城市其他区域的溢出，为城市和区域新模式、新业态、新技术、新产业的大力发展提供了基础和动力，从而促进城市和区域的协调发展。有研究者运用反事实分析法，探索上海自贸试验区经济增长效应。结果表明，自贸试验区的成立对上海经济增长具有显著正效应，上海工业增加值、进出口总额同比月增长率分别为2.69%和6.73%。自贸试验区建设促进区域经济增长动力机制表现为集聚效应后产生的溢出效应：促进全球生产要素向自贸试验区流动，并在转运贸易、金融服务集聚过程中给本土企业带来更多知识外溢，促进区域经济增长。

第二节　自贸试验区区域带动指标体系构建

自贸试验区对所在区域的带动，依据其空间范围可分为对所在城市、省域、地区的带动。自贸试验区对所在城市的带动最为直接，因为我国的自贸片区大多是城市空间的组成部分。随着自贸试验区的发展壮大，省域内的多个片区会对全省产生辐射带动作用。一些设立时间较早、片区空间范围较大的自贸试验区，如上海自贸试验区（原有片区加临港新片区）则会对长三角地区产生辐射带动作用。在我国

21个自贸试验区中，绝大多数设立时间不足10年，因此，自贸试验区的区域带动指数先从对城市的辐射带动层面加以考量。

一、区域带动指数的指标选取

基于对自贸试验区为区域发展提供新动力的分析，结合数据库可获取的数据，主要从市场活力、产业带动、辐射带动三个方面对区域带动指数进行量化。也就是在区域带动一级指标下设市场活力、产业带动、辐射带动三个二级指标。

自贸试验区的设立为区域市场带来了活力。一是在自贸试验区设立后，投资自由化、便利化等制度创新措施使国内外资本向自贸试验区集聚；二是政府职能转变激发了市场活力，新增了大量市场主体；三是自贸片区内有着市场活力风向标的民营企业数量有所增加。因此，市场活力二级指标分别以近三年自贸片区新增企业投资额占比、在营企业（不包括已注销和吊销企业）数量占比、民营企业数量占比来表征。

自贸试验区的建设使其成为区域经济增长极，主要表现为：一是通过自贸试验区内第二、第三产业的发展，成为城市经济的增长极；二是自贸试验区内制造业500强企业的集聚，有助于在区域内形成产业链、供应链，从而促进区域经济发展；三是自贸试验区内高新企业的集聚，有助于提升区域科技创新水平，为区域经济发展提供持续动力。为此，产业带动二级指标以第二产业占比、第三产业占比、制造业500强占比、高新企业占比四个指标来表征。

自贸试验区的发展壮大使其具有辐射带动作用，主要表现为：一是外资企业产生的知识、技术溢出效应；二是自贸片区内的科技创新产生的创新溢出效应；三是自贸片区的中国500强企业在区域内配套，相关产业发展形成的经济溢出效应；四是自贸片区的世界500强企业在区域内配套，相关产业链的构建形成的经济溢出效应。因此，辐射带动二级指标由以上四个效应来表征。

二、区域带动指数的指标赋权

区域带动指标体系的赋权采取专家赋权法，专家根据指标的重要性给出不同的权重。对市场活力、产业带动、辐射带动三个二级指标，分别赋权0.30、0.35和0.35。对市场活力二级指标下的新增企业投资占比、在营企业占比、民营企业占比三个指标分别赋权0.40、0.25和0.35；对产业带动二级指标下的第二产业占比、第三产业占比、制造业500强占比、高新企业占比四个指标分别赋权0.20、0.20、0.30和0.30；对辐射带动二级指标下的知识技术溢出效应、创新溢出效应、经济溢出效应1、经济溢出效应2分别赋权0.20、0.25、0.25和0.30。

三、区域带动指数的指标体系

自贸试验区区域带动指数的指标体系设计和赋权，以及二级指标的计算方法如表7-1所示。

表7-1　　　自贸区区域带动指数所涉及的各级指标、计算依据及权重

二级指标	三级指标	计算方法
市场活力（0.30）	新增企业投资占比（0.40）	近三年片区新增企业投资金额/近三年所在城市新增企业投资金额
	在营企业占比（0.25）	片区在营企业数量/所在城市在营企业数量
	民营企业占比（0.35）	片区民营企业数量/所在城市民营企业数量
产业带动（0.35）	第二产业占比（0.20）	片区第二产业在营企业数量/所在城市第二产业在营企业数量
	第三产业占比（0.20）	片区第三产业在营企业数量/所在城市第三产业在营企业数量
	制造业500强占比（0.30）	片区内制造业500强企业数量/所在城市制造业500强企业数量
	高新企业占比（0.30）	片区内在营高新企业数量/所在城市在营高新企业数量
辐射带动（0.35）	知识、技术溢出效应（0.20）	片区内在营外资企业数量/所在城市在营外资企业数量
	创新溢出效应（0.25）	片区内专利数量/所在城市专利数量
	经济溢出1（0.25）	片区内中国500强企业数量/所在城市中国500强企业数量
	经济溢出2（0.30）	片区内世界500强企业数量/所在城市世界500强企业数量

第三节　自贸试验区区域带动指数与分析

一、自贸试验区的区域带动指数计算说明

自贸试验区的区域带动指数衡量的是自贸片区对所在城市的辐射带动作用。这里的城市统一选取自贸片区所在的地级及以上城市。由于海南全省设立自贸试验区，分子分母相同，区域带动指数最大，海南自贸试验区（自由贸易港）参与区域带动指数排名无意义，因此，将海南自贸试验区排除在外，参与自贸试验区区域带动指数排名的有63个自贸片区。较为特殊的还有福建的平潭片区，平潭为福州市所辖县，因此，平潭片区所在城市为福州市。还有黑龙江的绥芬河片区，绥芬河为牡丹江市所辖的县级市，因此，绥芬河片区所在城市选定牡丹江市。全国自贸试验区所在地级及以上城市如表7-2所示。另外，在计算区域带动指数时对所有的二级指标都进行了无量纲化处理，无量纲化公式见第五章指标无量纲化处理方法。

表7-2 全国自贸试验区及所在城市

序号	自贸试验区名称	所在的地级及以上城市
1	上海自贸试验区	上海市
2	广东自贸试验区	广州市、深圳市、珠海市
3	天津自贸试验区	天津市
4	福建自贸试验区	福州市、厦门市
5	辽宁自贸试验区	大连市、沈阳市、营口市
6	浙江自贸试验区	舟山市
7	河南自贸试验区	郑州市、开封市、洛阳市
8	湖北自贸试验区	武汉市、襄阳市、宜昌市
9	重庆自贸试验区	重庆市
10	四川自贸试验区	成都市、泸州市
11	陕西自贸试验区	西安市、咸阳市
12	山东自贸试验区	济南市、青岛市、烟台市
13	江苏自贸试验区	南京市、苏州市、连云港市
14	河北自贸试验区	石家庄市、保定市、唐山市、廊坊市
15	广西自贸试验区	南宁市、钦州市、崇左市
16	云南自贸试验区	昆明市、红河哈尼族彝族自治州、德宏傣族景颇族自治州
17	黑龙江自贸试验区	哈尔滨市、黑河市、牡丹江市
18	北京自贸试验区	北京市
19	湖南自贸试验区	长沙市、岳阳市、郴州市
20	安徽自贸试验区	合肥市、芜湖市、蚌埠市

二、自贸试验区的区域带动总指数及分析

按照设定的指标体系对63个片区的数据进行计算，区域带动指数总体排名在前20位的自贸片区如图7-1所示。从区域带动指数来看，全国的自贸片区对所在城市均具有带动作用，但带动强度差别较大。在全国63个自贸片区中，以广西自贸试验区钦州港片区对钦州市的带动作用最大，区域带动指数达到了56.46。其次是珠海横琴新区片区，区域带动指数为55.51，二者也成为区域带动指数超过55的两个自贸片区。区域带动指数在30~40之间的有舟山岛北部片区、昆明片区、黑河片区、济南片区4个自贸片区；区域带动指数在20~30之间的有舟山岛南部片区、西安中心片区、南宁片区、成都天府新区片区、德宏片区、合肥片区、哈尔滨片区、大连片区、郑州片区9个自贸片区；区域带动指数在15~20之间的有郴州片区、营口片区、洛阳片区、武汉片区、厦门片区5个自贸片区。

片区	指数
钦州港片区	56.46
珠海横琴新区片区	55.51
舟山岛北部片区	39.13
昆明片区	35.43
黑河片区	32.77
济南片区	30.17
舟山岛南部片区	25.70
西安中心片区	25.39
南宁片区	25.00
成都天府新区片区	24.44
德宏片区	23.73
合肥片区	22.81
哈尔滨片区	22.60
大连片区	20.91
郑州片区	20.87
郴州片区	19.60
营口片区	19.17
洛阳片区	18.58
武汉片区	17.19
厦门片区	16.61

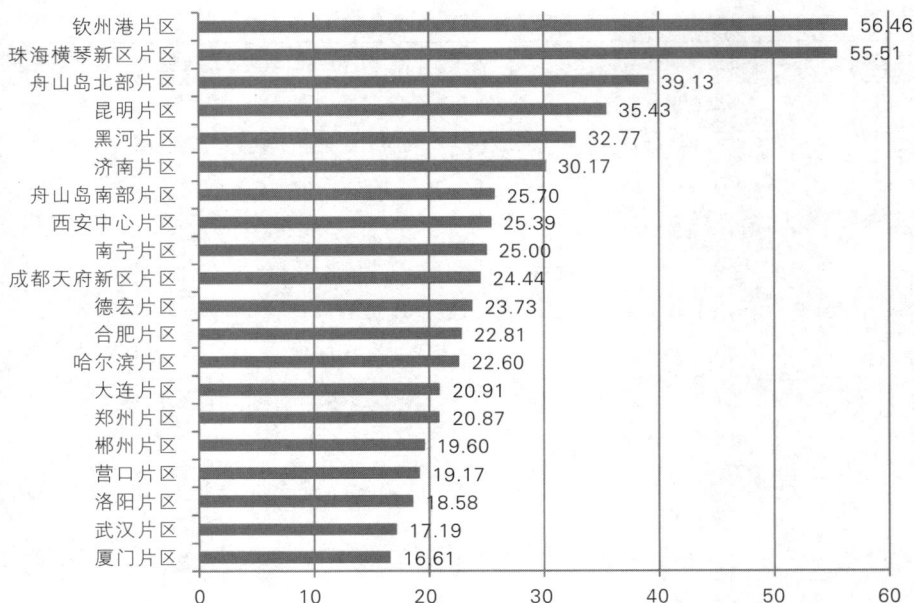

图7-1　区域带动指数排名前20位的自贸片区

从区域带动指数排名前20位的自贸片区设立批次来看，珠海横琴新区片区、厦门片区来自第二批设立的广东自贸试验区和福建自贸试验区；西安中心片区、成都天府新区片区、舟山岛北部片区、舟山岛南部片区、大连片区、营口片区、郑州片区、洛阳片区、武汉片区来自第三批设立的陕西自贸试验区、四川自贸试验区、浙江自贸试验区、辽宁自贸试验区、河南自贸试验区、湖北自贸试验区；钦州港片区、南宁片区、昆明片区、德宏片区、济南片区、黑河片区、哈尔滨片区来自第五批设立的广西自贸试验区、云南自贸试验区、山东自贸试验区、黑龙江自贸试验区；合肥片区、郴州片区来自第六批设立的安徽自贸试验区、湖南自贸试验区。其中，第三批设立的自贸试验区进入区域带动指数排名前20位的片区最多，为9个，占比45%。其次为第五批设立的自贸试验区，进入区域带动指数排名前20位的片区有7个，占比35%。广西自贸试验区、浙江自贸试验区、云南自贸试验区、黑龙江自贸试验区、辽宁自贸试验区、河南自贸试验区均有2个片区的区域带动指数排名进入前20位，说明这6个自贸试验区对所在城市的带动作用更为显著。

区域带动指数最为突出的是钦州港片区和珠海横琴新区片区，大幅高于位居前20位的其他片区。钦州港片区是广西面积最大的自贸片区（58.19平方千米），中国—马来西亚钦州产业园区、钦州综合保税区、钦州港经济技术开发区三个国家级园区均坐落于钦州港片区内，已形成石化、新能源电池材料、海上装备制造、电子信息等特色产业链，形成港、产、城融合发展的良好态势。珠海横琴新区片区毗邻中国香港和澳门，具有比经济特区更优惠的税收、人才政策和特殊的企业监管和金融政策。珠海横琴新区片区还以制度创新为核心，在投资贸易、与我国港澳合作、产业体系、人才服务、对外开放等领域推出一批引领性、突破性的改革举措，对珠海市的发展形成了带动作用。

三、自贸试验区的区域带动分项指标及分析

1.区域带动分项指标——市场活力指数及分析

区域带动分项指标——市场活力指数居前20位的自贸片区如图7-2所示。钦州港片区的市场活力指数高达86.54；舟山岛北部片区、珠海横琴新区片区分别以71.25和70.77的市场活力指数位居第二、第三位；市场活力指数在50～60之间的有南宁片区、昆明片区；市场活力指数在40～50之间的有黑河片区、德宏片区；市场活力指数在30～40之间的有舟山岛南部片区、大连片区、郑州片区；市场活力指数在20～30之间的有济南片区、绥芬河片区、合肥片区、成都天府新区片区、郴州片区、营口片区、西安中心片区、厦门片区、宜昌片区和烟台片区。

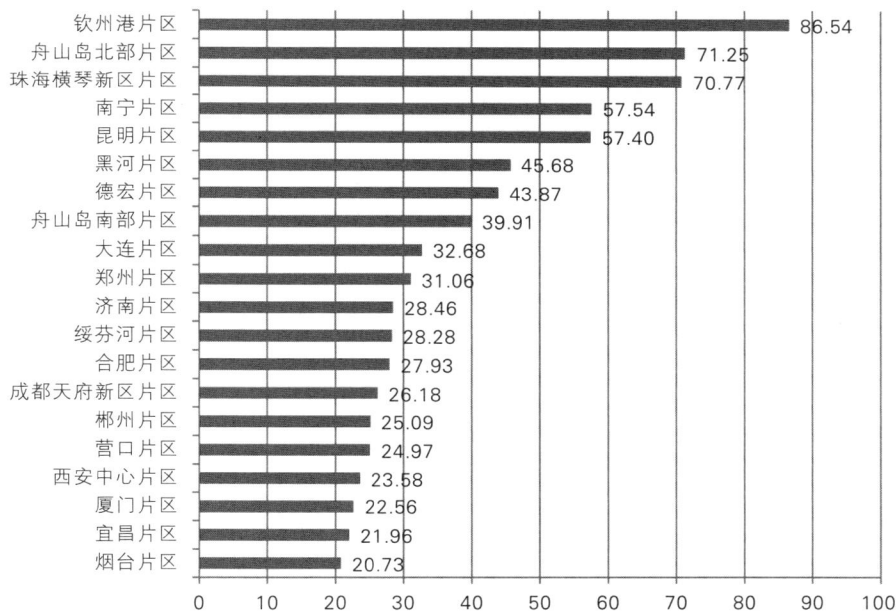

图7-2 区域带动分项指标——市场活力指数排名前20位的自贸片区

钦州港自贸片区的市场活力指数在全国63个片区中居于首位，且大幅高于全国多数片区。钦州港自贸片区集聚功能强大，2019—2021年，片区新增企业投资占钦州市新增企业投资的40.53%，同时，钦州港自贸片区也是市场主体和民营企业集聚地，在营企业数量占全市企业总数的34.15%，民营企业数量占全市企业总数的35.46%，成为钦州市的经济增长极。舟山岛北部片区、珠海横琴新区片区同

样具有较强的集聚功能。2019—2021年，舟山岛北部片区新增企业投资占舟山市新增企业投资的31.95%，在营企业数量占全市企业总数的28.56%，民营企业数量占全市企业总数的29.82%。同期，珠海横琴新区片区新增企业投资占珠海市新增企业投资的45.42%，在营企业数量占全市企业总数的24.66%，民营企业数量占全市企业总数的23.29%，均展现了较大的市场活力，能够引领、带动城市经济发展。

2.区域带动分项指标——产业带动指数及分析

区域带动分项指标——产业带动指数居前20位的自贸片区如图7-3所示。钦州港片区以产业带动指数52.53位列全国63个片区首位。舟山岛北部片区、黑河片区、西安中心片区紧随钦州港片区之后，分别以45.87、44.02和41.45的产业带动指数位列第二、第三、第四位。产业带动指数在30~40之间的有昆明片区、成都天府新区片区、济南片区、哈尔滨片区、合肥片区、珠海横琴新区片区和舟山岛南部片区；产业带动指数在20~30之间的有洛阳片区、武汉片区、营口片区、德宏片区、郴州片区、大连片区和宜昌片区；产业带动指数在10~20之间的有芜湖片区和郑州片区。

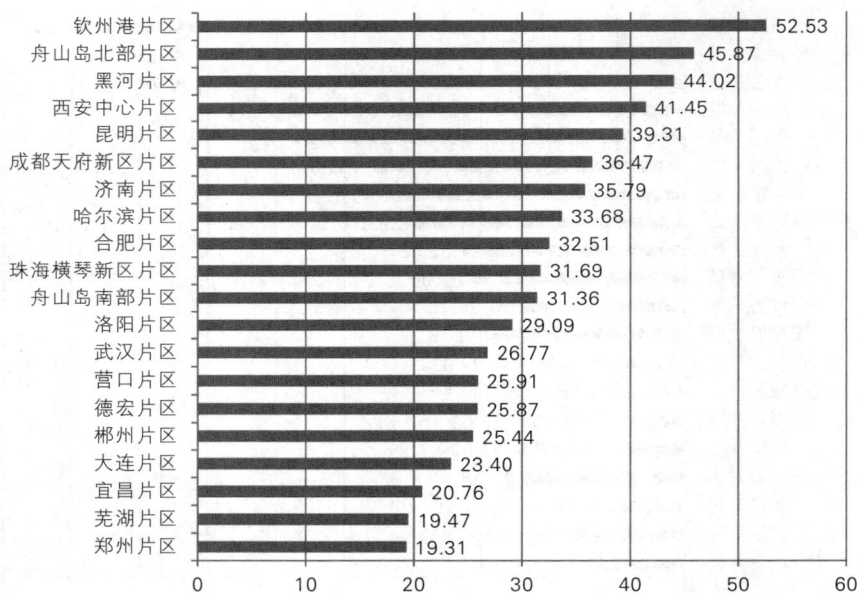

图7-3 区域带动分项指标——产业带动指数排名前20位的自贸片区

钦州港片区集聚了钦州市29.08%的第二产业、37.96%的第三产业和9.19%的高新技术产业，对钦州市产生了较大的产业带动效应。舟山岛北部片区则集聚了舟山市29.18%的第二产业、28.60%的第三产业和7.88%的高新技术产业；黑河片区集聚了黑河市24.75%的第二产业、20.15%的第三产业和12.00%的高新技术产业，由于第二、第三产业和高新技术产业的集聚，对城市产生了较大的产业带动效应。西安中心片区只集聚了西安市8.75%的第二产业和10.37%的第三产业，但集聚了全市21.88%的高新技术产业，也对城市产生了较大的产业带动效应。

3.区域带动分项指标——辐射带动指数及分析

区域带动分项指标——辐射带动指数居前20位的自贸片区如图7-4所示。珠海横琴新区片区以77.50的辐射带动指数排在全国63个自贸片区之首，钦州港片区、济南片区以44.51、31.34的辐射带动指数排在第二、第三位。辐射带动指数在15～20之间的有昆明片区、哈尔滨片区、郑州片区、西安中心片区、厦门片区、黑河片区、上海陆家嘴片区、芜湖片区和成都天府新区片区；辐射带动指数在10～15之间的有郴州片区、合肥片区、深圳前海蛇口片区、舟山岛南部片区、大连片区、营口片区、洛阳片区和福州片区。

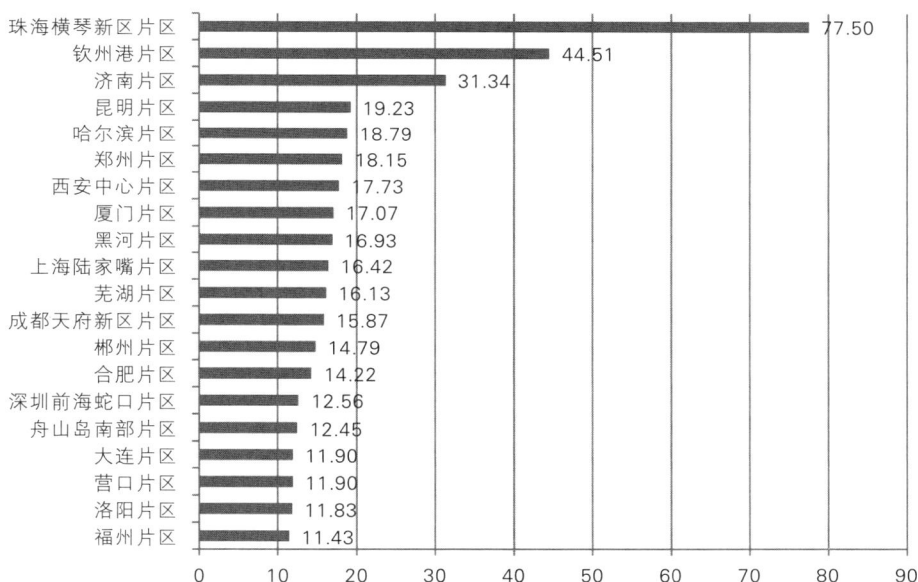

图7-4　区域带动分项指标——辐射带动指数排名前20位的自贸片区

珠海横琴新区片区对珠海市产生了较大的辐射带动作用，主要由以下几方面因素所决定。珠海横琴新区片区在营外资企业数量占全市企业总数的26.98%，专利数量占全市专利数量的51.67%，中国500强企业占全市中国500强企业的8.33%，世界500强企业占全市世界500强企业的33.33%，产生了较大的知识、技术、创新、经济溢出效应，辐射带动了珠海市的经济发展。

钦州港片区在营外资企业数量占全市的40.55%，片区内专利数量占全市的17.50%，中国500强企业占全市的33.33%；济南片区在营外资企业数量占全市企业总数的33.81%，专利数量占全市专利数量的26.48%，中国500强企业数量占全市中国500强企业数量的9.09%，世界500强企业数量占全市世界500强企业数量的11.11%；钦州港片区和济南片区也产生了较大的知识、技术、创新、经济溢出效应，对钦州市、济南市产生了较大的辐射带动作用。

第四节　小结

自贸试验区的设立为所在城市、区域构建开放型经济新体制提供了平台和载体。随着自贸试验区的发展壮大，会对所在城市、区域产生更大的带动作用。通过本指标体系的评估，我国63个自贸片区对所在城市已经产生了带动作用。但是不同片区间区域带动指数存在较大差异，居首位的钦州港片区的区域带动指数已达到56.46，位于第二十位的厦门片区区域带动指数为16.61。在全国63个片区中，有32个片区的区域带动指数小于10。总体来看，自贸试验区的城市、区域带动作用还有提升空间，在推进自贸试验区建设过程中，应注重自贸试验区提升战略与所在城市发展战略的协同推进。

第八章　自贸试验区高水平对外开放指数

作为新时代对外开放高地，自贸试验区建设十年来，推动更深层次改革，实施更高水平开放，在探索构建新发展格局方面走在前列。2022年，我国21个自贸试验区仅占全国国土面积的不到4‰，却实现了进出口总额7.5万亿元，同比增长14.5%，占全国进出口总额的17.8%；实际利用外资2 225.2万元，同比增长4.5%，占全国利用外资总额的18.1%。自贸试验区以对外开放的主动赢得了经济发展的主动，赢得了国际竞争的主动，为我国经济高质量发展以及世界经济的复苏注入了正能量。

第一节　自贸试验区高水平对外开放指标体系设计

一、指标体系设计思路

自贸试验区高水平对外开放指数的构建，应包含既能激发自身发展活力与潜力，又能体现推动形成全面开放新格局国家战略等因素的指标，如货物自由、资金自由、技术自由及体现内外联动的规则制度变量等。在遵循科学性、完备性、适用性、可得性、可比性和导向性原则的基础上，结合自贸试验区发展实际情况，从贸易强度和资本流动两个方面构建我国自贸试验区对外开放发展的评价指标体系，并运用主客观权重相结合的方法，对我国当前64个自贸试验区的对外开放水平进行测度和评价，为进一步推动我国自贸试验区高水平深化发展提供参考依据。

二、指标选取

围绕自贸试验区高水平对外开放发展内涵，在遵循指标体系设计原则的基础上，结合数据可获得性及现有研究基础，从贸易强度和资本流动两个方面选择了8项三级指标并按照三次产业分类进行64个自贸试验区的对外开放水平评价（见表8-1）。其中贸易强度指数采用经营进出口业务企业数量及其密度占比衡量；资本流动指数采用对外投资企业数量及其密度占比、外商投资企业数量及其密度占比4个三级评价指标衡量。

表8-1　　自贸区高水平对外开放指数所涉及的各级指标、计算依据及权重

二级指标	三级指标	四级指标	计算方法
贸易强度指数（0.50）	经营出口业务企业占比（0.50）	第一产业（0.10）	第一产业经营出口业务的企业数量/企业总数
		第二产业（0.40）	第二产业经营出口业务的企业数量/企业总数
		第三产业（0.50）	第三产业经营出口业务的企业数量/企业总数
	经营出口业务企业密度（0.50）	第一产业（0.10）	第一产业经营出口业务的企业数量/自贸区面积
		第二产业（0.40）	第二产业经营出口业务的企业数量/自贸区面积
		第三产业（0.50）	第三产业经营出口业务的企业数量/自贸区面积
资本流动指数（0.50）	对外投资企业数量占比（0.25）	第一产业（0.10）	第一产业对外投资企业数量/企业总数
		第二产业（0.40）	第二产业对外投资企业数量/企业总数
		第三产业（0.50）	第三产业对外投资企业数量/企业总数
	对外投资企业密度（0.25）	第一产业（0.10）	第一产业对外投资企业数量/自贸区面积
		第二产业（0.40）	第二产业对外投资企业数量/自贸区面积
		第三产业（0.50）	第三产业对外投资企业数量/自贸区面积
	外商投资企业数量占比（0.25）	第一产业（0.10）	第一产业外商投资企业数量/企业总数
		第二产业（0.40）	第二产业外商投资企业数量/企业总数
		第三产业（0.50）	第三产业外商投资企业数量/企业总数
	外商投资企业密度（0.25）	第一产业（0.10）	第一产业外商投资企业数量/自贸区面积
		第二产业（0.40）	第二产业外商投资企业数量/自贸区面积
		第三产业（0.50）	第三产业外商投资企业数量/自贸区面积

三、指标测度

1.贸易强度指数

贸易强度一般指出口强度，反映了企业在出口与内销之间的权衡抉择，从数量维度上衡量了企业对出口市场的参与程度，代表了企业对其出口业务的重视程度和其外向经济的程度。本书将自贸试验区经营进出口业务的企业，按照所属经营行业的分类，得到经营进出口业务的企业数量占比及其密度占比两个三级指标，在此基础上进行加权合成，得到了代表自贸试验区贸易开放程度的贸易强度指标。

2.资本流动指数

资本流动的方向和程度，一方面反映了一个地区的开放程度，另一方面也体现了该地区对外资的吸引力，以及该地区参与国际经济的程度。本书采用对外投资企业数量及其密度占比、外商投资企业数量及其密度占比、含有境外股东的企业数量及其密度占比，并分别按照自贸试验区企业所属行业进行分类，加权合成反映自贸试验区资本开放程度的资本流动指标。

四、指标处理

1.指标无量纲化方法

为了增强指数的科学性和可比性，在对指标的无量纲化处理过程中，我们采用具有严格单调性、取值区间明确、结果直观的线性功效函数法。为了排除自贸试验区面积对指标的影响，相关密度指标用具体观测值除以自贸试验区面积，在增强横向可比性的同时丰富衡量维度。该线性功效函数的具体形式为：

$$d = \frac{(\frac{X}{S}) - (\frac{X}{S})_{min}}{(\frac{X}{S})_{max} - (\frac{X}{S})_{min}} \times 100$$

在该功效函数中，d是无量纲化后的结果，其中$\frac{X}{S}$是观测值除以各自贸试验区企业总数或面积，$(\frac{X}{S})_{min}$是其中的最小值，$(\frac{X}{S})_{max}$是最大值。

2.权重设定

指标权重赋值是进行评价的关键环节，总体可分为主观赋权法和客观赋权法两大类。主观赋权法主要有专家打分法和层次分析法，客观赋权法主要有变异系数法、熵值法、灰色关联法。主观赋权法通过专家意见、指标重要性来对指标进行赋权，但是主观评价可能会存在忽略统计学规律的问题。客观赋权法通过指标离散程度进行赋权，即个体间差异更大的指标应在评价中占更重要的地位，但是其完全依靠统计差异进行权重赋值，导致权重结果缺乏经济意义。考虑到本章中所使用的数据均为正向指标，在对其原始值进行无量纲化处理后，若过度依赖统计方法可能会存在忽略经济意义的问题，因此本章主要采用专家打分法，通过匿名方式征询有关专家意见，并对专家意见进行归纳和分析，经过多轮意见征询、反馈和调整，最终确定指标体系的权重（如表8-1所示）。

在二级指标贸易强度指数所涉及的三级和四级指标权重中，经营进出口业务的企业数量占比和密度占比，权重均为50%；四级指标涉及产业分类权重。根据"十四五"时期我国产业结构变动特征，到"十四五"期末，我国第一产业比重将下降至6.5%左右，第二产业比重将降至35.5%左右，第三产业比重将升至58.0%左右，因此按照企业经营所属的行业类型，将产业分类权重分别设定为第一产业10%、第二产业40%和第三产业50%。

在二级指标资本流动指数所涉及的三级指标和四级指标权重中，对外投资企业数量及其密度占比、外商投资企业数量及其密度占比，分别按照25%的权重加权合成二级指标。其中四级指标根据企业所属行业分类，分别按照第一产业10%、第二产业40%和第三产业50%的权重赋值。

最后分别赋予贸易强度和资本流动两个二级指标相同的权重值50%，加权合成一级指标自贸试验区对外开放指数。

第二节　自贸试验区高水平对外开放指数排序

　　测算和分析我国64个自贸试验区的高水平对外开放指数及其二级指标，其中高水平对外开放指数总体平均值为15.86，高于均值的片区有24个；排名前20位的自贸试验区高水平对外开放指数（如表8-2所示）平均值为27.74，其中有8个片区高于均值。从图8-1可知，高水平对外开放指数排名前20位的自贸试验区大致可分为三个梯队：第一梯队包括上海保税区片区和深圳前海蛇口片区，其高水平对外开放指数均大于57.00，且显著高于第二梯队和第三梯队的自贸试验区；第二梯队自贸试验区为上海张江高科片区、上海陆家嘴片区、上海金桥片区、舟山岛北部片区、珠海横琴新区片区和苏州片区，其高水平对外开放指数均高于总体平均值，均为28.00以上；第三梯队自贸试验区包含天津港东疆片区、南沙新区片区、大连片区、北京高端产业片区、青岛片区、厦门片区、沈阳片区、舟山离岛片区、舟山岛南部片区、天津机场片区、济南片区和福州片区，这些片区的高水平对外开放指数主要集中在18.00左右。

表8-2　　　　　　自贸试验区高水平对外开放指数排名（前20位）

自贸试验区	高水平对外开放指数	贸易强度指数	资本流动指数
上海保税区片区	71.28	65.56	77.00
深圳前海蛇口片区	57.73	66.95	48.51
上海张江高科片区	39.44	29.51	49.36
上海陆家嘴片区	37.50	26.95	48.06
上海金桥片区	33.19	28.34	38.05
舟山岛北部片区	32.49	51.49	13.49
珠海横琴新区片区	29.64	20.60	38.68
苏州片区	28.81	28.10	29.52
天津港东疆片区	22.11	19.48	24.75
南沙新区片区	19.48	26.42	12.55
大连片区	19.20	24.68	13.73
北京高端产业片区	18.99	17.62	20.36
青岛片区	18.59	29.80	7.38
厦门片区	18.59	22.63	14.56
沈阳片区	18.45	26.88	10.01
舟山离岛片区	18.44	20.67	16.21
舟山岛南部片区	18.40	18.68	18.11
天津机场片区	17.64	17.35	17.94
济南片区	17.56	21.67	13.46
福州片区	17.32	18.50	16.15

　　注：依据自贸试验区的企业级数据，选取贸易强度和资本流动程度作为二级指标，采用线性功效函数法进行无量纲化处理，通过加权平均最终得到一级指标高水平对外开放指数。

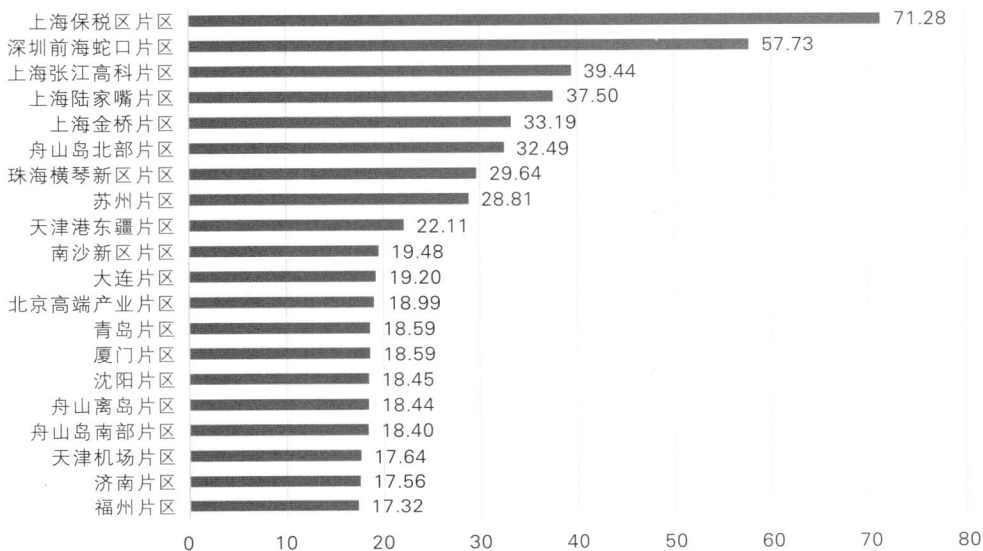

图8-1 自贸试验区高水平对外开放指数排名（前20位）

排在第一梯队的自贸试验区上海保税区片区和深圳前海蛇口片区，其经营进出口业务的企业数量分别为17 655家和55 724家，其中第三产业中经营进出口业务的企业数量占比分别为61.48%和42.26%；对外投资企业数量分别为2 819家和8 112家，其中第三产业中对外投资企业数量占比分别为10.35%和6.44%；外商投资企业数量分别为8 042家和10 211家。从相对数量上看，深圳前海蛇口片区第三产业外向型经济指标较高，反映了其第三产业的开放度较高。

排在第二梯队的上海张江高科片区、上海陆家嘴片区、上海金桥片区、舟山岛北部片区、珠海横琴新区片区和苏州片区，其经营进出口业务的企业数量分别为5 987家、11 124家、2 647家、6 481家、8 843家和9 573家，其中第三产业中经营进出口业务的企业数量占比分别为27.89%、24.06%、27.03%、21.35%、14.02%和14.19%；对外投资企业数量分别为2 333家、4 193家、720家、781家、3 331家和2 992家，其中第三产业中对外投资企业数量占比分别为11.75%、10.01%、8.01%、3.69%、6.27%和6.04%；外商投资企业数量分别为2 159家、5 981家、1 045家、178家、6 822家和2 139家。无论从绝对数量上看还是从相对数量上看，第二梯队经营进出口业务的企业数量、对外投资的企业数量和外商投资的企业数量等指标，都明显低于第一梯队。

排在第三梯队前四位的自贸片区天津港东疆片区、南沙新区片区、大连片区和北京高端产业片区，其中天津港东疆片区由10平方千米的综合保税区（前身为天津东疆保税港区，是国务院确定的北方国际航运中心和物流中心核心功能区）与

20平方千米配套联动发展区组成，自挂牌成立以来外向型水平不断扩大，已形成融资租赁、平行进口车等领先全国的优势产业，其对外投资和外商投资企业数量分别为1 637家和1 876家，经营进出口业务的企业数量为5 190家。南沙新区片区对外投资和外商投资企业数量分别为2 471家和3 938家，对外投资企业投资额占比为26.32%；经营进出口业务的企业数量为38 695家，占总企业数量的比重为19.34%。大连自贸片区在经营进出口业务企业数量上表现突出，为10 696家，占总企业数量的24.97%，对外投资企业投资额占比为15.38%。北京高端产业片区对外投资和外商投资企业数量分别为1 065家和807家，对外投资企业数量占比为5.74%，对外投资企业投资额占比为57.46%；经营进出口业务的企业数量为6 583家，占总企业数量的比重为23.53%。

综上可以发现，地理位置、发展基础及战略定位对各自贸试验区的高水平对外开放指数影响很大。第一，位列前五名的上海保税区片区、深圳前海蛇口片区、上海张江高科片区、上海陆家嘴片区和上海金桥片区，分别隶属于上海市和深圳市，是我国经济最发达、对外开放程度最高的沿海城市；第二，排名前十二位的自贸片区中有16个片区处于沿海地区，具有良好的开放基础和交通物流优势；第三，非沿海的苏州片区、北京高端产业片区、沈阳片区和济南片区，其中苏州片区位于苏州工业园区，具有良好的产业基础和开放条件，是长江经济带、长三角一体化发展的重要战略区；北京高端产业片区和沈阳片区亦是国家开放发展的重要战略区和区域中心城市；济南自贸片区是我国对外开放的后起之秀，自批复以来，放大"全域自贸"溢出效应，将新旧动能转换与自贸试验区国家战略深度融合，并积极对标国际先进规则，在贸易便利化、投资自由化方面取得积极进展，推出了自贸创新政策200余项。这些因素都是使其对外开放指数明显高于其他自贸试验区的最重要因素。

根据图8-2自贸试验区高水平对外开放指数前20位对应的二级指标值排序直观显示结果，贸易强度指数与资本流动指数走势总体上呈促进、互补态势，符合国际贸易与国际投资相互促进、相互替代的理论认知。从排名上看，上海保税区片区对外开放指数为71.28，在所有自贸片区中排名第一，其资本流动指数也排名第一，为77.00，贸易强度指数排名第二，为65.56，仅次于排名第一的深圳前海蛇口片区。上海保税区片区涵盖上海外高桥保税区、上海外高桥保税物流园区、洋山保税港区、上海浦东机场综合保税区4个海关特殊监管区域，是我国第一批也是最早划定为上海自贸试验区范畴的区域，投资、贸易量大，经济外向程度最高。

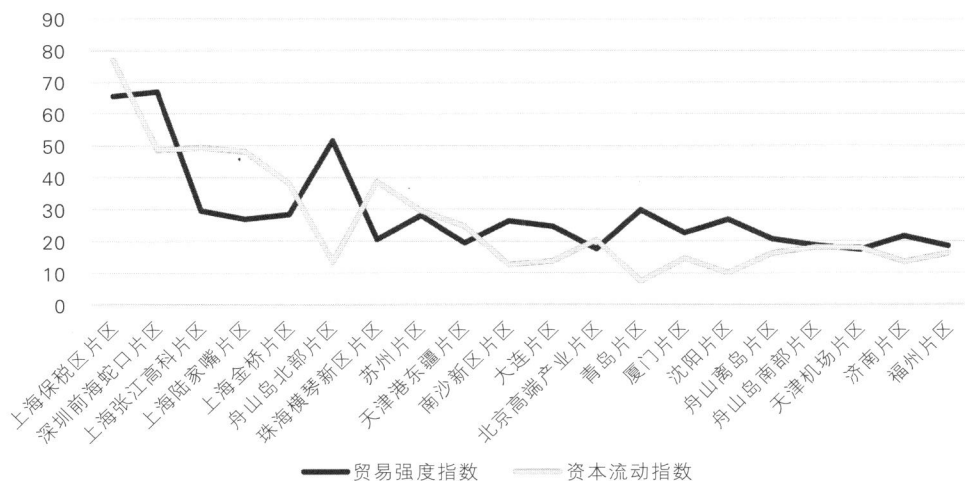

图8-2　自贸试验区高水平对外开放指数二级指标得分图（前20位）

第三节　自贸试验区高水平对外开放指数分类排序及分析

一、自贸试验区贸易强度指数排序及分析

　　表8-3列出了贸易强度指数排名前20位的自贸试验区及其指数。总体来看，前20位自贸试验区的贸易强度指数平均值为29.09，高于均值的自贸试验区有5个，分别为深圳前海蛇口片区、上海保税区片区、舟山岛北部片区、青岛片区、上海张江高科片区、上海金桥片区、苏州片区和上海陆家嘴片区。根据图8-3贸易强度指数排序直观图，排名前20位的自贸试验区大致可以分为三个梯队，第一梯队为深圳前海蛇口片区、上海保税区片区和舟山岛北部片区，其贸易强度指数远高于其他自贸试验区，指数均大于50.00；第二梯队为青岛片区、上海张江高科片区、上海金桥片区、苏州片区、上海陆家嘴片区、沈阳片区和南沙新区片区，其贸易强度指数分别为29.80、29.51、28.34、28.10、26.95、26.88和26.42；余下自贸试验区为第三梯队，其贸易强度指数主要集中在17.00～25.00之间。

表8-3　　　　　　　　　　自贸试验区贸易强度指数排名（前20位）

自贸试验区	贸易强度指数
深圳前海蛇口片区	66.95
上海保税区片区	65.56
舟山岛北部片区	51.49
青岛片区	29.80
上海张江高科片区	29.51
上海金桥片区	28.34

续表

自贸试验区	贸易强度指数
苏州片区	28.10
上海陆家嘴片区	26.95
沈阳片区	26.88
南沙新区片区	26.42
大连片区	24.68
厦门片区	22.63
济南片区	21.67
舟山离岛片区	20.67
珠海横琴新区片区	20.60
天津港东疆片区	19.48
舟山岛南部片区	18.68
福州片区	18.50
北京高端产业片区	17.62
天津机场片区	17.35

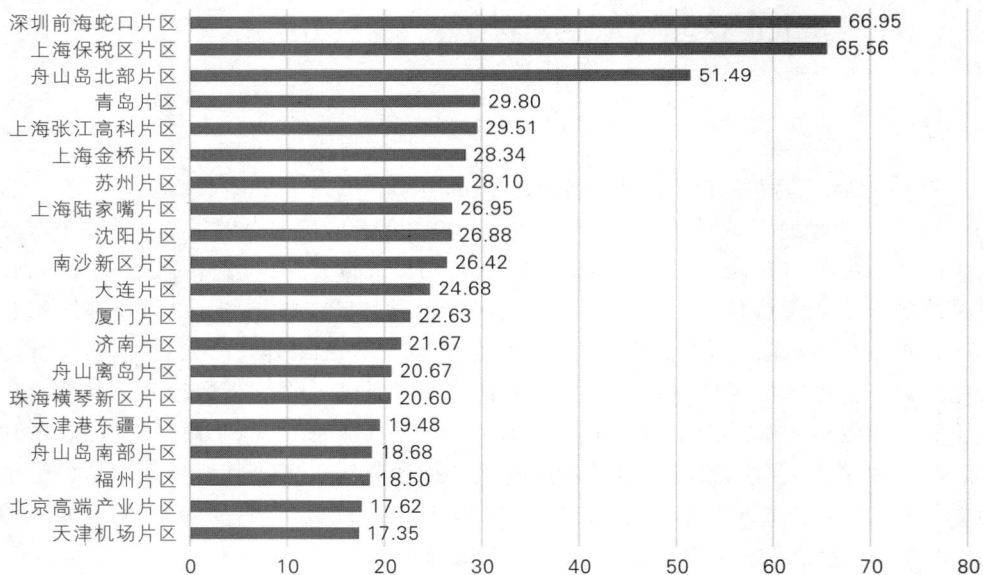

图8-3　自贸试验区贸易强度指数排名（前20位）

第一梯队的深圳前海蛇口片区在营企业总数 121 665 家，投资总额 68 609.85 亿元，经营进出口业务的企业数量占比为 45%，投资占比为 39%；上海保税区片区在营企业总数 25 054 家，投资总额 14 469.91 亿元，经营进出口业务的企业数量占比为 70%，投资占比为 40%；舟山岛北部片区在营企业总数 18 897 家，投资总额 3 524.07 亿元，经营进出口业务的企业数量占比为 34%，投资占比为 55%。深圳前海蛇口片区、上海保税区片区和舟山岛北部片区，其第三产业经营进出口业务企业密度无量纲化值在所有自贸片区中排名分别为第一、第二和第五，深圳前海蛇口片区和上海保税区片区第三产业经营出口业务的企业数量无量纲化值在所有自贸片区中排名分别为第二和第一。

第二梯队的青岛片区在营企业数为 21 474 家，投资总额为 3 986.33 亿元，经营进出口业务的企业占比为 35%，投资占比为 49%；上海张江高科片区在营企业总数 16 639 家，投资总额 5 505.33 亿元，经营进出口业务的企业占比 36%，投资占比为 47%；上海金桥片区在营企业总数 7 495 家，投资总额 2 119.14 亿元，经营进出口业务企业占比 35%，投资占比为 50%；苏州片区在营企业总数 41 138 家，投资总额 10 168.68 亿元，经营进出口业务企业占比 23%，投资占比 18%；上海陆家嘴片区在营企业总数 38 615 家，投资总额 34 295.81 亿元，经营进出口业务企业占比 29%，投资占比为 23%；沈阳片区在营企业数量为 15 922 家，投资总额为 4 321.25 亿元，经营进出口业务的企业占比为 33%，投资占比为 21%；南沙新区片区在营企业数量为 199 430 家，投资总额为 25 086.14 亿元，经营进出口业务的企业占比为 19%，投资占比为 15%。

第三梯队排名第一的大连片区，在营企业总数 42 820 家，总投资 6 208.04 亿元，经营进出口业务的企业占比为 25%，投资占比为 40%。大连自贸片区贸易强度指数之所以能排在第三梯队第一名，是因为其第二产业经营出口业务的企业数量无量纲化值在所有自贸片区中排名第十，第二产业经营进出口业务企业密度无量纲化值在所有自贸片区中排名第九。大连自贸试验区自成立以来，充分发挥了东北地区对外开放龙头和窗口作用，依托片区成熟的能源储运、油品贸易体系，加快推进国际能源交易中心建设，推动油品贸易、交易量增长，吸引俄罗斯埃尔加煤炭等大宗能源项目落地；打造东北亚矿石分拨中心和混矿基地；提升东北亚矿石分拨中心和混配基地功能；加速打造"东北亚粮食中心港"；启动冷链"全球中心仓"建设，打造面向国际的"一站式"冷链物流平台和冷链食品交易中心；完善商品车枢纽中心，开辟外贸出口班轮新航线及商品车运输新通道。2017 年大连自贸片区成立以来，累计实现外贸进出口总额 7 859.0 亿元，其中 2022 年片区进出口额为 1 123.4 亿元，占大连市进出口总额的 23.4%。

第三梯队排名第二的厦门片区，在营企业总数为 37 719 家，投资总额为 8 169.25 亿元，经营进出口业务企业数量占比为 32%，外资企业占比为 29%。厦门第三产业经营出口业务的企业数量无量纲化值和第三产业经营进出口业务企业密度无量纲化值均在所有自贸片区中排名前十。厦门自贸片区成立 8 年多来，积极探索"跨境电商+中欧班列+丝路海运"新模式，打造国际物流新通道，促进国际运输服务贸易创新发展；发布厦门口岸"全流程阳光服务"收费清单，推出集装箱"卸船直提""抵港直装"等模式，推动口岸降本增效；在全国率先探索并落地离岸贸易业务，保障企业"出海"拓市场、觅商机，共累计推出 553 项创新举措，以改革创新推动高水平对外开放，取得了积极成效。目前，中欧（厦门）班列已稳定开行中欧、中亚、中俄三条国际货运干线，主要通达12个国家和34个城市。

二、自贸试验区资本流动指数排序及分析

表8-4列出了我国64个自贸试验区中排名前20位的资本流动指数，该前20位自贸试验区的资本流动指数平均值为26.39，高于均值的自贸试验区有7个，分别为上海保税区片区、上海张江高科片区、深圳前海蛇口片区、上海陆家嘴片区、珠海横琴新区片区、上海金桥片区和苏州片区。根据图8-4资本流动指数排序直观图，排名前20位的自贸试验区大致可以分为三个梯队：第一梯队为上海保税区片区、上海张江高科片区、深圳前海蛇口片区和上海陆家嘴片区，其资本流动指数分别为77.00、49.36、48.51和48.06；第二梯队为珠海横琴新区片区、上海金桥片区、苏州片区和天津港东疆片区，其资本流动指数分别为38.68、38.05、29.52和24.75；余下自贸试验区为第三梯队，其资本流动指数均低于均值，且主要集中在12～20之间。

表8-4　　　　　　　　　自贸试验区资本流动指数排名（前20位）

自贸试验区	资本流动指数
上海保税区片区	77.00
上海张江高科片区	49.36
深圳前海蛇口片区	48.51
上海陆家嘴片区	48.06
珠海横琴新区片区	38.68
上海金桥片区	38.05
苏州片区	29.52
天津港东疆片区	24.75
北京高端产业片区	20.36
舟山岛南部片区	18.11
天津机场片区	17.94
舟山离岛片区	16.21
福州片区	16.15
厦门片区	14.56
大连片区	13.73
舟山岛北部片区	13.49
济南片区	13.46
南沙新区片区	12.55
沈阳片区	10.01
青岛片区	7.38

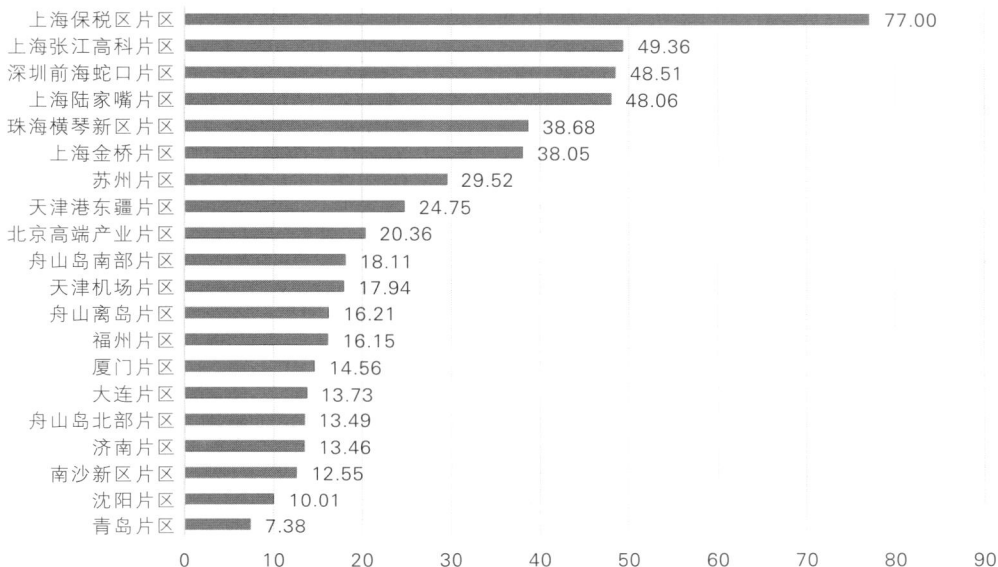

图8-4　自贸试验区资本流动指数排名（前20位）

　　第一梯队的上海保税区片区，其对外投资企业数量占比11.25%，对外投资企业投资额占比为32.39%；上海张江高科片区对外投资企业数量占比14.02%，对外投资企业投资额占比为61.52%；深圳前海蛇口片区对外投资企业数量占比为6.67%，对外投资企业投资额占比为22.19%；上海陆家嘴片区对外投资企业数量占比为10.86%，对外投资企业投资额占比为57.10%。从第三产业对外投资企业数量占比无量纲化值来看，上海保税区片区、上海张江高科片区、深圳前海蛇口片区和上海陆家嘴片区在所有自贸片区中分别排名第二、第一、第七和第三；第三产业外商投资企业数量占比的无量纲化得分在所有自贸试验区中分别排名第一、第六、第七和第二。上海保税区片区、上海张江高科片区、深圳前海蛇口片区和上海陆家嘴片区的资本流动指数之所以能位列第一梯队是因为：一方面这四个自贸片区所处的上海市和深圳市是我国对外开放的最前沿和经济中心城市；另一方面这些片区勇当我国改革开放的先锋，在促进资本流动、贸易便利化、营商环境国际化等方面对照国际最高标准，先行先试，不仅形成了一大批创新成果复制推广到全国，也促使其成为全国自贸试验区中资本流动效率最高的片区。

　　第二梯队中排名第一的珠海横琴新区片区，其对外投资企业数量占比为6.46%，对外投资企业投资额占比为21.80%；第三产业外商投资企业数量占比无量纲化值在所有自贸试验区中排名第三，第三产业外商投资企业密度无量纲化排名第三，第三产业对外投资企业密度无量纲化排名第三。珠海横琴新区片区自2015年挂牌成立以来，围绕促进中国澳门经济适度多元发展新载体、新高地的功能定位，促进中葡业务资本流动的服务深度展开，目前已有多家金融机构为葡语国家提供丰富的金融工具，涉及贷款、股权投资、准股权投资等，特别是"CLAP-U葡语世界通"金融服务方案的推出，解决了中葡经营主体在跨境交易中存在信息不对称、交易成本高等痛点难点问题。截至2023年4月末，"CLAP-U葡语世界通"金融服务方案支持珠海地区企业与葡语系国家（地区）发生跨境贸易超3.5亿美元；实现跨境同业融资投放240亿元，跨境资产转让169.75亿元；实现澳资芯片企业新型离岸贸易便利化落地、对澳投资ODI跨境资金结算服务便利化等创新服务。

处于第二梯队第三名的是苏州片区，其对外投资企业数量占比为7.27%，对外投资企业投资额占比为52.53%；第二产业外商投资企业数量占比无量纲化值在所有自贸试验区中排名第四，第二产业对外投资企业数量占比无量纲化值在所有自贸试验区中排名第四，第二产业对外投资企业密度无量纲化值在所有自贸试验区中排名第五。苏州自贸试验区位于苏州工业园区范围内，自2019年9月挂牌成立以来，围绕苏州工业园区建设世界一流高科技产业园区的目标定位，为助力区内生物医药、集成电路、高端制造等领域企业创新发展，不断提升贸易便利化、资本自由化水平，已开展自贸区版跨境双向人民币资金池试点、新型离岸国际贸易外汇便利化等多项本项目外汇业务创新试点。截至2022年6月末，苏州片区共办理信贷资产跨境转让试点业务7笔，金额3 520.69万美元，跨国公司本外币一体化资金池试点备案2笔，外债便利化额度试点业务4笔，金额1 405.74万美元，一次性外债登记试点业务37笔，金额82.51亿美元。苏州自贸试验区围绕目标定位，多项促进资本流动工作走在全国前列，是其在资本流动指数排名中位列第二梯队第三名，也是其成为资本流动指数前三梯队中高于均值的7个自贸试验区中唯一一个非沿海自贸片区的重要原因。

第三梯队中排名第一的北京高端产业片区资本流动指数为20.36，低于前20位平均指数。其对外投资企业数量占比为5.74%，对外投资企业投资额占比为57.46%；第二产业外商投资企业密度无量纲化值在所有自贸片区中排名第九，第二产业外商投资企业数量占比无量纲化值在所有自贸片区中排名第十，第二产业对外投资企业密度无量纲化值在所有自贸片区中排名第十。北京高端产业片区包括北京大兴国际机场西侧可利用产业空间和北京经济技术开发区，是北京市高端制造业高地和"三城一区"创新主平台，重点发展商务服务、国际金融等产业。

第三梯队中排名第二的舟山岛南部片区资本流动指数为18.11，其对外投资企业数量占比为5.28%，对外投资企业投资额占比为24.91%；第一产业对外投资企业数量占比无量纲化值在所有自贸试验区中排名第一，第二产业对外投资企业数量占比无量纲化值排名第七。围绕舟山岛南部片区产业定位，通过建设国际油气交易中心、深化与上期所"期现合作"、共建长三角期现一体化交易市场，先行先试油品贸易市场化改革、推动油品通关便利化系统集成改革、率先开展油品贸易跨境人民币结算便利化试点、率先推动长三角保税船用燃料油供应一体化，目前已累计集聚国有、民营、外资等油气企业近万家，构筑了全国最活跃的油气产业发展高地，进一步增强了我国大宗商品资源的全球配置能力。

　　第三梯队中排名第三的天津机场片区资本流动指数为17.94，其对外投资企业数量占比为5.60%，对外投资企业投资额占比为47.69%；第三产业对外投资企业数量占比无量纲化值在所有自贸片区中排名第十二，第二产业外商投资企业数量占比无量纲化值在所有自贸片区中排名第十三，第三产业外商投资企业数量占比无量纲化值在所有自贸片区中排名第十四。天津机场自贸试验区围绕重点发展航空航天、装备制造、新一代信息技术等高端制造业和研发设计、航空物流等生产性服务业目标定位，在促进这些行业资本流动方面，创新建立的"天津模式"，目前已覆盖"集团采购"、"大宗商品离岸贸易"和"海外工程承包"三个业务领域，拓面显效惠及多家企业，完成业务结算超过30单；正式运行的北方唯一的自由贸易（FT）账户体系，推动了高利尔、中垦国邦、雪佛龙润滑油等多家企业开展离岸贸易业务，目前业务结算金额超过了9 300万美元。

第九章　自贸试验区绿色共享指数

　　自贸试验区是国家设立的引领区域经济发展的重要园区，不仅促进了区域经济的自由化和便利化，还成为落实国家重大发展战略的先导区。随着人民生活水平的提高，社会对绿色和共享的关注度越来越高。2015年10月，习近平总书记在党的十八届五中全会上提出五大发展理念，绿色和共享成为重要组成部分。目前，从第一个国家自贸试验区设立至今整整十年，其对地方经济的拉动取得了卓越的成就。在自贸试验区不断释放制度红利的同时，也成了国家绿色转型发展的践行区。2020年9月中国明确提出"双碳"目标，自贸试验区的绿色共享已经提上日程。现有自贸试验区对其绿色共享的关注还不充分，面对当下日益严峻的碳排放压力和扩大内需的紧迫性，科学客观地评价自贸试验区的绿色共享水平，能够更加全面地反映自贸试验区对区域发展的带动作用和示范效应。该研究对国家"双碳"目标的实现，促进国内大循环的加速形成，助力中国新一轮的经济复苏和可持续发展具有重要意义。

第一节　自贸试验区绿色共享指标体系设计

一、指标体系设计思路

　　绿色发展是生态文明建设的必然要求，代表了当今科技和产业变革的方向，是最有前途的发展领域。2016年12月22日，中共中央办公厅、国务院办公厅印发了《生态文明建设目标评价考核办法》（以下简称《办法》）。根据《办法》要求，国家发展改革委、国家统计局、国家生态环境部、中央组织部等部门制定印发了《绿色发展指标体系》和《生态文明建设考核目标体系》作为各地区生态文明建设评价考核的依据；共享是中国特色社会主义的本质要求，经济发展成果由全体人民共同享有。习近平总书记在党的十八届五中全会精神专题研讨班上从四个方面阐述了共享发展理念的主要内涵，共享是全民共享、全面共享、共建共享、渐进共享。以上是构建自贸试验区绿色共享评价体系的重要参考与依据。同时，综合参考刘安国（2017）、黎文靖（2016）、韩峰（2019）、张熠（2023）等人的研究，从三废排放占比、污染治理力度、公共服务3个方面，测算自贸试验区绿色共享指数，具体包括以下四个步骤：第一步，完成数据收集、审核、确认；第二步，计算绿色共享指数，同时对数据缺失的指标进行处理；第三步，对绿色共享指数进行标准化；第四步，通过个体指数赋权，再加权合成自贸区的绿色共享指数。

二、指标选取

综合国家文件和相关文献，经过多方论证和考察，设置多层次绿色共享指标体系，并保证指标的完备性和可比性。以绿色共享指数作为一级指标，该指标下有 3 个二级指标，包括三废排放占比、污染治理力度和公共服务。二级指标根据细化的行业和产业指标，进一步分为 6 个三级指标。其中，三废排放占比包含废水、废气和一般固体废弃物的相关指标；污染治理力度包含受生态环境部监管、处罚的企业相关指标；公共服务部分主要包含公共服务行业企业的相关指标。经过多次征求相关部门、各地区统计局及有关专家意见，反复研究，最终确定采用经典、传统、覆盖面广的德尔菲法对绿色共享各指标赋权。三废排放确定占比 48%，污染治理力度占比 32%，公共服务占比 20%，共 100%。

三、指标测度

1.三废排放占比

工业废水是指工业生产中排放的废液，其中可能含有多种生产原料、副产品、中间物等，会对地表水产生严重的污染，影响水生物的生存。这些废水渗入地下，还会对地下水造成污染，地下水作为生活用水和农业灌溉用水的重要水源，一旦被污染，将会对人体健康造成极大威胁。如果废水渗入土壤，会破坏土壤理化性质，影响微生物和植物的生长。参考陈随军和王雅芬（2000）的研究，选取废水排水量重点行业相关指标作为衡量指标，重点行业包括非金属矿物制品业、化学原料和化学制品制造业、农副食品加工业、电力和热力生产以及供应业、金属制品业，即以重点行业企业股权投资累计金额占自贸区全部企业总投资比重的倒数作为三级指标。

工业废气是指企业厂区内燃料燃烧和生产工艺过程中产生的各种排入空气的含有污染物气体的总称。这些物质通过呼吸道进入人的体内，有的直接产生危害，有的还有蓄积作用，更加严重地危害人的健康，不同物质会有不同影响。废气种类主要包含二氧化碳、二硫化碳、硫化氢、氮氧化物、氯、氯化氢、一氧化碳、硫酸、铅、汞、铍化物、烟尘及生产性粉尘，依据清华大学席劲瑛（2010）的研究，选取废气排放重点行业相关指标作为衡量指标，重点行业包括电力和热力生产以及供应业、非金属矿物制品业（水泥）、黑色金属冶炼和压延加工业、有色金属冶炼和压延加工业、石油煤炭和其他燃料加工业、化学原料和化学制品制造业、医药制造业、印刷和记录媒介复制业，即以重点行业企业股权投资累计金额占自贸区全部企业总投资比重的倒数作为三级指标。

一般工业固体废物是指从工业生产、交通运输、邮电通信等行业的生产生活中产生的没有危险性的固体废物，如矿山企业产生的尾矿、矸石、废石等矿业固体废物，交通运输制造业产生的废旧轮胎、橡胶，印刷企业产生的废纸，服装加工业产生的边角废料、皮革边等。根据国家统计局相关数据和林青媛（2023）的研究，选取重点行业相关指标作为衡量指标，重点行业包括电力和热力生产以及供应业、黑色金属冶炼和压延加工业、黑色金属矿采选业、煤炭开采和洗选业、有色金属矿采选业，即以重点行业企业股权投资累计金额占自贸区全部企业总投资比重的倒数作为三级指标。

对上述三个指标按照1∶1∶1的比重求和再进行乘以100的标准化方法得到三废排放占比的二级指标。

2.污染治理力度

2014年，生态环境部组织32个省级环保部门开展国控重点污染源自动监控专项执法检查，对12个省（区、市）进行了现场督查，污染治理力度衡量着自贸区的环境规制强度，自贸区是否重视在发展中实现绿色共享以及是否对违规企业进行适当处罚影响着自贸区的污染治理效果，参考黎文婧（2019）的研究，选取受生态环境部处罚企业的次数占自贸区企业总数比重、受监管企业数量占自贸区企业总数比重，对二者进行取倒数按照1∶1的比重求和再进行乘以100的标准化处理得到二级指标。

3.公共服务

公共服务可以根据其内容和形式分为基础公共服务、经济公共服务、公共安全服务和社会公共服务。基础公共服务是指那些通过国家权力介入或公共资源投入，为公民及组织提供从事生产、生活、发展和娱乐等活动都需要的基础性服务，如提供水、电、气，交通与通信基础设施，邮电与气象服务等；经济公共服务是指通过国家权力介入或公共资源投入为公民及组织从事经济发展活动所提供的各种服务，如科技推广、咨询服务以及政策性信贷等；公共安全服务是指通过国家权力介入或公共资源投入为公民提供的安全服务，如军队、警察和消防等方面的服务；社会公共服务则是指通过国家权力介入或公共资源投入为满足公民的社会发展活动的直接需要所提供的服务，如公办教育、公办医疗、公办社会福利等。依据韩峰（2019）的研究，选取公共服务企业股权投资累计金额占自贸区全部企业总投资的比重作为公共服务的三级指标，也即二级指标。

四、指标处理

1.指标无量纲化方法

三级指标的权重采用1/N（N代表三级指标的数量）。为了增强指数的科学性和可比性，在对指标的无量纲化处理过程中，采用具有严格单调性、取值区间明确、结果直观的线性功效函数法，即针对基础三级指标用具体观测值减去最小值除以该变量的最大值和最小值之差进行标准化，如下式所示。二级指标则是在三级指标的基础上按照权重比例加总再乘以100得到。

$$d = \frac{X - (X)_{min}}{(X)_{max} - (X)_{min}}$$

在该功效函数中，d是无量纲化后的结果，其中X是观测值，$(X)_{min}$是其中的最小值，$(X)_{max}$是其中的最大值。

2.算法及权重设定

整个指标体系分为三级，在编制指数之前，首先要确定各级指标的权重。表9-1给出了自贸区绿色共享指数所涉及的各级指标、计算依据及权重。

表9-1　　自贸区绿色共享指数所涉及的各级指标、计算依据及权重

二级指标	三级指标	计算方法
三废 排放 占比 (0.48)	废水重点排放行业企业股权投资累计金额占自贸区全部企业总投资比重取倒数（0.33）	1/〔（废水重点排放行业企业股权投资累计金额/自贸区全部企业总投资）×100%〕
	废气重点排放行业企业股权投资累计金额占自贸区全部企业总投资比重取倒数（0.33）	1/〔（废气重点排放行业企业股权投资累计金额/自贸区全部企业总投资）×100%〕
	一般固体废弃物重点排放行业企业股权投资累计金额占自贸区全部企业总投资比重取倒数（0.33）	1/〔（一般固体废弃物重点排放行业企业股权投资累计金额/自贸区全部企业总投资）×100%〕
污染治理力度 (0.32)	受生态环境部处罚企业的个数占自贸区企业总数比重取倒数（0.5）	1/〔（受生态环境部处罚企业的个次数/自贸区企业总数）×100%〕
	受监管企业数量占自贸区企业总数比重取倒数（0.5）	1/〔（受监管企业数量/自贸区企业总数）×100%〕
公共服务 (0.20)	公共服务行业企业股权投资累计金额占自贸区全部企业总投资比重（1）	（公共服务行业企业股权投资累计金额/自贸区全部企业总投资比重）×100%

第二节　全国自贸试验区绿色共享指数排序

区域发展差异是一种客观存在且具有普遍性的社会经济现象，我国国土幅员辽阔、人口众多，各区域间的自然地理、经济社会、生态环境与人口资源等方面都存在明显的差异。从64个自贸区绿色共享指数分布来看，呈现东部发达地区指数较高，中西部地区指数较低，沿海自贸区和湖泊自贸区指数较高的态势。这主要源于地理、经济和行政管理等多方面原因。东部地区经济较为发达，产业结构偏向科技和服务业，污染排放强度相对较低。为了营造更为友好的生产生活环境，地方政府对环境规制的力度也相对严格；中部地区产业结构偏向工业，污染排放强度相对较高，地方政府环境规制的力度和标准差异也较大；西部地区人口较少，经济相较最为不发达，产业结构转型困难，对能源产业依赖程度高，政府需要在经济增长和环境保护之间多方权衡。

全国共计64个自贸区，绿色共享指数整体得分较低，平均值为16.69，最小值为2.10，差异明显。本书选取了排名靠前的20个自贸区，具体如图9-1所示。20个自贸区可以大致分为三个梯队：第一个梯队包括天津港东疆片区、深圳前海蛇口

片区、成都青白江铁路港片区，其绿色共享指数显著高于其他自贸片区，分别为47.46、44.48和40.74，三者的绿色共享指数均超过了40；第二梯队以成都天府新区片区（35.47）、雄安片区（34.10）、珠海横琴新区片区（33.44）、西安国际港务区片区（32.00）等为代表，其绿色共享指数大多集中在30~40之间，整体分布较为集中，差异较小；第三梯队以天津滨海新区中心商务片区（26.92）、郑州片区（24.35）、舟山岛南部片区（22.78）等大型综合自贸区为代表，其绿色共享指数在15~30之间，分布较为集中。

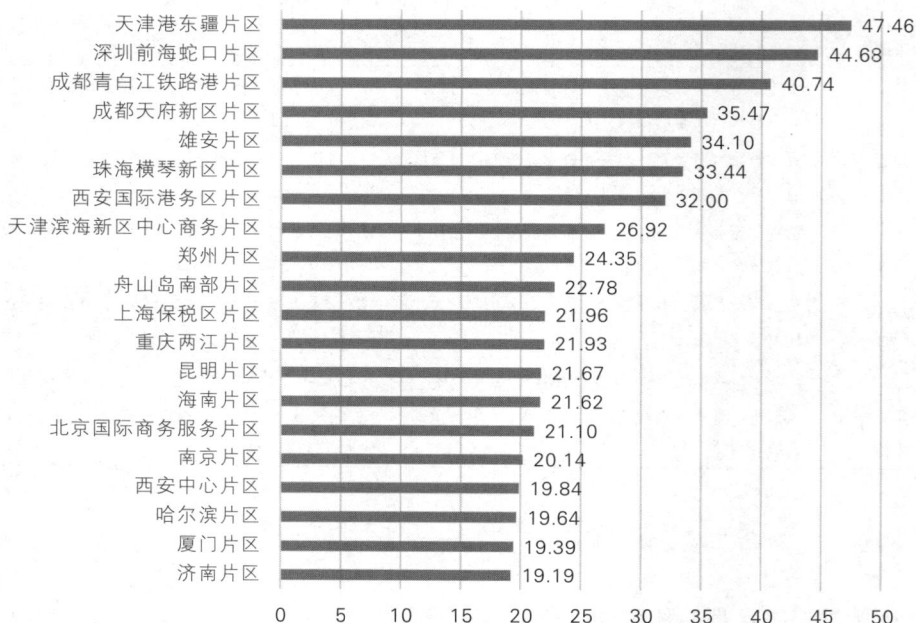

图9-1　自贸区绿色共享指数排名（前20位）

第一梯队以深圳前海蛇口片区为例。深圳前海蛇口片区重点发展金融、现代物流、信息服务、科技服务及专业服务、港口服务、航运服务和其他战略性新兴服务业，推进深港经济融合发展。全部企业总数为133 773家，企业全部投资金额为7 172.39亿元，其中三废排放占比指标为70.59，污染治理力度指标为37.82。自贸区产业结构具有明显的高级化特点，属于环境友好型片区的典型代表。

第二梯队以雄安片区为例。雄安片区定位于行政办公、高端商务、文化旅游、科技创新等产业，重点发展高端高新产业，打造创新高地和科技新城。全部企业总数为994家，企业全部投资金额为157.78亿元，其中三废排放占比指标为47.54、公共服务指标为52.46。雄安新区作为国家级新区，其规模相对较小，产业较为单一，集中发展高端行业和服务业，在绿色发展方面具有较强的优势。

第三梯队的昆明、烟台、武汉片区等多为大型自贸区，其中昆明、烟台、武汉自贸区内的企业总投资分别为2 096.23亿元、622.67亿元和2 007.68亿元，企业数量分别为115 716家、46 193家和82 020家。昆明片区包括昆明市的出口加工区和空港区，重点发展新能源汽车、激光电子等高端制造业，其三废排放占比指标为24.46，污染治理力度指标为26.17，公共服务指标为14.96；海南自贸区以旅游业、现代服务业、高新技术产业为主导产业，并利用自贸港的优势发展国际投资贸易、保税物流、保税维修等业务。其三废排放占比指标为21.38，污染治理力度指标为7.90，公共服务指标为44.12。南京自贸区重点发展集成电路、生命健康、人工智能、物联网和现代金融等产业。其三废排放占比指标为28.36，污染治理力度指标为5.46，公共服务指标为23.93。综上来看，第三梯队自贸区的产业分布十分广泛，定位复杂，三废排放重点企业占比相对前两个梯队较大，污染治理力度一般，所以在20强排名中靠后。

第三节 全国自贸试验区绿色共享二级指标排序

一、自贸区三废排放占比指标分析

"三废"一般是指工业污染源产生的废水、废气和固体废弃物。21世纪初以来，我国城市在经济高速发展过程中，能源消耗不断扩大，工业"三废"的排放量日益增加，环境污染问题逐渐加剧。在城市经济发展与环境保护理念出现相悖的状况下，党的十八大、党的十九大对加快生态文明体制改革、推进绿色发展、建设美丽中国进行了全面战略部署。

为了与其他指标的正向性统一，三废排放占比指标的构建采用基础数据取倒数再加权的方法，废水指标选取废水重点排放行业企业股权投资累计金额占自贸区全部企业总投资比重取倒数，然后对各个指标进行无量纲化处理，采用各个企业的数值减去该变量的最小值之差比该变量最大值和最小值之差；废气指标选取废气重点排放行业企业股权投资累计金额占自贸区全部企业总投资比重取倒数，采用各个企业的数值减去该变量的最小值之差比该变量最大值和最小值之差；一般固体废弃物指标选取一般固体废弃物重点排放行业企业股权投资累计金额占自贸区全部企业总投资比重取倒数，采用各个企业的数值减去该变量的最小值之差比该变量最大值和最小值之差。对废水、废气、一般固体废弃物的指标按照0.33%、0.33%和0.33%的比重加总得出三废排放占比指标，乘以100进行指数化。

如图9-2所示，三废排放占比指标越大，代表该自贸区三废排放治理越严格和越具有成效。各地区之间具有明显的差距，64个自贸区的平均值为15.37，最大值为70.59，最小值为0。选取前20位进行排序，并分为三个梯队：第一梯队以深圳前海蛇口片区（70.59）、天津港东疆片区（62.89）、珠海横琴新区片区（48.88）、雄安片区（47.54）、天津滨海新区中心商务片区（43.88）等自贸区为代表，整体数

值排名靠前，较为分散，数值范围在 40~71 之间；第二梯队以重庆两江片区
（37.77）、上海保税区片区（37.37）、南宁片区（35.00）等自贸区为代表，数值分
布较为集中，分布在 30~40 之间，整体差异较小；第三梯队以南京片区（28.36）、
北京国际商务服务片区（27.48）、崇左片区（20.94）等自贸区为代表，数值分布差
异较小，集中分布在平均值 15.37 之上。

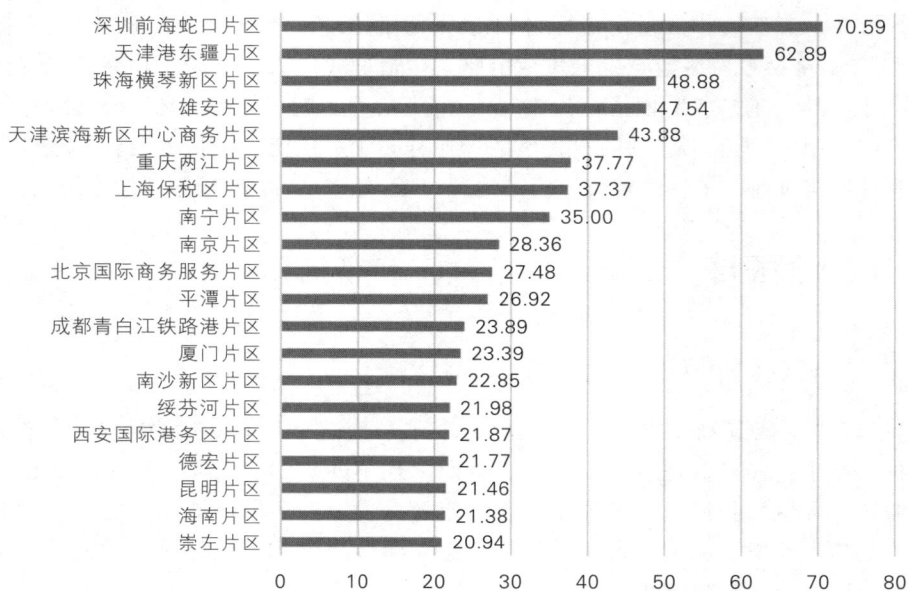

图9-2 自贸区三废排放占比指标排名（前20位）

第一梯队中以珠海横琴新区片区为例。珠海横琴新区，通过港珠澳大桥、莲花大
桥与港澳陆路互联互通。以制度创新为核心，在投资贸易、港澳合作、产业体系、人
才服务、对外开放等领域推出了一批具有标志性、引领性、突破性的改革举措。重点
发展科技创新、现代金融、医疗健康、文旅会展、跨境商贸、专业服务等六大产业。
区内企业总投资为 3 105.73 亿元，企业总数为 60 610 家，废水、废气、一般固体废弃
物重点排放行业企业股权投资累计金额占比分别为 2.91%、2.90% 和 3.12%，产业结构
绿色化、轻型化明显，所以其三废排放占比排名较为靠前。

第二梯队中以重庆两江片区为例，隶属于重庆市下辖的副省级新区、国家级新
区，也是中国内陆第一个国家级开发开放新区，同时是继上海浦东新区、天津滨海
新区后，由国务院批复的第三个国家级开发开放新区。按照中央决策部署和市委、
市政府工作要求，重庆两江片区围绕打造内陆开放门户和重庆智慧之城，努力成为
高质量发展引领区、高品质生活示范区。片区内三废排放重点企业投资少，废水、
废气、一般固体废弃物重点排放行业企业股权投资累计金额占园区内企业总投资分
别为 3.79%、3.78% 和 3.78%，使其三废排放占比排名相对靠前。

第三梯队中以崇左片区为例。广西自贸试验区覆盖主城区、口岸区、物流园区、综保区等区域。按照"一轴两翼双核多组团"的空间结构进行规划建设，片区内三废排放重点企业投资少，废水、废气、一般固体废弃物重点排放行业企业股权投资累计金额占园区内企业总投资分别为6.01%、6.03%和6.00%，产业结构高级化和第三产业的快速发展促进了其绿色共享指数的提升。

二、污染治理力度指标分析

污染治理力度的构建采用加权取倒数方法，具体来说有两个三级指标：一是受生态环境部处罚企业的次数占自贸区企业总数比重取倒数；二是受监管企业数量占自贸区企业总数比重取倒数。进行无量纲化处理后按照1：1的比例汇总求和得到该地区污染治理力度的指标，最后乘以100。

污染治理力度指标数值越大，代表该自贸区污染治理力度更严格和更具成效，政府更加重视环境保护。如图9-3所示，全国各地区之间具有明显的差距，公布数据的64个自贸区的平均值为9.09，最大值为52.29，最小值为0。选取指标排名前20位的片区，并分为三个梯队：第一梯队以成都天府新区片区（52.29）、成都青白江铁路港片区（50.00）、天津港东疆片区（37.82）等自贸区为代表，整体排名靠前，数值范围在35~55之间，较为分散；第二梯队以昆明片区（26.17）、郑州片区（25.88）、珠海横琴新区片区（21.37）、厦门片区（19.85）、合肥片区（10.32）等自贸区为代表，数值分布较为集中，分布在10~35之间，整体差异较大；第三梯队以钦州港片区（9.85）、上海保税区片区（9.77）等自贸区为代表，分布差异较小。

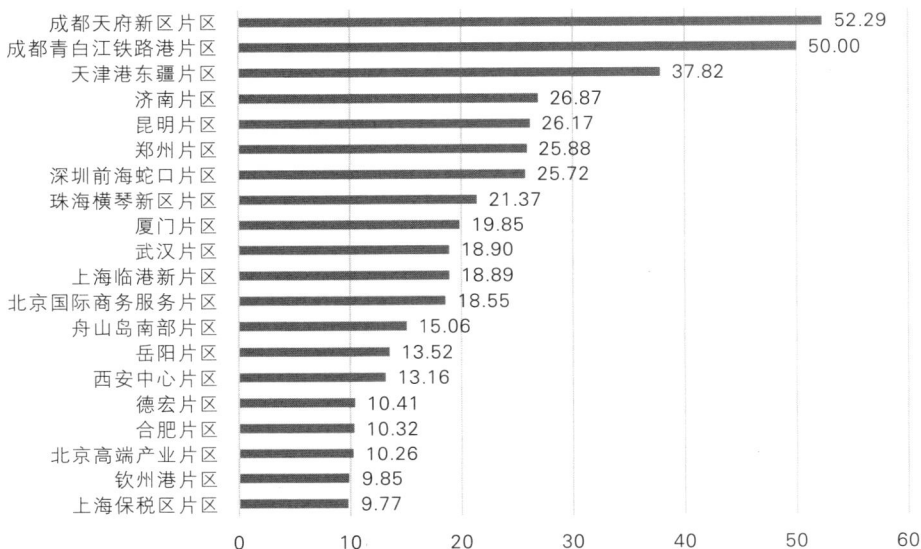

图9-3 自贸区污染治理力度指标排名（前20位）

第一梯队中以天津港东疆片区为例。天津港东疆片区是北方国际航运中心和国际物流中心的核心功能区，重点发展航运物流、国际贸易、融资租赁等现代服务业。区内拥有国际船舶登记制度、国际航运税收政策、航运金融、租赁业务等4大类22项创新试点政策。全部企业总投资为1 161.43亿元，企业总数为18 028家。受生态环境部处罚企业的个数仅为12家，受监管企业数量为1家，所以污染治理力度指标排名靠前。

第二梯队中以舟山岛南部片区为例。舟山岛南部片区重点发展大宗商品交易、航空制造、零部件物流、研发设计、现代商贸、航运及相关配套产业。全部企业总投资为319.67亿元，企业总数为13 836家。受生态环境部处罚企业的个数为984家，受监管企业数量仅331家，受环保处罚的企业数量相对较多，受监管企业数量较少，仅为1家，使得舟山岛南部片区污染治理力度指标排名较为靠前。

第三梯队中以钦州港片区为例。钦州港片区战略定位是建设国际陆海贸易新通道门户港、向海经济产业集聚区、中国—东盟合作示范区，重点发展港航物流、国际贸易、绿色化工、新能源汽车、装备制造、电子信息、生物医药、大数据等产业。全部企业总投资为505.64亿元，企业总数为28 244家，受生态环境部处罚企业的个数为51家，受监管企业数量为6家，这两个维度指标相较前两个梯队都有所增加，所以排名相对靠后。

三、自贸区公共服务指标分析

经济公共服务是指通过国家权力介入或公共资源投入为公民及组织从事经济发展活动所提供的各种服务，如科技推广、咨询服务以及政策性信贷等。公共服务指标采用公共服务行业企业股权投资累计金额比自贸区全部企业总投资来衡量，然后减去该变量的最小值再比上该变量最大值和最小值之差，进行无量纲化处理，再乘以100。其数值越大，代表该自贸区的公共服务水平越高。

全国64个自贸区的公共服务指标分布差异较大，呈现阶梯断崖式分布，平均数值为31.99，最大值为100，最小值为0。选取公共服务排名前20位的片区，如图9-4所示。第一梯队以西安国际港务区片区（100.00）、营口片区（74.79）、黑河片区（72.42）、重庆西永片区（72.01）等自贸区为代表，数值分布较为分散，内部差异较大。位于第一位的西安国际港务区片区数值为100.00，远远超过了其他自贸区；第二梯队以成都青白江铁路港片区（66.35）、舟山岛南部片区（66.24）、哈尔滨片区（62.07）等自贸区为代表，数值分布较为集中，分布在60～70之间；第三梯队以连云港片区（58.12）、红河片区（56.62）和长沙片区（41.99）等自贸区为代表，数值较为集中，内部差异较小。总体来看，领先的片区区内服务和贸易型企业相对较多，其他片区则相反。

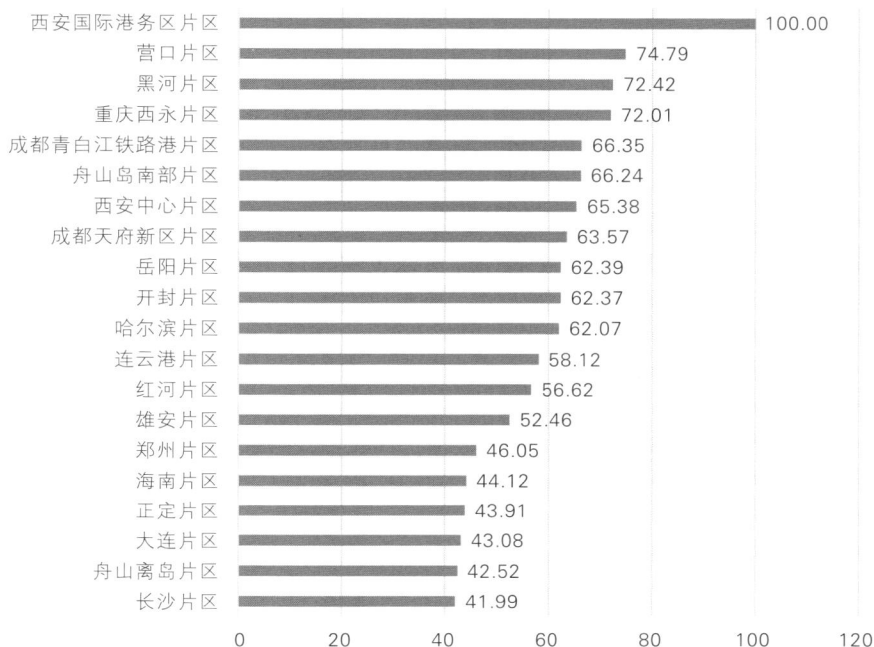

图9-4　公共服务行业企业股权投资累计金额占自贸区全部企业总投资的比重

　　第一梯队中以西安国际港务区片区为例。西安国际港务区依托西安区位优势、交通优势、产业基础和物流市场需求，形成以B型保税物流中心为核心、以国际物流区为支撑、以国内综合物流区和物流产业集群区为两翼的物流体系战略格局。园区内公共服务投资金额占企业总投资金额的9.36%，公共服务行业企业股权投资累计金额为21.06亿元。

　　第二梯队中以哈尔滨自贸区为例。哈尔滨片区覆盖了哈尔滨新区科创中心、金融商务中心、国际贸易会展中心、国际文化旅游中心等多个重点产业园区，重点发展新一代信息技术、新材料、高端装备、生物医药等战略性新兴产业，科技、金融、文化旅游等现代服务业和寒地冰雪经济。区内公共服务投资金额占企业总投资金额的5.81%，公共服务行业企业股权投资累计金额为19.05亿元。

　　第三梯队以长沙片区为例。长沙片区对接"一带一路"建设，突出临空经济，重点发展高端装备制造、新一代信息技术、生物医药、电子商务、农业科技等产业，基本建成"一基地一中心一先行区一增长极"，即打造全球高端装备制造业基地、内陆地区高端现代服务业中心、中非经贸深度合作先行区和中部地区崛起增长极。园区内公共服务投资金额占企业总投资金额的3.93%，公共服务行业企业股权投资累计金额为10.01亿元。

第四节　小结

　　总体来看，我国各自贸区绿色共享指数总体不高。排名第一的天津港东疆片区只有47.46，且各自贸区绿色共享指数差异较大，排名第20位的济南片区绿色共享指数为19.19。从区域分布来看，东部自贸区的绿色共享水平显著高于中西部自贸区。因此，我国各自贸区未来发展应加大对绿色共享的重视，结合自然禀赋、交通区位和产业特色，制定不同的促进政策，适当提高企业落户标准，大力发展生态科技以及优化产业结构。

区域篇

第十章　上海自贸试验区高质量
发展评价

　　上海自贸试验区建设是国家战略，是先行先试、深化改革、扩大开放的重大举措，同样也是顺应全球经贸发展新趋势，实行更加积极主动开放战略的一项重大举措，意义深远。上海自贸试验区是我国高质量发展的试验田，基于微观数据从不同维度对自贸区高质量发展进行评价和分析，可以更加客观真实地展现上海自贸试验区高质量发展的全貌与前景。本章将从制度创新、金融发展、企业经营、产业发展、科技创新、区域带动、高水平对外开放、绿色共享八个维度入手，参考八个维度的指数数值及排名，在分析上海自贸试验区五个片区的八个维度的企业微观数据的基础上，客观真实地对上海自贸试验区五个片区的高质量发展指数进行评价和分析。在高质量发展指数评价的基础上，本章进一步梳理了上海自贸试验区发展过程中取得的主要成效以及采取的主要举措，总结了上海自贸试验区高质量发展过程中可复制推广的先进经验，通过分析上海自贸试验区发展的优势与短板，为上海自贸试验区的战略提升与高质量发展明确未来的发展方向与路径选择。

第一节　上海自贸试验区概况

一、上海自贸试验区实施范围

　　上海自贸试验区是我国设立的第一个国家级自贸试验区，于2013年9月29日成立，区域面积240.22平方千米，范围涵盖五大片区：上海自贸试验区金桥片区、上海自贸试验区张江高科片区、上海自贸试验区陆家嘴片区、上海自贸试验区保税区片区和上海自贸试验区临港新片区。

　　上海自贸试验区金桥片区总面积20.48平方千米，东至外环绿带，南至锦绣东路，西至杨高路，北至巨峰路。

　　上海自贸试验区张江高科片区面积37.20平方千米，东至外环绿带、申江路，南至外环线，西至罗山路，北至龙东大道。

　　上海自贸试验区陆家嘴片区（含陆家嘴金融贸易区、世博开发园区）面积34.26平方千米，其中，陆家嘴金融贸易区共有24.39平方千米，东至济阳路、浦东南路、龙阳路、锦绣路、罗山路，南至中环线，西至黄浦江，北至黄浦江。

　　上海自贸试验区保税区片区面积28.78平方千米，涵盖上海外高桥港综合保税区、外高桥保税物流园区、洋山保税港区和上海浦东机场综合保税区等4个海关特殊监管区域。其中上海外高桥港综合保税区四至范围为：东至外高桥港区三期、南至外环线、西至油管路、北至三海码头，包括外高桥保税区B区、外高桥保税区（北区）、外高桥保税区（南区）。浦东机场综合保税区：东至机场河，南至美兰路，西至川汇路，北至龙嘉路。洋山保税港区陆域：东至芦潮引河、沪芦高速，南至大堤防护绿带，西至常满路，北至顺翔路。洋山保税港区岛域：东至避风港池海岸线，南至小岩礁海岸线、纬一路（码头前沿线），西至2号码头经十二路，北至小城子山南侧及东侧山脚线、2号码头纬五路并向东延伸至小洋山南侧山脚线，顺山脚线延伸至观海北路、东海大道北边界。

上海自贸试验区临港新片区区域面积119.5平方千米，包括临港地区南部区域（含区块一47.2平方千米、区块二10.5平方千米、区块三18.8平方千米）小洋山岛区域、浦东国际机场南侧区域。其中临港地区南部区域76.5平方千米，区块一四至范围：东至新四平公路、中港，南至杭州湾，西至南芦公路，北至平霄路、大泖港、东两港大道、云水路、正茂路、新元南路、长空路。区块二四至范围：东至沪芦高速、芦潮引河，南至环南一路、环南二路，西至南芦公路，北至胜利塘、顺翔路。区块三四至范围：东至H61路、北护城河、S10路、B42路、环湖二路、E7路，南至海塘大堤，西至沪芦高速、芦潮引河、海港大道、环湖西路、B41路、环湖三路、S7路、北护城河、随塘河、海西路，北至三三公路。小洋山岛区域共18.3平方千米，四至范围：小洋山岛全域。浦东国际机场南侧区域共24.7平方千米，四至范围：东至东海大道，南至下盐路、上飞路，西至上海绕城高速，北至申嘉湖高速、围场河路、纬十一路。

二、上海自贸试验区的功能定位

上海自贸试验区五个片区的功能定位分别为：上海自贸试验区金桥片区是全国唯一一个以先进制造业和生产性服务业为发展双核心的自贸试验区，主要以制造业为未来发展动力，而上海自贸试验区张江高科片区主要立足于高科技行业发展，被誉为中国硅谷，是上海贯彻落实创新型国家战略的核心基地。上海自贸试验区陆家嘴片区则侧重于打造国际一流金融城，上海自贸试验区保税区片区依托港区独特的环境发展对外经济，作为上海重要的交通枢纽，上海自贸试验区临港新片区的离岸贸易具有巨大优势。上海自贸试验区临港新片区则主要致力于建设国际航运中心，以高端制造业为重要的发展方向，侧重打造以关键核心技术为突破口的前沿产业集群。

三、上海自贸试验区的产业基础

上海自贸试验区是我国成立的第一个国家级自贸试验区，作为高度开放的外向型经济区域，产业基础雄厚，经济发展迅速。中国自贸试验区大数据监测分析平台显示，截至2022年，上海自贸试验区金桥片区在营企业数量为7 495家，投资总额为2 118.98亿元；民营企业数量占比78.76%，市场活力足；服务业企业数量占比

80.52%。上海自贸试验区张江高科片区在营企业数量为 16 639 家，投资总额为
5 505.09 亿元；民营企业数量占比 79.98%，小微企业数量累计占比 83.41%，服务业
企业数量占比 83.71%。上海自贸试验区陆家嘴片区在营企业数量为 38 615 家，投资
总额为 34 295.4 亿元，排在所有自贸区的第四位；民营企业数量占比 72.52%，服务
业企业数量占比 89.43%，小微企业数量占比 71.22%。上海自贸试验区保税区片区在
营企业数量为 25 054 家，投资总额为 14 464.53 亿元；民营企业数量占比 61.4%，服
务业企业数量占比 88.99%，小微企业数量占比 77.99%，外资企业数量占比 32.11%，
在所有的自贸区中排在第三位。上海自贸试验区临港新片区在营企业数量为 42 013
家，投资总额为 10 142.12 亿元；民营企业数量占比 93.31%，服务业企业数量占比
85%，小微企业数量占比 92.52%。上海自贸试验区五个片区的各类企业数量情况如
表 10-1、表 10-2、表 10-3、表 10-4 和表 10-5 所示。

表10-1　　　　　　　　上海自贸试验区金桥片区各类企业数量情况

		企业数（家）	占比（%）	投资额（亿元）	占比（%）
产业结构	第一产业	14	0.19	0.59	0.03
	第二产业	1 249	16.66	562.74	26.56
	第三产业	6 227	83.08	1 555.65	73.41
所有制	国有	41	0.55	63.63	3.01
	民营	5 903	78.76	1 214.01	57.48
	外资	1 045	13.94	472.08	22.35
企业规模	大	212	2.83	1 223.63	58.30
	中	564	7.53	432.84	20.62
	小	1 647	21.97	183.46	8.74
	微	4 187	55.86	259.08	12.34
企业特征	高新技术企业	161	2.15	236.98	11.29
	对外投资企业	720	9.61	1 038.98	49.50

数据来源：中国自贸试验区大数据监测分析平台。

表10-2　　　　　　　　上海自贸试验区张江高科片区各类企业数量情况

		企业数（家）	占比（%）	投资额（亿元）	占比（%）
产业结构	第一产业	38	0.23	1.74	0.03
	第二产业	2 660	15.99	1 545.88	28.08
	第三产业	13 929	83.71	3 957.47	71.89
所有制	国有	96	0.58	616.22	11.19
	民营	13 308	79.98	2 355.94	42.79
	外资	2 162	12.99	1 517.15	27.56

续表

		企业数（家）	占比（%）	投资额（亿元）	占比（%）
企业规模	大	440	2.64	3 032.32	55.33
	中	1 347	8.10	2 075.04	20.66
	小	4 154	24.97	492.74	8.99
	微	9 723	58.44	742.48	13.55
企业特征	高新技术企业	767	4.61	1 024.73	18.70
	对外投资企业	2 333	14.02	3 371.24	61.52

数据来源：中国自贸试验区大数据监测分析平台。

表10-3 上海自贸试验区陆家嘴片区各类企业数量情况

		企业数（家）	占比（%）	投资额（亿元）	占比（%）
产业结构	第一产业	55	0.14	13.87	0.04
	第二产业	4 008	10.37	4 183.00	12.20
	第三产业	34 533	89.43	30 098.53	87.76
所有制	国有	557	1.44	3 324.85	9.70
	民营	28 004	72.52	17 347.81	50.60
	外资	5 981	15.49	6 716.29	19.59
企业规模	大	1 589	4.11	24 698.58	72.25
	中	3 144	8.14	4 527.25	13.24
	小	7 698	19.94	1 360.02	3.98
	微	19 802	51.28	3 599.43	10.53
企业特征	高新技术企业	212	0.55	889.87	2.60
	对外投资企业	4 193	10.86	19 519.51	57.10

数据来源：中国自贸试验区大数据监测分析平台。

表10-4 上海自贸试验区保税区片区各类企业数量情况

		企业数（家）	占比（%）	投资额（亿元）	占比（%）
产业结构	第一产业	16	0.06	9.54	0.07
	第二产业	2 732	10.90	684.51	4.73
	第三产业	22 296	88.99	13 770.49	95.20
所有制	国有	46	0.18	176.19	1.22
	民营	15 384	61.40	7 773.46	53.77
	外资	8 044	32.11	4 237.76	29.31
企业规模	大	1 520	6.07	6 832.22	47.53
	中	3 554	14.19	3 926.44	27.32
	小	5 589	22.31	941.39	6.55
	微	13 896	55.46	2 674.07	18.60
企业特征	高新技术企业	133	0.53	99.30	0.69
	对外投资企业	2 819	11.25	4 655.29	32.39

数据来源：中国自贸试验区大数据监测分析平台。

表10-5   上海自贸试验区临港新片区各类企业数量情况

		企业数（家）	占比（%）	投资额（亿元）	占比（%）
产业结构	第一产业	156	0.37	18.01	0.18
	第二产业	6 063	14.43	1 791.09	17.66
	第三产业	35 713	85.00	8 333.03	82.16
所有制	国有	57	0.14	226.81	2.24
	民营	39 203	93.31	6 606.87	65.16
	外资	1 733	4.12	1 892.39	18.66
企业规模	大	424	1.01	5 210.50	51.88
	中	1 836	4.37	2 075.04	20.66
	小	10 191	24.26	1 285.37	12.80
	微	28 680	68.26	1 472.62	14.66
企业特征	高新技术企业	302	0.72	203.30	2.02
	对外投资企业	1 966	4.68	2 563.65	25.53

数据来源：中国自贸试验区大数据监测分析平台。

四、上海自贸试验区的对外开放

成立十年以来，上海自贸试验区发挥了先行先试的重要作用，成为中国外贸外资发展的重要推动力量，也为经济全球化健康发展作出了重要贡献。在《区域全面经济伙伴关系协定》（RCEP）生效后，上海自贸试验区全面实施RCEP原产地证书签发、经核准出口商培育等便利化措施，促进货物通关提速增效。上海自贸试验区为推动人民币资本项目可兑换先行先试，拓展自由贸易账户功能，适时启动合格境内个人投资者境外投资试点发挥了巨大作用。设立中东、东南亚分中心，在日本、韩国同步"云挂牌"，继设立中东、东南亚分中心后，成立国际合作中心第3个海外分中心。在"一带一路"区域提供一站式出口认证服务方面，为区域跨境贸易便利化做出了重要贡献。

五、上海自贸试验区"十四五"时期发展目标

"十四五"期间，上海自贸试验区金桥片区明确提出"打造更亮的带"，利用好浦东中环后发优势，补齐活力、设施、交通三大短板的战略任务；上海自贸试验区张江高科片区则明确要建设具有鲜明创新文化的全球人才高地，将开放包容塑造成张江科学城的独特创新文化；上海自贸试验区陆家嘴片区应以推动产业跃升发展，增强核心竞争力，建设一流营商环境示范区等为主要任务；上海自贸试验区保税区片区计划率先探索由要素型开放向制度型开放拓展，着力从面向全球的贸易集散区向运作全球的投资贸易枢纽转变；上海自贸试验区临港新片区明确聚焦制度创新、人才集聚、产业发展、功能增强这四个方面，以制度创新促进人才集聚和产业发展的战略部署。

第二节 上海自贸试验区高质量发展指数评价

一、上海自贸试验区高质量发展总体评价

从自贸试验区高质量发展八个方面的指数来看，上海自贸试验区总体上处于全国中上游。上海自贸试验区在制度创新指数、金融发展指数、企业经营指数、科技创新指数和高水平对外开放指数上表现较为突出，总体排名均处于全国上游，产业发展指数排名也较靠前，而上海自贸试验区表现欠佳的是绿色共享指数和区域带动指数，总体上排名处于所有自贸片区的中下游。从上海自贸试验区五个片区来看，张江高科片区表现出色，位居上海自贸试验区五个片区之首，保税区片区次之，陆家嘴片区排在第三，金桥片区和临港新片区分别位列第四和第五，其他片区高质量发展指数虽然与张江高科片区相比尚有差距，但总体均位于全国中上游。

二、上海自贸试验区金桥片区高质量发展指数评价

上海自贸试验区金桥片区的高质量发展指数在制度创新、金融发展、企业经营、科技创新、高水平对外开放六个方面的表现出色，5个指数均位于所有自贸片区前列，有4个高质量发展指数位于全国前10位，分别为制度创新指数、企业经营指数、科技创新指数和高水平对外开放指数。金桥片区高质量发展指数一级、二级指标指数及在全国自贸片区中的位置如表10-6所示。其中，二级指标后标注"居前"，表示该指标排在全国所有自贸片区第1～20名；"居中"表示排在第21～40名；"居后"表示排在第41～64名。各自贸片区都是如此，之后不再重复说明。

表10-6　　　　　　　　金桥片区高质量发展指数及排位

一级指标指数值及排位	二级指标指数值及排位		一级指标指数值及排位	二级指标指数值及排位	
1.制度创新 73.41 (2)	贸易便利化	72.50 (居前)	2.金融发展 8.91 (22)	金融机构	20.13 (居前)
	政府职能转变	88.74 (居前)		股权投融资	1.01 (居中)
	法治化环境	59.00 (居前)		投资自由化	5.85 (居中)
3.企业经营 36.91 (10)	基数水平	49.03 (居前)	4.产业发展 34.70 (22)	产业规模	5.05 (居后)
	高新企业占比	25.51 (居前)		产业结构	34.49 (居前)
	创新经营情况	36.21 (居前)		产业创新	52.47 (居前)
				产业环境	46.78 (居后)
5.科技创新 58.87 (2)	创新环境	33.19 (居前)	6.区域带动 0.93 (61)	市场活力	0.45 (居后)
	创新投入	31.93 (居前)		产业带动	1.06 (居后)
	创新产出	76.41 (居前)		辐射带动	1.79 (居后)
7.高水平对外开放 33.19 (5)	贸易强度	28.34 (居前)	8.绿色共享 5.53 (59)	三废排放占比	3.17 (居后)
	资本流动	38.05 (居前)		污染治理力度	1.90 (居后)
				公共服务	17.09 (居后)

上海自贸试验区金桥片区的制度创新指数为73.14（如图10-1所示），位居第二。其法治化环境指数为59.00，高于其余所有自贸区，而政府职能转变指数与贸

易便利化指数也处于自贸区中第二和第四的位置。金桥片区中拥有网站或网店的企业数量为1 020家，对外投资企业数量有720家，第三产业企业数量为6 227家，其中拥有网站或网店的企业数量占比为13.61%，对外投资能力为0.0961，第三产业占比为83.07%，三项指标均在所有自贸片区中位居前列，说明该片区制度创新情况好，对外投资能力强。

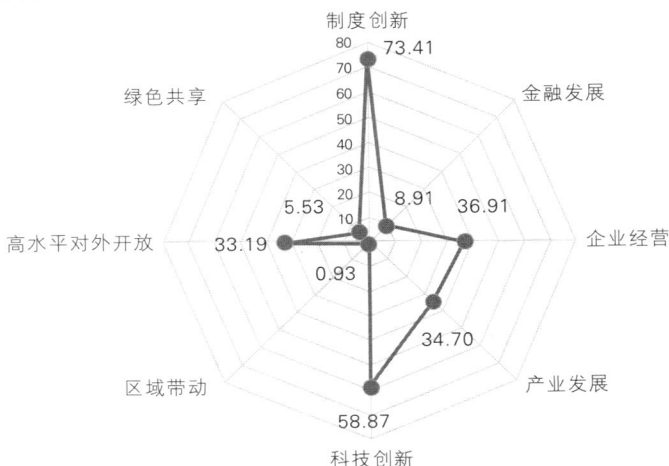

图10-1 上海金桥片区高质量发展指数

上海金桥片区的金融发展指数为8.91，位于第22位，上海金桥片区的金融机构指数为20.13，在所有自贸片区中排在居中位置，但股权投融资指数和投资自由化指数只有1.01和5.85，均排在靠后的位置。上海金桥片区共有金融机构761个，占所有企业数量的10.15%，其中其他金融机构数量最多，共559个，上海金桥片区的金融机构数量在所有自贸区中相对较少。

上海金桥片区的企业经营指数为36.91，位于第10位。上海金桥片区的基数水平指数为49.03，在所有自贸区中排在第13名。高新企业占比指数为25.51，在企业经营指数前20位中处于靠后位置。创新经营情况指数为36.21，排名第4。上海金桥片区2019—2021年三年新增注册企业数量为1 675个，第一产业高新技术企业数量为0，第二产业高新技术企业数量为63个，第三产业高新技术企业数量为99个，新增注册单位规模为1 449.4752万元。总体来看，上海金桥片区的新增注册企业数量较少，高新技术企业数量较少导致高新企业占比指数较低，但基数水平以及创新经营情况较好，所以使得企业经营情况较好。

上海金桥片区的产业发展指数为34.70，位于第22位。产业规模指数为5.05，产业环境指数为46.78，在所有自贸区中排名靠后，产业结构指数为34.49，产业创新指数为52.47，在所有自贸区中排名靠前，说明其产业结构多样，产业创新情况较好。

上海金桥片区的科技创新指数为58.87，位于第2位。其创新环境指数为

33.19，创新投入指数为31.93，创新产出指数为76.41，三项二级指标均位列各自贸区前列。根据数据平台的统计数据，上海金桥片区高新企业数量为436家，高新企业占比为5.4%，科技活动直接产出数值为8.4965，科技成果转化数值为1.88955，说明上海金桥片区高新企业较少，创新环境一般并且投入不高，但产出很高，所以科技创新情况较好。

上海金桥片区的区域带动指数为0.93，位于第61位。市场活力指数为0.45，产业带动指数为1.06，辐射带动指数为1.79，三项指标均位于所有自贸区的后列。上海金桥片区的投资金额以及在营企业数量，第二、第三产业的企业数量和高新企业数量占整个上海市企业数量的比重较小，说明该自贸区的区域协调发展水平不高，市场活力不足，产业带动情况差。

上海金桥片区的高水平对外开放指数为33.19，位于第5位。其贸易强度指数为28.34，资本流动指数为38.05，均位于自贸区的前列，说明该片区对外贸易交易量大，资本流动性强，带动高水平对外开放能力强。

上海金桥片区的绿色共享指数为5.53，位于第59位。其三废排放占比指数为3.17，污染治理力度指数为1.90，公共服务指数为17.09。上海金桥片区的三废处理企业股权投资累计金额以及公共服务行业总投资在自贸区投资总金额中的占比较小，参加职工养老保险和医疗保险人数占自贸区所有企业从业人员人数的比重低，说明该片区的污染治理力度不够，公共服务完成度较低，社会保障完善程度较低，绿色共享情况差。

三、上海自贸试验区张江高科片区高质量发展指数评价

上海张江高科片区的高质量发展指数在制度创新、金融发展、企业经营、产业发展、科技创新、区域带动、高水平对外开放、绿色共享八个方面的表现全市最优。除区域带动指数和绿色共享指数外，上海张江高科片区其余6个指数均位于所有自贸片区前20位，有3个高质量发展指数位于全国首位，分别为企业经营指数、产业发展指数和科技创新指数。上海张江高科片区高质量发展指数一级、二级指标指数及在全国自贸片区中的位置如表10-7所示。

表10-7　　　　　　　　上海张江高科片区高质量发展指数及排位

一级指标指数及排位	二级指标指数及排位		一级指标指数及排位	二级指标指数及排位	
1.制度创新 63.64 (3)	贸易便利化	78.24（居前）	2.金融发展 11.26 (14)	金融机构	16.91（居前）
	政府职能转变	65.09（居前）		股权投融资	9.73（居前）
	法治化环境	47.58（居前）		投资自由化	7.49（居中）
3.企业经营 65.51 (1)	基数水平	51.38（居前）	4.产业发展 48.67 (1)	产业规模	12.39（居前）
	高新企业占比	66.52（居前）		产业结构	41.00（居前）
	创新经营情况	78.25（居前）		产业创新	75.02（居前）
				产业环境	66.26（居后）

续表

一级指标指数及排位	二级指标指数及排位		一级指标指数及排位	二级指标指数及排位	
5.科技创新 77.13 (1)	创新环境	59.43 (居前)	6.区域带动 5.05 (44)	市场活力	1.21 (居后)
	创新投入	60.00 (居前)		产业带动	4.37 (居后)
				辐射带动	10.07 (居中)
7.高水平对外开放 39.44 (3)	创新产出	88.74 (居前)	8.绿色共享 4.43 (62)	三废排放占比	2.56 (居后)
	贸易强度	29.51 (居前)		污染治理力度	3.20 (居后)
	资本流动	49.36 (居前)		公共服务	10.90 (居后)

上海张江高科片区的制度创新指数为63.64（如图10-2所示），位于全国所有自贸片区的第3位。该片区为了打造具有特色的科创营商环境，一直努力推动制度创新，从制度创新二级指标来看，上海张江高科片区贸易便利化指数为78.24，排位居前；政府职能转变指数为65.09，排位居前；法治化环境指数为47.58，排位居前。

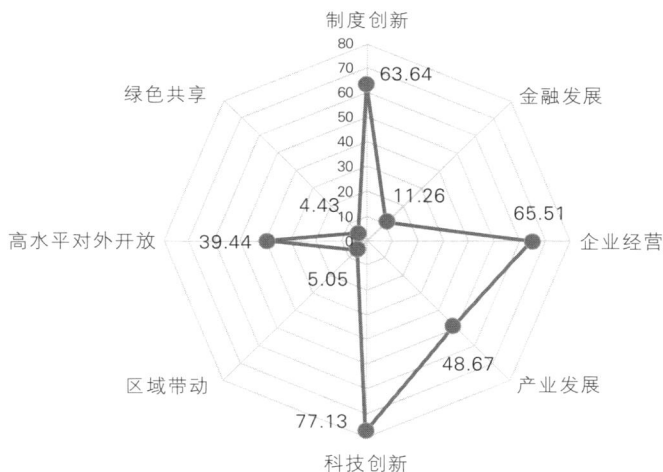

图10-2 上海张江高科片区高质量发展指数

上海张江高科片区的金融发展指数为11.26，位列全国第14位。从金融发展指数二级指标来看，上海张江高科片区的金融机构指数和股权投融资指数分别为16.91和9.73，排位居前，但是另一个二级指标投资自由化指数为7.49，排位居中，并不突出，由此拉低了金融发展指数。

上海张江高科片区的企业经营指数为65.51，位于全国首位。上海张江高科片区坚持开放创新，助力企业成长，从企业经营指数二级指标来看，基数水平指数为51.38，排位居前；高新企业占比指数为66.52，排位居前；创新经营情况指数为

78.25，排位居前。

上海张江高科片区产业发展指数为48.67，位于全国首位。上海张江高科片区致力于多方面产业发展，重视产业创新，从产业发展指数二级指标来看，产业规模指数为12.39，排位居前；产业结构指数为41.00，排位居前；产业创新指数为75.02，排位居前；产业环境指数为66.26，排位居后。除产业环境指数外，上海张江高科片区的其他产业发展指数均处于全国上游。

上海张江高科片区的科技创新指数为77.13，位列全国首位。上海张江高科片区是贯彻落实创新型国家战略的核心基地，聚焦集成电路、生物医药、人工智能等重点产业，具有极强的科技创新能力。从科技创新指数二级指标来看，创新环境指数为59.43，排位居前；创新投入指数为60.00，排位居前；创新产出指数为88.74，排位居前，科技创新指数全部处于全国上游。

上海张江高科片区区域带动指数为5.05，位列全国第44位。从区域带动指数的二级指标来看，市场活力指数为1.21，排位居后；产业带动指数为4.37，排位居后；辐射带动指数为10.07，排位居中，区域带动指数受市场活力指数和产业带动指数影响，处于全国下游。

上海张江高科片区高水平对外开放指数为39.44，位列全国第3位。上海张江高科片区一直坚持自贸区理念，对标国际，面向全球，从高水平对外开放指数的二级指标来看，上海张江高科片区的贸易强度指数和资本流动指数分别为29.51和49.36，均排位居前，上海张江高科片区带动了高水平对外开放。

上海张江高科片区的绿色共享指数为4.43，位列全国第62位。从绿色共享指数的二级指标来看，三废排放占比指数为2.56，排位居后；污染治理力度指数为3.20，排位居后；公共服务指数为10.90，排位居后，上海张江高科片区的绿色共享指数及其二级指标均处于全国下游。

四、上海自贸试验区陆家嘴片区高质量发展指数评价

上海陆家嘴片区的高质量发展指数在制度创新、金融发展、企业经营、产业发展、科技创新、区域带动、高水平对外开放、绿色共享八个方面的表现全市第三。除区域带动指数、绿色共享指数和产业发展指数外，上海陆家嘴片区其余5个指数均位于所有自贸片区前20位，其中有4个高质量发展指数位于全国前10位，分别为制度创新指数、金融发展指数、科技创新指数和高水平对外开放指数。上海陆家嘴片区高质量发展指数一级、二级指标指数及在全国自贸片区中的位置如表10-8所示。

上海陆家嘴片区的制度创新指数为62.22（如图10-3所示），位列全国第4位。从制度创新指数的二级指标来看，上海陆家嘴片区的贸易便利化指数、政府职能转变指数、法治化环境指数分别为74.79、60.43和51.44，均排名居前，因此上海自贸试验区陆家嘴片区的制度创新指数较高。

表10-8 上海陆家嘴片区高质量发展指数及排位

一级指标指数及排位	二级指标指数及排位		一级指标指数及排位	二级指标指数及排位	
1.制度创新 62.22 (4)	贸易便利化	74.79 (居前)	2.金融发展 33.73 (2)	金融机构	63.00 (居前)
	政府职能转变	60.43 (居前)		股权投融资	15.16 (居前)
	法治化环境	51.44 (居前)		投资自由化	24.06 (居前)
3.企业经营 30.27 (17)	基数水平	55.57 (居前)	4.产业发展 33.00 (33)	产业规模	25.00 (居前)
	高新企业占比	20.47 (居中)		产业结构	31.23 (居中)
	创新经营情况	15.23 (居中)		产业创新	20.87 (居前)
				产业环境	54.92 (居后)
5.科技创新 27.76 (7)	创新环境	23.50 (居前)	6.区域带动 7.61 (37)	市场活力	3.79 (居后)
	创新投入	18.83 (居前)		产业带动	2.28 (居后)
	创新产出	32.16 (居前)		辐射带动	16.42 (居前)
7.高水平对外开放 37.50 (4)	贸易强度	26.95 (居前)	8.绿色共享 17.75 (28)	三废排放占比	17.53 (居中)
	资本流动	48.06 (居前)		污染治理力度	8.53 (居中)
				公共服务	33.01 (居中)

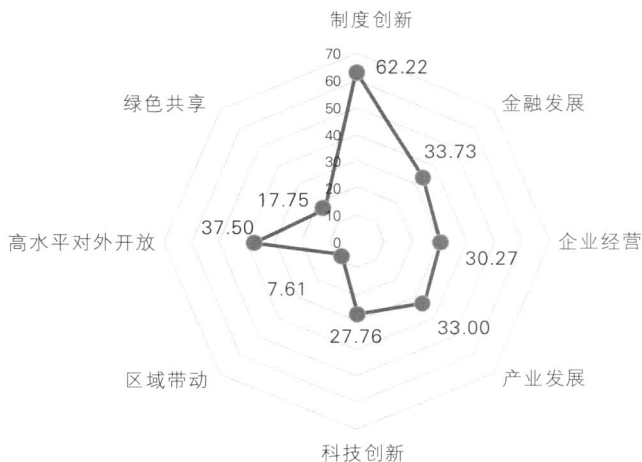

图10-3 上海陆家嘴片区高质量发展指数

上海陆家嘴片区的金融发展指数为33.73，位列全国第2位。其金融机构指数、股权投融资指数、投资自由化指数分别为63.00、15.16和24.06，均排名居前。上海陆家嘴片区的金融发展指数远高于上海其他四个自贸区主要是因为其金融机构指数高，为全国第一。由于陆家嘴是上海国际金融中心的核心功能区，所以上海陆家嘴片区的金融机构数量较多，其货币金融服务机构、资本市场服务机构、保险业机构以及其他金融机构数量共有 5 441 家，因此上海陆家嘴片区金融机构指数较高。

上海陆家嘴片区的企业经营指数为30.27，位列全国第17位。上海陆家嘴片区企业数量庞大，因此其基数水平指数较高，为55.57，排名居前；但由于目前上海陆家嘴片区重点发展商业地产、商业零售以及金融服务，在新兴企业和创新方面发展力度不够，高新企业数量仅212家，因此其高新企业占比指数和创新经营情况指数分别为20.47和15.23，排名居中，所以上海陆家嘴片区的企业经营指数并不高。

上海陆家嘴片区的产业发展指数为33.00，位列全国第33位，其产业规模指数和产业创新指数与其他片区相比较高，分别为25.00和20.87，排名居前；而产业结构指数为31.23，排名居中；产业环境指数为54.92，排名居后，因此上海陆家嘴片区的产业发展指数不高。

上海陆家嘴片区的科技创新指数为27.76，位列全国第7位。近年来上海陆家嘴片区持续加快企业转型，加大科技创新力度，其创新环境指数、创新投入指数、创新产出指数分别为23.50、18.83和32.16，均排名居前。

上海陆家嘴片区的区域带动指数为7.61，位列全国第37位。浦东作为国内大循环的中心节点和国内国际双循环的战略链接，在长三角一体化发展中发挥着龙头辐射作用，而地处浦东新区的陆家嘴的经济正呈现出"乘数效应"，全球各知名企业都不断在该区域内扩大投资、拓展业务板块、布局重大项目，因此辐射带动指数较高，为16.42，排名居前；但由于上海陆家嘴片区的市场活力指数和产业带动指数较低，分别为3.79和2.28，排名居后，所以其区域带动指数较低。

上海陆家嘴片区的高水平对外开放指数为37.50，位列全国第4位，其贸易强度指数和资本流动指数分别为26.95和48.06，均排名居前，因此上海陆家嘴片区的高水平对外开放指数较高。

上海陆家嘴片区的绿色共享指数为17.75，位列全国第28位，其三废排放占比指数、污染治理力度指数以及公共服务指数分别为17.53、8.53和33.01，均排名居中。

五、上海自贸试验区保税区片区高质量发展指数评价

上海保税区片区的高质量发展指数在制度创新、金融发展、企业经营、产业发展、科技创新、区域带动、高水平对外开放、绿色共享八个方面的表现全市第二。除产业发展指数和区域带动指数外，其余指数均位于所有自贸片区前20位，其中制度创新指数和高水平对外开放指数均位于所有自贸片区第1位。上海自贸试验区保税区片区高质量发展指数一级、二级指标指数及在全国自贸片区中的位置如表10-9所示。

表10-9　　　　　　　　　上海保税区片区高质量发展指数及排位

一级指标指数及排位	二级指标指数及排位		一级指标指数及排位	二级指标指数及排位	
1.制度创新 75.43 (1)	贸易便利化	86.59（居前）	2.金融发展 21.23 (4)	金融机构	39.26（居前）
	政府职能转变	89.70（居前）		股权投融资	3.38（居前）
	法治化环境	50.00（居前）		投资自由化	21.71（居前）
3.企业经营 38.64 (8)	基数水平	56.58（居前）	4.产业发展 30.90 (43)	产业规模	15.72（居前）
	高新企业占比	24.89（居前）		产业结构	33.96（居前）
	创新经营情况	34.56（居前）		产业创新	9.99（居前）
				产业环境	63.93（居后）
5.科技创新 41.06 (4)	创新环境	27.16（居前）	6.区域带动 1.38 (58)	市场活力	1.77（居后）
	创新投入	38.65（居前）		产业带动	1.46（居后）
	创新产出	46.50（居前）		辐射带动	1.43（居后）
7.高水平对外开放 71.28 (1)	贸易强度	65.56（居前）	8.绿色共享 21.96 (11)	三废排放占比	37.37（居前）
	资本流动	77.00（居前）		污染治理力度	9.77（居前）
				公共服务	4.49（居后）

　　上海保税区片区的制度创新指数为75.43（如图10-4所示），位于全国所有自贸片区的第1位。从制度创新二级指标来看，上海保税区片区贸易便利化指数为86.59，排位居前；政府职能转变指数为89.70，排位居前；法治化环境指数为50.00，排位居前。上海保税区片区的制度创新表现突出。

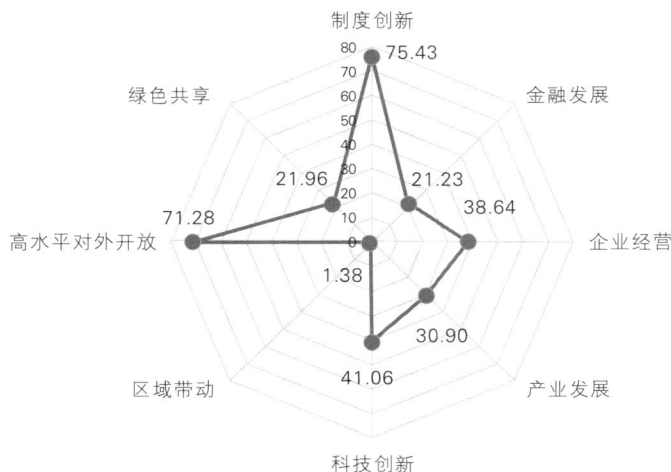

图10-4　上海保税区片区高质量发展指数

上海保税区片区的金融发展指数为21.23，位列全国第4位。从金融发展的二级指标来看，上海保税区片区的金融机构指数为39.26，排位居前；股权投融资指数为3.38，排位居前；投资自由化指数为21.71，排位居前。上海保税区片区金融发展指数及二级指标处于全国上游，表现良好。

上海保税区片区的企业经营指数为38.64，位列全国第8位。从企业经营的二级指标来看，上海保税区片区基数水平指数为56.58，排位居前；高新企业占比指数为24.89，排位居前；创新经营情况指数为34.56，排位居前。上海保税区片区的企业经营指数处于全国上游。

上海保税区片区的产业发展指数为30.90，位列全国第43位。从产业发展指数二级指标来看，上海保税区片区的产业规模指数为15.72，排位居前；产业结构指数为33.96，排位居前；产业创新指数为9.99，排位居前；产业环境指数为63.93，排位居后。上海保税区片区的产业发展滞后。

上海保税区片区的科技创新指数为41.06，位列全国第4位。从科技创新指数二级指标来看，创新环境指数为27.16，排位居前；创新投入指数为38.65，排位居前；创新产出指数为46.50，排位居前。上海保税区片区的科技创新指数及其二级指标均处于全国上游，表现良好。

上海保税区片区的区域带动指数为1.38，位列全国第58位。从区域带动指数的二级指标来看，上海保税区片区市场活力指数为1.77，排位居后；产业带动指数为1.46，排位居后；辐射带动指数为1.43，排位居后。上海保税区片区区域带动指数及其二级指标均处于全国下游，区域带动发展滞后。

上海保税区片区的高水平对外开放指数为71.28，位列全国第1位。从高水平对外开放的二级指标来看，贸易强度指数为65.56，排位居前；资本流动指数为77.00，排位居前。上海保税区片区极大地促进了高水平对外开放，表现优异。

上海保税区片区的绿色共享指数为21.96，位列全国第11位。从绿色共享指数二级指标来看，三废排放占比指数为37.37，排位居前；污染治理力度指数为9.77，排位居前；公共服务指数为4.49，排位居后。上海保税区片区公共服务落后，是绿色共享方面应提升的短板。

六、上海自贸试验区临港新片区高质量发展指数评价

上海临港新片区的高质量发展指数在制度创新、金融发展、企业经营、产业发展、科技创新、区域带动、高水平对外开放、绿色共享八个方面的表现全市最末，多数指数排在全国中游位置。金融发展指数、产业发展指数和区域带动指数排名居后。上海临港新片区高质量发展指数一级、二级指标指数及在全国自贸片区中的排名情况如表10-10所示。

表10-10   上海临港新片区高质量发展指数及排位

一级指标指数及排位	二级指标指数及排位		一级指标指数及排位	二级指标指数及排位	
1.制度创新 30.57 (24)	贸易便利化	46.18 (居前)	2.金融发展 4.28 (42)	金融机构	7.75 (居中)
	政府职能转变	20.34 (居中)		股权投融资	0.24 (居后)
	法治化环境	25.19 (居中)		投资自由化	4.98 (居后)
3.企业经营 26.33 (25)	基数水平	46.41 (居前)	4.产业发展 29.40 (49)	产业规模	3.91 (居后)
	高新企业占比	8.23 (居中)		产业结构	32.65 (居中)
	创新经营情况	24.39 (居前)		产业创新	6.36 (居中)
				产业环境	74.66 (居前)
5.科技创新 11.44 (30)	创新环境	10.18 (居中)	6.区域带动 2.69 (52)	市场活力	4.30 (居后)
	创新投入	15.04 (居中)		产业带动	2.98 (居后)
	创新产出	10.66 (居中)		辐射带动	1.42 (居后)
7.高水平对外开放 16.11 (21)	贸易强度	19.75 (居前)	8.绿色共享 12.95 (36)	三废排放占比	8.73 (居中)
	资本流动	12.47 (居中)		污染治理力度	18.89 (居前)
				公共服务	13.57 (居后)

上海临港新片区的制度创新指数为30.57（如图10-5所示），位列全国第24位，处于中游偏上水平。上海临港新片区一直致力于建立比较成熟的投资贸易自由化、便利化制度体系，为此不断加强政策制度集成创新，持续深化全方位、深层次、根本性的制度创新变革。从制度创新二级指标来看，上海临港新片区贸易便利化指数为46.18，排位居前；政府职能转变指数为20.34，排位居中；法治化环境指数为25.19，排位居中。

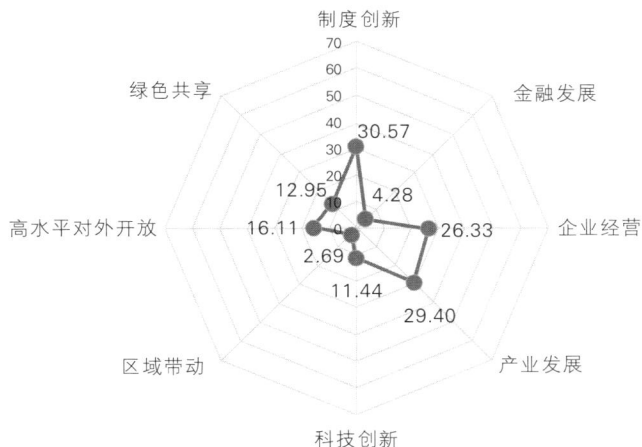

图10-5　上海临港新片区高质量发展指数

上海临港新片区的金融发展指数为4.28，位列全国第42位。从金融发展指数二级指标来看，上海临港新片区金融机构指数为7.75，排位居中；股权投融资指数为0.24，排位居后，投资自由化指数为4.98，排位居后。除金融机构指数外，上海临港新片区金融发展指数及其他二级指标均处于全国下游。

上海临港新片区的企业经营指数为26.33，位列全国第25位。从企业经营指数的二级指标来看，上海临港新片区基数水平指数为46.41，排位居前；高新企业占比指数为8.23，排位居中；创新经营情况指数为24.39，排位居前。

上海临港新片区的产业发展指数为29.40，位列全国第49位。从产业发展指数二级指标来看，上海临港新片区产业规模指数为3.91，排位居后；产业结构指数为32.65，排位居中；产业创新指数为6.36，排位居中；产业环境指数为74.66，排位居后。

上海临港新片区的科技创新指数为11.44，位列全国第30位。上海临港新片区作为上海建设科技创新中心的重要承载区，一直致力于核心技术源头的创新和关键技术的攻关。从科技创新指数的二级指标来看，上海临港新片区创新环境指数为10.18，排位居中；创新投入指数为15.04，排位居中；创新产出指数为10.66，排位居中。

上海临港新片区的区域带动指数为2.69，位列全国第52位。从区域带动指数的二级指标来看，上海临港新片区市场活力指数为4.30，排位居后；产业带动指数为2.98，排位居后；辐射带动指数为1.42，排位居后。上海临港新片区的区域带动各指数及二级指标均处于全国下游。

上海临港新片区的高水平对外开放指数为16.11，位列全国第21位。上海临港新片区一直坚持自贸区理念，在更深层次和更宽领域推动更大程度的高水平对外开放。从高水平对外开放指数的二级指标来看，贸易强度指数为19.75，排位居前；资本流动指数为12.47，排位居中。上海临港新片区高水平对外开放各指数均处于全国中游。

上海临港新片区的绿色共享指数为12.95，位列全国第36位。在绿色共享方面，上海临港新片区多措并举，推动企业实现从被动治污到主动治污。从绿色共享指数二级指标来看，三废排放占比指数为8.73，排位居中；污染治理力度指数为18.89，排位居前；公共服务指数为13.57，排位居后。

第三节 上海自贸试验区建设的主要成效与重点发展方向

一、上海自贸试验区的主要成效

上海自贸试验区是中国第一个与此前的经济特区、开发区、产业园区相比在指导思想、战略定位、总体目标、任务措施等方面有新内涵的改革开放载体。2013年8月17日，中国（上海）自贸试验区正式设立。此后，上海自贸试验区成为中国对外开放的高地，在制度创新方面发挥了先行先试的重要作用，成为中国外贸外资发展的重要推动力量，也为经济全球化健康发展作出了重要贡献。

在产业发展方面，上海自贸试验区张江高科片区立足于高科技行业发展，被誉为中国硅谷，自20世纪90年代开始引入国际一流的集成电路企业，逐渐形成了以芯片设计和研发为主导的产业格局，现已聚集了中芯国际、华虹宏力、上海兆芯、罗氏制药、微创医疗、和记黄埔、华领医药等一批国际知名科技企业，旨在聚焦重大战略项目，打造世界级的高科技产业集群，引领产业发展；上海自贸试验区临港新片区则在集成电路、生物医药、人工智能、民用航空等前沿产业加快布局，智能新能源汽车和高端装备制造产业集群效应初步显现，智能制造研发与转化平台等5个科技创新功能型平台落地，世界顶尖科学家社区和国际联合实验室启动建设。这无不使得上海自贸试验区加工贸易产业和产品结构不断升级，加工贸易产品的技术含量不断提高。

在对外贸易方面，上海自贸试验区在推动开放领域制度创新、推进制度型开放的过程中，切实促进了中国对外贸易的发展，提升了吸引外资的规模和质量。上海自贸试验区的产业发展引导了上海自贸试验区的加工贸易向高端产业链发展，由单纯加工向设计、研发、品牌、服务等内容延伸，不断推动加工贸易的转型升级，此外，加工贸易转型升级将助力我国的对外贸易由以劳动密集型、高能耗型、资源类等出口商品为主，转为以技术密集型、高附加值、低能耗等类产品出口为主，从而加速实现了对外贸易的转型升级。与此同时，上海自贸试验区实施更加开放的通关便利化举措，持续推进"一线放开、二线管住、区内自由"。在《区域全面经济伙伴关系协定》（RCEP）生效后，上海自贸试验区全面实施RCEP原产地证书签发、经核准出口商培育等便利化措施，促进货物通关提速增效，由此，上海浦东新区2023年上半年取得了外贸总额增长率17.9%的好成绩。

在金融发展方面，上海自贸试验区持续推动金融领域首创性、引领性的开放项目落地。截至2023年8月，外商独资券商、外商独资公募基金管理公司、外商独资保险控股公司等一大批金融项目落户上海自贸试验区，80家国际知名资管机构在上海设立了120家各类外资资管公司。上海自贸试验区金桥片区通过全球营运商计划（GOP）使得科思创成为上海市第一个由市里认定的多功能复合总部，从2020年的5 000万元税收增加到2022年的26亿元；此外，上海自贸试验区金桥片区还助推沃尔沃全面发挥上海亚洲区总部功能，全面取代新加坡原亚洲总部和区域结算中心功能，现已形成以上海为中心辐射亚洲的总部管理和共享服务格局；同时，上海自贸试验区保税区片区也在不断提升全球资源配置能力，率先实施全球营运商计划，2022年年底已有128家企业加入GOP，累计营业收入超过4 000亿元，占上海自贸试验区保税区片区经济总量的1/6，并且建设了全国首个综合运用境内外数据辅助银行开展贸易真实性审核的平台——离岸通平台，上海自贸试验区保税区片区内企业离岸转手买卖业务外汇结算额占全市总额的90%；同时，上海自贸试验区保税区片区与全球221个国家和地区发生进出口业务，并且截至2023年，上海自贸试验区保税区片区完成限额以上商品销售总额6 504亿元，外贸进出口总额达1.1万亿元；除此以外，全国首家新设外资控股券商、首家外商独资公募基金管理公司、首家外资保险控股公司、首家外资再保险法人机构等一大批标志性金融领域开放项目在上海自贸试验区陆家嘴片区落户。74家国际资管机构在上海自贸试验区陆家嘴片区设立102家各类外资资管公司，占全国90%以上。融资租赁企业达216家，融资租赁资产总额超过1.15万亿元，占全国的1/6。上海自贸试验区陆家嘴片区跨国公司地区总部达124家，占全市的1/6，成为全市跨国公司地区总部最集中的区域。这些都是上海自贸试验区在贸易投资自由化便利化、金融开放创新方面取得的成果，这无一不彰显上海自贸试验区的机构日益国际化，金融市场正全面开放，上海自贸试验区在金融开放创新领域正在高速发展。

上海自贸试验区在对接国际高标准的过程中，不仅为中国推进高水平对外开放提供了强大支撑，而且为应对逆全球化挑战、巩固经济全球化成果作出了重要贡献。上海自贸试验区商品和要素流动更加畅通，生产效率更高，巨大的经济发展潜能又可以吸引和集聚更多更优质的生产要素。上海自贸试验区可以充分利用国内国际两个市场和两种资源，并将国内国际两个市场有效联通起来。上海自贸试验区吸引诸多国内外企业集聚，为中国经济循环提供动力的同时直接助力了经济全球化发展。

上海自贸试验区已基本形成与国际通行规则相衔接的投资管理模式，确立了符合高标准贸易便利化规则的贸易监管制度，并持续推进金融领域高水平对外开放，优化市场化、法治化、国际化营商环境，以实际行动有效应对逆全球化和贸易保护主义挑战，捍卫经济全球化的发展成果。

二、上海自贸试验区优势领域特色

1.上海自贸试验区金融发展特色

（1）推动金融开放创新发展。

上海自贸试验区陆家嘴片区着力打造金融创新发展策源地，支持建设金融科技研发中心，支持建立健全基于人工智能、云计算、大数据等的金融技术架构，推进金融要素市场围绕资产交易、支付清算、登记托管、交易监管等关键环节，实施金融科技应用升级，打造金融科技创新应用示范城。上海自贸试验区张江高科片区着力支持金融开放创新，促进上海国际金融中心和科技创新中心建设联动发展，落实各项金融支持创新的政策，推动金融更好地服务实体经济。上海自贸试验区临港新片区先行试点更加开放的金融政策及创新措施，探索开放创新政策及风险压力测试，全面落实外商投资国民待遇，在银行、保险、证券、资管等领域引入更多高水平国际竞争者，对接国际高标准规则，推动金融业高水平对外开放。

（2）打造全球人民币金融资产配置中心。

上海自贸试验区陆家嘴片区积极对标CPTPP、RCEP等国际最新经贸规则，全面落实准入前国民待遇加负面清单管理制度，为外资金融机构进入国内市场营造公平、公正的竞争环境，并积极参与国际金融资产交易平台建设，探索支持金融机构开展离岸证券、离岸基金等业务创新，加强离岸金融对贸易中心、航运中心的建设支撑，便利境外投资者直接投资境内各类金融市场，支持上海自贸试验区陆家嘴片区各金融市场增强全球资源配置能力。

（3）强化科技信贷和保险服务。

上海自贸试验区张江高科片区加强科技信贷服务，鼓励商业银行设立科技支行、科技特色支行和专属科技金融部门，开展针对性更强、专业度更深、覆盖面更广的科技信贷服务。丰富科技信贷产品，支持银行等金融机构运用大数据、云计算等手段提升科技信贷产品的开发与评估能力。扩大知识产权质押融资，创新投贷联动服务模式。大力发展普惠金融，完善信贷奖补政策，强化政策性融资担保增信作用，深化履约贷款保证保险机制，支持科技型中小微企业发展。

2.上海自贸试验区科技创新特色

（1）培育聚集高水平人才队伍。

上海自贸试验区张江高科片区积极落实上海人才引领发展战略，集聚世界顶尖人才，加快落实海外高层次人才引进计划，实施"引才伯乐"机制，支持以重点科研单位、重点企业为引才主体，加快集聚一批世界顶尖的科学家，吸引和培育一批具有国际影响力的顶尖人才、领军人才和创新团队，开展前沿科学研究和创新创业。上海自贸试验区陆家嘴片区联合业界打造陆家嘴人才发展高地，通过人才发展赋能上海陆家嘴片区重点产业发展，提升优化陆家嘴人才系列品牌——名校直通车、未来金融家大学生职前研习坊、金融科技职业发展沙龙、投资银行家实训营、合规师证书培训班、海归精英职前预备队等的活动能级。打造"一陆通"陆家嘴海外高管入境绿色通道，依托"双自双创陆家嘴分园外籍人才工作受理点"，完善外籍人才签证服务，优化高端人才入境体验。依托"非沪籍应届生落户受理平台""区域专用额度落户受理平台"推进人才引进落户工作，持续优化人才发展环境。

（2）培育高水平创新主体。

上海自贸试验区张江高科片区大力集聚国内外世界顶尖科研机构，加速打造一批高水平研究院所，支持中国科学院扩大增量、优化存量、强化能力，加大在沪科研力量布局，大力引入国内外领先科研机构，推进高水平科技创新平台建设。持续推进新型研发机构建设，着力引进国际顶尖科学家设立研发机构，鼓励和支持开展前沿探索研究。上海自贸试验区临港新片区汇聚了高水平研发主体，积极布局世界顶尖科学家国际联合实验室，推进重大科学设施装置和国家级研究中心建设运营，推动高水平研究型大学建设，支持国内外高水平研究机构和创新型企业在上海自贸试验区临港新片区设立总部、分支机构和研发中心，引进20家左右的国内行业龙头企业的研发中心。

3.上海自贸试验区制度创新特色

（1）提升贸易便利化水平。

上海自贸试验区坚持创新引领，不断提升贸易便利化水平。近年来，离岸转手买卖成为上海自贸试验区保税区片区致力推进制度创新、不断提升全球资源配置能力的新亮点。自引领区建设启动以来，上海自贸试验区保税区片区内企业离岸转手买卖外汇结算规模增长23.56%，开展离岸转手买卖的企业数量占全市的57%，业务总量占全市的近90%。上海自贸试验区保税区片区继续在人民银行和外汇管理局等金融监管部门的支持下，不断强化制度创新优势，自由贸易账户和外汇账户结算功能双双取得突破。一批区内企业纳入货物贸易结算便利化试点，加速贸易模式整合升级，三星半导体、索尼电子、赛默飞世尔等成长为离岸贸易标杆型企业。秉承"改革开放再出发，转型升级再创新"理念，上海自贸试验区金桥片区借助上海自贸试验区制度创新的优势，聚焦贸易便利化与投资便利化，扩大溢出效益、扩展辐射效应，实现了"八个一"的率先突破。上海自贸试验区金桥片区"八个一"制度创新成果，不仅为推动产业发展提供了制度保障，并最终复制推广到全国各地，展现了上海自贸试验区金桥片区始终牢记中央嘱托，坚决服务国家战略，通过改革推动经济高质量发展的站位和决心，同时也体现了浦东作为改革开放排头兵、先行者的作用。上海自贸试验区临港新片区充分发挥径予放行等洋山特殊综合保税区海关监管创新制度优势。进一步推动径予放行货物木质包装检疫监管创新试点，不断扩大径予放行政策覆盖面，提升洋山特殊综合保税区贸易便利化水平，服务重点产业发展。

（2）探索管理新模式。

上海自贸试验区保税区片区探索开展产业链供应链信用培育模式，围绕集成电路、生物医药等领域产业链供应链的上下游企业，开展诚信示范企业培育，促进链上企业提升信用管理水平，降低全产业链综合成本。上海自贸试验区金桥片区以体制机制创新为核心，积极探索综合信息管理服务平台等管理模式创新，对接高标准投资贸易规则，加速制造业相关领域对外开放、先行先试，打造国内外制造业要素自由流动的重要平台和全球制造业资源配置的枢纽节点。推动"金桥制造"和"金桥服务"的协同发展，探索在制造业"微笑曲线"研发、设计、销售、服务等两端环节实现国际化发展的路径，加速"互联网+"、"物联网+"、虚拟现实等跨界融合产生的生产性服务业新兴业态培育，充分发挥科技和金融要素的融合带动发展。

4.上海自贸试验区对外开放创新特色

（1）扩大跨境贸易发展。

上海自贸试验区保税区片区坚持以开放促改革促发展，全面深化国家进口贸易促进创新示范区建设，积极参与并服务进博会，承接进博会溢出效应，扩大进口规模；积极参与新一轮服务业扩大开放试点，促进与"一带一路"共建国家的双向投资贸易，引导对外投资健康发展，推行全球通关和一站式服务模式，极大地提高了货物通关效率。此外，在货物运输方面，企业可以申请使用"两单制""一车多票"等便捷措施，进一步简化了贸易流程。上海自贸试验区临港新片区深化市场主体登记确认制改革，降低贸易主体准入成本，畅通准入准营通道，扩大跨境贸易投资高水平开放外汇管理改革试点效果，切实提高内外贸企业运营效率，降低运营成本，推动内外贸一体化企业的发展。上海自贸试验区陆家嘴片区构建陆家嘴跨境贸易服务平台，针对国内企业境外投资和国外企业境内展业，提供全方位综合服务，努力打造国际级、专业化的营商服务生态。

（2）深化国际合作。

上海自贸试验区张江高科片区不断加强国际创新合作，扩容创新生态"朋友圈"。2023年，2023特拉维夫-张江产业合作交流会举办，此次张江高科赴以色列开展创新交流活动，双方将建立双向沟通机制，在创新成果转化、创新项目孵化、产业项目投资等方面加强合作，与以色列企业实现互利共赢。上海自贸试验区陆家嘴片区实施"陆家嘴全球资产管理伙伴计划"，搭建有效整合国际国内资管机构等各类金融机构的行业领先合作平台，完善与伦敦、纽约等国际一流金融城的协同网络，加强与国际行业组织的合作交流，研究创建陆家嘴国际资产管理投资评价标准。

三、上海自贸试验区的主要发展经验

1.坚持创新驱动发展战略，坚持以制度创新为核心

上海自贸试验区深度对标国际通行规则和先进标准，持续完善投资贸易、金融开放和事中事后监管制度体系；着力拓展创新功能，以功能创新带动产业能级跃升；持续探索服务创新，继续为全面深化改革做出贡献。作为国内第一个自贸试验区、全国改革的"试验田"，上海自贸试验区与一些国内经济特区、开发区积极争取国家优惠政策支持的做法不同，改革伊始即明确要做"制度创新的高地，而非优惠政策的洼地"，靠着"不等、不靠、不要"和"敢闯、敢试、敢担当"的一股劲，以制度创新为核心任务，着力推进供给侧结构性改革，努力构建法治化、国际化、便利化的营商环境。

2.坚持立足国情特色，稳步推进金融改革开放试点

中国在推动金融改革开放进程中坚持渐进性改革的方式，上海自贸试验区在承担金融改革开放先行先试上以此为基调，注重汲取国内外的有益经验，在大量的经验比较、试点和复制推广过程中积累经验，通过发挥政策部门、智库机构、金融组织等各方的职能作用，调动国内外金融机构在金融服务、金融产品体系等方面的创造性与积极性，并做好金融监管创新和监管规范，稳步推进金融改革和对外开放，成熟一项复制推广一项，以此形成较为成熟的金融改革和对外开放模式。此外，上

海自贸试验区在推进金融改革开放进程中，陆续发挥具有典型意义的金融创新案例，为金融机构落实改革开放政策措施提供了有益借鉴。

3.充分释放政策红利并巩固制度基础，支撑金融改革创新与扩大开放

上海具有比较完备的金融基础设施和完善的金融要素市场资源，还有类型多样、覆盖国际国内的金融机构，这为上海推动金融改革开放试点奠定了基础。上海自贸试验区拥有独特的政策资源支持，依托上海自贸试验区临港新片区、浦东引领区建设等国家高水平开放带来的政策机遇，不仅相继发布一系列重大政策规划，为上海自贸试验区金融改革开放提供了重要的制度支撑，并通过优化营商环境创新试点、促进商事调解等加快与国际规则接轨，解决金融改革开放试点中的法治问题。同时，人民银行、银保监会、国家外汇管理局等监管部门积极支持上海自贸试验区金融改革开放，在政策层面释放出巨大红利，吸引了更多的国际顶尖金融机构入驻上海自贸试验区。

四、上海自贸试验区重点发展方向

上海自贸试验区应以制度创新与对外开放为着力点，持续推进上海自贸试验区高质量发展，应保持上海自贸试验区在科技创新、产业发展和金融发展方面的优势，弥补在绿色共享方面的不足。就其中各片区的综合实力来看，上海自贸试验区陆家嘴片区和上海自贸试验区张江高科片区要起到示范的引领作用，在推进自身高质量发展的同时，通过各片区的协调联动，带动其余三个片区更好地发展。具体来说，上海自贸试验区张江高科片区和上海自贸试验区陆家嘴片区要更加注重绿色共享方面的不断完善；上海自贸试验区金桥片区在绿色共享、金融发展上要加以提升，另外，尤其在区域带动方面要持续发力；上海自贸试验区保税区片区在区域带动和产业发展上仍需提高；上海自贸试验区临港新片区在八个维度上都有很大的进步空间，特别是在区域带动、产业发展和金融发展上要着重发力。

第十一章 广东自贸试验区高质量发展评价

广东自贸试验区作为中国对外开放的重要平台，蕴藏着广阔的发展前景，而且地处南方经济中心，具有独特的区位和资源优势。广东自贸试验区以制度创新为引领，积极推动金融领域的发展，鼓励企业积极探索国际市场，促进高端产业集聚，不断提升自身产业价值链地位。科技创新的推动进一步增强了区域创新活力，吸引了大量高端人才和项目的集聚。然而，也要正视一些短板，比如在环保和可持续发展方面还需加强措施，确保发展的可持续性。此外，与国际一流自由贸易区还有差距，需要不断优化营商环境，提高国际竞争力。总结来看，广东自贸试验区在坚持实事求是的基础上，通过制度创新、金融发展、科技创新等多方位努力，取得了令人瞩目的成绩。然而，发展道路上仍然需要不断完善，充分发挥自贸试验区的潜力，以更加开放、创新、绿色的发展方向，推动广东自贸试验区迈向更高质量的未来。

第一节 广东自贸试验区概况

一、广东自贸试验区的实施范围

广东自贸试验区是中国设立的自贸试验区之一，范围包括广州南沙新区片区、珠海横琴新区片区和深圳前海蛇口片区。广东自贸试验区于2015年获批设立，各个片区具有不同的获批时间和特点。广州南沙新区片区于2015年4月21日正式挂牌，总面积60平方千米，位于广东省广州市最南端，东与东莞市隔江相望，西与中山市、佛山市顺德区接壤，北与广州市番禺区隔水相连，南濒珠江出海口伶仃洋。从区域范围看，南沙新区四面环接水道，东至珠江，大沙水道；西至李家沙水道、洪奇沥水道；南至伶仃洋；北至顺德水道、南沙湾水道。广州南沙新区在全面深化与东盟区域经贸合作方面成果显著。珠海横琴新区片区于2015年4月23日挂牌，总面积为28平方千米，位于珠海市南部，毗邻中国香港和澳门，南濒南海。从区域范围看，横琴新区位于珠海市南部，东至环岛路，西接磨刀门水道，南接南海，北与珠海保税区横琴大桥相连，定位为促进中国澳门经济多元发展的新载体。深圳前海蛇口片区于2015年4月27日成立，总面积为28.2平方千米，其主要分为两个区块：前海园区块（包括非围网部分、保税港区/围网部分在内，总共15平方千米）、蛇口园区块（13.2平方千米），以国际化金融开放和创新为特色。

二、广东自贸试验区的功能定位

深圳前海蛇口片区：这个片区的功能定位是建设中国特色社会主义先行示范区和中国特色自贸试验区，着力推动金融创新、科技创新和产业升级，加强与中国香港的合作，成为深圳国际化发展的窗口和重要枢纽。

珠海横琴新区片区：这个片区的功能定位是建设成为粤港澳大湾区重要门户和自贸试验区示范区，扩大对港澳地区的经济合作，推动创新发展和跨境投资便利化，打造具有国际影响力的现代化产业和人文交流平台。

广州南沙新区片区：这个片区的功能定位是建设成为粤港澳大湾区的核心引擎和国际门户枢纽，加快推动产业升级、跨境贸易和物流发展，促进优质资本和资源的聚集，实现对外开放的深度融合和国际化发展。

这三个片区在广东自贸试验区中各具优势和特色，通过各自的发展，在推动广东自贸试验区的开放、创新和经济发展方面发挥着重要作用。

三、广东自贸试验区的产业基础

广东自贸试验区具有丰富多样的产业基础，涉及多个领域和行业。以下列举了一些主要的产业基础：

（1）高新技术产业。广东自贸试验区重点发展高新技术产业，包括信息技术、生物技术、新材料、人工智能、互联网、大数据等领域。深圳作为中国的科技创新中心，是高新技术产业的重要研发和创新基地。

（2）现代制造业。广东自贸试验区积极推进制造业的转型升级，注重发展智能制造、机器人技术、新能源汽车、航空航天、电子设备等现代制造业。广东地区具有丰富的制造业资源和产业链配套能力。

（3）海洋经济。广东自贸试验区依托临海地理优势，重点发展海洋经济产业，包括海洋工程装备、海洋能源开发利用、港口物流、海洋旅游等领域。珠海和汕头作为滨海城市，具备发展海洋经济的独特优势。

（4）金融服务业。广东自贸试验区致力于打造国际金融中心，发展金融服务业。深圳拥有丰富的金融资源和金融科技创新能力，广东作为地区金融中心，提供综合金融服务。

（5）环境保护和生态产业。广东自贸试验区注重可持续发展，推动环境保护和生态产业的发展。广东地区拥有丰富的自然资源和生态环境，可以发展清洁能源、节能环保、生态农业等领域。

除以上几个主要的产业基础外，广东自贸试验区还涉及教育、文化、医疗卫生、旅游等领域的发展，力求实现多元化、高质量的产业布局，促进经济结构的优化和可持续发展。此外，中国自贸试验区大数据监测分析平台显示，截至2021年，广东自贸试验区挂牌成立时间不到10年，但以制度创新为引领，推动高新技术产业发展，打造现代产业体系，广州南沙新区片区、珠海横琴新区片区、深圳前海蛇口片区均形成了集聚效应，吸引大量市场主体进入片区。中国自贸试验区大数据监测分析平台显示，截至2021年，广州南沙新区片区在营企业数量为199 430家，投资总额为25 072.18亿元；民营企业占比83.71%，市场活力充沛；高新企业522家，高新企业数量位列全国自贸片区第13位；服务业占比90.05%。珠海横琴新区片区在营企业数量为51 594家，投资总额为29 160.91亿元；民营企业占比85.86%，服务业占比82.58%。深圳前海蛇口片区在营企业数量为121 665家，投资总额为68 607.09亿元；民营企业占比85.77%，服务业占比97.35%。广东自贸试验区三个片区的各类企业数量情况如表11-1、表11-2、表11-3所示。

表11-1　　　　　广东自贸试验区广州南沙新区片区各类企业数量情况

		企业数（家）	占比（%）	投资额（亿元）	占比（%）
产业结构	第一产业	1 083	0.54	134.93	0.27
	第二产业	19 808	9.68	20 975.21	9.93
	第三产业	178 406	89.46	3 300.41	90.05
所有制	国有	161	0.08	13 599.05	0.54
	民营	194 513	97.53	3 971.83	83.71
	外资	3 939	1.98	3 012.46	13.17
企业规模	大	1 035	0.52	4 291.15	54.67
	中	3 365	1.69	261.74	15.97
	小	26 238	13.16	6 548.19	12.11
	微	162 442	81.45	134.93	17.25
企业特征	高新技术企业	522	0.26	20 975.21	1.05
	对外投资企业	2 471	1.24	3 300.41	26.32

数据来源：中国自贸试验区大数据监测分析平台。

表11-2　　　　　广东自贸试验区珠海横琴新区片区各类企业数量情况

		企业数（家）	占比（%）	投资额（亿元）	占比（%）
产业结构	第一产业	162	0.31	63.54	0.22
	第二产业	7 764	15.06	5 014.87	15.05
	第三产业	43 636	84.63	24 082.51	82.58
所有制	国有	31	0.06	123.87	0.42
	民营	42 431	82.24	25 072.14	85.86
	外资	6 825	13.23	2 115.68	7.25
企业规模	大	1 033	2.00	15 079.07	52.06
	中	4 122	7.99	7 372.71	25.45
	小	14 233	27.59	2 951.25	10.19
	微	31 316	60.70	3 560.71	12.29
企业特征	高新技术企业	181	0.35	125.78	0.43
	对外投资企业	3 331	6.46	6 314.41	21.80

数据来源：中国自贸试验区大数据监测分析平台。

表11-3　　　　　广东自贸试验区深圳前海蛇口片区各类企业数量情况

		企业数（家）	占比（%）	投资额（亿元）	占比（%）
产业结构	第一产业	85	0.07	11.82	0.02
	第二产业	6 875	2.63	1 804.87	2.63
	第三产业	114 620	94.21	66 790.40	97.35
所有制	国有	60	0.05	543.08	0.79
	民营	109 588	90.07	58 808.24	85.77
	外资	10 217	8.40	5 389.87	7.86
企业规模	大	2 858	2.35	37 391.40	54.86
	中	5 223	4.29	7 445.53	10.92
	小	29 298	24.08	3 450.14	5.06
	微	82 512	67.82	19 876.08	29.16
企业特征	高新技术企业	525	0.43	482.71	0.71
	对外投资企业	8 112	6.67	15 124.57	22.19

数据来源：中国自贸试验区大数据监测分析平台。

四、广东自贸试验区的对外开放

《关于在有条件的自由贸易试验区和自由贸易港试点对接国际高标准推进制度型开放若干措施》提出，在广东试点对接相关国际高标准经贸规则，稳步扩大制度型开放，提升通关便利化水平，扩大金融业对外开放，提升资金跨境便利化水平。试点地区金融管理部门应按照内外一致原则，在收到境外金融机构、境外金融机构的投资者、跨境金融服务提供者提交的与开展金融服务相关的完整且符合法定形式的申请后，于4个月内作出决定，大大提高对外服务效率。《进一步深化中国（广东）自由贸易试验区改革开放方案》提到广东自贸试验区需建设国际航运枢纽，扩大对21世纪海上丝绸之路沿线国家和地区港口的投资，打造全球港口链，完善集疏运体系，推动广州南沙港铁路建设，加密通达世界各大港口的货运航线，重点增加欧美远洋航线，促进与21世纪海上丝绸之路沿线国家和地区港口的合作对接。《关于推进自由贸易试验区贸易投资便利化改革创新若干措施》支持港澳服务提供者投资设立旅行社，放开国际登记船舶法定检验，开展进口贸易创新，加快推进进口贸易促进创新示范区建设，支持广东自贸试验区离岸贸易发展，实施离岸贸易结算便利化措施、落实配套税收支持政策、支持广州南沙新区片区和深圳前海蛇口片区建设离岸贸易综合服务平台、构建粤港澳大湾区大健康国际贸易平台。

五、广东自贸试验区"十四五"时期发展目标

《中国（广东）自由贸易试验区发展"十四五"规划》提出：到2025年，广东

自贸试验区形成与高水平开放、高质量发展相匹配的"关、汇、税、融"制度体系，实现货物、资金、人员等资源要素更加自由便利流动，成为国际国内两个市场、在岸离岸两种业务、投资贸易金融物流等集聚融合的对外开放新高地；形成投资、贸易、资金、运输、人员从业自由，信息快捷联通的粤港澳大湾区融合发展区；建成具有国际影响力的新型国际贸易中心、大湾区高品质消费新中心、国际航运枢纽和中国金融开放创新试验示范窗口，打造高水平对外开放门户枢纽。到2025年，广东自贸试验区进出口总额达 4 000 亿元人民币，集装箱吞吐量达 3 700 万标箱；"十四五"时期累计实际利用外资金额 400 亿美元左右，全口径税收收入年均增长 5% 左右。此外，广东自贸试验区（包括广州南沙新区片区、珠海横琴新区片区、深圳前海蛇口片区）将以深化改革、扩大开放为主线，积极推进经济高质量发展，实现以下目标：

（1）高质量建设自贸试验区：广东自贸试验区将以更高标准建设自贸试验区，全面深化改革，创新开放方式，优化营商环境，不断提升自贸试验区在全球开放格局中的影响力和竞争力。

（2）推动创新驱动发展：广东自贸试验区将加强知识产权保护，推动科技创新与产业融合，促进科技成果转化，培育新兴产业，助力广东经济由"制造业大省"向"创新引领省"转变。

（3）深化金融开放：在金融领域，广东自贸试验区将进一步放宽金融业务准入，推动人民币国际化，创新金融产品和服务，提升金融市场国际竞争力，为实体经济提供更多优质金融支持。

（4）加强与粤港澳大湾区合作：广东自贸试验区将深化与粤港澳大湾区的合作，推动产业融合、创新合作、人才流动等，助力大湾区建设成为世界级湾区和国际创新中心。

（5）拓展对外开放合作：广东自贸试验区将继续深化与国际合作伙伴的经贸关系，特别是与周边国家和地区的合作；通过开展更多合作项目，推动跨境贸易、投资、科技创新等领域的合作。

（6）优化投资环境：广东自贸试验区将进一步简化行政审批流程，提高市场准入透明度，优化投资环境，吸引更多国内外投资者投资兴业，促进经济结构优化和产业升级。

（7）加强生态文明建设：在发展的同时，广东自贸试验区将坚决推动绿色、低碳、可持续发展，注重生态环境保护，推动经济增长和环境保护的良性互动。

通过实施以上目标，广东自贸试验区将不断增强自身的创新能力、开放水平和竞争力，为广东的现代化建设和全球开放合作作出积极贡献。这些努力也将为中国的发展提供有力支持，实现高质量发展和经济的可持续增长。

第二节　广东自贸试验区高质量发展指数评价

一、广东自贸试验区高质量发展总体评价

从自贸试验区高质量发展八个方面的指数来看，深圳前海蛇口片区表现出色，位居广东省三个自贸片区之首，多项高质量发展指数居全国前列。珠海横琴新区片区的高质量发展指数略高于广州南沙新区片区，与深圳前海蛇口片区相比尚有差距。深圳前海蛇口片区和珠海横琴新区片区的多项高质量发展二级指标处于全国上游，个别指数处于全国下游。

二、广东自贸试验区广州南沙新区片区高质量发展指数评价

广州南沙新区片区的高质量发展指数在制度创新、金融发展、企业经营、产业发展、科技创新、区域带动、高水平对外开放、绿色共享八个方面的表现较好。除制度创新指数、科技创新指数、区域带动指数和绿色共享指数外，南沙新区片区其余指数均位于所有自贸片区前20位，其中产业发展指数位于第六位。广州南沙新区片区高质量发展指数一级、二级指标指数及在全国自贸片区中的位置如表11-4所示。

表11-4　　　　广州南沙新区片区高质量发展指数及排位

一级指标指数及排位	二级指标指数及排位		一级指标指数及排位	二级指标指数及排位	
1.制度创新 24.84（40）	贸易便利化	37.25（居中）	2.金融发展 15.31（11）	金融机构	6.64（居中）
	政府职能转变	17.88（居后）		股权投融资	3.32（居前）
	法治化环境	19.38（居后）		投资自由化	36.45（居前）
3.企业经营 28.99（19）	基数水平	51.28（居前）	4.产业发展 40.04（6）	产业规模	33.22（居前）
	高新企业占比	30.31（居前）		产业结构	33.43（居中）
				产业创新	3.42（居后）
	创新经营情况	6.09（居后）		产业环境	90.10（居前）
5.科技创新 5.51（52）	创新环境	4.31（居后）	6.区域带动 11.40（28）	市场活力	18.51（居中）
	创新投入	5.81（居中）		产业带动	13.69（居中）
	创新产出	5.80（居后）		辐射带动	4.72（居中）
7.高水平对外开放 19.48（10）	贸易强度	26.42（居前）	8.绿色共享 16.33（35）	三废排放占比	22.85（居前）
				污染治理力度	3.47（居中）
	资本流动	12.55（居中）		公共服务	21.26（居中）

广州南沙新区片区的制度创新指数为24.84（如图11-1所示），位列全国第40位，处于下游偏上水平。从制度创新二级指标来看，广州南沙新区片区贸易便利化指数为37.25，排位居中；政府职能转变指数为17.88，排位居后；法治化环境指数为19.38，排位居后。广州南沙新区片区制度创新水平有待提高。

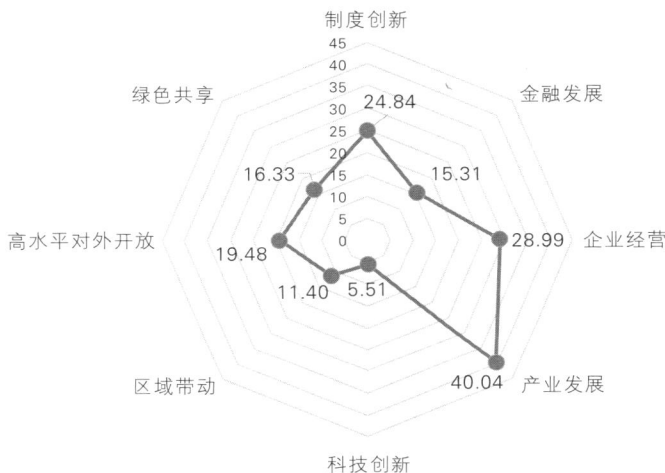

图11-1　广州南沙新区片区高质量发展指数

广州南沙新区片区的金融发展指数为15.31，位列全国第11位。从金融发展指数二级指标来看，广州南沙新区片区金融机构指数为6.64，排位居中；股权投融资指数为3.32，排位居前；投资自由化指数为36.45，排位居前。广州南沙新区片区金融发展指数及二级指标均位于全国中游及以上水平。

广州南沙新区片区的企业经营指数为28.99，位列全国第19位。从企业经营指数二级指标来看，广州南沙新区片区基数水平指数为51.28，排位居前；高新企业占比指数为30.31，排位居前；创新经营情况指数为6.09，排位居后。

广州南沙新区片区的产业发展指数为40.04，位列全国第6位。从产业发展指数二级指标来看，广州南沙新区片区产业规模指数为33.22，排位居前；产业结构指数为33.43，排位居中；产业创新指数为3.42，排位居后；产业环境指数为90.10，排位居前。

广州南沙新区片区的科技创新指数为5.51，位列全国第52位。从科技创新指数二级指标来看，广州南沙新区片区创新环境指数为4.31，排位居后；创新投入指数为5.81，排位居中；创新产出指数为5.80，排位居后。

广州南沙新区片区的区域带动指数为11.40，位列全国第28位。从区域带动指数二级指标来看，广州南沙新区片区市场活力指数为18.51，排位居中；产业带动指数为13.69，排位居中；辐射带动指数为4.72，排位居中。

广州南沙新区片区的高水平对外开放指数为19.48，位列全国第10位。从高水平对外开放指数的二级指标来看，贸易强度指数为26.42，排位居前；资本流动指数为12.55，排位居中。

广州南沙新区片区的绿色共享指数为16.33，位列全国第35位。从绿色共享指数二级指标来看，三废排放占比指数为22.85，排位居前；污染治理力度指数为3.47，排位居中；公共服务指数为21.26，排位居中。

三、广东自贸试验区珠海横琴新区片区高质量发展指数评价

珠海横琴新区片区的高质量发展指数在制度创新、金融发展、企业经营、产业发展、科技创新、区域带动、高水平对外开放、绿色共享八个方面的表现在全国较为突出。除制度创新指数外，其余7个指数均位于所有自贸片区的前20位，且有5个指数位于全国前十，分别为：金融发展指数、产业发展指数、区域带动指数、高水平对外开放指数和绿色共享指数。珠海横琴新区片区高质量发展指数一级、二级指标指数及在全国自贸片区中的位置如表11-5所示。

表11-5　　　　　　　珠海横琴新区片区高质量发展指数及排位

一级指标指数及排位	二级指标指数及排位		一级指标指数及排位	二级指标指数及排位	
1.制度创新 24.31 (45)	贸易便利化	49.75（居前）	2.金融发展 24.57 (3)	金融机构	34.95（居中）
	政府职能转变	10.73（居后）		股权投融资	3.99（居前）
	法治化环境	12.43（居后）		投资自由化	35.52（居前）
3.企业经营 32.13 (16)	基数水平	60.64（居前）	4.产业发展 45.03 (3)	产业规模	23.47（居前）
	高新企业占比	23.21（居前）		产业结构	33.31（居中）
	创新经营情况	13.10（居中）		产业创新	28.63（居前）
				产业环境	94.72（居前）
5.科技创新 21.87 (13)	创新环境	14.85（居前）	6.区域带动 55.51 (2)	市场活力	70.77（居前）
	创新投入	7.56（居中）		产业带动	31.69（居前）
	创新产出	28.98（居前）		辐射带动	77.50（居前）
7.高水平对外开放 29.64 (7)	贸易强度	20.60（居前）	8.绿色共享 33.33 (6)	三废排放占比	48.88（居前）
				污染治理力度	21.37（居前）
	资本流动	38.68（居前）		公共服务	15.71（居后）

珠海横琴新区片区的制度创新指数为24.31（如图11-2所示），位列全国第45位，处于下游偏上水平。从制度创新二级指标来看，珠海横琴新区片区贸易便利化指数为49.75，排位居前；政府职能转变指数为10.73，排位居后；法治化环境指数为12.43，排位居后。珠海横琴新区片区制度创新水平有待提高。

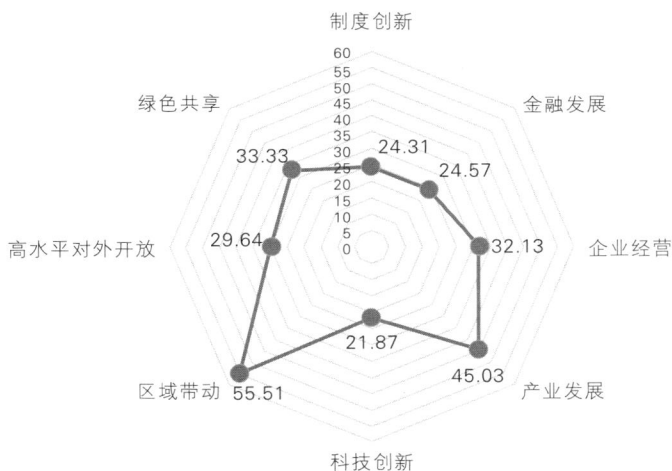

图11-2 珠海横琴新区片区高质量发展指数

珠海横琴新区片区的金融发展指数为24.57，位列全国第3位。从金融发展指数二级指标来看，金融机构指数为34.95，排位居中；股权投融资指数为3.99，排位居前，投资自由化指数为35.52，排位居前。珠海横琴新区片区金融发展指数及二级指标均位于全国中游及以上水平。

珠海横琴新区片区的企业经营指数为32.13，位列全国第16位。从企业经营指数二级指标来看，基数水平指数为60.64，排位居前；高新企业占比指数为23.21，排位居前；创新经营情况指数为13.10，排位居中。

珠海横琴新区片区的产业发展指数为45.03，位列全国第3位。从产业发展指数二级指标来看，产业规模指数为23.47，排位居前；产业结构指数为33.31，排位居中；产业创新指数为28.63，排位居前；产业环境指数为94.72，排位居前。

珠海横琴新区片区的科技创新指数为21.87，位列全国第13位。从科技创新指数二级指标来看，创新环境指数为14.85，排位居前；创新投入指数为7.56，排位居中；创新产出指数为28.98，排位居前。

珠海横琴新区片区的区域带动指数为55.51，位列全国第2位。从区域带动指数二级指标来看，市场活力指数为70.77，排位居前；产业带动指数为31.69，排位居前；辐射带动指数为77.50，排位居前。

珠海横琴新区片区的高水平对外开放指数为29.64，位列全国第7位。从高水平对外开放指数的二级指标来看，贸易强度指数为20.60，排位居前；资本流动指数为38.68，排位居前。

珠海横琴新区片区的绿色共享指数为33.33，位列全国第6位。从绿色共享指数的二级指标来看，三废排放占比指数为48.88，排位居前；污染治理力度指数为

21.37，排位居前；公共服务指数为15.71，排位居后。

四、广东自贸试验区深圳前海蛇口片区高质量发展指数评价

深圳前海蛇口片区的高质量发展指数在制度创新、金融发展、企业经营、产业发展、科技创新、区域带动、高水平对外开放、绿色共享八个方面的表现全省最优。

除区域带动指数和科技创新指数外，深圳前海蛇口片区其余6个指数均位于所有自贸片区前10位，且金融发展指数位于所有片区第一位。深圳前海蛇口片区高质量发展指数一级、二级指标指数及在全国自贸片区中的位置如表11-6所示。

表11-6　　　　　深圳前海蛇口片区高质量发展指数及排位

一级指标指数及排位	二级指标指数及排位		一级指标指数及排位	二级指标指数及排位	
1.制度创新 37.49 (9)	贸易便利化	68.05（居前）	2.金融发展 37.87 (1)	金融机构	44.49（居前）
	政府职能转变	21.51（居中）		股权投融资	8.99（居前）
	法治化环境	22.91（居中）		投资自由化	61.27（居前）
3.企业经营 41.34 (6)	基数水平	40.18（居后）	4.产业发展 43.51 (4)	产业规模	41.26（居前）
	高新企业占比	60.07（居前）		产业结构	33.74（居中）
	创新经营情况	24.28（居前）		产业创新	6.69（居中）
				产业环境	92.36（居中）
5.科技创新 19.67 (17)	创新环境	41.70（居前）	6.区域带动 10.57 (31)	市场活力	13.83（居中）
	创新投入	22.94（居前）		产业带动	6.38（居中）
	创新产出	11.24（居中）		辐射带动	12.56（居前）
7.高水平对外开放 57.73 (2)	贸易强度	66.95（居前）	8.绿色共享 44.68 (2)	三废排放占比	70.59（居前）
				污染治理力度	25.72（居中）
	资本流动	48.51（居前）		公共服务	12.82（居前）

深圳前海蛇口片区的制度创新指数为37.49（如图11-3所示），位于全国所有自贸片区的第9位。从制度创新二级指标来看，深圳前海蛇口片区贸易便利化指数为68.05，排位居前；政府职能转变指数为21.51，排位居中；法治化环境指数为22.91，排位居中。

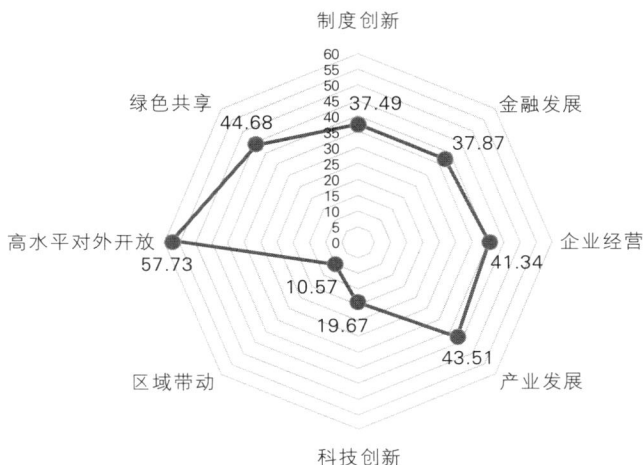

图11-3 深圳前海蛇口片区高质量发展指数

深圳前海蛇口片区的金融发展指数为37.87，位列全国第1位。深圳前海蛇口片区大力发展金融产业，建设了深圳前海蛇口国际金融城。从金融发展指数二级指标来看，金融机构指数为44.49，排位居前；股权投融资指数、投资自由化指数分别为8.99和61.27，排位居前，由此拉高了金融发展指数。

深圳前海蛇口片区的企业经营指数为41.34，位列全国第6位，从企业经营指数二级指标来看，基数水平指数为40.18，排位居后；高新企业占比指数为60.07，排位居前；创新经营情况指数为24.28，排位居前。大力推动高新技术企业发展是深圳前海蛇口片区的突出特征。

深圳前海蛇口片区产业发展指数为43.51，位列全国第4位。在深圳前海蛇口片区内，此前已初步形成了大数据、人工智能、生命科学的产业聚群，拥有了相对完整的产业链。从产业发展指数二级指标来看，产业规模指数为41.26，排位居前；产业结构指数为33.74，排位居中；产业创新指数为6.69，排位居中；产业环境指数为92.36，排位居中。可见，深圳前海蛇口片区仅有产业规模指数处于全国上游。

深圳前海蛇口片区的科技创新指数为19.67，位列全国第17位。从科技创新指数二级指标来看，创新环境指数为41.70，排位居前；创新投入指数为22.94，排位居前；创新产出指数为11.24，排位居中。

深圳前海蛇口片区区域带动指数为10.57，位列全国第31位。从区域带动指数的二级指标来看，市场活力指数为13.83，排位居中；产业带动指数为6.38，排位居中；辐射带动指数为12.56，排位居前。深圳前海蛇口片区吸引制造业500强企业、世界500强企业、中国500强企业入驻，使城市产生了较大的引领和辐射带动效应，促进了区域的协调发展。

深圳前海蛇口片区高水平对外开放指数为57.73，位列全国第2位。深圳前海蛇口片区还是国家级新区和综合保税区，集三者的高水平开放功能于一身，拥有国家文化出口基地、中欧绿色制造产业园两个国家级高水平对外开放平台，促进了国际贸易的发展。从高水平对外开放指数的二级指标来看，深圳前海蛇口片区的贸易强度指数为66.95，排位居前；资本流动指数为48.51，排位居前。深圳前海蛇口片区带动了高水平对外开放。

深圳前海蛇口片区的绿色共享指数为44.68，位列全国第2位。从绿色共享指数的二级指标来看，三废排放占比指数为70.59，排位居前；污染治理力度指数为25.72，排位居前；公共服务指数为12.82，排位居前。

第三节　广东自贸试验区建设的主要成效与重点发展方向

一、转变政府职能方面

在转变政府职能方面，广东自贸试验区取得了显著的成效，这体现了政府在以下几个方面的优势和能力：

（1）创新思维。政府在广东自贸试验区中展现了创新思维的优势。通过引入自贸试验区政策和机制创新，政府积极推动改革开放，勇于尝试新的经济体制模式和政府管理方式。

（2）协调能力。政府在广东自贸试验区建设中展现了协调能力的优势。为推动广东自贸试验区的建设，政府积极协调利益关系，整合资源，协调各方的利益诉求，形成了多方共赢的局面。

（3）敏锐洞察。政府对经济形势的敏锐洞察力是其优势之一。广东自贸试验区的设立正是在对国内外贸易形势和全球经济发展趋势的准确分析基础上进行的，政府能够及时认识到改革开放的紧迫性和重要性。

（4）沟通与合作。政府在广东自贸试验区中展现了良好的沟通与合作能力。通过与国内外合作伙伴的密切合作，政府吸取了他们的经验和智慧，共同努力推动自贸区的发展，并与相关国家和地区签订经贸合作协议，取得了显著的成果。

二、投资领域改革方面

广东自贸试验区在投资领域改革方面取得了显著的成效，主要包括以下方面：

（1）放宽市场准入。广东自贸试验区在投资领域推行了更加开放的市场准入政策，通过简化审批程序、取消或降低市场准入门槛、扩大外资准入领域等举措，吸引了更多国内外企业的投资。

（2）提供投资便利化措施。为吸引更多投资，广东自贸试验区推出了一系列便利化措施，如简化投资审批流程、优化资本项目外汇管理、便利跨境资金流动等，为投资者提供了更加便捷的投资环境。

（3）推动跨境投资便利化。广东自贸试验区积极推动跨境投资便利化，通过建立跨境投资便利化试点区域，简化投资程序，降低投资成本，促进跨境投资和国际合作。

（4）加强投资保护。广东自贸试验区加强了对投资者的权益保护，建立健全法律法规体系，保障投资者的合法权益，提供有力的法律保障和投诉解决机制。

（5）推动创新投资模式。广东自贸试验区鼓励创新投资模式和机制，如推动私募基金发展、支持创业投资等，为投资者提供多样化的投资渠道和机会。这些改革措施和成效使得广东自贸试验区成为了国内外投资者的热门目的地之一，吸引了大量的投资和资源。它为广东省经济的发展注入了新的活力，促进了产业升级和技术创新，推动了经济的高质量发展。同时，这些成效也为其他地区的投资改革提供了有益的借鉴和经验。

三、贸易转型升级方面

广东自贸试验区在贸易转型升级方面取得了显著的成效，主要包括以下方面：

（1）推动外贸创新发展。广东自贸试验区加强与国内外市场的对接，推动企业转型升级。通过引进国际先进的贸易模式和技术，推动企业从传统贸易向跨境电商贸易、跨境服务贸易等新兴贸易领域转型，提升了企业的竞争力和市场份额。

（2）优化外贸服务体系。广东自贸试验区建立了一套完善的外贸服务体系，包括贸易便利化、贸易融资、贸易保险等方面。通过简化通关手续、提供金融支持、优化保险服务等，提高了企业的贸易便利程度，降低了贸易成本，促进了外贸的发展。

（3）加强国际合作交流。广东自贸试验区积极扩大对外开放，加强与国际贸易组织和其他国家的合作交流，通过参与国际贸易规则的制定、举办贸易展览会等方式，促进了广东自贸试验区与国际市场的对接，提高了企业的国际竞争力。

（4）推动贸易便利化改革。广东自贸试验区加快推进"单一窗口"建设，实现了海关、边检、检验检疫等部门信息互联互通，通过提高通关效率、降低贸易成本，促进了贸易的便利化和流程的简化。

（5）建设国际物流枢纽。广东自贸试验区加强港口、机场、铁路等基础设施建设，通过提升物流效率和服务水平，提高了货物进出口的便利程度，促进了贸易的发展。

总体来说，广东自贸试验区在贸易转型升级方面取得了显著成效，促进了贸易的升级和转型，提高了企业的竞争力和市场份额。

四、金融领域开放创新方面

广东自贸试验区在金融领域开放创新方面取得了显著的成效，主要包括以下方面：

（1）金融市场开放。广东自贸试验区通过取消外资金融机构设立许可等限制性措施，吸引了更多的国际金融机构进入该区域，在广东实现了金融市场的多元化和国际化。

（2）政策创新。自贸试验区在金融领域有更多的政策自主权，可以独立设计并实施金融创新试点政策。该区域推出了一系列金融创新政策，如金融机构跨境人民币业务试点、自贸账户试点等，有效推动了金融业的发展。

（3）金融科技创新。广东自贸试验区注重金融科技创新，推动金融科技与实体经济的融合发展。该区域支持金融科技企业发展，提供政策和资金支持，吸引了众多金融科技公司入驻，并推动了金融科技的应用和创新。

（4）人民币国际化。广东自贸试验区积极推动人民币国际化进程，在这一方面取得了显著成效，通过金融开放创新，各种跨境人民币业务得以发展，人民币的国际支付和清算功能得到了提升，提高了人民币作为国际储备货币的地位。

（5）金融合作与交流。广东自贸试验区积极推动与国际金融中心的合作与交流，与中国香港和澳门等地区建立金融合作机制，拓宽了广东金融业的发展渠道，增强了广东在国际金融中心建设中的地位。总体而言，广东自贸试验区在金融领域的开放创新方面取得了显著的成效，为广东经济的发展注入了新的活力，提升了广东在国际金融舞台上的竞争力。

五、制度创新方面

广东自贸试验区在制度创新方面取得了显著的成效，以下是几个具有特色的方面：

（1）行政审批改革。广东自贸试验区实行了"一次办好"的行政审批制度，通过推行清单管理和优化审批服务，大大简化了企业的审批程序，缩短了审批时间，提高了审批效率。这种创新的改革措施有效减轻了企业的行政负担，提高了开办企业的便利性。

（2）跨境贸易便利化。广东自贸试验区在跨境贸易方面的制度创新非常显著。引入了先行先试的政策，探索建立全面便利的跨境贸易服务体系，如推行一体化通关模式、跨境电商综合试点等，为企业提供更加便捷、高效的跨境贸易环境。

（3）投资便利化。广东自贸试验区在投资方面的制度创新也取得了显著成效，制定了更加开放的外商投资准入负面清单，放宽了外商投资限制，并推行了投资审批的告知承诺制，大大简化了投资项目的审批程序，为投资者提供了更加便利的投资环境。

（4）创新金融监管。广东自贸试验区在金融监管方面进行了一系列创新探索。试验区探索了金融监管科技应用，如利用大数据和人工智能等技术，加强了金融风险监测和防范。同时，推行了更加灵活的监管模式，采取了分类监管、宽限期监管等灵活应对方式，促进了金融创新的健康发展。

第四节　广东自贸试验区的主要发展经验

经过多年的努力和实践探索，广东自贸试验区成为国内外的重要经贸合作平台，并取得了显著的成效，其发展经验可以为其他地区和国家提供有益的借鉴和启示：

（1）广东自贸试验区的成功经验在于创新思维和协调能力的发挥，政府积极引入自贸试验区政策和机制创新，勇于尝试新的经济体制模式和政府管理方式，为经济高质量发展提供了有力支撑。同时，政府在推动自贸试验区建设过程中，注重协调各方利益，形成了多方共赢的局面，使得自贸试验区的发展成果更加稳固。

（2）广东自贸试验区通过放宽市场准入、提供投资便利化措施和推动跨境投资便利化等措施，吸引了大量的国内外企业投资。这些改革措施不仅为广东经济发展注入了新的活力，也为其他地区的投资改革提供了宝贵经验。投资者在广东自贸区受益于更加便捷的投资环境和更完善的法律保障，进一步增强了对自贸试验区的信心，促进了经济的转型升级。

（3）广东自贸试验区采取了多项政策措施，包括金融市场的开放、金融科技的推动、人民币国际化等，促进了金融业的发展和国际竞争力的提升。特别是通过与国际金融中心的合作与交流，广东自贸试验区在国际金融舞台上的地位逐渐提升，吸引了更多的国际金融机构和企业进入该区域。

（4）广东自贸试验区通过行政审批改革、跨境贸易便利化、投资便利化和金融监管创新等措施，优化了经济发展环境，提升了市场活力和竞争力。这些创新措施为企业提供了更加便捷高效的服务和更加灵活的监管模式，推动了产业升级和技术创新，为广东自贸试验区的可持续发展奠定了坚实的基础。

"十四五"时期，广东自贸试验区将继续深化改革开放，提高贸易便利化水平，促进创新驱动发展，打造具有国际竞争力的自贸试验区。同时，广东自贸试验区还将加强与沿海邻近地区的合作，提升对外开放水平，为广东省乃至整个国家的发展做出更大贡献。广东自贸试验区的发展经验将继续为其他地区和国家提供有益的参考，推动全球经济的繁荣与合作。

第十二章 天津自贸试验区高质量发展评价

　　天津自贸试验区地处我国华北区域板块。天津自贸试验区秉持"为国家试制度、在京津冀协同发展和我国经济转型发展中发挥示范引领作用"的战略方向，不断探索深化改革、扩大开放的新路径，成为全市高质量发展的引领区。本章在对天津自贸试验区进行概述的基础上，基于中国自贸试验区大数据监测分析平台微观数据，从制度创新、金融发展、企业经营、产业发展、科技创新、区域带动、高水平对外开放、绿色共享八个维度入手，对天津港片区、天津机场片区、滨海新区中心商务片区的高质量发展情况进行评价，分析其优势与短板，梳理天津自贸试验区主要发展成效与经验、制度创新特色，明确了未来高质量发展方向。

第一节　天津自贸试验区概况

一、天津自贸试验区实施范围

　　天津自贸试验区于2015年4月21日揭牌，是我国第二批设立的自贸试验区。天津自贸试验区的面积119.9平方千米，涵盖三个片区：天津港片区30平方千米（含东疆保税港区10平方千米），天津机场片区43.1平方千米（含天津港保税区空港部分1平方千米和滨海新区综合保税区1.96平方千米），滨海新区中心商务片区46.8平方千米（含天津港保税区海港部分和保税物流园区4平方千米）。

　　天津港东疆片区四至范围：东至渤海湾，南至天津新港主航道，西至反"F"港池、西藏路，北至永定新河入海口。

　　天津机场片区四至范围：东至蓟汕高速，南至津滨快速路、民族路、津北公路，西至外环绿化带东侧，北至津汉快速路、东四道、杨北公路。

　　滨海新区中心商务片区四至范围：东至临海路、东堤路、新港二号路、天津新港主航道、新港船闸、海河、闸南路、规划路、石油新村路、大沽排水河、东环路，南至物流北路、物流北路西延长线，西至大沽排水河、河南路、海门大桥、河北路，北至天津东疆港东道、中央大道、新港三号路、海滨大道、天津港保税区北围网。

二、天津自贸试验区的功能定位

　　按区域布局划分，天津港片区重点发展航运物流、国际贸易、融资租赁等现代服务业；天津机场片区重点发展航空航天、装备制造、新一代信息技术等高端制造业和研发设计、航空物流等生产性服务业；滨海新区中心商务片区重点发展以金融创新为主的现代服务业。按海关监管方式划分，自贸试验区内的海关特殊监管区域重点探索以贸易便利化为主要内容的制度创新，开展货物贸易、融资租赁、保税加工和保税物流等业务；非海关特殊监管区域重点探索投资制度改革，完善事中事后监管，推动金融制度创新，积极发展现代服务业和高端制造业。

三、天津自贸试验区的产业基础

天津自贸试验区挂牌成立时间较长，是具有引领和示范效应的前两批四个自贸试验区之一，以制度创新为引领，推动产业创新发展，服务京津冀协同发展战略。三个片区均形成了较好的集聚效应，吸引大量市场主体进入片区。中国自贸试验区大数据监测分析平台显示，截至2022年，天津港东疆片区在营企业数为16 226家，投资总额为11 053.61亿元；民营企业占比87.98%，市场活力充沛；服务业占比92.3%，外资企业占比11.57%。天津机场片区在营企业数为23 286家，投资总额为7 580.07亿元；民营企业占比95.0%，服务业占比81.16%，外资企业占比4.19%。滨海新区中心商务片区在营企业数为30 900家，投资总额为13 233.41亿元；民营企业占比96.30%，服务业占比83.82%，外资企业占比3.07%。天津自贸试验区三个片区的各类企业数量情况如表12-1、表12-2、表12-3所示。

表12-1　　　　　天津自贸试验区天津港东疆片区各类企业数量情况

		企业数（家）	占比（%）	投资额（亿元）	占比（%）
产业结构	第一产业	7	0.04	5.25	0.05
	第二产业	1 220	3.84	424.23	7.52
	第三产业	14 960	92.30	10 618.54	96.11
所有制	国有	4	0.02	27.25	0.25
	民营	14 276	87.98	8 394.97	76.13
	外资	1 877	11.57	2 495.28	22.63
企业规模	大型	515	3.17	6 225.57	57.08
	中型	1 985	12.23	1 923.29	17.63
	小型	4 697	28.95	885.45	8.12
	微型	8 638	53.24	1 871.98	17.16
企业特征	高新技术企业	44	0.27	15.38	0.14
	对外投资企业	1 637	10.09	3 021.84	27.71

数据来源：中国自贸试验区大数据监测分析平台。

表12-2　　　　　　　　天津自贸试验区天津机场片区各类企业数量情况

		企业数（家）	占比（%）	投资额（亿元）	占比（%）
产业结构	第一产业	32	0.14	11.07	0.15
	第二产业	4 330	14.80	1 121.42	18.59
	第三产业	18 899	81.16	6 444.75	85.05
所有制	国有	5	0.02	44.43	0.59
	民营	22 121	95.00	6 137.64	81.03
	外资	875	4.19	1 006.32	13.29
企业规模	大型	456	1.96	4 049.24	53.63
	中型	1 247	5.36	1 360.27	18.01
	小型	5 662	24.32	601.66	7.97
	微型	15 361	65.97	1 539.78	20.39
企业特征	高新技术企业	310	1.33	202.80	2.69
	对外投资企业	1 305	5.60	3 600.99	47.69

数据来源：中国自贸试验区大数据监测分析平台。

表12-3　　　　　　　　天津自贸试验区滨海新区中心商务片区各类企业数量情况

		企业数（家）	占比（%）	投资额（亿元）	占比（%）
产业结构	第一产业	101	0.33	10.95	0.08
	第二产业	4 875	12.19	1 612.48	15.78
	第三产业	25 899	83.82	11 607.53	87.73
所有制	国有	13	0.04	22.77	0.17
	民营	29 758	96.30	11 348.8	85.77
	外资	949	3.07	1 606.12	12.14
企业规模	大型	518	1.68	5 463.24	41.38
	中型	1 603	5.19	2 039.85	15.45
	小型	7 324	23.70	1 100.68	8.34
	微型	20 663	66.87	4 600.42	34.84
企业特征	高新技术企业	147	0.48	124.10	0.94
	对外投资企业	1 445	4.68	4 534.50	34.34

数据来源：中国自贸试验区大数据监测分析平台。

四、天津自贸试验区的对外开放

　　天津自贸试验区依托要素资源优势，利用国内国际两个市场两种资源，引领新产业、新模式发展，推进京津冀三地政策体系等领域协同，加强与"一带一路"共建国家的贸易往来，更好地服务对外开放总体战略布局。按照《关于在有条件的自由贸易试验区和自由贸易港试点对接国际高标准推进制度型开放的若干措施》的新要求，天津对标国际高标准经贸规则，优化利用外资结构，加快培育壮大外贸新动能，推出人才跨境便利措施，吸引资金、人才、技术等要素集聚。推进规则、规制、管理、标准等制度型开放，推动"五个自由、一个安全有序流动"制度创新走深、走实，实现自贸试验区高质量发展。2022年，天津自贸试验区外贸进出口额超2 900亿元，同比增长7.9%；实际使用外资超22亿美元。

五、天津自贸试验区"十四五"时期发展目标

2021年12月，天津市印发《中国（天津）自由贸易试验区发展"十四五"规划》，明确指出"十四五"时期，天津自贸试验区将建立更加成熟的自由贸易制度体系，形成一批含金量高、应用面广的重大引领性创新成果，集聚一批示范性、引领性前沿产业，打造一批开放型功能性平台，努力推动自贸试验区扩区升级，奋力构建畅通"双循环"的新贸易格局，建设服务实体的金融开放创新高地，做优互联互通的运输自由体系，建设开放合作的国际科技创新高地，探索支持前沿产业发展的制度体系，全方位推动京津冀产业协同发展，深化面向日本、韩国的开放合作，积极参与高质量共建"一带一路"，以及打造国际一流营商环境，争取实现制度创新成果200项，市场化、法治化、国际化程度总体达到国际一流水平，外贸进出口年均增速力争达到4%，实际利用外资累计达到100亿美元，与"一带一路"相关国家和地区经贸联系更加密切，贸易额占比达45%。

第二节　天津自贸试验区高质量发展指数评价

一、天津自贸试验区高质量发展总体评价

从自贸试验区高质量发展八个方面的指数来看，天津自贸试验区总体上处于全国上游。天津自贸试验区表现较为突出的是制度创新、金融发展、产业发展、高水平对外开放和绿色共享，表现出天津自贸试验区制度创新的系统性。从天津自贸试验区三个片区来看，三个片区各有侧重，各有优势，除个别指标位于全国中下游外，大多数指标都处于中游偏上或上游。相对而言，天津港东疆片区和机场片区特色和优势更加明显，滨海中心商务片区次之。

二、天津自贸试验区天津港东疆自贸片区高质量发展指数评价

天津港东疆自贸片区的高质量发展指数在绿色共享、金融发展、高水平对外开放三个方面的表现全市最优。制度创新指数、绿色共享指数、金融发展指数和高水平对外开放指数4个指数均位于所有自贸片区前20位，除制度创新指数外均进入了全国前10，绿色共享指数排名第一。天津港东疆自贸片区高质量发展指数一级、二级指标指数及在全国自贸片区中的位置如表12-4所示。

表12-4 　　　　　　天津港东疆自贸片区高质量发展指数及排位

一级指标指数及排位	二级指标指数及排位		一级指标指数及排位	二级指标指数及排位	
1.制度创新 32.99 (17)	贸易便利化	62.20（居前）	2.金融发展 17.15 (6)	金融机构	41.84（居前）
	政府职能转变	20.36（居中）		股权投融资	1.34（居中）
	法治化环境	16.42（居后）		投资自由化	8.79（居中）
3.企业经营 21.03 (35)	基数水平	50.73（居前）	4.产业发展 30.48 (46)	产业规模	5.77（居中）
	高新企业占比	4.86（居后）		产业结构	28.36（居中）
	创新经营情况	7.90（居中）		产业创新	1.94（居后）
				产业环境	85.85（居前）
5.科技创新 6.17 (48)	创新环境	6.25（居后）	6.区域带动 3.59 (51)	市场活力	4.25（居后）
	创新投入	7.33（居中）		产业带动	2.26（居后）
	创新产出	5.76（居后）		辐射带动	1.98（居后）
7.高水平对外开放 22.11 (9)	贸易强度	19.48（居前）	8.绿色共享 47.46 (1)	三废排放占比	62.89（居前）
	资本流动	24.75（居前）		污染治理力度	37.82（居前）
				公共服务	25.85（居中）

　　天津港东疆自贸片区的制度创新指数为32.99（如图12-1所示），位于全国所有自贸片区的第17位。从制度创新二级指标来看，天津港东疆自贸片区贸易便利化指数为62.20，排位居前；政府职能转变指数为20.36，排位居中；法治化环境指数为16.42，排位居后。

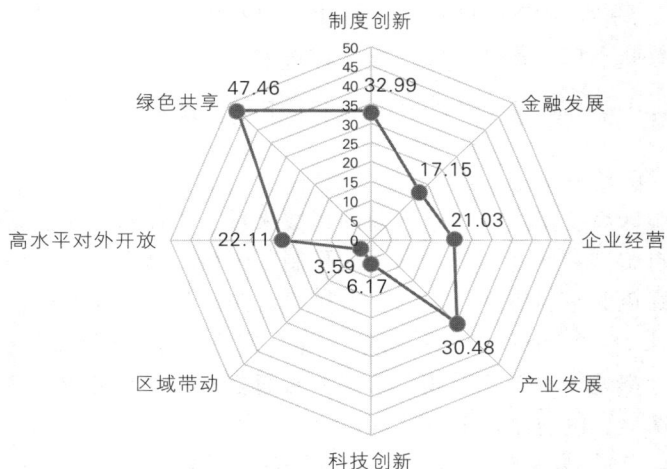

图12-1　天津港东疆自贸片区高质量发展指数

　　天津港东疆自贸片区的金融发展指数为17.15，位列全国第6位。从金融发展指数二级指标来看，天津港东疆自贸片区的金融机构指数为41.84，排位居前；股权投融资指数为1.34，排位居中；投资自由化指数为8.79，排位居中。

　　天津港东疆自贸片区的企业经营指数为21.03，位列全国第35位。从企业经营指数二级指标来看，基数水平指数为50.73，排位居前；高新企业占比指数为4.86，排位居中；创新经营情况指数为7.90，排位居中。

天津港东疆自贸片区产业发展指数为30.48，位列全国第46位。从产业发展指数二级指标来看，产业规模指数为5.77，排位居中；产业结构指数为28.36，排位居中；产业创新指数为1.94，排位居后；产业环境指数为85.85，排位居中。

天津港东疆自贸片区的科技创新指数为6.17，位列全国第48位。从科技创新指数二级指标来看，创新环境指数为6.25，排位居后；创新投入指数为7.33，排位居中；创新产出指数为5.76，排位居后。

天津港东疆自贸片区区域带动指数为3.59，位列全国第51位。从区域带动指数的二级指标来看，市场活力指数为4.25，排位居后；产业带动指数为2.26，排位居后；辐射带动指数为1.98，排位居后。

天津港东疆自贸片区高水平对外开放指数为22.11，位列全国第9位。从高水平对外开放指数的二级指标来看，天津港东疆自贸片区的贸易强度指数为19.48，排位居中；资本流动指数为24.75，排位居前。

天津港东疆自贸片区的绿色共享指数为47.46，位列全国首位。从绿色共享指数的二级指标来看，三废排放占比指数为62.89，排位居前；污染治理力度指数为37.82，排位居前；公共服务指数为25.85，排位居中。

三、天津自贸试验区天津机场片区高质量发展指数评价

天津机场自贸片区的高质量发展指数在制度创新、企业经营、产业发展、科技创新、区域带动五个方面的表现全省第一，多数指数排在全国中游。制度创新指数、产业发展指数、科技创新指数、高水平对外开放指数排入全国前20位，产业发展指数进入全国前三甲行列。天津机场自贸片区高质量发展指数一级、二级指标指数及在全国自贸片区中的排名情况如表12-5所示。

表12-5　　　　　　　　天津机场自贸片区高质量发展指数及排位

一级指标指数及排位	二级指标指数及排位		一级指标指数及排位	二级指标指数及排位	
1.制度创新 37.19 （12）	贸易便利化	48.85（居前）	2.金融发展 8.18 （28）	金融机构	11.85（居前）
	政府职能转变	33.37（居前）		股权投融资	4.06（居前）
	法治化环境	29.34（居中）		投资自由化	8.89（居中）
3.企业经营 26.92 （22）	基数水平	39.40（居后）	4.产业发展 35.53 （17）	产业规模	9.61（居中）
	高新企业占比	24.74（居中）		产业结构	33.76（居前）
	创新经营情况	16.92（居后）		产业创新	19.54（居前）
				产业环境	79.21（居中）
5.科技创新 19.94 （16）	创新环境	14.89（居前）	6.区域带动 5.27 （42）	市场活力	5.45（居后）
	创新投入	14.95（居前）		产业带动	6.57（居中）
	创新产出	23.29（居前）		辐射带动	5.39（居中）
7.高水平对外开放 17.64 （18）	贸易强度	17.35（居中）	8.绿色共享 11.57 （40）	三废排放占比	14.73（居中）
	资本流动	17.94（居前）		污染治理力度	1.49（居后）
				公共服务	20.09（居中）

天津机场自贸片区的制度创新指数为37.19（如图12-2所示），位列全国第12位。从制度创新二级指标来看，天津机场自贸片区贸易便利化指数为48.85，排位居前；政府职能转变指数为33.37，排位居前；法治化环境指数为29.34，排位居中。

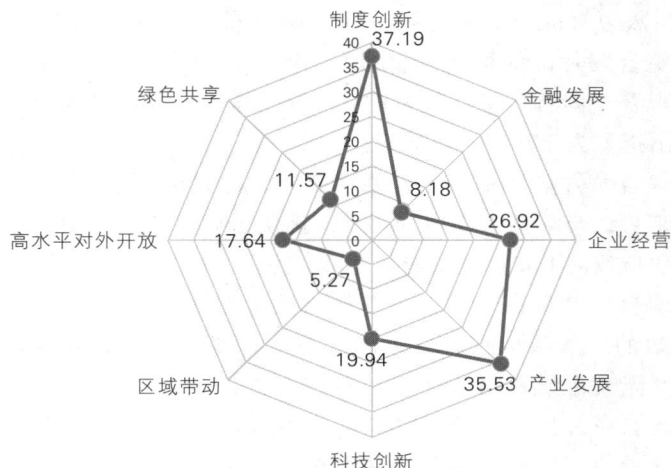

图12-2 天津机场自贸片区高质量发展指数

天津机场自贸片区的金融发展指数为8.18，处于全国中游。从金融发展指数二级指标来看，天津机场自贸片区金融机构指数为11.85，排位居前；股权投融资指数为4.06，排位居前；投资自由化指数为8.89，排位居中。

天津机场自贸片区的企业经营指数为26.92，处于全国中上游。从企业经营指数二级指标来看，天津机场自贸片区基数水平指数为39.40，排位居后；高新企业占比指数为24.74，排位居前；创新经营情况指数为16.92，排位居前。

天津机场自贸片区的产业发展指数为38.16，位列全国第17位。从产业发展指数二级指标来看，天津机场自贸片区产业规模指数为9.61，排位居中；产业结构指数为33.76，排位居前；产业创新指数为19.54，排位居前；产业环境指数为79.21，排位居中，总体反映出极强的人为规划特征。

天津机场自贸片区的科技创新指数为19.94，位列全国第16位。从科技创新指数二级指标来看，天津机场自贸片区创新环境指数为14.89，排位居前；创新投入指数为14.95，排位居前；创新产出指数为23.29，排位居前。

天津机场自贸片区的区域带动指数为5.27，处于全国下游。从区域带动指数二级指标来看，天津机场自贸片区市场活力指数为5.45，排位居后；产业带动指数为6.57，排位居中；辐射带动指数为5.39，排位居中。

天津机场自贸片区的高水平对外开放指数为17.64，位列全国第18位。从高水平对外开放指数的二级指标来看，贸易强度指数为17.35，排位居中；资本流动指数为17.94，排位居前。

天津机场自贸片区的绿色共享指数为11.57，处于全国中下游。从绿色共享指数二级指标来看，三废排放占比指数为14.73，排位居中；污染治理力度指数为1.49，排位居后；公共服务指数为20.09，排位居中。

四、天津自贸试验区滨海新区中心商务片区高质量发展指数评价

天津滨海新区中心商务片区的高质量发展指数在制度创新、金融发展、企业经营、产业发展、科技创新、区域带动、高水平对外开放、绿色共享八个方面的表现都没有成为全省第一，但制度创新指数和绿色共享指数也进入了全国前20位，绿色共享指数进入了全国前十，反映出了在制度创新和绿色共享方面天津自贸区的整体优势。天津滨海新区中心商务片区高质量发展指数一级、二级指标指数及在全国自贸片区中的排名情况如表12-6所示。

表12-6　　　天津滨海新区中心商务片区高质量发展指数及排位

一级指标指数及排位	二级指标指数及排位		一级指标指数及排位	二级指标指数及排位	
1.制度创新 34.67 (15)	贸易便利化	45.83（居前）	2.金融发展 8.76 (23)	金融机构	14.22（居前）
	政府职能转变	26.52（居中）		股权投融资	1.22（居中）
	法治化环境	31.66（居前）		投资自由化	11.10（居中）
3.企业经营 26.17 (26)	基数水平	42.80（居中）	4.产业发展 27.59 (55)	产业规模	8.26（居中）
	高新企业占比	10.40（居中）		产业结构	31.95（居中）
	创新经营情况	25.33（居前）		产业创新	5.21（居中）
				产业环境	64.65（居后）
5.科技创新 9.14 (35)	创新环境	6.89（居中）	6.区域带动 4.70 (45)	市场活力	7.98（居后）
	创新投入	7.94（居中）		产业带动	5.72（居中）
	创新产出	10.28（居中）		辐射带动	1.35（居后）
7.高水平对外开放 15.04 (26)	贸易强度	17.25（居中）	8.绿色共享 26.92 (8)	三废排放占比	43.88（居前）
				污染治理力度	5.42（居中）
	资本流动	12.82（居中）		公共服务	20.62（居中）

天津滨海新区中心商务片区的制度创新指数为34.67（如图12-3所示），位列全国第15位。从制度创新二级指标来看，天津滨海新区中心商务片区贸易便利化指数为45.83，排位居前；政府职能转变指数为26.52，排位居中；法治化环境指数为31.66，排位居前。

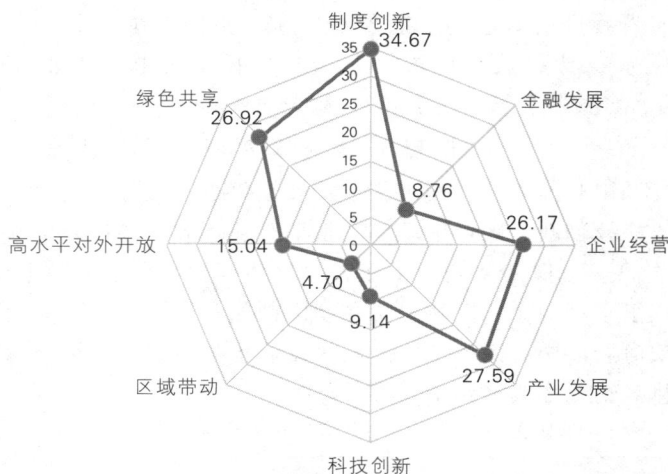

图12-3　天津滨海新区中心商务片区高质量发展指数

　　天津滨海新区中心商务片区的金融发展指数为8.76，处于全国中上游。从金融发展指数二级指标来看，天津滨海新区中心商务片区的金融机构指数为14.22，排位居前；股权投融资指数为1.22，排位居中；投资自由化指数为11.10，排位居中。

　　天津滨海新区中心商务片区的企业经营指数为26.17，处于全国中游。从企业经营指数二级指标来看，基数水平指数为42.80，排位居中；高新企业占比指数为10.40，排位居中；创新经营情况指数为25.33，排位居前。

　　天津滨海新区中心商务片区的产业发展指数为22.07，处于全国下游。从产业发展指数二级指标来看，产业规模指数为8.26，排位居中；产业结构指数为31.95，排位居中；产业创新指数为5.21，排位居中；产业环境指数为64.65，排位居后。

　　天津滨海新区中心商务片区的科技创新指数为9.14，处于全国中下游。从科技创新指数二级指标来看，创新环境指数为6.89，排位居中；创新投入指数为7.94，排位居中；创新产出指数为10.28，排位居中。

　　天津滨海新区中心商务片区的区域带动指数为4.70，处于全国下游。从区域带动指数二级指标来看，市场活力指数为7.98，排位居后；产业带动指数为5.72，排位居后；辐射带动指数为1.35，排位居后。

　　天津滨海新区中心商务片区的高水平对外开放指数为15.04，处于全国中游。从高水平对外开放指数的二级指标来看，贸易强度指数为17.25，排位居中；资本流动指数为12.82，排位居中。

　　天津滨海新区中心商务片区的绿色共享指数为26.92，位列全国第8位。从绿色共享指数二级指标来看，三废排放占比指数为43.88，排位居前；污染治理力度指数为5.42，排位居中；公共服务指数为20.62，排位居中。

第三节 天津自贸试验区建设的主要成效与重点发展方向

一、天津自贸试验区制度创新主要成效

天津自贸试验区自挂牌以来，认真落实《中国（天津）自由贸易试验区总体方案》（以下简称《总体方案》），推进天津自贸试验区高质量发展。在转变政府职能、投资自由化、贸易便利化、金融开放创新等领域进行探索和先行先试，已完成《总体方案》的各项任务。截至目前，天津自贸试验区已累计实施581项制度创新措施，向全国复制推广38项试点经验和实践案例，自行复制推广改革试点经验五批次共118项，创新实践案例7个[①]。

加快政府职能转变，深入推进"放管服"改革，不断优化法治化营商环境；积极申建国际商事审判机构，建立"2+N"自贸司法服务直通车机制；做好外商投资项目一站式服务，先后落地"收购境外股权"等15项投资便利"一件事"集成服务改革；积极推进国际经贸规则落地，推动RCEP行动方案高质量实施；印发《中国（天津）自由贸易试验区高质量落实〈区域全面经济伙伴关系协定〉（RCEP）行动方案》，建立RCEP跨部门协作推进机制；在各片区政务服务中心启动建设RCEP服务中心，全年天津口岸RCEP项下超60亿元进出口货物享受关税优惠；积极推动离岸贸易创新发展，创新形成"外汇管理部门+属地行政主管部门+商业银行+离岸贸易企业"四方联合现场办公的"天津模式"，目前业务结算金额已超过9 300万美元；夯实制度保障，持续优化机制体制，稳步扩大制度型开放，形成了一批制度创新先进经验；设立天津自贸试验区跨境投融资综合服务中心，推动供应链金融初显成效，推动"数字仓库+可信仓单+质押融资+大宗商品市场+场外风险管理"五位一体供应链金融创新推广上量；开展绿色金融及碳金融创新，开展新型自愿碳减排交易品种开发，推动品种审批，形成I-REC品种场外交易；主动融入和服务"一带一路"建设，深化与共建国家的贸易合作，积极推动中欧班列常态化运营，中新合作再上新台阶；与"一带一路"共建国家境外园区跨国联动，与中埃·泰达苏伊士经贸合作区围绕二手车出口、海外仓建设等展开合作；打造"津货分仓"模式和"保税专列+中欧班列"模式，中欧班列"天津号"恢复常态化运行；发挥中新生态城联动创新区作用，在新加坡设立"中新天津生态城自贸联动新加坡推广中心"，初步构建从离岸推广中心到在岸新加坡中心的孵化引育机制。[②]

① 佚名.天津自贸试验区挂牌八年：创新推动高水平开放高质量发展［EB/OL］.［2023-04-29］. http://tj.people.com.cn/n2/2023/0429/c375366-40398663.html.

② 佚名.推动"试验田"变"丰产田" 天津全力打造新时代改革开放的自贸样本［EB/OL］.［2023-05-05］.https://www.china-tjftz.gov.cn/contents/16116/550418.html.

二、天津自贸试验区制度创新特色

围绕京津冀协同发展，天津自贸区不断推进区域发展政策协同化，推进政务服务跨省通办机制化，推进京津冀金融同城化，扎实做好北京非首都功能承接工作，持续推动首届京津冀自贸区联席会议成果落地，配合国家发改委、商务部起草印发了推进京津冀自贸区协同发展的意见；发起建立京津冀自贸区政务服务通办联动机制，先后共同推出179项"同事同标"事项；落地京津冀首单政府性融资担保汇率避险业务；先后向京津冀地区复制推广改革试点经验5批次共118项、创新实践案例7个、金融专项创新案例135个，推进制度创新示范效应最大化。

三、天津自贸试验区重点发展方向

《中国（天津）自由贸易试验区发展"十四五"规划》明确提出，"十四五"末，天津自贸试验区要立足国内国际经济双向循环的重要资源要素配置枢纽、京津冀现代产业集聚区、中日韩自贸区战略先导区三大战略定位，努力建成要素流动自由、开放功能健全、营商环境优异、创新动能强劲、辐射作用突出的世界一流自由贸易园区。按照2023年6月国务院最新印发的《关于在有条件的自由贸易试验区和自由贸易港试点对接国际高标准推进制度型开放的若干措施》要求，天津自贸区要试点对接相关国际高标准经贸规则，稳步扩大制度型开放。在更便利的结算、更大的市场自由度、更大的监管自由度、更深层的区域一体化进程等方面取得实质性的突破。

第十三章　福建自贸试验区高质量发展评价

福建自贸试验区地处我国华东区域板块。福建自贸试验区秉持"为国家试制度、探索闽台经济合作新模式"的战略方向，不断探索深化改革、扩大开放的新路径，成为全省高质量发展的引领区。本章在对福建自贸试验区进行概述的基础上，基于中国自贸试验区大数据监测分析平台微观数据，从制度创新、金融发展、企业经营、产业发展、科技创新、区域带动、高水平对外开放、绿色共享八个维度入手，对福州、厦门、平潭自贸片区的高质量发展情况进行评价，分析其优势与短板，梳理福建自贸试验区的主要发展成效与经验、制度创新特色，明确了未来高质量发展方向。

第一节　福建自贸试验区概况

一、福建自贸试验区实施范围

福建自贸试验区于2015年4月21日揭牌，是我国第二批设立的自贸试验区。福建自贸试验区面积118.04平方千米，涵盖三个片区：福州片区、厦门片区和平潭片区。

福州自贸片区31.26平方千米，包括保税区0.6平方千米、福州出口加工区1.14平方千米、福州保税港区9.26平方千米，四至范围：福州经济技术开发区22平方千米，含福州保税区0.6平方千米（已全区封关）和福州出口加工区1.14平方千米（已封关面积0.436平方千米）。马江-快安片区东至红山油库，南至闽江沿岸，西至鼓山镇界，北至鼓山麓；长安片区东至闽江边，南至亭江镇东街山，西至罗长高速公路和山体，北至琯头镇界；南台岛区东至三环路，南至林浦路，西至前横南路，北面以闽江岸线为界；琅岐区东至环岛路，南至闽江码头进岛路，西至闽江边，北面以规划道路为界。福州保税港区9.26平方千米（已封关面积2.34平方千米）。其中：A区东至西港，南至新江公路，西至经七路，北至纬六路；B区东至14号泊位，南至兴化湾，西至滩涂，北至兴林路。

厦门自贸片区43.78平方千米，包括象屿保税区0.6平方千米、象屿保税物流园区0.7平方千米、厦门海沧保税港区9.51平方千米，四至范围：两岸贸易中心核心区19.37平方千米，含象屿保税区0.6平方千米（已全区封关）、象屿保税物流园区0.7平方千米（已封关面积0.26平方千米），北侧、西侧、东侧紧邻大海，南侧以疏港路、成功大道、枋钟路为界，东南国际航运中心海沧港区24.41平方千米，含厦门海沧保税港区9.51平方千米（已封关面积5.55平方千米），东至厦门西海域，南侧紧邻大海，西至厦漳跨海大桥，北侧以角嵩路、南海路、南海三路和兴港路为界。

平潭自贸片区43平方千米，四至范围：港口经贸区块16平方千米，东至北厝路、金井三路，南至大山顶，西至海坛海峡，北至金井湾大道。高新技术产业区块15平方千米，东至中原六路，南至麒麟路，西至坛西大道，北至瓦瑶南路。旅游休闲区块12平方千米，东至坛南湾，南至山岐澳，西至寨山路，北至澳前北路。

二、福建自贸试验区的功能定位

按区域布局划分，平潭片区重点建设两岸共同家园和国际旅游岛，在投资贸易和资金人员往来方面实施更加自由便利的措施；厦门片区重点建设两岸新兴产业和现代服务业合作示范区、东南国际航运中心、两岸区域性金融服务中心和两岸贸易中心；福州片区重点建设先进制造业基地、21世纪海上丝绸之路沿线国家和地区交流合作的重要平台、两岸服务贸易与金融创新合作示范区。

按海关监管方式划分，自贸试验区内的海关特殊监管区域重点探索以贸易便利化为主要内容的制度创新，开展国际贸易、保税加工和保税物流等业务；非海关特殊监管区域重点探索投资体制改革，推动金融制度创新，积极发展现代服务业和高端制造业。

三、福建自贸试验区的产业基础

福建自贸试验区挂牌成立时间较长，是具有引领和示范效应的前两批四个自贸试验区之一，以制度创新为引领，打造现代产业体系，探索闽台经济合作新模式，福州、厦门、平潭自贸片区均形成了集聚效应，吸引大量市场主体进入片区。中国自贸试验区大数据监测分析平台显示，截至2022年，福州自贸片区在营企业数为24 730家，投资总额为5 527.62亿元；民营企业占比94.78%，市场活力充沛；服务业占比80.28%，外资企业占比3.26%。厦门自贸片区在营企业数为37 791家，投资总额为8 169.25亿元；民营企业占比92.64%，服务业占比89.12%，外资企业占比4.60%。平潭自贸片区在营企业数为8 497家，投资总额为4 517.89亿元；民营企业占比88.90%，服务业占比85.69%，外资企业占比7.50%。福建自贸试验区三个片区的各类企业数量情况如表13-1、表13-2、表13-3所示。

表13-1　　　　　　　福建自贸试验区福州片区各类企业数量情况

		企业数（家）	占比（%）	投资额（亿元）	占比（%）
产业结构	第一产业	279	1.33	39.38	0.71
	第二产业	4 592	20.54	1 135.43	18.59
	第三产业	19 831	80.28	4 352.69	78.75
所有制	国有	125	0.51	283.29	5.13
	民营	23 414	94.78	4 553.03	82.42
	外资	805	3.26	425.82	7.71

续表

		企业数（家）	占比（%）	投资额（亿元）	占比（%）
企业规模	大型	384	1.55	1 898.54	34.79
	中型	1 674	6.78	1 326.36	24.31
	小型	6 163	24.95	911.30	16.70
	微型	15 441	62.51	1 320.19	24.20
企业特征	高新技术企业	136	0.55	74.72	1.37
	对外投资企业	791	3.20	907.56	16.63

数据来源：中国自贸试验区大数据监测分析平台。

表13-2　　　　　　　　福建自贸试验区厦门片区各类企业数量情况

		企业数（家）	占比（%）	投资额（亿元）	占比（%）
产业结构	第一产业	155	0.30	20.13	0.25
	第二产业	3 969	8.54	697.53	10.50
	第三产业	33 678	89.12	7 447.78	91.21
所有制	国有	106	0.28	399.67	4.89
	民营	35 011	92.64	5 887.67	72.09
	外资	1 738	4.60	749.54	9.18
企业规模	大型	385	1.02	3 872.06	47.94
	中型	1 619	4.28	1 621.37	20.07
	小型	9 506	25.15	1 104.15	13.67
	微型	25 425	67.28	1 479.10	18.31
企业特征	高新技术企业	92	0.24	44.08	0.55
	对外投资企业	1 713	4.53	3 304.53	40.91

数据来源：中国自贸试验区大数据监测分析平台。

表13-3　　　　　　　　福建自贸试验区平潭片区各类企业数量情况

		企业数（家）	占比（%）	投资额（亿元）	占比（%）
产业结构	第一产业	77	0.91	23.77	0.53
	第二产业	1 138	8.51	384.44	13.39
	第三产业	7 281	85.69	4 109.67	90.96
所有制	国有	24	0.28	77.10	1.71
	民营	7 554	88.90	2 838.55	62.83
	外资	637	7.50	1 265.17	28.00
企业规模	大型	131	1.54	2 441.19	54.59
	中型	774	9.11	1 056.91	23.64
	小型	2 591	30.49	480.77	10.75
	微型	4 697	55.28	492.73	11.02
企业特征	高新技术企业	18	0.21	4.42	0.10
	对外投资企业	747	8.79	1 039.71	23.25

数据来源：中国自贸试验区大数据监测分析平台。

四、福建自贸试验区的对外开放

福建自贸试验区在深化改革、扩大开放过程中，重点强化与中国台湾的合作，着力打造国内国际双循环的重要桥梁和纽带。福州片区充分发挥对台区位及政策优势，围绕战略性新兴产业、航空枢纽经济、大医疗健康产业，加强对台合作；加快建立更加健全便利的市场准入制度、标准互认制度，全力建设两岸共同市场；进一步深化榕台金融深层次合作，建立便利化、特色化、多元化的金融服务体系，积极打造台胞台企登陆第一家园先行区，充分发挥自贸试验区开放型经济压力测试的"试验田"作用，抢占RCEP红利，加强与海关特殊监管区域的统筹发展，创新推广RCEP新规则下的通关便利化举措，有序推进合格境外有限合伙人（QFLP）试点，加快探索建立与国际投资贸易规则相适应的体制机制。厦门片区不仅吸引了一批"大陆首家""两岸首家"台企落户，还推动两岸海关"经认证的经营者"（AEO）互认试点，率先实施"源头管理、口岸验放"的两岸商品快速通关模式。平潭片区重点围绕建设两岸共同家园和国际旅游岛的功能定位，坚持扩大开放与深化改革相结合、产业培育与制度创新相结合，加快政府职能转变，着力营造市场化、法治化、国际化的营商环境，建立与国际投资贸易规则相适应的新体制，充分发挥两岸合作窗口、国家对外开放窗口的作用，率先推进与中国台湾地区投资贸易自由化进程，加快形成更高水平的对外开放新格局，在投资贸易和资金人员往来方面实施更加自由便利的措施。

五、福建自贸试验区"十四五"时期发展目标

"十四五"时期，福建省对自贸试验区的发展目标进行了清晰的定位和前瞻谋划，《中国（福建）自由贸易试验区"十四五"发展规划》明确提出，要着力于打造新时代改革开放先行区、高质量产业发展集聚区、两岸融合发展示范区、"海丝"和"金砖"开放合作引领区，构建国内国际双循环相互促进的重要枢纽，打通内外两个市场，畅通内外两个循环，围绕贸易投资自由化、便利化改革和高质量发展，提出五个方面的工作任务：一是构建更高水平的开放型经济新体制，坚持制度创新与对外开放相结合，深化货物贸易、跨境运输等领域的商品流动型开放和金融、人员往来以及数据流动等领域的要素流动型开放，拓展投资、服务贸易等领域的制度型开放，主动服务和深度融入新发展格局。二是打造高质量产业发展体系，坚持制度创新与功能培育相结合，鼓励发展集成电路、物联网、人工智能等战略性新兴产业和健康医疗、旅游文化等现代服务业，做大做强保税维修等重点平台，加快培育参与国际合作和竞争的新优势。三是探索海峡两岸融合发展新路，坚持以通促融、以惠促融、以情促融，提升产业合作新高度，创新通关合作新模式，拓宽金融合作新领域，加快建设台胞台企登陆第一家园先行区。四是深度融入共建"一带一路"，坚持共商共建共享原则，织密相互联通合作网络，构建互利共赢的产业链供应链，拓展人文交流空间，服务金砖创新基地建设。五是推进治理体系和治理能

力现代化，坚持制度创新与风险防控相结合，建立更加灵活高效的法治管理体系，提升数字治理能力，持续优化营商环境。

第二节　福建自贸试验区高质量发展指数评价

一、福建自贸试验区高质量发展总体评价

从自贸试验区高质量发展八个方面的指数来看，福建自贸试验区总体上处于全国中上游。福建自贸试验区表现较为突出的是制度创新和高水平对外开放，指数总体排名处于全国上游。另外，金融发展指数的排名也较好，表现出福建自贸试验区作为最早两批自贸区之一，在制度创新、高水平对外开放和金融发展方面开展了大量有益工作并建立了良好的发展基础。厦门片区和福州片区呈现出双龙头的发展格局，平潭片区虽然凭借对台合作有发展亮点也有长足的进步，但底子薄，与福州片区和厦门片区相比尚有差距。

二、福建自贸试验区福州片区高质量发展指数评价

福州自贸片区的高质量发展指数在金融发展、企业经营、科技创新三个方面的表现全省最优。制度创新指数、金融发展指数和高水平对外开放指数均位于所有自贸片区前20位，金融发展指数位于全国前10位。福州自贸片区高质量发展指数一级、二级指标指数及在全国自贸片区中的位置如表13-4所示。

表13-4　　　　福州自贸片区高质量发展指数及排位

一级指标指数及排位	二级指标指数及排位		一级指标指数及排位	二级指标指数及排位	
1.制度创新 37.26（11）	贸易便利化	35.38（居中）	2.金融发展 15.89（9）	金融机构	10.15（居中）
	政府职能转变	35.24（居中）		股权投融资	25.56（居前）
	法治化环境	41.17（居前）		投资自由化	12.45（居前）
3.企业经营 20.40（36）	基数水平	38.85（居后）	4.产业发展 28.12（54）	产业规模	9.99（居中）
	高新企业占比	14.59（居中）		产业结构	31.38（居中）
				产业创新	8.83（居中）
	创新经营情况	8.14（居中）		产业环境	61.88（居后）
5.科技创新 13.51（26）	创新环境	9.08（居中）	6.区域带动 11.04（29）	市场活力	13.06（居中）
	创新投入	9.43（居中）		产业带动	12.23（居中）
	创新产出	16.34（居前）		辐射带动	11.43（居中）
7.高水平对外开放 17.32（20）	贸易强度	18.50（居中）	8.绿色共享 11.45（41）	三废排放占比	14.03（居中）
				污染治理力度	6.59（居中）
	资本流动	16.15（居前）		公共服务	13.03（居后）

福州自贸片区的制度创新指数为37.26（如图13-1所示），位于全国所有自贸片区的第11位。从制度创新二级指标来看，福州自贸片区贸易便利化指数为35.38，排位居中；政府职能转变指数为35.24，排位居中；法治化环境指数为41.17，排位居前。

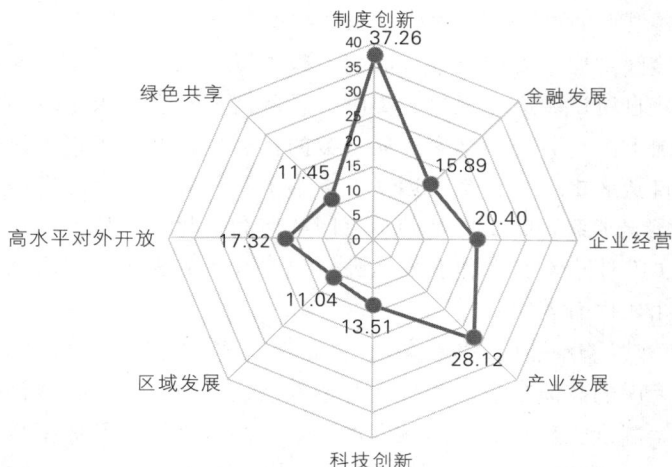

图13-1 福州自贸片区高质量发展指数

福州自贸片区的金融发展指数为15.89，位列全国第9位。从金融发展指数二级指标来看，福州自贸片区的金融机构指数为10.15，排位居中；股权投融资指数为25.56，排位居前；投资自由化指数为12.45，排位居中。

福州自贸片区的企业经营指数为20.40，处于全国中下游。从企业经营指数二级指标来看，基数水平指数为38.85，排位居后；高新企业占比指数为14.59，排位居中；创新经营情况指数为8.14，排位居中。

福州自贸片区产业发展指数为28.12，处于全国下游。从产业发展指数二级指标来看，产业规模指数为9.99，排位居中；产业结构指数为31.38，排位靠后；产业创新指数为8.83，排位居中；产业环境指数为61.88，排位居后。

福州自贸片区的科技创新指数为13.51，处于全国中上游。从科技创新指数二级指标来看，创新环境指数为9.08，排位居中；创新投入指数为9.43，排位居中；创新产出指数为16.34，排位居前。

福州自贸片区区域带动指数为11.04，处于全国中游。从区域带动指数的二级指标来看，市场活力指数为13.06，排位居中；产业带动指数为12.23，排位居中；辐射带动指数为11.43，排位居中。

福州自贸片区高水平对外开放指数为17.32，位列全国第20位。从高水平对外开放指数的二级指标来看，福州自贸片区的贸易强度指数为18.5，排位居中；资本流动指数为 16.15，排位居前。

福州自贸片区的绿色共享指数为 11.45，处于全国中下游。从绿色共享指数的二级指标来看，三废排放占比指数为 14.03，排位居中；污染治理力度指数为 6.59，排位居中；公共服务指数为 13.03，排位靠后。

三、福建自贸试验区厦门片区高质量发展指数评价

厦门自贸片区的高质量发展指数在制度创新、区域带动、高水平对外开放、绿色共享四个方面为全省最优，制度创新指数、区域带动指数、高水平对外开放指数、绿色共享指数均排入全国前 20 位，制度创新指数进入全国前十，与福州自贸片区相比各有所长。厦门自贸片区高质量发展指数一级、二级指标指数及在全国自贸片区中的排名情况如表 13-5 所示。

表13-5　　　　　　　　　　　厦门自贸片区高质量发展指数及排位

一级指标指数及排位	二级指标指数及排位		一级指标指数及排位	二级指标指数及排位	
1.制度创新 44.22 (6)	贸易便利化	68.17（居前）	2.金融发展 9.21 (21)	金融机构	16.96（居前）
	政府职能转变	27.98（居中）		股权投融资	0.44（居后）
	法治化环境	36.52（居前）		投资自由化	10.52（居中）
3.企业经营 19.78 (39)	基数水平	41.89（居中）	4.产业发展 20.72 (61)	产业规模	8.40（居中）
	高新企业占比	6.86（居中）		产业结构	33.38（居前）
	创新经营情况	10.87（居中）		产业创新	3.18（居后）
				产业环境	37.91（居后）
5.科技创新 8.45 (38)	创新环境	7.94（居中）	6.区域带动 16.61 (20)	市场活力	22.56（居前）
	创新投入	10.47（居中）		产业带动	11.54（居中）
	创新产出	7.94（居后）		辐射带动	17.07（居前）
7.高水平对外开放 18.59 (14)	贸易强度	22.63（居前）	8.绿色共享 19.39 (19)	三废排放占比	23.39（居前）
				污染治理力度	19.85（居前）
	资本流动	14.56（居前）		公共服务	9.08（居后）

厦门自贸片区的制度创新指数为 44.22（如图 13-2 所示），位列全国第 6 位。从制度创新二级指标来看，厦门自贸片区贸易便利化指数为 68.17，排位居前；政府职能转变指数为 27.98，排位居中；法治化环境指数为 36.52，排位居前。

厦门自贸片区的金融发展指数为 9.21，处于全国中上游。从金融发展指数二级指标来看，厦门自贸片区金融机构指数为 16.96，排位居前；股权投融资指数为 0.44，排位居后，投资自由化指数为 10.52，排位居中。

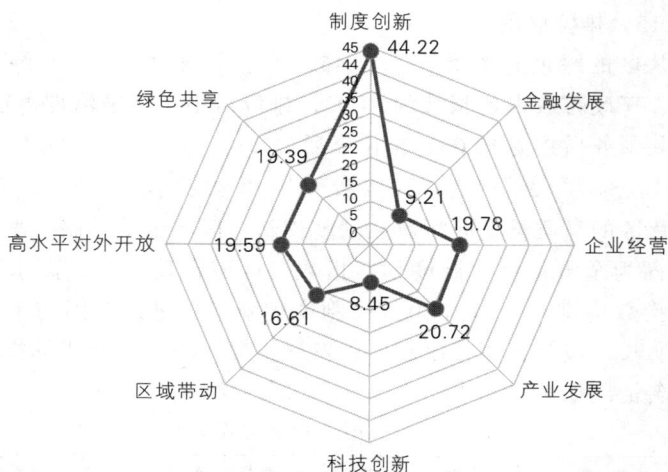

图13-2 厦门自贸片区高质量发展指数

厦门自贸片区的企业经营指数为19.78，处于全国中下游。从企业经营指数二级指标来看，厦门自贸片区基数水平指数为41.89，排位居中；高新企业占比指数为6.86，排位居中；创新经营情况指数为10.87，排位居中。

厦门自贸片区的产业发展指数为16.85，处于全国下游。从产业发展指数二级指标来看，厦门自贸片区产业规模指数为8.40，排位居中；产业结构指数为33.38，排位居前；产业创新指数为3.18，排位靠后；产业环境指数为37.91，排位靠后。

厦门自贸片区的科技创新指数为8.45，处于全国中下游。从科技创新指数二级指标来看，厦门自贸片区创新环境指数为7.94，排位居中；创新投入指数为10.47，排位居中；创新产出指数为7.94，排位居后。

厦门自贸片区的区域带动指数为16.61，位列全国第20位。从区域带动指数二级指标来看，厦门自贸片区市场活力指数为22.56，排位居前；产业带动指数为11.54，排位居中；辐射带动指数为17.07，排位居前。

厦门自贸片区的高水平对外开放指数为18.59，位列全国第14位。从高水平对外开放指数的二级指标来看，贸易强度指数为22.63，排位居前；资本流动指数为14.56，排位居前。

厦门自贸片区的绿色共享指数为19.39，位列全国第19位。从绿色共享指数二级指标来看，三废排放占比指数为22.39，排位居前；污染治理力度指数为19.85，排位居前；公共服务指数为9.08，排位居后。

四、福建自贸试验区平潭片区高质量发展指数评价

平潭自贸片区的高质量发展指数在产业发展方面为全省最优，但在全国仍排位靠后。金融创新指数排位进入了全国前20位，制度创新指数为全省第三，仍处于全国中游，反映出福建自贸试验区的产业发展滞后于制度创新的现象。平潭自贸片区高质量

发展指数一级、二级指标指数及在全国自贸片区中的排名情况如表13-6所示。

表13-6　　　　　　　　平潭自贸片区高质量发展指数及排位

一级指标指数及排位	二级指标指数及排位		一级指标指数及排位	二级指标指数及排位	
1.制度创新 27.65 （32）	贸易便利化	34.23（居中）	2.金融发展 9.34 （18）	金融机构	24.63（居前）
	政府职能转变	24.86（居中）		股权投融资	0.24（居后）
	法治化环境	23.86（居中）		投资自由化	3.45（居后）
3.企业经营 16.86 （47）	基数水平	45.95（居前）	4.产业发展 29.84 （48）	产业规模	2.44（居后）
	高新企业占比	1.54（居后）		产业结构	30.14（居中）
	创新经营情况	3.49（居后）		产业创新	1.99（居中）
				产业环境	84.99（居中）
5.科技创新 8.63 （37）	创新环境	17.54（居前）	6.区域带动 3.98 （50）	市场活力	8.37（居后）
	创新投入	6.22（居中）		产业带动	2.77（居后）
	创新产出	6.47（居中）		辐射带动	1.98（居后）
7.高水平对外开放 15.48 （25）	贸易强度	12.20（居后）	8.绿色共享 18.79 （23）	三废排放占比	26.92（居前）
	资本流动	18.76（居前）		污染治理力度	5.20（居中）
				公共服务	21.02（居中）

　　平潭自贸片区的制度创新指数为27.65（如图13-3所示），处于全国中下游。从制度创新二级指标来看，平潭自贸片区贸易便利化指数为48.69，排位居前；政府职能转变指数为24.86，排位居中；法治化环境指数为36.60，排位居中。

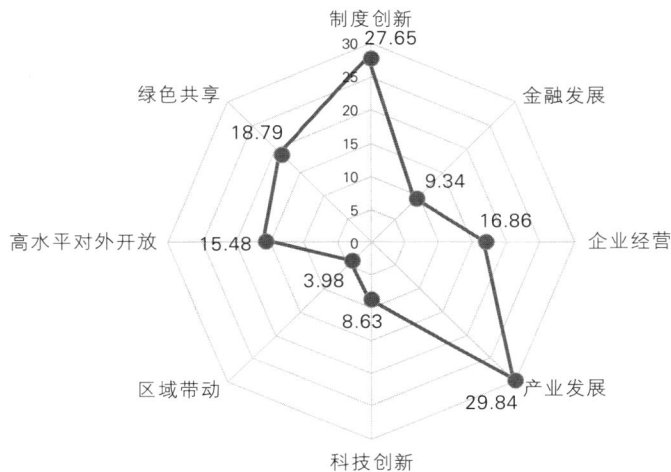

图13-3　平潭自贸片区高质量发展指数

平潭自贸片区的金融发展指数为9.34，位列全国第18位。从金融发展指数二级指标来看，平潭自贸片区金融机构指数为24.63，排位居前；股权投融资指数为0.24，排位居后；投资自由化指数为3.45，排位居后。

平潭自贸片区的企业经营指数为16.86，处于全国下游。从企业经营指数二级指标来看，基数水平指数为45.95，排位居前；高新企业占比指数为1.54，排位居后；创新经营情况指数为3.49，排位居后。

平潭自贸片区的产业发展指数为29.84，处于全国下游。从产业发展指数二级指标来看，产业规模指数为2.44，排位居后；产业结构指数为30.14，排位居中；产业创新指数为1.99，排位居中；产业环境指数为84.99，排位居中。

平潭自贸片区的科技创新指数为8.63，处于全国中下游。从科技创新指数二级指标来看，创新环境指数为17.54，排位居前；创新投入指数为6.22，排位居中；创新产出指数为6.47，排位居中。

平潭自贸片区的区域带动指数为3.98，处于全国下游。从区域带动指数二级指标来看，市场活力指数为8.37，排位居后；产业带动指数为2.77，排位居后；辐射带动指数为1.98，排位居后。

平潭自贸片区的高水平对外开放指数为15.48，处于全国中上游。从高水平对外开放指数的二级指标来看，贸易强度指数为12.20，排位居后；资本流动指数为18.76，排位居前。

平潭自贸片区的绿色共享指数为18.79，处于全国中上游。从绿色共享指数二级指标来看，三废排放占比指数为26.92，排位居前；污染治理力度指数为5.20，排位居中；公共服务指数为21.02，排位居中。

第三节 福建自贸试验区建设的主要成效与重点发展方向

一、福建自贸试验区制度创新主要成效

福建自贸试验区自挂牌以来，认真落实《中国（福建）自由贸易试验区总体方案》，推进福建自贸试验区高质量发展，在转变政府职能、投资自由化、贸易便利化、金融开放创新等领域进行探索和先行先试。目前，总体方案和深化方案确定的改革试点任务已基本实施，34项创新成果在全国复制推广，7项试点经验列入全国自贸试验区"最佳实践案例"，9批193项创新举措在全省范围内复制推广①。

重点改革任务持续落地。福建自贸试验区累计获批新型国际离岸贸易、海关特殊监管区外飞机保税维修、原油非国营贸易进口、二手车出口等近百项先行政策；

---

① 佚名.福建自贸试验区：制度创新高地，产业发展引擎［EB/OL］.［2022-10-20］.https://3g.china-fjftz.gov.cn/article/index/aid/19771.html.

开展了多式联运"一单制"、金融区块链场景、全球质量溯源、港区货物智慧监管等新业务。

投资便利化水平持续提升。在商事登记制度改革方面，福建自贸试验区"一照一码"制度、平潭"四个一"智慧岛服务管理模式、厦门工程建设项目审批制度等，成为全国改革范本。创新商事登记确认制、"自报智批"登记模式、投资项目审批全流程网办、小型投资项目"先建后验"等，有效提升了审批效能。

贸易便利化水平持续领先。国际贸易单一窗口联通40多个部门，实现跨境贸易业务一站式办理；率先探索货物按状态分类监管、船舶"多证合一"、关检"一站式"查验、联合登临检查船舶、关企银联动缴税等跨部门、跨区域一体化通关改革，大大激发了贸易发展新活力。

金融服务实体经济效果持续凸显。福建自贸试验区不仅开展跨境人民币双向资金池业务和外国公司跨境资金集中运营管理改革，还率先试点本外币合一账户体系、资本项目数字化服务等，使企业跨境贸易更加便利；建成海峡基金综合服务平台、特色基金小镇、金融港等金融载体，实施银税互动、关税保证保险、多维自主担保、反向风险参贷、知识产权质押等举措，降低了企业融资成本。数据显示，福建自贸试验区已累计设立金融机构和类金融机构8 145家，是挂牌前的4.5倍。

推进通关全流程创新，促进经贸合作畅通。福建自贸试验区打造了最便捷的通关模式，申报阶段允许"先报、预核、后补"，简化了原产地证书提交程序；查验阶段采信中国台湾地区第三方检验检测结果、开展两岸"经认证的经营者互认"；放行阶段实行即查即放。平潭自贸区围绕"一岛两窗三区"，大胆试、大胆闯，探索两岸融合发展新路。金井港区成为福建省首个同时开展进境水果、冰鲜水产品等4个具有国家指定监管场地资质的口岸。平潭自贸区率先试点福建国际贸易单一窗口4.0版本，全面推行"不见面通关""不到场查验"等"非接触"通关服务模式，覆盖申报、查验、放行全流程的对台通关便利化体系，有力推动了平潭片区对台湾地区的货物贸易自由化，推出三个"首创"业务，促进了金融开放创新：首创台企台胞征信查询业务，成为两岸征信信息互通的主渠道；首创"台商台胞金融信用证书"，被国台办作为对台金融服务方面的唯一案例予以肯定；首创"台胞诚信闪贷"，为征信良好的台胞台企提供信贷支持。21家中国台湾地区的银行机构开立40个人民币代理清算账户，清算金额2 101.38亿元①。

二、福建自贸试验区制度创新特色

福建自贸试验区突出"因台而设"功能定位，深化两岸医疗、金融、文化等方

---

① 佚名.形成189项制度创新成果，福建自贸试验区三周年交出亮眼答卷［N］.齐鲁晚报，2022-10-13.

面的交流合作，探索两岸融合发展新路径，主动融入共建"一带一路"，推进RCEP协定在自贸试验区内先行引领，探索建立与国际投资贸易规则相适应的体制机制。因福建是海上丝绸之路的重要起点，福建自贸试验区开展专项工程，新增"一带一路"航线18条，形成6条台闽欧班列常态化线路，通达欧洲和中亚12个国家，吸引了中国台湾地区以及东南亚国家和地区货物通过班列中转，实现了"海丝"与"陆丝"的有效对接。平潭片区紧紧围绕"建设两岸共同家园和国际旅游岛"定位，重点聚焦投资、贸易、资金、运输、人员往来自由化，探索实施差异化、首创性改革，向改革要活力、要动力，促进改革与发展深度融合，首创对台职业资格采信，对台职业资格、企业资质、行业标准采信全覆盖体系，促进台胞就业创业，开辟台胞"登陆"就业快捷通道，台胞可"一站式"办理往来便利、企业注册等8大类157项行政审批及公共服务事项，切实发挥自贸试验区创新示范引领作用。

三、福建自贸试验区重点发展方向

《中国（福建）自由贸易试验区"十四五"发展规划》明确提出，福建自贸试验区应以制度创新为牵引，继续推动自贸试验区高质量发展，高站位把握发展方向，一以贯之坚持福建自贸试验区"总体方案""深化方案"的战略定位和建设目标，着眼开放型经济新体制和高质量发展，持续推进内外资一视同仁、内外贸一体化、本外币一体化等贸易投资自由化、便利化改革，加快两岸共同市场建设，努力把福建自贸试验区打造成国内国际双循环相互促进的重要枢纽，高标准引领未来发展，切实发挥自贸试验区全面深化改革和扩大开放试验田的作用。福建自贸试验区在新型离岸国际贸易、信贷资产跨境转让、经营性租赁收取外币租金等方面加大改革探索力度，对标RCEP、CPTPP等高标准国际经贸规则，积极探索在放宽非关税措施等货物贸易准入限制领域开展风险压力测试，顺应数字化发展趋势，建设国际互联网数据专用通道，发展数字贸易，强化数字治理，打造数字自贸试验区。福建自贸试验区注重服务业扩大开放和服务贸易发展，探索在放宽准入限制、推动数据有序流动、职业资格互认等方面加大开放力度，高质量谋划发展路径，依托福建自贸试验区自身特色优势，针对短板弱项，扎实推进改革创新，完善准入前国民待遇加负面清单管理制度，严格落实"非禁即入"，积极争取离岛免税、国家特色服务出口基地等政策，扩大准入和准营范围，突出沿海近台优势，在旅游、医疗健康、建设规划、专业服务等领域进一步放宽台资准入条件。福建自贸试验区持续深化改革，注重整体性制度安排，加强投资、贸易、金融等领域的制度集成创新，鼓励离岸贸易、跨境电商等新业态、新平台、新模式加快发展，加大对集成电路、物联网、大数据、人工智能等新兴产业和医疗健康等现代服务业的扶持力度，优化营商环境，对标国际一流营商环境，持续深入推进"放管服"改革，推动优化国内监管和国际规制协调，促进"边境上"和"边境后"规制措施协调衔接。

第十四章　辽宁自贸试验区高质量发展评价

　　辽宁自贸试验区地处我国东北区域板块，秉持"为国家试制度、推动东北地区等老工业基地振兴"的战略方向，不断探索深化改革、扩大开放的新路径，成为全省高质量发展的引领区。本章在对辽宁自贸试验区进行概述的基础上，基于中国自贸试验区大数据监测分析平台微观数据，从制度创新、金融发展、企业经营、产业发展、科技创新、区域带动、高水平对外开放、绿色共享八个维度入手，对大连、沈阳、营口自贸片区的高质量发展情况进行评价，分析其优势与短板，梳理辽宁自贸试验区的主要发展成效与经验、制度创新特色，明确了未来的高质量发展方向。

第一节　辽宁自贸试验区概况

一、辽宁自贸试验区实施范围

　　辽宁自贸试验区于2017年4月1日揭牌，是我国第三批设立的自贸试验区。辽宁自贸试验区的实施范围119.89平方千米，涵盖大连、沈阳、营口三个片区。

　　大连自贸片区59.96平方千米，包括大连开发区和大连保税区两个区块，四至范围东至金石滩国家旅游度假区边界、小窑湾38-1和38-2号路、东居路，南至大窑湾小窑湾岸线、大孤山滨海岸线、北良滨海南岸线，西至开发区16号路（大地街）、东北四街、疏港铁路、北良滨海西岸线，北至开发区老虎沟、鹤大高速、五号路（辽河中路、辽河西路）。

　　沈阳自贸片区29.97平方千米，地跨浑南和苏家屯两个行政区，四至范围：东至沈本二街、沈本大街、沈中大街，南至机场路、四环路、浑南灌渠，西至长大铁路、沈营大街、智慧大街、智慧四街，北至全运路、莫子山路。

　　营口自贸片区29.96平方千米（含综合保税区1.85平方千米），四至范围：东至得胜路－澄湖西路，西至海滨，北至滨河大街，南至新港西大街。

二、辽宁自贸试验区的功能定位

　　辽宁自贸试验区三个片区的功能定位为：大连片区重点发展港航物流、金融商贸、先进装备制造、高新技术、循环经济、航运服务等产业，推动东北亚国际航运中心、国际物流中心建设，形成面向东北亚开放合作的战略高地；沈阳片区重点发展装备制造、汽车及零部件、航空装备等先进制造业和金融、科技、物流等现代服务业，提高国家新型工业化示范城市、东北地区科技创新中心发展水平，建设具有国际竞争力的先进装备制造业基地；营口片区重点发展商贸物流、跨境电商、金融等现代服务业和新一代信息技术、高端装备制造等战略性新兴产业，建设区域性国际物流中心和高端装备制造、高新技术产业基地，构建国际海铁联运大通道的重要枢纽。

三、辽宁自贸试验区的产业基础

　　辽宁自贸试验区挂牌成立时间相对较短，但以制度创新为引领，推动高新技术产业发展，打造现代产业体系，大连、沈阳、营口自贸片区均形成了集聚效应，吸引大量市场主体进入片区。中国自贸试验区大数据监测分析平台显示，截至2022年，大连自贸片区在营企业数为42 820家，投资总额为6 207.49亿元；民营企业占比95.28%，市场活力充沛；高新企业249家；服务业占比70.66%，外资企业占比2.41%。沈阳自贸片区在营企业数为15 922家，投资总额为4 321.25亿元；民营企业占比95.2%，服务业占比78.58%，外资企业占比1.88%。营口自贸片区在营企业数为6 444家，投资总额为1 528.26亿元；民营企业占比94.86%，服务业占比70.64%，外资企业占比2.31%。辽宁自贸试验区三个片区的各类企业数量情况如表14-1、表14-2、表14-3所示。

表14-1　　　　　　　　辽宁自贸试验区大连片区各类企业数量情况

		企业数（家）	占比（%）	投资额（亿元）	占比（%）
产业结构	第一产业	301	0.70	90.69	1.56
	第二产业	12 259	30.86	1 915.88	28.63
	第三产业	30 258	70.66	4 194.90	67.58
所有制	国有	44	0.10	108.67	1.75
	民营	40 800	95.28	4 275.30	68.87
	外资	1 034	2.41	828.61	13.35
企业规模	大型	341	0.8	2 470.98	40.33
	中型	1 632	3.81	1 405.84	22.94
	小型	10 107	23.60	1 060.82	17.31
	微型	29 601	69.13	1 189.83	19.42
企业特征	高新技术企业	249	0.58	137.53	2.24
	对外投资企业	1 012	2.36	942.34	15.38

数据来源：中国自贸试验区大数据监测分析平台。

表14-2　　　　　　　　辽宁自贸试验区沈阳片区各类企业数量情况

		企业数（家）	占比（%）	投资额（亿元）	占比（%）
产业结构	第一产业	67	0.42	5.72	0.13
	第二产业	3 344	16.50	713.05	21.00
	第三产业	12 511	78.58	2 602.46	83.37
所有制	国有	39	0.24	371.46	8.60
	民营	15 157	95.20	2 162.27	50.04
	外资	299	1.88	289.96	6.71

续表

		企业数（家）	占比（%）	投资额（亿元）	占比（%）
企业规模	大型	195	1.22	2 643.96	62.05
	中型	628	3.94	552.26	12.96
	小型	3 767	23.66	395.71	9.29
	微型	10 950	68.77	669.31	15.71
企业特征	高新技术企业	233	1.46	91.68	2.15
	对外投资企业	466	2.93	694.93	16.31

数据来源：中国自贸试验区大数据监测分析平台。

表14-3　　　　　　　　　　辽宁自贸试验区营口片区各类企业数量情况

		企业数（家）	占比（%）	投资额（亿元）	占比（%）
产业结构	第一产业	35	0.54	7.65	0.50
	第二产业	1 856	29.28	447.50	29.28
	第三产业	4 552	70.64	1 073.10	70.22
所有制	国有	16	0.25	3.78	0.25
	民营	6 113	94.86	1 277.89	83.62
	外资	149	2.31	187.12	12.24
企业规模	大型	67	1.04	809.91	54.06
	中型	338	5.25	303.41	20.25
	小型	1 937	30.06	202.91	13.54
	微型	3 604	55.93	181.92	12.14
企业特征	高新技术企业	54	0.84	25.65	1.71
	对外投资企业	156	2.42	87.74	5.86

数据来源：中国自贸试验区大数据监测分析平台。

四、辽宁自贸试验区的对外开放

辽宁自贸试验区在深化改革、扩大开放过程中，重点强化与日韩、东北亚、RCEP成员国的经贸合作，着力提升开放合作水平，统筹贸易、投资、通道、平台建设，打造东北亚经贸合作中心枢纽。大连自贸片区针对日韩投资与贸易、物流与供应链、跨境电商及中韩优势互补产业等四大合作领域开展了系列专项合作，与中国（云南）自贸试验区昆明片区管理委员会建立战略合作关系，携手共建了"日韩—东盟 RCEP 贸易走廊"；沈阳自贸片区积极融入 RCEP 合作，加强中日韩三方合作，高标准建设启迪中韩科技园，招引中韩两国医疗器械、国际医疗服务、药品研发等领域高端项目入驻园区，打造生命健康产业集群；营口自贸片区强化与日、韩、俄的对接合作，积极建设中欧班列回程终点集散地、日韩产品加工贸易区和跨境生鲜国际供应链中心，打造东北亚跨境商品集散中心。

五、辽宁自贸试验区"十四五"时期发展目标

"十四五"时期，辽宁省对自贸试验区的发展目标进行了清晰定位和前瞻谋划，《进一步深化中国（辽宁）自由贸易试验区改革开放方案》明确提出，自贸试验区在重要领域和关键环节改革上取得重大成果，营商环境市场化、法治化、国际化水平显著提升，率先建立同国际投资和贸易通行规则相衔接的制度体系，开放型经济新体制更加完善，对外开放引领作用更加突出，以高水平制度创新推动高质量发展，努力将自贸试验区建设成为东北地区构建以国内大循环为主体，国内国际双循环相互促进新发展格局的重要载体，加强系统集成创新，深化市场化导向体制机制改革；对标国际先进规则，引领高水平对外开放；以智能制造和数字产业为重点，提升产业创新发展整体竞争力；打造国际合作和竞争新优势，推动共建"一带一路"高质量发展。

第二节 辽宁自贸试验区高质量发展指数评价

一、辽宁自贸试验区高质量发展总体评价

从自贸试验区高质量发展八个方面的指数来看，辽宁自贸试验区总体上处于全国中游。辽宁自贸试验区表现较为突出的是区域带动指数和高水平对外开放指数，总体排名处于全国上游，表现出辽宁自贸试验区以开放引领区域发展的特征。辽宁自贸试验区表现欠佳的是金融发展指数和绿色共享指数，总体排名处于所有自贸片区下游。从辽宁自贸试验区三个片区来看，大连自贸片区表现出色，位居辽宁省三个自贸片区之首，多项高质量发展指数居省内前列。沈阳自贸片区的高质量发展指数略好于营口自贸片区，和大连自贸片区相比尚有差距。大连、沈阳自贸片区的多项高质量发展指数处于全国中游，个别指数处于全国上游。

二、辽宁自贸试验区大连片区高质量发展指数评价

大连自贸片区的高质量发展指数在制度创新、产业发展、区域带动、高水平对外开放四个方面的表现全省最优，均处于全国前 20 位，其中制度创新指数位于全国前 10 位。大连自贸片区高质量发展指数一级、二级指标指数及在全国自贸片区中位置如表 14-4 所示。

表14-4 大连自贸片区高质量发展指数及排位

一级指标指数及排位	二级指标指数及排位		一级指标指数及排位	二级指标指数及排位	
1.制度创新 37.41 （10）	贸易便利化	49.14（居前）	2.金融发展 5.17 （37）	金融机构	2.04（居后）
	政府职能转变	30.72（居前）		股权投融资	0.81（居中）
	法治化环境	32.37（居前）		投资自由化	12.82（居前）
3.企业经营 21.44 （34）	基数水平	42.67（居中）	4.产业发展 35.42 （18）	产业规模	11.46（居中）
	高新企业占比	15.05（居中）		产业结构	28.40（居中）
	创新经营情况	7.04（居后）		产业创新	5.13（居中）
				产业环境	83.88（居前）
5.科技创新 9.06 （36）	创新环境	5.66（居中）	6.区域带动 20.91 （14）	市场活力	32.68（居前）
	创新投入	7.23（居中）		产业带动	23.40（居前）
	创新产出	10.81（居中）		辐射带动	11.90（居前）
7.高水平对外开放 19.20 （11）	贸易强度	24.68（居前）	8.绿色共享 17.27 （32）	三废排放占比	11.85（居中）
	资本流动	13.73（居前）		污染治理力度	9.26（居中）
				公共服务	43.08（居前）

大连自贸片区的制度创新指数为37.41（如图14-1所示），位于全国所有自贸片区的第10位。从制度创新二级指标来看，大连自贸片区贸易便利化指数为49.14，排位居前；政府职能转变指数为30.72，排位居前；法治化环境指数为32.37，排位居前。

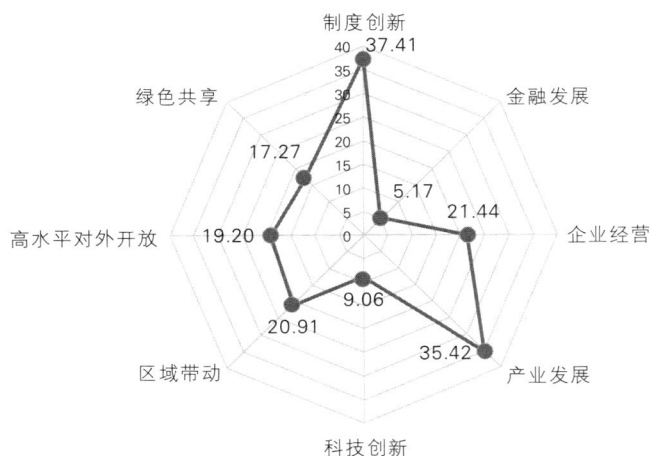

图14-1 大连自贸片区高质量发展指数

大连自贸片区的金融发展指数为5.17，处于全国中下游。从金融发展指数二级指标来看，大连自贸片区的金融机构指数为2.04，排位居后；股权投融资指数为

0.81，排位居中；投资自由化指数为12.82，排位居前。

大连自贸片区的企业经营指数为21.44，处于全国中下游。从企业经营指数二级指标来看，基数水平指数为42.67，排位居中；高新企业占比指数为15.05，排位居中；创新经营情况指数为7.04，排位居后。

大连自贸片区产业发展指数为35.42，位列全国第18位。从产业发展指数的二级指标来看，产业规模指数为11.46，排位居中；产业结构指数为28.40，排位居中；产业创新指数为5.13，排位居中；产业环境指数为83.88，排位居前。

大连自贸片区的科技创新指数为9.06，处于全国中下游。从科技创新指数的二级指标来看，创新环境指数为5.66，排位居中；创新投入指数为7.23，排位居中；创新产出指数为10.81，排位居中。

大连自贸片区的区域带动指数为20.91，位列全国第14位。从区域带动指数的二级指标来看，市场活力指数为32.68，排位居前；产业带动指数为23.40，排位居前；辐射带动指数为11.90，排位居前。

大连自贸片区的高水平对外开放指数为19.20，位列全国第11位。从高水平对外开放指数的二级指标来看，大连自贸片区的贸易强度指数为24.68，排位居前；资本流动指数为13.73，排位居前。

大连自贸片区的绿色共享指数为17.27，处于全国中下游。从绿色共享指数的二级指标来看，三废排放占比指数为11.85，排位居中；污染治理力度指数为9.26，排位居中；公共服务指数为43.08，排位居前。

三、辽宁自贸试验区沈阳片区高质量发展指数评价

沈阳自贸片区的高质量发展指数在企业经营、科技创新两个方面的表现全省第一，多数指数排在全国中游位置。企业经营指数和高水平对外开放指数排入了全国前20位。沈阳自贸片区与大连自贸片区相比，高质量发展仍有差距，但各自侧重略有不同，创新发展方面具有一定的互补性。沈阳自贸片区高质量发展指数一级、二级指标指数及在全国自贸片区中的排名情况如表14-5所示。

表14-5　　　　　　　　　沈阳自贸片区高质量发展指数及排位

一级指标指数及排位	二级指标指数及排位		一级指标指数及排位	二级指标指数及排位	
1.制度创新 24.28 （46）	贸易便利化	30.83（居中）	2.金融发展 5.54 （36）	金融机构	7.07（居中）
	政府职能转变	22.67（居中）		股权投融资	0.90（居中）
	法治化环境	19.33（居后）		投资自由化	8.81（居中）
3.企业经营 32.98 （14）	基数水平	43.89（居中）	4.产业发展 31.77 （40）	产业规模	7.43（居中）
	高新企业占比	26.41（居前）		产业结构	30.51（居中）
	创新经营情况	28.77（居前）		产业创新	6.77（居中）
				产业环境	82.36（居中）

续表

一级指标指数及排位	二级指标指数及排位		一级指标指数及排位	二级指标指数及排位	
5.科技创新 13.14 (27)	创新环境	15.30 (居中)	6.区域带动 8.45 (36)	市场活力	11.53 (居中)
	创新投入	16.48 (居中)		产业带动	11.82 (居中)
	创新产出	11.31 (居中)		辐射带动	3.89 (居中)
7.高水平对外开放 18.45 (15)	贸易强度	26.88 (居前)	8.绿色共享 12.47 (38)	三废排放占比	13.59 (居中)
	资本流动	10.01 (居中)		污染治理力度	5.44 (居中)
				公共服务	21.05 (居中)

　　沈阳自贸片区的制度创新指数为24.28（如图14-2所示），处于全国下游。从制度创新二级指标来看，沈阳自贸片区贸易便利化指数为30.83，排位居中；政府职能转变指数为22.67，排位居中；法治化环境指数为19.33，排位居后。

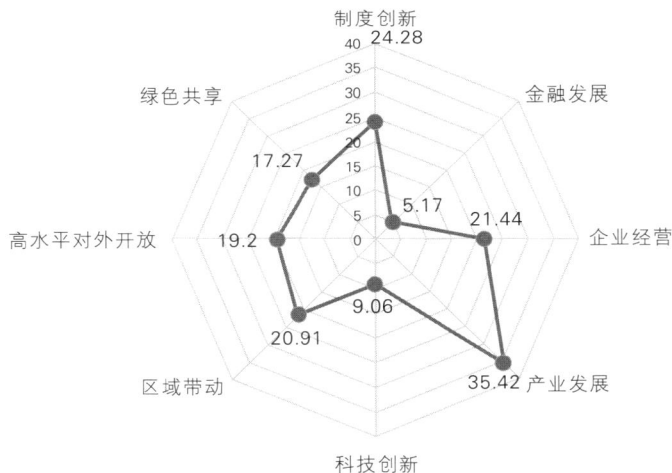

图14-2　沈阳自贸片区高质量发展指数

　　沈阳自贸片区的金融发展指数为5.54，处于全国中下游。从金融发展指数二级指标来看，沈阳自贸片区金融机构指数为7.07，排位居中；股权投融资指数为0.90，排位居中，投资自由化指数为8.81，排位居中。

　　沈阳自贸片区的企业经营指数为32.98，位列全国第14位。从企业经营指数二级指标来看，沈阳自贸片区基数水平指数为43.89，排位居中；高新企业占比指数为26.41，排位居前；创新经营情况指数为28.77，排位居前。

　　沈阳自贸片区的产业发展指数为31.77，处于全国中下游。从产业发展指数二级指标来看，沈阳自贸片区产业规模指数为7.43，排位居中；产业结构指数为30.51，排位居中；产业创新指数为6.77，排位居中；产业环境指数为82.36，排位居中。

　　沈阳自贸片区的科技创新指数为13.14，处于全国中上游。从科技创新指数二级指标来看，沈阳自贸片区创新环境指数为15.30，排位居中；创新投入指数为16.48，排位居中；创新产出指数为11.31，排位居中。

沈阳自贸片区的区域带动指数为8.45，处于全国中下游。从区域带动指数二级指标来看，沈阳自贸片区市场活力指数为11.53，排位居中；产业带动指数为11.82，排位居中；辐射带动指数为3.89，排位居中。

沈阳自贸片区的高水平对外开放指数为18.45，位列全国第15位。从高水平对外开放指数的二级指标来看，贸易强度指数为26.88，排位居前；资本流动指数为10.01，排位居中。

沈阳自贸片区的绿色共享指数为12.47，处于全国中下游。从绿色共享指数二级指标来看，三废排放占比指数为13.59，排位居中；污染治理力度指数为5.44，排位居中；公共服务指数为21.05，排位居中。

四、辽宁自贸试验区营口片区高质量发展指数评价

营口自贸片区的高质量发展指数在金融发展和绿色共享两方面的表现为全省最优，但仍处于全国中下游，并且多数指数也排在全国中下游位置，仅区域带动指数进入了全国前20位。当然，这与营口经济体量小有一定的关系，同时，一些指数的排名不及大连自贸片区和沈阳自贸片区，也与营口经济发展水平低，各类创新要素短期内无法快速提升有一定关系。指数也能够反映出，在金融发展和绿色共享两方面整个辽宁自贸试验区都处于相对落后全国的水平。营口自贸片区高质量发展指数一级、二级指标指数及在全国自贸片区中的排名情况如表14-6所示。

表14-6　　　　　　　　营口自贸片区高质量发展指数及排位

一级指标指数及排位	二级指标指数及排位		一级指标指数及排位	二级指标指数及排位	
1.制度创新 22.07 （51）	贸易便利化	24.33（居后）	2.金融发展 7.00 （32）	金融机构	15.71（居前）
	政府职能转变	19.81（居中）		股权投融资	1.35（居中）
	法治化环境	22.08（居中）		投资自由化	4.15（居后）
3.企业经营 10.83 （62）	基数水平	23.12（居后）	4.产业发展 33.26 （31）	产业规模	3.31（居后）
				产业结构	38.64（居前）
	高新企业占比	6.77（居中）		产业创新	5.51（居中）
	创新经营情况	2.85（居后）		产业环境	85.59（居前）
5.科技创新 9.28 （34）	创新环境	8.18（居中）	6.区域带动 19.17 （17）	市场活力	24.97（居前）
	创新投入	7.46（居中）		产业带动	25.91（居前）
	创新产出	10.26（居中）		辐射带动	11.90（居前）
7.高水平对外开放 13.19 （33）	贸易强度	14.98（居中）	8.绿色共享 18.78 （25）	三废排放占比	4.76（居后）
				污染治理力度	4.82（居中）
	资本流动	11.39（居中）		公共服务	74.79（居前）

营口自贸片区的制度创新指数为22.07（如图14-3所示），处于全国下游。从制度创新二级指标来看，营口自贸片区贸易便利化指数为24.33，排位居后；政府职能转变指数为19.81，排位居中；法治化环境指数为22.08，排位居中。

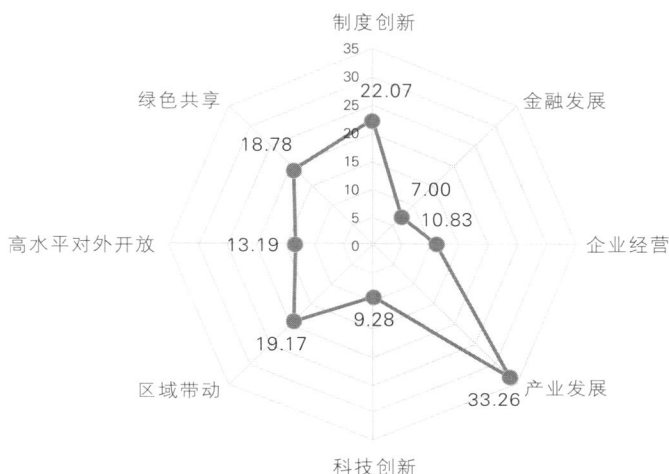

图14-3　营口自贸片区高质量发展指数

营口自贸片区的金融发展指数为7.00，处于全国中下游。从金融发展指数二级指标来看，营口自贸片区金融机构指数为15.71，排位居前；股权投融资指数为1.35，排位居中；投资自由化指数为4.15，排位居后。

营口自贸片区的企业经营指数为10.83，处于全国下游。从企业经营指数二级指标来看，基数水平指数为23.12，排位居后；高新企业占比指数为6.77，排位居中；创新经营情况指数为2.85，排位居后。

营口自贸片区的产业发展指数为33.26，处于全国中下游。从产业发展指数二级指标来看，产业规模指数为3.31，排位居后；产业结构指数为38.64，排位居前；产业创新指数为5.51，排位居中；产业环境指数为85.59，排位居前。

营口自贸片区的科技创新指数为9.28，处于全国中下游。从科技创新指数二级指标来看，创新环境指数为8.18，排位居中；创新投入指数为7.46，排位居中；创新产出指数为10.26，排位居中。

营口自贸片区的区域带动指数为19.17，位列全国第17位。从区域带动指数二级指标来看，市场活力指数为24.97，排位居前；产业带动指数为25.91，排位居前；辐射带动指数为11.90，排位居前。

营口自贸片区的高水平对外开放指数为13.19，处于全国中下游。从高水平对外开放二级指标来看，贸易强度指数为14.98，排位居中；资本流动指数为11.39，排位居中。

营口自贸片区的绿色共享指数为18.78，处于全国中上游。从绿色共享指数二级指标来看，三废排放占比指数为4.76，排位居后；污染治理力度指数为4.82，排位居中；公共服务指数为74.79，排位居前。

第三节　辽宁自贸试验区建设的主要成效与重点发展方向

一、辽宁自贸试验区制度创新的主要成效

辽宁自贸试验区自挂牌以来，认真落实《中国（辽宁）自由贸易试验区总体方案》，推进辽宁自贸试验区高质量发展。在转变政府职能、投资自由化、贸易便利化、金融开放创新以及国企改革特色任务等方面进行探索和先行先试，已达到《中国（辽宁）自由贸易试验区总体方案》的基本要求。目前，《中国（辽宁）自由贸易试验区总体方案》中的123项试点任务已全部实施，其中89项成效突出，累计形成179项可复制推广的制度创新成果在全省推广，其中30多项获国家部委认可并得到推广，4项入选全国"最佳实践案例"[①]。

在深化投资领域改革、培育重点产业方面，辽宁省对外商投资企业实施准入前国民待遇加负面清单管理，实行外商投资主体资格认证减免新模式，境外投资者在自贸试验区创办企业时间平均缩减30天。三大片区均建立权责清单制度、行政审批管理目录制度，为企业提供设立、变更、海关登记、信用查询等"一站式"服务，通过"单一窗口"实行集中受理、综合办理、一章审批、统一发证。沈阳片区规划先进制造、高新高端、金融会展、物流商贸、临空产业5个产业集聚区；大连片区构建以汽车及零部件、大宗商品国际贸易为核心的产业体系；营口片区初步构建了以智能安防装备、环保新材料为特色，汽车零部件、保税加工、科技服务、跨境电商等多领域发展的产业体系。

在推进贸易便利化改革创新方面，辽宁自贸试验区持续推动国际贸易"单一窗口"标准版建设，在全国率先实现货物申报、运输工具等7项主要业务覆盖率100%，进口和出口整体通关时间较2017年分别压缩66%和91%。实施重点项目通关流程再造，大连海关、沈阳海关在铁矿石混矿、进境粮食检疫、大型出口成品油通关、飞机保税料件调拨等重点项目通关过程中，探索实施"边卸边检""前置检验"等创新举措，大幅提升通关效率。探索中欧班列"三优两并"通关模式创新，实行"优先申报、优先实施查验、优先放行，合并申报舱单、跨境电子商务商品合并总运单"，大幅提升中欧班列运行效率。

在深化金融领域开放创新方面，辽宁自贸试验区跨省异地缴税新模式简化省外企业办税流程，缩短缴税时间3~5天，有效解决了跨省经营企业缴税难题；辽宁省

---

① 佚名.辽宁自贸试验区：新时代辽宁改革开放的新高地［EB/OL］.［2023-04-13］.https://baijiahao.baidu.com/s?id=1762986915528904448&wfr=spider&for=pc.

地方征信平台互联互通工程（简称"辽信通"）实现自贸试验区中小微企业信用信息共享，截至2022年，已助力银企融资对接979笔，金额达10.06亿元；"三贷"中心精准定向金融服务，分类解决中小微企业、绿色发展企业、科技型企业的融资难、融资贵等问题，2022年帮助46户企业获得贷款7.73亿元。

在国资国企改革、面向东北亚扩大合作方面，6年来，辽宁自贸试验区集装箱码头股权整合、国有企业"内创业"模式、"冰山模式"国企混改、基于"事转企"背景下的国有企业"三级跳"发展模式4项国资国企改革案例入选国家"最佳实践案例"。6年来，辽宁自贸试验区吸引东北亚外资企业占全部入驻外资企业的34%，以SK海力士、泰星能源为代表的一批重点项目为面向东北亚扩大开放合作打下了良好基础。辽宁自贸试验区强力推动东北海陆大通道建设，促进日韩货物经我省北上、西进欧洲，2022年过境商品车8 253辆，同比增长103%。[①]

二、辽宁自贸试验区制度创新特色

辽宁自贸试验区紧紧围绕国家战略和地方需求，突出"一带一路"、东北振兴、京津冀协同发展等重点领域和方向，出台了一系列具有辽宁特色的制度创新举措。例如，在投资管理方面，实施了外商投资准入前国民待遇加负面清单管理制度，在服务贸易方面，开展了跨境电子商务综合试验，在金融服务方面，推进了人民币跨境使用和金融市场开放，在监管模式方面，探索了"单一窗口""智慧海关"等便利化措施。辽宁自贸试验区的制度创新不仅为本地区的开放发展提供了动力和保障，也为全国乃至全球的开放合作提供了借鉴和示范。辽宁自贸试验区已经形成了100多项可复制、可推广的经验做法，在全国范围内先后复制推广了30多项，在全球范围内也得到了广泛认可和赞誉。在2020年世界银行发布的《全球营商环境报告》中，中国营商环境排名从第78位上升到第31位，其中辽宁自贸试验区在建设许可、跨境贸易、执行合同等方面的改革举措起到了重要作用。

三、辽宁自贸试验区重点发展方向

2023年是实施《进一步深化中国（辽宁）自由贸易试验区改革开放方案》全面开展新一轮改革试验的关键之年，制度创新与高质量发展的任务非常艰巨。辽宁自贸试验区进一步解放思想、开拓创新，努力将辽宁自贸试验区建设成为引领辽宁创新发展的重要载体。一是制订实施《辽宁自由贸易试验区创新发展新突破三年行动方案》，明确2023—2025年辽宁自贸试验区发展目标和重点工作任务，按照工程化、项目化、清单化要求加以落实。二是开展重点项目攻坚，增强发展新动能。三是促进产业布局优化，打造发展新引擎。四是加强开放平台建设，提升开放水平。五是围绕企业需求，推进制度集成创新。六是提升自贸试验区能级，建立联动创新

---

① 佚名.深耕改革"试验田" 构筑开放新高地 [N]. 辽宁日报，2023-04-13.

区。具体来说，大连自贸片区要在制度创新方面继续发力，与沿海经济带区域发展
战略形成深度融合；沈阳自贸片区在制度创新、产业发展、区域带动、绿色共享方
面要着力推进，加以提升；营口自贸片区要着力推进生物降解上下游产业集群加快
建设，在绿色共享方面实现新突破。

第十五章 浙江自贸试验区高质量发展评价

浙江自贸试验区地处我国东部区域板块。浙江自贸试验区是中国唯一一个由陆域和海洋锚地组成的自贸试验区，也是中国立足环太平洋经济圈的前沿地区，是与"一带一路"倡议下的共建国家建立合作关系的重要窗口。本章在对浙江自贸试验区进行概述的基础上，基于中国自贸试验区大数据监测分析平台的微观数据，从制度创新、金融发展、企业经营、产业发展、科技创新、区域带动、高水平对外开放、绿色共享八个维度入手，对舟山离岛、舟山岛北部、舟山岛南部片区的高质量发展情况进行评价，分析其优势与短板，梳理浙江自贸试验区的主要发展成效与经验、制度创新特色，明确了未来高质量发展方向。

第一节 浙江自贸试验区概况

一、浙江自贸试验区实施范围

浙江自贸试验区于 2017 年 4 月 1 日揭牌，实施范围共 119.95 平方千米，涵盖舟山离岛、舟山岛北部、舟山岛南部三个片区。舟山离岛片区面积 78.98 平方千米（含舟山港综合保税区区块二 3.02 平方千米），由鱼山岛、鼠浪湖岛、黄泽山岛、双子山岛、衢山岛、小衢山岛、马迹山岛和秀山东锚地组成。舟山岛北部片区面积 15.62 平方千米（含舟山港综合保税区区块一 2.83 平方千米），由舟山经济开发区和舟山港综合保税区本岛分区组成。舟山岛南部片区面积 25.35 平方千米，由新城、小干岛、沈家门、东港、朱家尖等区块组成。

二、浙江自贸试验区的功能定位

浙江自贸试验区三个片区的功能定位为：舟山离岛片区重点发展石化、大宗商品储存、中转、贸易产业，海洋锚地重点发展保税燃料油供应服务，建设国际石化基地、国际油气储运基地。国内首个民营企业主导、投资规模最大、炼化能力最强的浙石化 4 000 万吨/年炼化一体化项目已建成投产，年工业产值已超千亿元，成为浙江自贸试验区高质量发展的标志性项目；舟山岛南部片区重点发展大宗商品交易、航空制造、零部件物流、研发设计及相关配套产业；建设舟山航空产业园，着力发展水产品贸易、海洋旅游、海水利用、现代商贸、金融服务、航运、信息咨询、高新技术等产业；建设国际油气交易中心，深化与上期所的"期现合作"，共建长三角期现一体化交易市场，已累计集聚国有、民营、外资等油气企业近万家，构筑了全国最活跃的油气产业发展高地；舟山岛北部片区重点发展油品等大宗商品贸易、保税船用燃料油供应、保税物流、仓储、制造等产业。建设国际海事服务基地，承接国家审批权限下放，形成保税船用燃料油加注领域行业标准规范，集聚多元主体参与市场竞争，成为全球增速最快、潜力最大、效率领先的区域，保税船用燃料油加注量位居全球第六、全国第一。

三、浙江自贸试验区的产业基础

浙江自贸试验区拥有独特的区位优势与岸线资源、良好的大宗商品产业发展基础、便利的综合交通运输体系以及优越的自然生态及人居环境，具备"一带一路""长江经济带""浙江舟山群岛新区""舟山江海联运服务中心""自由贸易试验区"等多重国家战略的叠加效应。中国自贸试验区大数据监测分析平台显示，截至2021年，舟山岛北部片区在营企业数为18 897家，投资总额为3 524.07亿元；民营企业占比95.79%，高新企业29家，服务业占比72.22，进出口企业占比34.41%。舟山岛南部片区在营企业数为10 336家，投资总额为2 649.70亿元；民营企业占比92.42%；高新企业35家，高新企业数量位列全国片区第46位；服务业占比73.9%，进出口企业占比18.38%。舟山离岛片区在营企业数为292家，投资总额为222.56亿元；民营企业占比83.22%，服务业占比68.73%，进出口企业占比26.37%。浙江自贸试验区三个片区的各类企业数量情况如表15-1、15-2、15-3所示。

表15-1　　　　浙江自贸试验区舟山岛北部片区各类企业数量情况

		企业数（家）	占比（%）	投资额（亿元）	占比（%）
产业结构	第一产业	21	0.11	3.82	0.11
	第二产业	5 222	27.67	1 217.72	34.58
	第三产业	13 627	72.22	2 299.75	65.31
所有制	国有	7	0.04	16.74	0.48
	民营	18 102	95.79	2 933.19	83.23
	外资	178	0.94	198.33	5.63
企业规模	大	221	1.19	814.49	23.55
	中	1 304	7.03	978.35	28.29
	小	7 065	38.10	943.07	27.27
	微	9 955	53.68	722.07	20.88
企业特征	高新技术企业	29	0.15	26.91	0.78
	对外投资企业	781	4.13	526.25	15.22

数据来源：中国自贸试验区大数据监测分析平台。

表15-2　　　　　浙江自贸试验区舟山岛南部片区各类企业数量情况

		企业数（家）	占比（%）	投资额（亿元）	占比（%）
产业结构	第一产业	110	1.07	23.46	0.89
	第二产业	2 584	25.04	566.45	21.38
	第三产业	7 627	73.90	2 058.99	77.73
所有制	国有	68	0.66	134.26	5.07
	民营	9 553	92.45	1 563.60	59.02
	外资	191	1.85	611.05	23.06
企业规模	大	119	1.27	1 320.37	51.09
	中	634	6.76	640.87	24.80
	小	2 432	25.93	293.55	11.36
	微	6 193	66.04	329.77	12.76
企业特征	高新技术企业	35	0.34	5.02	0.19
	对外投资企业	546	5.28	643.69	24.91

数据来源：中国自贸试验区大数据监测分析平台。

表15-3　　　　　浙江自贸试验区舟山离岛片区各类企业数量情况

		企业数（家）	占比（%）	投资额（亿元）	占比（%）
产业结构	第一产业	7	2.40	0.83	0.37
	第二产业	84	28.77	134.33	60.49
	第三产业	200	68.73	86.90	39.13
所有制	国有	2	0.68	0.05	0.02
	民营	243	83.22	135.55	60.90
	外资	25	8.56	68.07	30.58
企业规模	大	12	4.24	113.01	50.78
	中	64	22.61	67.02	30.11
	小	112	39.58	17.35	7.80
	微	95	33.57	25.17	11.31
企业特征	高新技术企业	2	0.68	1.21	0.54
	对外投资企业	17	5.82	12.50	5.62

数据来源：中国自贸试验区大数据监测分析平台。

四、浙江自贸试验区的对外开放

浙江聚焦拓市场、优布局、强总部等，加快构建高水平开放新格局，奋力打造高能级开放大省。浙江自贸试验区搭建了世界油商大会这一国际油气产业合作平台，邀请国内外知名油气贸易交易、化工新材料、金融、航运等领域企业参加会议，在全球油气领域形成了一定的品牌影响力。舟山片区广泛对接国内外油气、化工等行业巨头，全面加强项目推介和洽谈，共促成了20个油气及相关产业合作项目。舟山片区外贸货物进出口总额 3 021.76 亿元，同比增长 54.9%，平均分别高于全市、全省 11.3 和 41.8 个百分点。其中进口总额 2 121.85 亿元，同比增长 48.1%；出口总额 899.91 亿元，同比增长 73.8%。2022 年，实现合同外资 25.6 亿美元，同比增长 222.4%；实际利用外资 2.7 亿美元，占全市的比重为 58.2%。

五、浙江自贸试验区"十四五"时期发展目标

2020 年 3 月 29 日至 4 月 1 日，习近平总书记到浙江考察，赋予"努力成为新时代全面展示中国特色社会主义制度优越性的重要窗口"的新目标新定位，迫切需要浙江自贸试验区发挥"试验田"作用，打造以数字经济、新型贸易等为代表的战略性新兴产业链集群，为全国、全省新一轮发展担当更加重大的历史使命。浙江省自由贸易发展"十四五"规划提出要牢牢把握以开放促改革促发展主线，坚持对标国际最高规则，以数字化改革为方向，发挥油气全产业链、新型贸易、港口运输、数字经济、智能制造等产业优势，加大压力测试，积极开展首创性、差异化的改革探索，把自贸试验区打造成以油气为核心的大宗商品资源配置基地、新型国际贸易中心、国际航运和物流枢纽、数字经济发展示范区、先进制造业集聚区，把自贸试验区打造成为新发展阶段畅通国内大循环的战略平台、联通国内国际双循环的节点枢纽，打造成为新时代浙江的"金名片"。

第二节　浙江自贸试验区高质量发展指数评价

一、浙江自贸试验区高质量发展总体评价

从自贸试验区高质量发展八个方面的指数来看，浙江自贸试验区总体上处于全国中游。浙江自贸试验区表现较为突出的是高水平对外开放指数，处于全国上游。另外，区域带动指数的排名也较好。浙江自贸试验区表现欠佳的是企业经营指数和科技创新指数，总体上处于所有片区的下游。从浙江自贸试验区三个片区来看，舟山岛南部片区表现出色，位居浙江省三个片区之首，多项高质量发展指数居全国前列。舟山岛北部片区的高质量发展指数略好于舟山离岛片区，和舟山岛南部片区相比尚有差距。舟山岛北部片区有 3 项高质量发展指数处于全国上游，4 项高质量发展指数处于全国下游；舟山离岛片区的多项高质量发展指数处于全国下游。

二、浙江自贸试验区舟山岛南部片区高质量发展指数评价

舟山岛南部片区的高质量发展指数在制度创新、金融发展、企业经营、产业发展、科技创新、区域带动、高水平对外开放、绿色共享八个方面的表现全省第一，区域带动指数、绿色共享指数、高水平对外开放指数、制度创新指数排入了全国前 20 位，除金融发展指数处于中游外，其余指标均处于全国下游。舟山岛南部片区高质量发展指数一级、二级指标指数及在全国片区中的排名情况如表 15-4 所示。

表15-4　　　　　　　　　舟山岛南部片区高质量发展指数及排位

一级指标指数及排位	二级指标指数及排位		一级指标指数及排位	二级指标指数及排位	
1.制度创新 36.10 （13）	贸易便利化	39.48（居前）	2.金融发展 8.23 （26）	金融机构	12.02（居前）
	政府职能转变	17.41（居后）		股权投融资	5.46（居前）
	法治化环境	51.42（居前）		投资自由化	7.47（居中）
3.企业经营 16.60 （48）	基数水平	40.79（居后）	4.产业发展 22.59 （60）	产业规模	10.81（居中）
	高新企业占比	5.37（居后）		产业结构	6.53（居后）
	创新经营情况	4.03（居后）		产业创新	3.28（居后）
				产业环境	69.74（居后）
5.科技创新 6.66 （46）	创新环境	5.05（居后）	6.区域带动 25.70 （7）	市场活力	39.91（居前）
	创新投入	7.29（居后）		产业带动	31.36（居前）
	创新产出	6.99（居后）		辐射带动	12.45（居前）
7.高水平对外开放 18.40 （17）	贸易强度	18.68（居中）	8.绿色共享 22.78 （10）	三废排放占比	9.82（居中）
	资本流动	18.11（居前）		污染治理力度	15.06（居前）
				公共服务	66.24（居前）

　　舟山岛南部片区的制度创新指数为36.10（如图15-1所示），位于全国所有片区的第13位。从制度创新二级指标来看，舟山岛南部片区贸易便利化指数为39.48，排位居前；政府职能转变指数为17.41，排位居后；法治化环境指数为51.42，排位居前。舟山岛南部片区推进高质量发展的短板之一是政府职能转变。

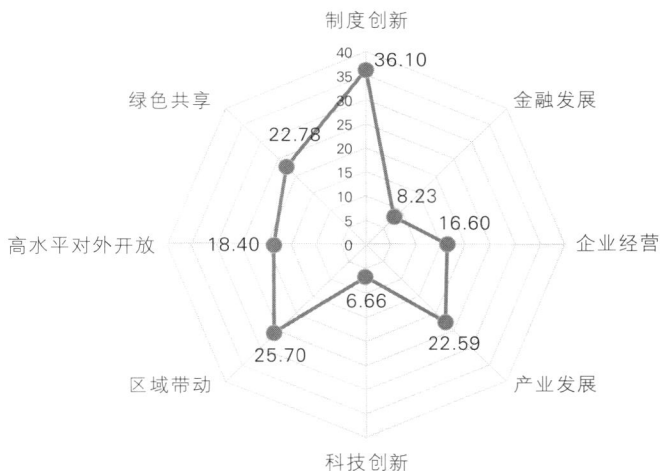

图15-1　舟山岛南部片区高质量发展指数

舟山岛南部片区的金融发展指数为8.23，位列全国第26位。从金融发展指数二级指标来看，舟山岛南部片区的金融机构指数为12.02，排位居前；股权投融资指数为5.46，排位居前；投资自由化指数为7.47，排位居中，拉低了舟山岛南部片区的金融发展。

舟山岛南部片区的企业经营指数为16.60，位列全国第48位。从企业经营指数二级指标来看，基数水平指数为40.79，排位居后；高新企业占比指数为5.37，排位居后；创新经营情况指数为4.03，排位居后。舟山岛南部片区的企业经营指数及其二级指标均处于全国下游。

舟山岛南部片区产业发展指数为22.59，位列全国第60位。从产业发展指数二级指标来看，产业规模指数为10.81，排位居中；产业结构指数为6.53，排位居后；产业创新指数为3.28，排位居后；产业环境指数为69.74，排位居后。舟山岛南部片区产业规模指数处于全国中游，其他产业发展指数均处于全国下游。

舟山岛南部片区的科技创新指数为6.66，位列全国第46位。从科技创新指数二级指标来看，创新环境指数为5.05，排位居后；创新投入指数为7.29，排位居后；创新产出指数为6.99，排位居后，科技创新指数全部处于全国下游。

舟山岛南部片区区域带动指数为25.70，位列全国第7位。从区域带动指数的二级指标来看，市场活力指数为39.91，排位居前；产业带动指数为31.36，排位居前；辐射带动指数为12.45，排位居前。舟山岛南部片区的区域带动指数及二级指标均处于全国上游，对城市产生较大的引领和辐射带动效应，促进了区域的协调发展。

舟山岛南部片区高水平对外开放指数为18.40，位列全国第17位。从高水平对外开放指数的二级指标来看，舟山岛南部片区的贸易强度指数为18.68，排位居中；资本流动指数为18.11，排位居前。舟山岛南部片区高水平对外开放指数及二级指标资本流动指数均处于全国上游，带动了高水平对外开放。

舟山岛南部片区的绿色共享指数为22.78，位列全国第10位。从绿色共享指数的二级指标来看，三废排放占比指数为9.82，排位居中；污染治理力度指数为15.06，排位居前；公共服务指数为66.24，排位居前。舟山岛南部片区的绿色共享指数位于全国前10位，污染治理力度指数和公共服务指数均处于全国上游，但是三废排放量处于全国中游，是绿色发展应弥补的短板。

三、浙江自贸试验区舟山离岛片区高质量发展指数评价

舟山离岛片区的高质量发展指数在制度创新、金融发展、企业经营、产业发展、科技创新、区域带动、高水平对外开放、绿色共享八个方面的表现与舟山岛北部、舟山岛南部片区差距较大。除高水平对外开放指数外，舟山离岛片区其余7个指数处于全国下游。舟山离岛片区高质量发展指数一级、二级指标指数及在全国片区中的位置如表15-5所示。

表15-5 　　　　　　　　　　舟山离岛片区高质量发展指数及排位

一级指标指数及排位	二级指标指数及排位		一级指标指数及排位	二级指标指数及排位	
1.制度创新 24.80 （41）	贸易便利化	26.81（居后）	2.金融发展 2.56 （53）	金融机构	7.62（居中）
	政府职能转变	4.55（居后）		股权投融资	0.03（居后）
	法治化环境	43.04（居前）		投资自由化	0.10（居后）
3.企业经营 15.07 （52）	基数水平	43.60（居中）	4.产业发展 20.67 （62）	产业规模	0.04（居后）
	高新企业占比	0.08（居后）		产业结构	0（居后）
	创新经营情况	1.93（居后）		产业创新	0.15（居后）
				产业环境	82.48（居中）
5.科技创新 2.04 （62）	创新环境	6.14（居后）	6.区域带动 1.02 （59）	市场活力	1.63（居后）
	创新投入	3.02（居后）		产业带动	1.27（居后）
	创新产出	0.34（居后）		辐射带动	0.33（居后）
7.高水平对外开放 18.44 （16）	贸易强度	20.67（居前）	8.绿色共享 8.56 （53）	三废排放占比	0（居后）
	资本流动	16.21（居前）		污染治理力度	0.18（居后）
				公共服务	42.52（居前）

　　舟山离岛片区的制度创新指数为 24.80（如图 15-2 所示），位于全国所有片区的第 41 位。从制度创新二级指标来看，舟山离岛片区贸易便利化指数为 26.81，排位居后；政府职能转变指数为 4.55，排位居后；法治化环境指数为 43.04，排位居前。除法治化环境指数处于全国上游外，贸易便利化及政府职能转变都是舟山离岛片区推进高质量发展的短板。

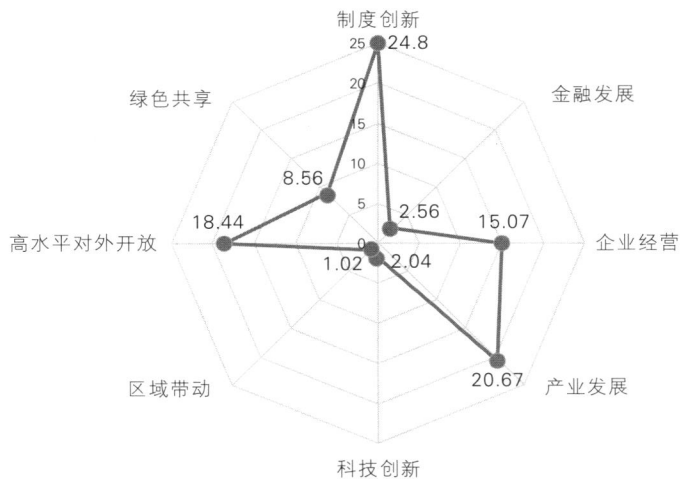

图15-2　舟山离岛片区高质量发展指数

舟山离岛片区的金融发展指数为2.56，位列全国第53位。从金融发展指数二级指标来看，舟山离岛片区的金融机构指数为7.62，排位居中，另外两个二级指标股权投融资指数和投资自由化指数分别为0.03和0.10，排位居后，拉低了金融发展指数。

舟山离岛片区的企业经营指数为15.07，位列全国第52位。从企业经营指数二级指标来看，基数水平指数为43.60，排位居中；高新企业占比指数为0.08，排位居后；创新经营情况指数为1.93，排位居后。除基数水平指数处于全国中游外，高新企业占比指数和创新经营情况指数都处于全国下游，拉低了企业经营指数。

舟山离岛片区产业发展指数为20.67，位列全国第62位。从产业发展指数二级指标来看，产业规模指数为0.04，排位居后；产业结构指数为0，排位居后；产业创新指数为0.15，排位居后；产业环境指数为82.48，排位居中。除产业环境指数外，舟山离岛片区的其他产业发展指数均处于全国下游。

舟山离岛片区的科技创新指数为2.04，位列全国第62位。从科技创新指数二级指标来看，创新环境指数为6.14，排位居后；创新投入指数为3.02，排位居后；创新产出指数为0.34，排位居后，科技创新指数全部处于全国下游。

舟山离岛片区区域带动指数为1.02，位列全国第59位。从区域带动指数的二级指标来看，市场活力指数为1.63，排位居后；产业带动指数为1.27，排位居后；辐射带动指数为0.33，排位居后。舟山离岛片区区域带动指数全处于全国下游。

舟山离岛片区高水平对外开放指数为18.44，位列全国第16位，也是舟山离岛片区8个高质量发展指数中位次最高的。从高水平对外开放指数的二级指标来看，舟山离岛片区的贸易强度指数为20.67，排位居前；资本流动指数为16.21，排位居前。舟山离岛片区高水平对外开放指数全处于全国上游，带动了高水平对外开放。

舟山离岛片区的绿色共享指数为8.56，位列全国第53位。从绿色共享指数的二级指标来看，三废排放占比指数为0，排位居后；污染治理力度指数为0.18，排位居后；公共服务指数为42.52，排位居前。舟山离岛片区的绿色共享指数较低，三废排放量较大，污染治理力度较小，是绿色发展应弥补的短板，但是公共服务指数处于全国上游。

四、浙江自贸试验区舟山岛北部片区高质量发展指数评价

舟山岛北部片区的高质量发展指数在制度创新、金融发展、企业经营、产业发展、科技创新、区域带动、高水平对外开放、绿色共享八个方面的表现全省第二，多数指数排在全国下游位置，有三个指数排入了全国前20位，其中区域带动指数、高水平对外开放指数排入了全国前10位。舟山岛北部片区高质量发展指数一级、二级指标指数及在全国片区中的排名情况如表15-6所示。

表15-6   舟山岛北部片区高质量发展指数及排位

一级指标指数及排位	二级指标指数及排位		一级指标指数及排位	二级指标指数及排位	
1.制度创新 17.05 （60）	贸易便利化	26.97 （居后）	2.金融发展 9.43 （17）	金融机构	6.18 （居中）
	政府职能转变	4.71 （居后）		股权投融资	0.51 （居后）
	法治化环境	19.48 （居后）		投资自由化	21.89 （居前）
3.企业经营 14.61 （54）	基数水平	36.96 （居后）	4.产业发展 33.48 （28）	产业规模	18.08 （居前）
	高新企业占比	6.49 （居中）		产业结构	22.92 （居后）
	创新经营情况	0.79 （居后）		产业创新	0.88 （居后）
				产业环境	92.05 （居前）
5.科技创新 2.60 （61）	创新环境	4.27 （居后）	6.区域带动 39.13 （3）	市场活力	71.25 （居前）
	创新投入	2.48 （居后）		产业带动	45.87 （居前）
	创新产出	2.08 （居后）		辐射带动	7.49 （居中）
7.高水平对外开放 32.49 （6）	贸易强度	51.49 （居前）	8.绿色共享 6.97 （55）	三废排放占比	1.84 （居后）
				污染治理力度	1.60 （居后）
	资本流动	13.49 （居中）		公共服务	27.88 （居中）

　　舟山岛北部片区的制度创新指数为17.05（如图15-3所示），位列全国第60位，处于下游。从制度创新二级指标来看，舟山岛北部片区贸易便利化指数为26.97，排位居后；政府职能转变指数为4.71，排位居后；法治化环境指数为19.48，排位居后。舟山岛北部片区制度创新水平有待提高。

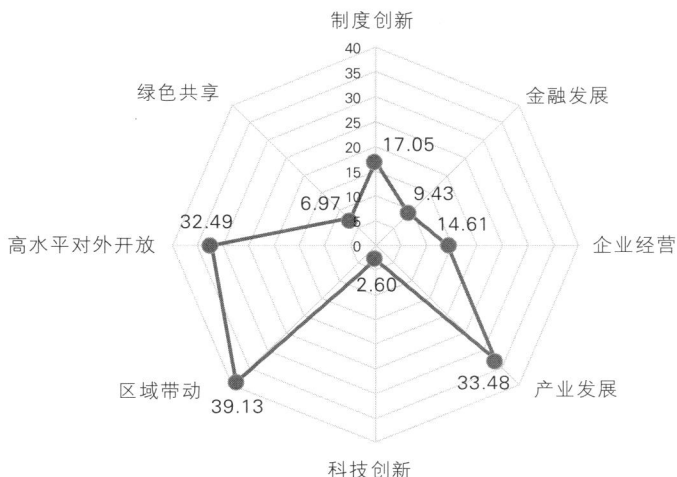

图15-3　舟山岛北部片区高质量发展指数

　　舟山岛北部片区的金融发展指数为9.43，位列全国第17位。从金融发展指数二级指标来看，舟山岛北部片区金融机构指数为6.18，排位居中；股权投融资指数为0.51，排位居后；投资自由化指数为21.89，排位居前。舟山岛北部片区金融发展指数及二级指标投资自由化指数均处于全国上游，二级指标股权投融资指数处于全国下游，拉低了金融发展指数。

　　舟山岛北部片区的企业经营指数为14.61，位列全国第54位。从企业经营指数二级指标来看，舟山岛北部片区基数水平指数为36.96，排位居后；高新企业占比指数为6.49，排位居中；创新经营情况指数为0.79，排位居后。除二级指标高新企业占比外，舟山岛北部片区企业经营指数及二级指标均处于全国下游。

　　舟山岛北部片区的产业发展指数为33.48，位列全国第28位。从产业发展指数二级指标来看，舟山岛北部片区产业规模指数为18.08，排位居前；产业结构指数为22.92，排位居后；产业创新指数为0.88，排位居后；产业环境指数为92.05，排位居前。舟山岛北部片区产业发展指数二级指标中的产业规模指数、产业环境指数位列全国前20位，其他指数处于全国下游。

　　舟山岛北部片区的科技创新指数为2.60，位列全国第61位。从科技创新指数二级指标来看，舟山岛北部片区创新环境指数为4.27，排位居后；创新投入指数为2.48，排位居后；创新产出指数为2.08，排位居后。科技创新指数及二级指标均处于全国下游，表明舟山岛北部片区科技创新能力有待提高。

　　舟山岛北部片区的区域带动指数为39.13，位列全国第3位，是舟山岛北部片区8个指数中排名最靠前的。从区域带动指数二级指标来看，舟山岛北部片区市场活力指数为71.25，排位居前；产业带动指数为45.87，排位居前；辐射带动指数为7.49，排位居中。除辐射带动指数外，舟山岛北部片区区域带动指标各指数均处于全国上游。

　　舟山岛北部片区的高水平对外开放指数为32.49，位列全国第6位。从高水平对外开放指数的二级指标来看，贸易强度指数为51.49，排位居前；资本流动指数为13.49，排位居中。舟山岛北部片区贸易强度指数位居全国前列，而资本流动指数处于全国中游，有待提高。

　　舟山岛北部片区的绿色共享指数为6.97，位列全国第55位。从绿色共享指数二级指标来看，三废排放占比指数为1.84，排位居后；污染治理力度指数为1.60，排位居后；公共服务指数为27.88，排位居中。除公共服务指数外，舟山岛北部片区绿色共享指数均处于全国下游。

第三节　浙江自贸试验区建设的主要成效与重点发展方向

一、浙江自贸试验区制度创新的主要成效

　　舟山片区成立5年来，累计形成215项制度创新成果，103项为全国首创性成

果，30多项创新经验在全国复制推广，有很多的创新成果带动了油气全产业的发展。油气贸易自由化领域，在全国率先实施了油品"批发无仓储"经营、原油非国营贸易进口、成品油非国营贸易出口等一系列重大的改革举措，推动了油气市场体制改革，也带动了企业的集聚和产业的发展，累计集聚油气企业7 607家，成为我国油气企业最集聚的地区，2020年油气贸易额达到5 580亿元，连续四年年均增长104%。油气交易体制领域，深化油气"期现结合"改革，推动上海期货交易所入股浙江国际油气交易中心，实现"期现联动"，合作共建长三角期现一体化交易市场。国际海事服务领域，在全国率先开展保税船用燃料油经营改革试点，承接国家审批权限下放；全国首创跨关区直供、一船多供、一库多供、港外锚地供油等38项改革举措。同时出台了《船舶燃料油加注系统计量技术规范》等一系列制度规范，填补了行业空白并上升为国家标准。通过一系列改革，使保税燃料油加注快速上升，而且保税燃料油的价格同国际上基本持平，具有较强的竞争力。

在口岸营商环境领域，深化"最多跑一次"改革，加快建设数字自贸区，建成了保税船用燃料油加注电子调度系统，大大提高了加注效率。国际贸易"单一窗口"实现船舶"一单多报"，成为全国首个无纸化通关口岸，通关时间从16小时缩减至2小时，口岸通关效率全国领先，船舶通关一体化改革成果向全国推广。针对油品企业，舟山片区共制定实施油气贸易企业监管、保税船用燃料油供应、外商投资、内资融资租赁等10余项监管制度和600余项"证照分离"监管措施。①

二、浙江自贸试验区制度创新特色

舟山片区坐拥完善的储油设施、输油管道、集疏运体系，航道通航能力强，大型船舶锚泊容纳能力强，具备发展油气全产业链的基础条件，舟山片区紧紧围绕以油气全产业链为核心的大宗商品贸易自由化、投资便利化，走出了一条"无中生油""聚气发展"的差异化、特色化发展道路。

1.推进油品贸易自由化

2020年浙石化成为全国唯一一家获得成品油出口资质和配额的民营企业，累计获批300万吨成品油和139万吨低硫燃料油出口配额；浙石油公司成功获批第二张原油进口牌照。

舟山片区基于全球船供油业务的特点，主动设计浙江自贸区版的全球船供油外汇便利化结算制度，领跑全国。银行行内企业客户办理新型离岸国际贸易业务，经办银行可凭支付指令直接办理，从企业向银行提出申请到资金跨境汇出所需时间压

---

①　佚名.浙江自贸试验区舟山片区先行先试 形成特色化制度创新成果 [EB/OL].[2022-06-01].http://china-zsftz.zhoushan.gov.cn/art/2022/6/1/art_1228974568_58896193.html.

缩至几分钟，极大地缩减了业务办理过程，大幅提升了资金结算效率。

2.多部门联动发展

舟山片区继续深化与上期所的全面合作，2021年3月上期所一批专家入驻浙油中心，重点是推进保税商品登记系统、仓单互认互通体系、以舟山保税燃料油为主的价格形成机制以及产能预售落地。此外，与上海合作开展了全国首单浙沪跨港区国际航行船舶供油业务，并与上海签订了《保税船用燃料油一体化供应协议》，实现了长三角供油市场一体化。

3.持续优化营商环境

舟山片区实施新的组合式税费支持政策，打出"退、减、免、缓"等33项政策组合拳助企纾困，激发市场主体创新活力，不断加大对中小微市场主体、制造业和科技创新企业的支持力度。截至2022年5月10日，全市已有3 100余户市场主体享受超21亿元的增值税留抵退税税费优惠，10 300余户次制造业企业缓缴税费5.9亿元。除了留抵退税外，2022年舟山片区还积极落实科技型中小企业加计扣除比例从75%提高到100%、对企业投入基础研究实行税收优惠等政策，助推舟山制造业、高新技术企业加快转型。目前，舟山片区已打通了税费政策的线上平台，相关企业可以通过网上平台及时申报申请，税务部门则通过精准推送优惠政策，不断提升办税缴费便利程度，让"惠企"政策真正做到精准滴灌、直达快享。

三、浙江自贸试验区的主要发展经验

1.围绕片区功能定位，多措并举增强内生动力

舟山片区以服务保障国家能源安全为重点，建设国际油气交易中心、国际海事服务基地、国际油气储运基地、国际石化基地和大宗商品跨境贸易人民币国际化示范区。舟山片区在全国率先承接保税燃料油加注企业审批权限下放，不断完善供油驳船、锚地、油库等基础设施优势，不断优化便捷的通关条件和高效的营商环境。2022年在全球主要港口供油体量明显下滑的国际环境下，舟山片区实现保税燃料油供应量602万吨，同比增长9.1%；全年实现结算量1 183万吨，同比增长7.6%，约占全国总量的57%。目前，舟山片区已成为我国保税燃料油供应体量最大、增速最快、竞争最活跃、通关效率最高的地区。

2.扩大片区辐射溢出效应，实现制度创新红利共享

舟山片区在炼化加工、油气储备、海事服务等各领域呈现龙头引领、链条延伸、辐射带动的溢出效应，万亿级油气产业集群正在加速崛起。在油气加工领域，浙石化4 000万吨/年炼化一体化项目实现"十年目标、四年建成"，一期已经满负荷安全生产，成为我国首个民营企业主导、投资规模最大、炼化能力最强的项目，成功引领了中国石化产业转型升级，甚至影响了全球石化产业格局。在油气储备领域，一批油气储罐、管道建成使用，油气储备能力达到了3 230万方，占全国的1/5，成为全国最大的油气储备基地，为保障国家能源战略安全作出了贡献。在人

民币国际化领域，大宗商品跨境贸易人民币结算从无到有，结算额累计突破 3 000 亿元，人民币国际化、人民币跨境结算走在全国前列，年均增长 212%，惠及全省 800 多家企业，业务覆盖 52 个国家和地区。

四、浙江自贸试验区的重点发展方向

浙江自贸试验区应以制度创新为牵引，继续推动自贸试验区高质量发展，应保持浙江自贸试验区在区域带动、高水平对外开放方面的优势，弥补在企业经营和科技创新方面的不足。舟山岛南部片区应发挥其在省内的示范引领作用，在提升自身高质量发展水平的同时，通过片区的联动，带动舟山岛北部、舟山离岛片区提升高质量发展水平。具体来说，舟山岛南部片区要在企业经营、科技创新方面继续发力；舟山岛北部片区在制度创新、企业经营、科技创新、绿色共享方面要着力推进，还要在产业发展方面加以提升；舟山离岛片区要在金融发展、企业经营、产业发展、区域带动、科技创新方面发力，还要在制度创新、绿色共享方面加以提升，助力片区栖身于更高的排位。

第十六章　河南自贸试验区高质量发展评价

河南自贸试验区地处我国中部地区板块。建立河南自贸试验区是党中央、国务院作出的重大决策，是新形势下全面深化改革、扩大开放和促进"一带一路"内外统筹发展的重大举措，要加快建设贯通南北、连接东西的现代立体交通体系和现代物流体系，努力将河南自贸区建设成为投资贸易便利、高端产业集聚、交通物流通达、监管高效便捷、辐射带动作用突出的高水平高标准自贸试验区。本章在对河南自贸试验区进行概述的基础上，基于中国自贸试验区大数据监测分析平台的微观数据，从制度创新、金融发展、企业经营、产业发展、科技创新、区域带动、高水平对外开放、绿色共享八个维度入手，对洛阳、郑州、开封片区的高质量发展情况进行评价，分析其优、劣势，梳理河南片区主要发展成效与经验，明确未来高质量发展方向。

第一节　河南自贸试验区概况

一、河南自贸试验区实施范围

河南自贸试验区于 2017 年 4 月 1 日揭牌，实施范围 119.77 平方千米，涵盖郑州、开封、洛阳三个片区。

郑州片区面积 73.17 平方千米（含河南郑州出口加工区 A 区 0.89 平方千米、河南保税物流中心 0.41 平方千米），四至范围：东至东四环、四港联动大道；南至经南十七路、新月路、托月路、凤鸣路、星光路、金光路、经南六路、经开第三大街；西至机场高速、陇海铁路、心怡路、康宁路、东风东路、商鼎路、黄河东路、熊儿河路、通泰路、商务外环路、如意西路、朝阳路、龙腾四街、北三环东延线、众意路、龙北一路、中州大道、柳林路、花园路；北至新龙路、四环北段、龙源十三街、龙湖内环路、九如东路、龙飞路、龙湖金融岛外环路、如意东路、龙湖外环路、东风东路、熊儿河路、双全路、正光路、中兴路、金水东路、东风渠、明理路、莲湖路。

开封片区面积 19.94 平方千米，四至范围：东至十大街、五大街、金明大道、十三大街、十八大街；南至宋城路、周天路、晋安路、郑开大道、汉兴路；西至八大街、十二大街、十六大街、二十一大街；北至安康路、规划路、安顺路、汉兴路。

洛阳片区面积 26.66 平方千米，四至范围：东至秦岭路、汉口路、武汉路、郑州路、天津路、银川路、南苑路、南昌路、积翠西路、天中路、新华路；南至滨河北路、丰润路、丰华路、河洛路、周山路、九都西路、中州西路；西至广文路、西环路、青岛路、向阳西路、江西路、渠北路、孙辛路、积翠路、天中东路、西南环高速东辅路、四期总规西边界、新华东路；北至永兴北路、四期总规边线、华夏路、华夏北路、周王陵路、九都西路、新疆路、浅井西路、渠北路、孙石公路、武昌路、中州西路、货运干道。

二、河南自贸试验区的功能定位

郑州片区重点发展智能终端、高端装备及汽车制造、生物医药等先进制造业以及现代物流、国际商贸、跨境电商、现代金融服务、服务外包、创意设计、商务会展、动漫游戏等现代服务业，在促进交通物流融合发展和投资贸易便利化方面推进体制机制创新，打造多式联运国际性物流中心，发挥服务"一带一路"建设的现代综合交通枢纽作用。开封片区重点发展服务外包、医疗旅游、创意设计、文化传媒、艺术品交易、现代物流等服务业，提升装备制造、农副产品加工国际合作及贸易能力，构建国际文化贸易和人文旅游合作平台，打造服务贸易创新发展区和文创产业对外开放先行区，促进国际文化旅游融合发展。洛阳片区重点发展装备制造、机器人、新材料等高端制造业以及研发设计、电子商务、服务外包、国际文化旅游、文化创意、文化贸易、文化展示等现代服务业，提升装备制造业转型升级能力和国际产能合作能力，打造国际智能制造合作示范区，推进华夏历史文明传承创新区建设。

三、河南自贸试验区的产业基础

中国自贸试验区大数据监测分析平台显示，截至2021年，郑州片区在营企业数为90 235家，投资总额为16 587.50亿元；民营企业占比95.53%，市场活力充沛；高新企业276家，高新企业数量位列全国片区第19位；服务业占比83.78%，进出口企业占比14%。开封片区在营企业数为8 037家，投资总额为1 266.38亿元；民营企业占比95.07%，服务业占比75.65%，进出口企业占比11.46%。洛阳片区在营企业数为14 331家，投资总额为1 418.25亿元；民营企业占比96.37%，服务业占比61.8%，进出口企业占比12.54%。河南自贸试验区三个片区的各类企业数量情况如表16-1、表16-2、表16-3所示。

表16-1　　　　　　　　河南自贸试验区郑州片区各类企业数量情况

		企业数（家）	占比（%）	投资额（亿元）	占比（%）
产业结构	第一产业	243	0.27	48.73	0.29
	第二产业	14 391	15.95	3 981.87	24.01
	第三产业	75 574	83.75	12 555.95	75.70
所有制	国有	148	0.16	1 069.16	6.45
	民营	86 200	95.53	11 951.10	72.06
	外资	525	0.58	973.35	5.87

续表

		企业数（家）	占比（%）	投资额（亿元）	占比（%）
企业规模	大	804	0.92	7 197.37	43.62
	中	3 328	3.81	3 020.79	18.31
	小	17 429	19.97	2 010.09	12.18
	微	65 735	75.30	4 273.16	25.90
企业特征	高新技术企业	276	0.31	261.39	1.58
	对外投资企业	2 132	2.36	3 925.34	23.79

数据来源：中国自贸试验区大数据监测分析平台。

表16-2　　　　　　　　河南自贸试验区开封片区各类企业数量情况

		企业数（家）	占比（%）	投资额（亿元）	占比（%）
产业结构	第一产业	42	0.52	3.06	0.24
	第二产业	1 915	23.83	354.96	28.03
	第三产业	6 079	75.64	908.35	71.73
所有制	国有	20	0.25	8.81	0.70
	民营	7 641	95.07	963.60	76.09
	外资	51	0.63	37.74	2.98
企业规模	大	57	0.73	367.04	29.81
	中	217	2.78	267.83	21.75
	小	1 727	22.16	191.31	15.54
	微	5 792	74.32	405.19	32.91
企业特征	高新技术企业	6	0.07	6.72	0.55
	对外投资企业	129	1.61	279.79	22.72

数据来源：中国自贸试验区大数据监测分析平台。

表16-3　　　　　　　　河南自贸试验区洛阳片区各类企业数量情况

		企业数（家）	占比（%）	投资额（亿元）	占比（%）
产业结构	第一产业	76	0.53	7.31	0.52
	第二产业	5 396	37.65	600.56	42.37
	第三产业	8 853	61.78	809.49	57.11
所有制	国有	36	0.25	70.81	4.99
	民营	13 811	96.37	1 127.24	79.48
	外资	80	0.56	21.17	1.49
企业规模	大	76	0.55	283.25	19.98
	中	312	2.25	231.55	16.33
	小	3 036	21.93	376.32	26.54
	微	10 422	72.72	526.69	37.15
企业特征	高新技术企业	181	1.26	66.40	4.68
	对外投资企业	301	2.10	289.25	20.40

数据来源：中国自贸试验区大数据监测分析平台。

四、河南自贸试验区的对外开放

郑州片区开行中欧班列（中豫号·郑州），已形成西达欧洲中亚、东通日韩、北连俄罗斯、南接 RCEP 的网络布局。郑州机场已成为国内第五大国际货运机场，国际航班基本形成覆盖欧美、东亚和东南亚主要城市，连接迪拜和温哥华的枢纽航线网络。洛阳片区加快中欧投资协定谈判、中日韩自由贸易协定谈判进程；加强与西安、郑州等国际陆港合作，充分利用其业务优势、资金优势，合作开行中欧（中亚）班列，融入中欧班列（郑州）体系，2023 年洛阳首趟中欧班列（中豫号）从中国东方红（洛阳）国际陆港开出，驶往乌兹别克斯坦首都塔什干；建立洛阳—布哈拉农业综合示范区，重点搞好农业标准化输出，畅通中乌乃至中亚农业标准化自由贸易新渠道；积极筹建洛阳—瓜达尔港产业园。开封片区借助文化与其他产业融合发展，建立对"一带一路"共建国家和地区的文化贸易与合作机制，形成以"文化+"促进相关产业转型升级的强大动力。

五、河南自贸试验区的发展目标

《中国（河南）自由贸易试验区 2.0 版建设实施方案》紧扣建设"两体系、一枢纽"（现代立体交通体系、现代物流体系，服务"一带一路"建设的现代综合交通枢纽）战略定位，加快构建现代产业体系，为实施制度型开放战略探索新路径、积累新经验。《中国（河南）自由贸易试验区 2.0 版建设实施方案》提出，到2025 年，河南自贸试验区贸易、投资、金融、运输往来等自由化、便利化水平进一步提升，深化与区域全面经济伙伴关系协定成员国地方经贸合作，主导产业做大做强，新业态新模式加快发展，加快开封文化产业开放先行区建设，支持洛阳装备制造业"走出去"。中欧班列（中豫号）扩量提质，开放创新联动区建设取得显著成效，服务高水平开放、支撑高质量发展的能力进一步增强。在开展制度创新方面，实施原产地自主声明制度和原产地预裁定制度；推荐符合条件的企业申请"经核准的出口商"，自行出具原产地声明；创新账户体系管理，争取开展数字人民币试点；加大"证照分离"改革力度，探索在更多涉企政务服务领域实行告知承诺。

第二节 河南自贸试验区高质量发展指数评价

一、河南自贸试验区高质量发展总体评价

从自贸试验区高质量发展八个方面的指数来看，河南自贸试验区总体上处于全国中下游。河南自贸试验区表现较为突出的是区域带动指数，总体排名处于全国上游。另外，绿色共享指数的排名也较靠前，表现出河南自贸试验区以区域带动和绿色共享"两轮驱动"的特征。河南自贸试验区表现欠佳的是科技创新指数和高水平对外开放指数，总体上排名处于所有片区下游。从河南自贸试验区的三个片区来

看，郑州片区表现最优，郑州片区三项高质量发展指数居全国前列，三项指数处于中游；洛阳片区的多项高质量发展指数处于全国中游；开封片区的多项高质量发展指数处于全国下游。

二、河南自贸试验区郑州片区高质量发展指数评价

郑州片区的高质量发展指数在制度创新、金融发展、企业经营、产业发展、科技创新、区域带动、高水平对外开放、绿色共享八个方面的表现全省最优。郑州片区的绿色共享指数、区域带动指数、金融发展指数位于全国前20位，产业发展指数、制度创新指数、企业经营指数处于全国中游，而科技创新指数、高水平对外开放指数处于全国下游。郑州片区高质量发展指数一级、二级指标指数及在全国片区中的位置如表16-4所示。

表16-4 郑州片区高质量发展指数及排位

一级指标指数及排位	二级指标指数及排位		一级指标指数及排位	二级指标指数及排位	
1.制度创新 26.59（35）	贸易便利化	38.06（居中）	2.金融发展 9.33（19）	金融机构	9.24（居中）
	政府职能转变	19.40（居后）		股权投融资	1.61（居中）
	法治化环境	22.32（居中）		投资自由化	17.42（居前）
3.企业经营 20.20（37）	基数水平	40.11（居后）	4.产业发展 33.76（25）	产业规模	15.14（居前）
	高新企业占比	12.15（居中）		产业结构	31.07（居中）
	创新经营情况	8.70（居中）		产业创新	4.92（居中）
				产业环境	83.91（居中）
5.科技创新 8.16（41）	创新环境	3.77（居后）	6.区域带动 20.87（15）	市场活力	31.06（居前）
	创新投入	8.39（居中）		产业带动	19.31（居前）
	创新产出	9.55（居中）		辐射带动	18.15（居前）
7.高水平对外开放 10.59（42）	贸易强度	11.88（居后）	8.绿色共享 24.35（9）	三废排放占比	14.30（居中）
				污染治理力度	25.88（居前）
	资本流动	9.30（居中）		公共服务	46.05（居前）

郑州片区的制度创新指数为26.59（如图16-1所示），位于全国所有片区的第35位。从制度创新二级指标来看，郑州片区贸易便利化指数为38.06，排位居中；政府职能转变指数为19.40，排位居后；法治化环境指数为22.32，排位居中。郑州片区推进高质量发展的短板之一是政府职能转变。

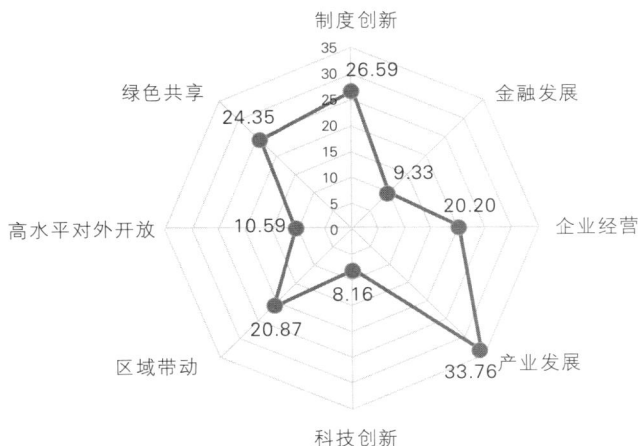

图16-1　郑州片区高质量发展指数

郑州片区的金融发展指数为9.33，位列全国第19位。从金融发展指数二级指标来看，郑州片区的金融机构指数为9.24，排位居中；股权投融资指数为1.61，排位居中；投资自由化指数为17.42，排位居前，拉高了金融发展指数。

郑州片区的企业经营指数为20.20，位列全国第37位。从企业经营指数二级指标来看，基数水平指数为40.11，排位居后；高新企业占比指数为12.15，排位居中；创新经营情况指数为8.70，排位居中。郑州片区的基数水平指数处于全国下游，高新企业占比指数和创新经营情况指数处于全国中游。

郑州片区产业发展指数为33.76，位列全国第25位。从产业发展指数二级指标来看，产业规模指数为15.14，排位居前；产业结构指数为31.07，排位居中；产业创新指数为4.92，排位居中；产业环境指数为83.91，排位居中。郑州片区的产业规模指数处于全国上游，产业结构指数、产业创新指数、产业环境指数均处于全国中游。

郑州片区的科技创新指数为8.16，位列全国第41位。从科技创新指数二级指标来看，创新环境指数为3.77，排位居后；创新投入指数为8.39，排位居中；创新产出指数为9.55，排位居中。郑州片区科技创新指数及二级指标创新环境指数均处于全国下游，但二级指标创新投入指数及创新产出指数均处于全国中游，拉高了郑州片区的科技创新水平。

郑州片区区域带动指数为20.87，位列全国第15位。从区域带动指数的二级指标来看，市场活力指数为31.06，排位居前；产业带动指数为19.31，排位居前；辐射带动指数为18.15，排位居前。郑州片区的区域带动指数都处于全国上游，郑州片区对城市产生了较大的引领和辐射带动效应，促进了区域的协调发展。

郑州片区高水平对外开放指数为10.59，位列全国第42位。从高水平对外开放指数的二级指标来看，郑州片区的贸易强度指数为 11.88，排位居后；资本流动指数为 9.30，排位居中，促进了高水平对外开放。

郑州片区的绿色共享指数为 24.35，位列全国第 9 位，是郑州片区 8 个高质量发展指数中排位最靠前的。从绿色共享指数的二级指标来看，三废排放占比指数为 14.30，排位居中；污染治理力度指数为 25.88，排位居前；公共服务指数为 46.05，排位居前。郑州片区的绿色共享指数总体较高，排入了全国前十，污染治理力度较大。但是，三废排放重点行业企业占比较大，是绿色发展应弥补的短板。

三、河南自贸试验区洛阳片区高质量发展指数评价

洛阳片区的高质量发展指数在制度创新、金融发展、企业经营、产业发展、科技创新、区域带动、高水平对外开放、绿色共享八个方面的表现全省第二，区域带动指数排入了全国前 20 位，多数指数排在全国中游位置，只有绿色共享指数处于全国下游。洛阳片区与郑州片区相比，高质量发展差距较小，在制度创新、企业经营、科技创新、高水平对外开放方面，洛阳片区排名略高于郑州片区，在金融发展、产业发展、区域带动、绿色共享方面，郑州片区排名略高于洛阳片区。洛阳片区高质量发展指数一级、二级指标指数及在全国片区中的排名情况如表 16-5 所示。

表16-5 洛阳片区高质量发展指数及排位

一级指标指数及排位	二级指标指数及排位		一级指标指数及排位	二级指标指数及排位	
1.制度创新 31.53 （22）	贸易便利化	23.46（居后）	2.金融发展 4.69 （39）	金融机构	3.12（居后）
	政府职能转变	31.07（居前）		股权投融资	0.43（居后）
	法治化环境	40.07（居前）		投资自由化	10.64（居中）
3.企业经营 24.60 （29）	基数水平	40.33（居后）	4.产业发展 33.59 （27）	产业规模	9.76（居中）
	高新企业占比	24.75（居前）		产业结构	23.17（居后）
	创新经营情况	9.19（居中）		产业创新	17.77（居前）
				产业环境	83.67（居前）
5.科技创新 17.89 （21）	创新环境	12.21（居中）	6.区域带动 18.58 （18）	市场活力	19.63（居中）
	创新投入	15.26（居中）		产业带动	29.09（居前）
	创新产出	20.67（居前）		辐射带动	11.83（居前）
7.高水平对外开放 12.03 （39）	贸易强度	14.19（居中）	8.绿色共享 9.69 （48）	三废排放占比	3.50（居后）
	资本流动	9.87（居中）		污染治理力度	1.12（居后）
				公共服务	38.25（居中）

洛阳片区的制度创新指数为 31.53（如图 16-2 所示），位列全国第 22 位，处于中游偏上水平。从制度创新二级指标来看，洛阳片区贸易便利化指数为 23.46，排位居后；政府职能转变指数为 31.07，排位居前；法治化环境指数为 40.07，排位居前。洛阳片区制度创新水平中贸易便利化程度有待提高。

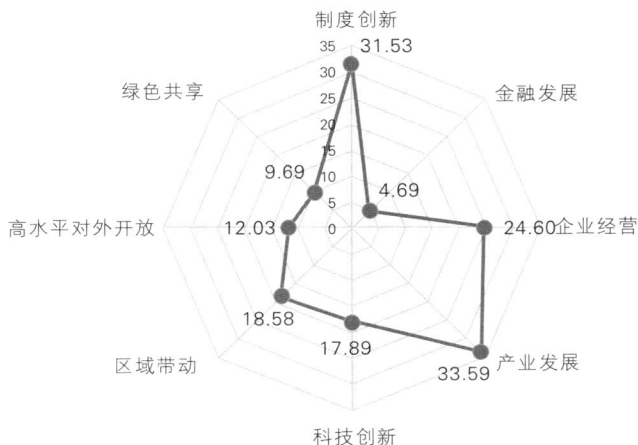

图16-2　洛阳片区高质量发展指数

　　洛阳片区的金融发展指数为4.69，位列全国第39位。从金融发展指数二级指标来看，洛阳片区金融机构指数为3.12，排位居后；股权投融资指数为0.43，排位居后；投资自由化指数为10.64，排位居中。洛阳片区金融发展指数处于全国下游，只有二级指标投资自由化指数排名居中，拉动了金融发展。

　　洛阳片区的企业经营指数为24.60，位列全国第29位。从企业经营指数二级指标来看，洛阳片区基数水平指数为40.33，排位居后；高新企业占比指数为24.75，排位居前；创新经营情况指数为9.19，排位居中。洛阳片区企业经营指数处于全国中上游，二级指标创新经营情况指数处于全国上游，拉高了洛阳片区的企业经营指标。

　　洛阳片区的产业发展指数为33.59，位列全国第27位。从产业发展指数二级指标来看，洛阳片区产业规模指数为9.76，排位居中；产业结构指数为23.17，排位居后；产业创新指数为17.77，排位居前；产业环境指数为83.67，排位居中。洛阳片区产业发展指数二级指标中的产业创新指数位列全国前20位，产业规模指数、产业环境指数均处于全国中游，产业结构指数处于全国下游，所以需要加强产业结构调整。

　　洛阳片区的科技创新指数为17.89，位列全国第21位。从科技创新指数二级指标来看，洛阳片区创新环境指数为12.21，排位居中；创新投入指数为15.26，排位居中；创新产出指数为20.67，排位居前。创新环境指数、创新投入指数处于全国中游，创新产出指数处于全国上游，表明洛阳片区具有较强的科技创新能力。

　　洛阳片区的区域带动指数为18.58，位列全国第18位。从区域带动指数二级指标来看，洛阳片区市场活力指数为19.63，排位居中；产业带动指数为29.09，排位居前；辐射带动指数为11.83，排位居前。洛阳片区区域带动指数中产业带动指数及辐射带动指数均处于全国上游，市场活力指数处于全国中游，表明洛阳片区具有较强的区域带动能力。

洛阳片区的高水平对外开放指数为12.03，位列全国第39位。从高水平对外开放指数的二级指标来看，贸易强度指数为14.19，排位居中；资本流动指数为9.87，排位居中。洛阳片区贸易强度指数和资本流动指数均处于全国中游。

洛阳片区的绿色共享指数为9.69，位列全国第48位。从绿色共享指数的二级指标来看，三废排放占比指数为3.50，排位居后；污染治理力度指数为1.12，排位居后；公共服务指数为38.25，排位居中。洛阳片区绿色共享指数及二级指标三废排放占比指数、污染治理力度指数均处于全国下游，但是公共服务指数处于全国中游，拉高了洛阳片区的绿色共享水平。

四、河南自贸试验区开封片区高质量发展指数评价

开封片区的高质量发展指数在制度创新、金融发展、企业经营、产业发展、科技创新、区域带动、高水平对外开放、绿色共享八个方面的表现劣于洛阳片区，与郑州片区差距较大。开封片区多数指数排在全国下游位置，只有区域带动指数、绿色共享指数处于全国中游。开封片区高质量发展指数一级、二级指标指数及在全国片区中的排名情况如表16-6所示。

表16-6　　　　　　　　开封片区高质量发展指数及排位

一级指标指数及排位	二级指标指数及排位		一级指标指数及排位	二级指标指数及排位	
1.制度创新 19.02 (55)	贸易便利化	27.59（居后）	2.金融发展 3.32 (49)	金融机构	3.13（居后）
	政府职能转变	10.73（居后）		股权投融资	0.38（居后）
	法治化环境	18.75（居后）		投资自由化	6.55（居中）
3.企业经营 15.00 (53)	基数水平	41.06（居中）	4.产业发展 30.22 (47)	产业规模	5.78（居中）
	高新企业占比	1.22（居后）		产业结构	26.93（居后）
	创新经营情况	3.07（居后）		产业创新	1.64（居后）
				产业环境	86.54（居中）
5.科技创新 4.07 (53)	创新环境	1.01（居后）	6.区域带动 8.91 (34)	市场活力	14.34（居中）
	创新投入	5.03（居后）		产业带动	9.93（居中）
	创新产出	4.77（居后）		辐射带动	5.18（居中）
7.高水平对外开放 6.93 (56)	贸易强度	8.22（居后）	8.绿色共享 17.64 (29)	三废排放占比	9.83（居中）
	资本流动	5.63（居后）		污染治理力度	1.41（居后）
				公共服务	62.37（居前）

开封片区的制度创新指数为19.02（如图16-3所示），位列全国第55位，处于全国自贸片区的下游。从制度创新二级指标来看，开封片区贸易便利化指数为27.59，排位居后；政府职能转变指数为10.73，排位居后；法治化环境指数为18.75，排位居后。开封片区的政府职能转变指数、贸易便利化指数和法治化环境指数排名靠后，应进一步推动贸易便利化、政府职能转变，加强法治化环境建设。

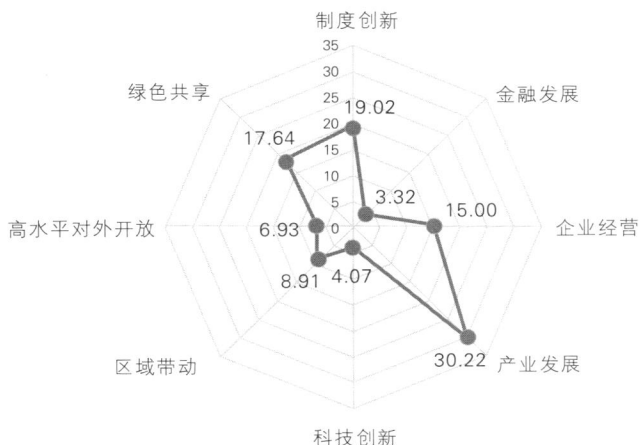

图16-3　开封片区高质量发展指数

　　开封片区的金融发展指数为3.32，位列全国第49位。从金融发展指数二级指标来看，开封片区金融机构指数为3.13，排位居后；股权投融资指数为0.38，排位居后；投资自由化指数为6.55，排位居中。除投资自由化指数外，开封片区金融发展指数及其他二级指标指数均处于全国下游。

　　开封片区的企业经营指数为15.00，位列全国第53位。从企业经营指数二级指标来看，基数水平指数为41.06，排位居中；高新企业占比指数为1.22，排位居后；创新经营情况指数为3.07，排位居后。开封片区企业经营指数及其二级指标创新经营情况指数、高新企业占比指数均处于全国下游，基数水平指数处于全国中游，拉高了开封片区的企业经营水平。

　　开封片区的产业发展指数为30.22，位列全国第47位。从产业发展指数二级指标来看，产业规模指数为5.78，排位居中；产业结构指数为26.93，排位居后；产业创新指数为1.64，排位居后；产业环境指数为86.54，排位居中。开封片区的产业规模指数、产业环境指数均处于全国中游，产业发展的其他指标指数均处于全国下游。

　　开封片区的科技创新指数为4.07，位列全国第53位。从科技创新指数二级指标来看，创新环境指数为1.01，排位居后；创新投入指数为5.03，排位居后；创新产出指数为4.77，排位居后。开封片区科技创新指数及其二级指标均处于全国下游，需要提高科技创新能力。

　　开封片区的区域带动指数为8.91，位列全国第34位。从区域带动指数二级指标来看，市场活力指数为14.34，排位居中；产业带动指数为9.93，排位居中；辐射带动指数为5.18，排位居中。开封片区区域带动指数及其二级指标均处于全国中游。

开封片区的高水平对外开放指数为6.93，位列全国第56位。从高水平对外开放指数二级指标来看，贸易强度指数为6.93，排位居后；资本流动指数为5.63，排位居后。开封片区的高水平对外开放指数及其二级指标都处于全国下游，需要提升高水平对外开放程度。

开封片区的绿色共享指数为17.64，位列全国第29位。从绿色共享指数二级指标来看，三废排放占比指数为9.83，排位居中；污染治理力度指数为1.41，排位居后；公共服务指数为62.37，排位居前。开封片区绿色共享指数及其二级指标三废排放占比指数均处于全国中游，公共服务指数位于全国前20位，污染治理力度指数处于全国下游，污染治理力度还有待加强。

第三节　河南自贸试验区建设的主要成效与重点发展方向

一、河南自贸试验区制度创新的主要成效

河南自贸试验区按照党中央、国务院部署，紧紧围绕国家赋予的战略定位，以制度创新为核心，以可复制可推广为基本要求，大胆探索、勇于突破，规定动作做到位、自选动作争出彩。国务院印发的河南自贸试验区总体方案160项试点任务已基本实施，创新构建了政务、监管、金融、法律、多式联运等五大服务体系，我省累计形成479项改革创新成果，商事制度改革、跨境电商、多式联运、商品期货等领域制度创新走在全国前列，14项创新成果被国家层面采纳推广，80项成果在全省推广。河南自贸试验区重点创新构建了政务、监管、金融、法律、多式联运等五个服务体系。

其中，在商事登记、投资管理等方面探索了新举措。在全国率先实行"二十二证合一"改革，建成"一网办、不见面、一次也不跑"全程电子化登记系统，上线全国首家企业登记实名验证系统，加大"证照分离"改革力度，叫响了河南"放管服"改革的品牌。同时针对企业"注销难"问题，率先试点企业简易注销登记改革，扩大适用范围、建立容错机制，公告登记时间从45个自然日压缩到20个自然日。同时，深入推进法治自贸建设，设立自贸区法院和法庭、知识产权法庭，设立国际商事仲裁院，出台《河南自贸试验区仲裁规则》，建立多元化纠纷解决机制，优化了营商环境，激发了市场活力，郑州片区、洛阳片区营商环境评价在参评的全省18个国家级功能区分居第一位和第四位。挂牌5年来，河南自贸试验区累计设立企业11.8万家，是挂牌前的4.4倍。2022年新设外资企业80家、实际利用外资19.8亿美元，分别增长33.3%和12.7%。

二、河南自贸试验区制度创新特色

1.深化探索差异化特色化

聚焦"两体系、一枢纽"战略定位和河南特色优势，在多个领域探索创新。航

空货运方面，郑州机场开展航空物流电子货运试点，建立航空物流标准化体系、搭建货运信息服务平台，货物通行时效提升20%，多家航司已在郑州开展电子运单业务。2021年郑州机场货邮吞吐量突破70万吨，稳居国内第6位。多式联运方面，在全国率先建立多式联运协调机制，研发了全国第一辆航空集装货物整板运输车以及第一个省级多式联运标准体系，顺利完成交通强国内陆型多式联运试点。跨境电商方面，获批实施全国首个跨境电商零售进口药品试点。2021年郑州片区跨境电商进出口额188亿元，郑州至纽约、洛杉矶、比利时列日3条航线跨境电商包机242架次，货值106亿元。期货开放方面，郑州商品交易所PTA期货引入境外交易者，目前428家境外交易者开户，持仓占比超10%，进一步完善了PTA贸易定价体系，提升了PTA期货价格国际市场影响力。2021年郑商所期货成交量25.8亿手，成交额108万亿元，分别增长51.8%和79.7%，分居全国第一位和第四位。

2.聚焦口岸通关和监管制度创新

零售进口退货中心仓模式、正面监管模式等多项创新举措在全国推广，获批全国第四个重要国际邮件枢纽口岸，启用了"互联网+预约通关"系统，推行"四自一简"监管改革，90%以上单证实现自动审核通过，货物进、出口整体通关时间分别较挂牌前压缩77.6%和93.8%，与全国平均水平相比，又分别多压缩了11.5和3.8个百分点。这五年，河南自贸试验区对外贸易持续快速增长，2021年进出口额达到了580.3亿元，增长144.8%。

3.聚焦提升金融服务水平，大力推动金融创新

河南自贸试验区陆续推出13项外汇创新业务，简化4项外汇管理行政许可申请材料，扩大NRA外汇账户使用，方便企业开展跨境贸易融资、内保外贷等业务，为优质企业办理跨境人民币便利化业务3 000多笔、470多亿元，占同期全省跨境人民币业务量的一半，支持企业自主开展本外币资金池和境外放款业务，优化配置集团资金。开封片区推出进出口企业融资多维评价指标体系，洛阳片区创设"虚拟子账号"，解决企业收汇难题。

三、河南自贸试验区的主要发展经验

1.把制度创新红利转化为产业发展动力

立足片区资源禀赋和特色优势，郑州片区推出了多式联运国际性物流中心建设方案、开封片区文化产业对外开放与创新发展示范区建设方案、洛阳片区国际智能制造合作示范区建设方案。三个片区围绕产业链条，聚焦企业关注，持续推进政策创新、服务创新，推动主导产业、特色产业不断聚集，一批国际化知名企业在片区布局区域总部、生产基地、软件中心。郑州片区高端装备、汽车制造、现代物流、跨境电商等产业集群发展态势良好。开封片区文化及相关类企业占总数的近一半，国际文化艺术品交易初显规模。洛阳片区高新技术企业是挂牌前的4倍，集聚了一

批高端制造和高成长性企业，成为引领区域经济高质量发展的重要力量。

2.促进区域联动协同发展

充分利用先行先试制度创新和政策叠加联动招商优势，推进国际合作产业园区建设，以高能级开放平台推进高水平开放合作，在新一轮国际合作竞争中形成新优势；推进建设河南自贸试验区开放创新联动区，扎实推进自贸试验区与河南省域内其他功能区块协同联动；积极推进与京津冀、长三角、粤港澳大湾区等自贸试验区的战略合作和承接产业转移，加快打造一批具有世界竞争力的产业集群；持续扩大黄河流域自贸试验区交流合作，有效服务黄河流域生态保护和高质量发展战略；持续深化"放管服"改革，积极服务全国统一大市场建设，聚力打造公平竞争、更具吸引力的市场环境等。

四、河南自贸试验区的重点发展方向

河南自贸试验区应以制度创新为牵引，继续推动自贸试验区高质量发展，应保持河南自贸试验区在区域带动、绿色共享方面的优势，弥补在科技创新和高水平对外开放方面的不足。郑州片区应发挥其在省内的示范引领作用，在提升自身高质量发展水平的同时，通过片区的联动，带动洛阳片区、开封片区提升高质量发展水平。具体来说，郑州片区要在高水平对外开放、企业经营、科技创新方面继续发力，助力片区栖身于更高的排位；洛阳片区在金融发展、高水平对外开放、绿色共享方面要着力推进，保障区域整体发展的平衡性；开封片区在制度创新、高水平对外开放、企业经营、科技创新方面要着力推进，还要在绿色共享、区域带动方面加以提升。

第十七章　湖北自贸试验区高质量
发展评价

　　湖北自贸试验区地处我国中部区域板块。湖北自贸试验区紧扣制度创新这一核心，对接高标准国际经贸规则，形成各具特色、各有侧重的试点格局，推动全面深化改革扩大开放。本章在对湖北自贸试验区进行概述的基础上，基于中国自贸试验区大数据监测分析平台微观数据，从制度创新、金融发展、企业经营、产业发展、科技创新、区域带动、高水平对外开放、绿色共享八个维度入手，对武汉片区、宜昌片区、襄阳片区的高质量发展情况进行评价，分析其优势与短板，梳理湖北自贸试验区的主要发展成效与经验、制度创新特色，明确了未来的高质量发展方向。

第一节　湖北自贸试验区概况

一、湖北自贸试验区实施范围

　　湖北自贸试验区于 2017 年 4 月 1 日揭牌，实施范围 119.96 平方千米，涵盖武汉、宜昌、襄阳三个片区。

　　武汉片区面积 70 平方千米（含武汉东湖综合保税区 5.41 平方千米），四至范围为：东至武汉市行政边界、流港路、左岭大道、九龙湖街、未来三路；南至科技五路、神墩五路、关豹高速、凤凰山街、富五路、高新四路、高新三路；西至软件园中路、关山大道；北至珞瑜东路、高新二路、高新三路、九峰一路、高新大道、长江岸线。

　　襄阳片区面积 21.99 平方千米（含襄阳保税物流中心（B 型）0.281 平方千米），四至范围为：东起奔驰路、东风汽车大道与希望路；南至富康大道与新城路；西至平行焦柳铁路的规划道路和名城路；北至机场路和平行汉十高速的规划道路。

　　宜昌片区面积 27.97 平方千米（含宜昌三峡保税物流中心（B 型）），四至范围为：东至桔乡路、峡州大道、汉宜一路、东临路；南至汉宜铁路、桔乡路、城东体育公园；西至城东大道、西陵二路；北至峡州大道、大连路、三峡专用公路、合益路、双河路。

二、湖北自贸试验区的功能定位

　　湖北自贸试验区三个片区的功能定位为：武汉片区重点发展新一代信息技术、生命健康、智能制造等战略性新兴产业和国际商贸、金融服务、现代物流、检验检测、研发设计、信息服务、专业服务等现代服务业；襄阳片区重点发展高端装备制造、新能源汽车、大数据、云计算、商贸物流、检验检测等产业；宜昌片区重点发展先进制造、生物医药、电子信息、新材料等高新产业及研发设计、总部经济、电子商务等现代服务业。

按海关监管方式划分，自贸试验区内的海关特殊监管区域重点探索以贸易便利化为主要内容的制度创新，主要开展保税加工、保税物流、保税服务等业务；非海关特殊监管区域重点探索投资体制改革，完善事中事后监管，推动金融制度创新，积极发展现代服务业和高端制造业。

三、湖北自贸试验区的产业基础

湖北自贸试验区挂牌成立时间较短，但以制度创新为引领，推动高新技术产业发展，打造现代产业体系。中国自贸试验区大数据监测分析平台显示，截至2021年，武汉片区在营企业数为63 728家，投资总额为12 200.47亿元；民营企业占比96.54%，市场活力充沛；高新企业1 489家，高新企业数量位列全国片区第5位；服务业占比75.61%，进出口企业占比14.2%。宜昌片区在营企业数为11 561家，投资总额为852.79亿元；民营企业占比96.83%，服务业占比72.42%，进出口企业占比8.75%。襄阳片区在营企业数为3 938家，投资总额为587.57亿元；民营企业占比95.99%，服务业占比63.08%，进出口企业占比11.12%。湖北自贸试验区三个片区的各类企业数量情况如表17-1、表17-2、表17-3所示。

表17-1　　　　　　　　湖北自贸试验区武汉片区各类企业数量情况

		企业数（家）	占比（%）	投资额（亿元）	占比（%）
产业结构	第一产业	166	0.26	19.42	0.16
	第二产业	15 339	24.13	4 590.75	37.67
	第三产业	48 072	75.61	7 575.00	62.17
所有制	国有	73	0.11	225.04	1.84
	民营	61 520	96.55	8 997.38	73.77
	外资	630	0.99	334.41	2.74
企业规模	大	414	0.65	7 335.06	60.45
	中	1 646	2.67	1 934.22	15.94
	小	13 737	22.31	1 383.34	11.40
	微	45 772	74.34	1 481.67	12.21
企业特征	高新技术企业	1 489	2.34	397.61	3.28
	对外投资企业	2 305	3.62	4 808.00	39.62

数据来源：中国自贸试验区大数据监测分析平台。

表17-2 　　　　　　　　　　湖北自贸试验区宜昌片区各类企业数量情况

		企业数（家）	占比（%）	投资额（亿元）	占比（%）
产业结构	第一产业	83	0.72	1.39	0.16
	第二产业	3 043	26.43	218.46	25.64
	第三产业	8 389	72.85	632.08	74.19
所有制	国有	34	0.29	10.99	1.29
	民营	11 194	96.83	682.90	80.08
	外资	62	0.54	25.73	3.02
企业规模	大	60	0.54	324.67	39.00
	中	262	2.36	149.36	17.94
	小	1 569	14.15	152.45	18.31
	微	9 194	82.94	206.00	24.75
企业特征	高新技术企业	98	0.85	42.34	5.09
	对外投资企业	251	2.17	101.27	12.16

数据来源：中国自贸试验区大数据监测分析平台。

表17-3 　　　　　　　　　　湖北自贸试验区襄阳片区各类企业数量情况

		企业数（家）	占比（%）	投资额（亿元）	占比（%）
产业结构	第一产业	17	0.43	2.44	0.42
	第二产业	1 432	36.36	225.66	38.46
	第三产业	2 476	63.08	358.59	61.12
所有制	国有	11	0.28	1.15	0.20
	民营	3 780	95.99	477.11	81.20
	外资	36	0.91	30.41	5.18
企业规模	大	27	0.71	264.23	45.76
	中	103	2.72	83.27	14.42
	小	752	19.83	70.70	12.24
	微	2 911	76.75	159.20	27.57
企业特征	高新技术企业	45	1.14	45.89	7.95
	对外投资企业	71	1.80	124.44	21.55

数据来源：中国自贸试验区大数据监测分析平台。

四、湖北自贸试验区的对外开放

　　湖北自贸试验区持续深化规则、规制、管理、标准等制度型开放，加快推动投资贸易领域便利化改革，不断提升开放能级水平，为构建更高水平开放型经济新体制和实现经济高质量发展注入了强大动力。湖北省政府发布《全面落实〈区域全面经济伙伴关系协定〉（RCEP）的若干措施》，明确提出要研究制定湖北自贸试验区对接 RCEP 行动方案；武汉、襄阳、宜昌片区获批跨境电商综试区，武汉片区先后获批国家文化出口、知识产权服务出口等国家级特色服务出口基地，襄阳、宜昌片区新获批综合保税区，为全省加快打造内陆开放新高地提供了有力支撑；湖北自贸试验区加速参与构建有效链接全球的国际物流通道，初步形成了联通欧洲、覆盖中亚、衔接日韩、连接东盟的国际多式联运服务网络，成为长江经济带对接"一带一路"的新路径。

五、湖北自贸试验区"十四五"时期发展目标

"十四五"时期，湖北自贸试验区要打造强大的市场枢纽，构建内陆开放新高地，为实现"建成支点、走在前列、谱写新篇"战略目标做出积极贡献，要把扩大内需作为发展的战略基点，促进消费扩容升级，更好地发挥消费对经济增长的基础性作用，力争"十四五"期间全省社会消费品零售总额年均增长 8% 左右，稳居全国前列。加快建设中部消费新高地，紧扣"一主引领、两翼驱动、全域协同"的区域发展布局，统筹推进全省多层级消费中心梯次发展，支持武汉片区创建国际消费中心城市，支持襄阳、宜昌片区建设汉江流域消费中心城市和长江中上游区域性消费中心城市。要突破性发展开放型经济，培育新形势下参与国际合作和竞争的新优势，切实增强开放功能、口岸功能、贸易功能，打造市场化、法治化、国际化营商环境，力争"十四五"期间全省货物贸易、服务贸易年均增长 10% 以上。

第二节 湖北自贸试验区高质量发展指数评价

一、湖北自贸试验区高质量发展总体评价

从自贸试验区高质量发展八个方面的指数来看，湖北自贸试验区总体上处于全国中游偏下水平。湖北自贸试验区表现较为突出的是产业发展指数，总体排名处于全国上游。另外，科技创新指数的排名也较好。湖北自贸试验区表现欠佳的是绿色共享指数和金融发展指数，总体上排名处于所有片区下游。从湖北自贸试验区三个片区来看，武汉片区表现出色，位居湖北省三个片区之首，多项高质量发展指数居全国前列。宜昌片区的高质量发展指数略好于襄阳片区，和武汉片区相比尚有差距。宜昌片区的多项高质量发展指数处于全国中游，个别指数处于全国下游。

二、湖北自贸试验区武汉片区高质量发展指数评价

武汉片区的高质量发展指数在制度创新、金融发展、企业经营、产业发展、科技创新、区域带动、高水平对外开放、绿色共享八个方面的表现全省最优。武汉片区企业经营指数、科技创新指数、产业发展指数位于所有片区前 10 位，制度创新指数、绿色共享指数处于全国下游。武汉片区高质量发展指数一级、二级指标指数

及在全国片区中的位置如表17-4所示。

表17-4　　　　　　　　　　　武汉片区高质量发展指数及排位

一级指标指数及排位	二级指标指数及排位		一级指标指数及排位	二级指标指数及排位	
1.制度创新 20.75 （53）	贸易便利化	33.58（居中）	2.金融发展 7.18 （30）	金融机构	4.97（居中）
	政府职能转变	20.24（居中）		股权投融资	1.05（居中）
	法治化环境	8.44（居后）		投资自由化	15.73（居前）
3.企业经营 44.03 （4）	基数水平	41.85（居中）	4.产业发展 38.88 （8）	产业规模	12.77（居前）
	高新企业占比	71.66（居前）		产业结构	34.73（居前）
	创新经营情况	19.32（居前）		产业创新	14.05（居前）
				产业环境	93.98（居前）
5.科技创新 22.97 （10）	创新环境	28.10（居前）	6.区域带动 17.19 （19）	市场活力	18.90（居中）
	创新投入	22.70（居前）		产业带动	26.77（居前）
	创新产出	21.35（居前）		辐射带动	9.96（居中）
7.高水平 对外开放 16.01 （24）	贸易强度	15.65（居中）	8.绿色共享 9.61 （49）	三废排放占比	1.68（居后）
	资本流动	16.37（居前）		污染治理力度	18.90（居前）
				公共服务	13.78（居后）

武汉片区的制度创新指数为20.75（如图17-1所示），位于全国所有片区的第53位。从制度创新二级指标来看，武汉片区贸易便利化指数为33.58，排位居中；政府职能转变指数为20.24，排位居中；法治化环境指数为8.44，排位居后。武汉片区贸易便利化指数及法治化环境指数处于全国中等水平，制度创新指数及其二级指标法治化环境指数处于全国下游。

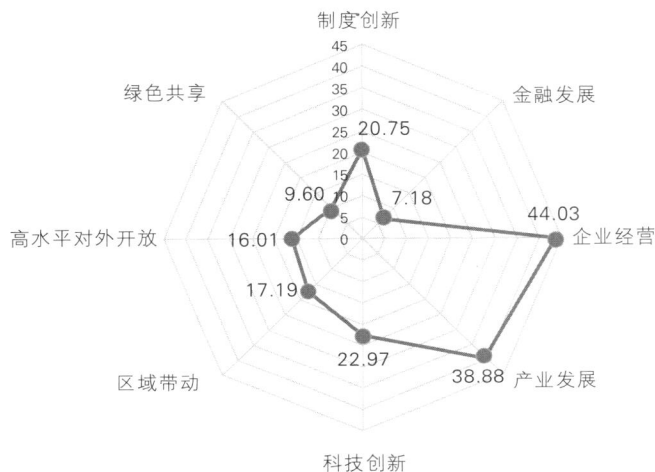

图17-1　武汉片区高质量发展指数

　　武汉片区的金融发展指数为 7.18，位列全国第 30 位。从金融发展指数二级指标来看，武汉片区的金融机构指数为 4.97，排位居中；股权投融资指数为 1.05，排位居中。但是，投资自由化指数为 15.73，排位居前，拉高了金融发展指数。

　　武汉片区的企业经营指数为 44.03，位列全国第 4 位，也是武汉片区 8 个高质量发展指数中位次最高的。从企业经营指数二级指标来看，基数水平指数为 41.85，排位居中；高新企业占比指数为 71.66，排位居前；创新经营情况指数为 19.32，排位居前。

　　武汉片区的产业发展指数为 38.88，位列全国第 8 位。从产业发展指数二级指标来看，产业规模指数为 12.77，排位居前；产业结构指数为 34.73，排位居前；产业创新指数为 14.05，排位居前；产业环境指数为 93.98，排位居前。武汉片区的产业发展指数及二级指标均处于全国上游。

　　武汉片区的科技创新指数为 22.97，位列全国第 10 位。从科技创新指数二级指标来看，创新环境指数为 28.10，排位居前；创新投入指数为 22.70，排位居前；创新产出指数为 21.35，排位居前，科技创新指数及其二级指标均处于全国上游。

　　武汉片区的区域带动指数为 17.19，位列全国第 19 位。从区域带动指数的二级指标来看，市场活力指数为 18.90，排位居中；产业带动指数为 26.77，排位居前；辐射带动指数为 9.96，排位居中。武汉片区的区域带动指数及其二级指标产业带动指数处于全国上游，其他均处于全国中游。

　　武汉片区的高水平对外开放指数为 16.01，位列全国第 24 位。从高水平对外开放指数的二级指标来看，武汉片区的贸易强度指数为 15.65，排位居中；资本流动指数为 16.37，排位居前。武汉片区的高水平对外开放指数处于全国中游，但是资本流动指数处于全国上游，拉高了武汉片区的对外开放水平。

　　武汉片区的绿色共享指数为 9.61，位列全国第 49 位。从绿色共享指数的二级指标来看，三废排放占比指数为 1.68，排位居后；污染治理力度指数为 18.90，排位居前；公共服务指数为 13.78，排位居后。武汉片区的绿色共享指数及其二级指标三废排放占比指数、公共服务指数均处于全国下游，但是污染治理力度指数处于全国上游，拉高了绿色共享指数。

三、湖北自贸试验区宜昌片区高质量发展指数评价

　　宜昌片区的高质量发展指数在制度创新、金融发展、企业经营、产业发展、科技创新、区域带动、高水平对外开放、绿色共享八个方面的表现全省第二，多数指数排在全国中游位置，只有高水平对外开放指数、绿色共享指数处于全国下游。宜昌片区高质量发展指数一级、二级指标指数及在全国片区中的排名情况如表 17-5 所示。

表17-5　　　　　　　　宜昌片区高质量发展指数及排位

一级指标指数及排位	二级指标指数及排位		一级指标指数及排位	二级指标指数及排位	
1.制度创新 26.82 （34）	贸易便利化	30.00（居后）	2.金融发展 3.78 （45）	金融机构	5.78（居中）
	政府职能转变	24.37（居中）		股权投融资	0.06（居后）
	法治化环境	26.07（居中）		投资自由化	5.61（居中）
3.企业经营 20.08 （38）	基数水平	41.83（居中）	4.产业发展 32.11 （37）	产业规模	5.22（居中）
	高新企业占比	9.89（居中）		产业结构	30.33（居后）
	创新经营情况	8.87（居中）		产业创新	6.80（居中）
				产业环境	86.09（居中）
5.科技创新 10.25 （31）	创新环境	9.05（居中）	6.区域带动 15.17 （21）	市场活力	21.96（居前）
	创新投入	8.88（居中）		产业带动	20.76（居前）
	创新产出	11.10（居中）		辐射带动	5.98（居中）
7.高水平对外开放 5.91 （57）	贸易强度	4.69（居后）	8.绿色共享 6.73 （56）	三废排放占比	8.65（居中）
	资本流动	7.13（居后）		污染治理力度	0.85（居后）
				公共服务	11.54（居后）

　　宜昌片区的制度创新指数为26.82（如图17-2所示），位列全国第34位，处于中游。从制度创新二级指标来看，宜昌片区贸易便利化指数为30.00，排位居后；政府职能转变指数为24.37，排位居中；法治化环境指数为26.07，排位居中。宜昌片区制度创新指数及其二级指标政府职能转变指数和法治化环境指数处于全国中游，贸易便利化指数处于全国下游，宜昌片区的制度创新水平有待提高。

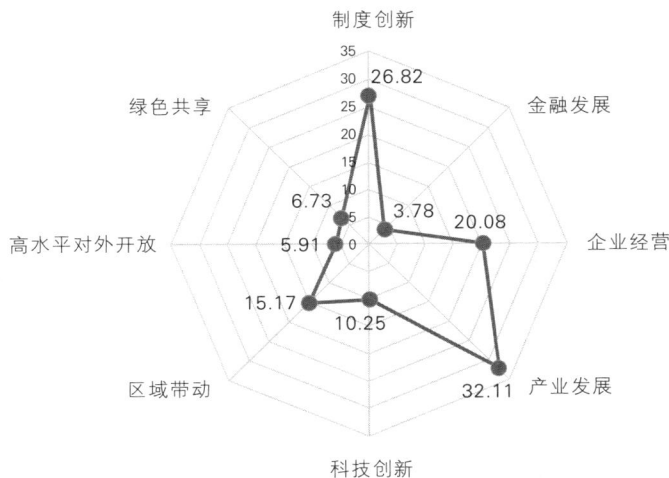

图17-2　宜昌片区高质量发展指数

宜昌片区的金融发展指数为3.78，位列全国第45位。从金融发展指数二级指标来看，宜昌片区的金融机构指数为5.78，排位居中；股权投融资指数为0.06，排位居后；投资自由化指数为5.61，排位居中。宜昌片区金融发展指数及其二级指标股权投融资指数处于全国下游，二级指标金融机构指数和投资自由化指数处于全国中游。

宜昌片区的企业经营指数为20.08，位列全国第38位。从企业经营指数二级指标来看，宜昌片区的基数水平指数为41.83，排位居中；高新企业占比指数为9.89，排位居中；创新经营情况指数为8.87，排位居中。宜昌片区的企业经营指数处于全国下游，其二级指标数值均处于全国中游。

宜昌片区的产业发展指数为32.11，位列全国第37位。从产业发展指数二级指标来看，宜昌片区的产业规模指数为5.22，排位居中；产业结构指数为30.33，排位居后；产业创新指数为6.80，排位居中；产业环境指数为86.09，排位居中。宜昌片区产业发展指数的二级指标中的产业规模指数、产业创新指数和产业环境指数均处于全国中游，产业结构指数处于全国下游。

宜昌片区的科技创新指数为10.25，位列全国第31位。从科技创新指数二级指标来看，宜昌片区的创新环境指数为9.05，排位居中；创新投入指数为8.88，排位居中；创新产出指数为11.10，排位居中。科技创新指数及其二级指标均处于全国中游。

宜昌片区的区域带动指数为15.17，位列全国第21位。从区域带动指数二级指标来看，宜昌片区的市场活力指数为21.96，排位居前；产业带动指数为20.76，排位居前；辐射带动指数为5.98，排位居中。宜昌片区区域带动指数及其二级指标辐射带动指数处于全国中游，其他二级指标均处于全国上游。

宜昌片区的高水平对外开放指数为5.91，位列全国第57位。从高水平对外开放指数的二级指标来看，贸易强度指数为4.69，排位居后；资本流动指数为7.13，排位居后。宜昌片区的高水平对外开放指数及其二级指标均处于全国下游。

宜昌片区的绿色共享指数为6.73，位列全国第56位。从绿色共享指数的二级指标来看，三废排放占比指数为8.65，排位居中；污染治理力度指数为0.85，排位居后；公共服务指数为11.54，排位居后。宜昌片区的绿色共享指数及其二级指标污染治理力度指数和公共服务指数均处于全国下游，但是三废排放占比指数处于全国中游，拉高了绿色共享指数。

四、湖北自贸试验区襄阳片区高质量发展指数评价

襄阳片区的高质量发展指数在制度创新、金融发展、企业经营、产业发展、科技创新、区域带动、高水平对外开放、绿色共享八个方面的表现全省最差，除产业发展指数排名在全国前20位，科技创新指数排名在全国第二十二位，其他指数都处于全国下游。襄阳片区与武汉片区、宜昌片区相比，高质量发展水平有较大差

距。襄阳片区高质量发展指数一级、二级指标指数及在全国片区中的排名情况如表17-6所示。

表17-6 襄阳片区高质量发展指数及排位

一级指标指数及排位	二级指标指数及排位		一级指标指数及排位	二级指标指数及排位	
1.制度创新 17.18 (59)	贸易便利化	17.09（居后）	2.金融发展 3.11 (50)	金融机构	4.55（居后）
	政府职能转变	11.18（居后）		股权投融资	1.26（居中）
	法治化环境	23.26（居中）		投资自由化	3.62（居后）
3.企业经营 18.57 (46)	基数水平	41.26（居中）	4.产业发展 36.71 (14)	产业规模	3.46（居后）
	高新企业占比	8.23（居中）		产业结构	33.83（居前）
	创新经营情况	6.59（居后）		产业创新	19.98（居前）
				产业环境	89.60（居前）
5.科技创新 15.76 (22)	创新环境	12.55（居中）	6.区域带动 6.42 (40)	市场活力	7.12（居后）
	创新投入	8.14（居中）		产业带动	8.09（居中）
	创新产出	19.38（居前）		辐射带动	6.79（居中）
7.高水平对外开放 8.46 (52)	贸易强度	7.70（居后）	8.绿色共享 2.94 (63)	三废排放占比	2.62（居后）
	资本流动	9.22（居中）		污染治理力度	1.33（居后）
				公共服务	6.30（居后）

襄阳片区的制度创新指数为17.18（如图17-3所示），位列全国第59位，处于下游。从制度创新指数的二级指标来看，襄阳片区的贸易便利化指数为17.09，排位居后；政府职能转变指数为11.18，排位居后；法治化环境指数为23.26，排位居中，拉高了襄阳片区的制度创新水平。

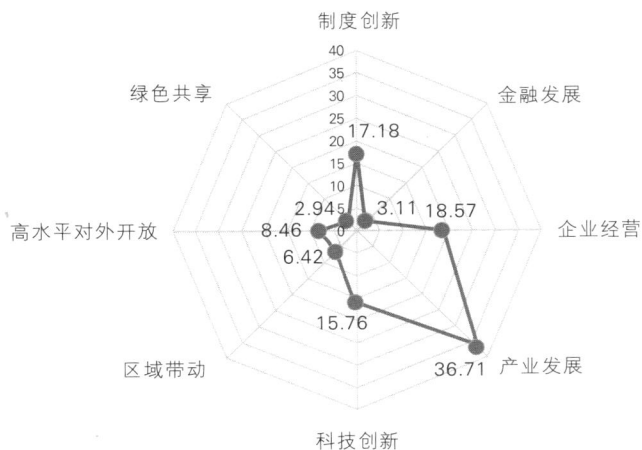

图17-3 襄阳片区高质量发展指数

　　襄阳片区的金融发展指数为3.11，位列全国第50位。从金融发展指数二级指标来看，襄阳片区的金融机构指数为4.55，排位居后；股权投融资指数为1.26，排位居中；投资自由化指数为3.62，排位居后。襄阳片区的金融发展指数及其二级指标金融机构指数和投资自由化指数均处于全国下游，但是股权投融资指数处于全国中游，拉高了襄阳片区的金融发展指数。

　　襄阳片区的企业经营指数为18.57，位列全国第46位。从企业经营指数的二级指标来看，襄阳片区的基数水平指数为41.26，排位居中；高新企业占比指数为8.23，排位居中；创新经营情况指数为6.59，排位居后。襄阳片区的企业经营指数及其二级指标创新经营情况指数均处于全国下游，但是基数水平指数和高新企业占比指数处于全国中游，拉高了襄阳片区的企业经营指数。

　　襄阳片区的产业发展指数为36.71，位列全国第14位。从产业发展指数的二级指标来看，襄阳片区的产业规模指数为3.46，排位居后；产业结构指数为33.83，排位居前；产业创新指数为19.98，排位居前；产业环境指数为89.60，排位居前。襄阳片区产业发展指数二级指标中的产业规模指数处于全国下游，产业结构指数、产业环境指数和产业创新指数均处于全国上游。

　　襄阳片区的科技创新指数为15.76，位列全国第22位。从科技创新指数的二级指标来看，襄阳片区的创新环境指数为12.55，排位居中；创新投入指数为8.14，排位居中；创新产出指数为19.38，排位居前。科技创新指数及其二级指标创新环境指数和创新投入指数均处于全国中游，但是创新产出指数处于全国上游，表明襄阳片区具有较强的科技产出能力。

　　襄阳片区的区域带动指数为6.42，位列全国第40位。从区域带动指数的二级指标来看，襄阳片区的市场活力指数为7.12，排位居后；产业带动指数为8.09，排位居中；辐射带动指数为6.79，排位居中。除市场活力指数外，襄阳片区的区域带动各指数均处于全国中游，市场活力指标拉低了襄阳片区的区域带动指数。

　　襄阳片区的高水平对外开放指数为8.46，位列全国第52位。从高水平对外开放指数的二级指标来看，贸易强度指数为7.70，排位居后；资本流动指数为9.22，排位居中。襄阳片区高水平对外开放指数的二级指标贸易强度处于全国下游，但是资本流动指数处于全国中游，拉高了襄阳片区的对外开放水平。

　　襄阳片区的绿色共享指数为2.94，位列全国第63位。从绿色共享指数的二级指标来看，三废排放占比指数为2.62，排位居后；污染治理力度指数为1.33，排位居后；公共服务指数为6.30，排位居后。襄阳片区的绿色共享指数及其二级指标均处于全国下游。

第三节　湖北自贸试验区建设的主要成效与重点发展方向

一、湖北自贸试验区制度创新的主要成效

湖北自贸试验区积极推动重大改革举措优先在自贸试验区试点，充分发挥科教、人才、产业等比较优势，助力高水平科技自立自强，增强产业发展新动能。湖北省商务厅（省自贸办）会同相关部门和武汉片区、襄阳片区、宜昌片区对湖北自贸试验区2022年度改革创新实践进行认真评估、系统集成和专家评审，经省政府批准在省内复制推广第七批制度创新成果41项。其中，涉及优化营商环境的16项，占比39%；产业转型升级的8项，占比19%；金融改革创新的7项，占比17%；创新驱动发展的6项，占比15%；畅通内外循环的4项，占比10%。全国、全省首创率80%。[①]

二、湖北自贸试验区制度创新特色

1.着力吸引培育人才，助力科技自立自强

武汉片区上线"光谷数字人才卡"，已精准服务478名高层次人才；襄阳片区与湖北汽车工业学院合作共建智能汽车（襄阳）产业学院，为襄阳汽车产业发展提供应用型、复合型、创新型人才1 392名，实行"先平行立项、后重点聚焦、优中选优"的"赛马制"竞争机制，以动态淘汰方式聚焦车用新材料及交通装备制造领域开展重大课题科研攻关；宜昌片区开发"宜才码"，为全市7万余名各类人才提供政策查询、匹配、兑现等服务。

2.突出首创性改革，着力推动金融创新

湖北自贸试验区积极开展首创性、差异化探索，着力推动金融创新，助企纾困解难。武汉片区探索推出"首贷担"，为小微企业在银行获取的首笔经营性贷款（50万元以下）提供政策性担保，2022年新增"首贷户"870户，担保服务金额达12.28亿元；支持推动湖北省首笔20亿元资产支持票据（ABN）落地，用于汉江流域襄阳段生态保护和绿色发展项目；率先实施企业创新积分制试点，基于企业创新能力给予精准金融支持，156家科技型企业获得金融机构授信担保1.02亿元。[②]

三、湖北自贸试验区的主要发展经验

湖北自贸试验区从"思想大解放、能力大提升、作风大转变、工作大落实"四方面着力，落实省委专题会议和省政府自贸试验区调研座谈会精神，聚焦实施自贸试验区提升战略，围绕服务对外开放和五大优势产业，进一步解放思想，打破思维

---

① 佚名.湖北自贸区第七批制度创新成果出炉 13项试点经验在省内复制推广[EB/OL].[2023-02-01].https://hb.cri.cn/2023-02-01/bff39e2f-5695-f240-d37f-4f23b4ab17a5.html.
② 佚名.湖北自贸试验区新推41项高质量制度创新成果[EB/OL].[2023-01-31].https://swt.fu-jian.gov.cn/xxgk/jgzn/jgcs/sczxc/zmdt/202301/t20230131_6101276.htm.

定式，转变思想观念，弥补知识缺陷、能力短板、经验弱项，坚持理念对标沿海，举措紧盯标兵，学习先进经验，做好转化落实，稳步扩大制度型开放，深化重点领域和关键环节改革，推动湖北自贸试验区的高质量发展。

四、湖北自贸试验区的重点发展方向

湖北自贸试验区应以制度创新为牵引，继续推动自贸试验区的高质量发展，应保持湖北自贸试验区在产业发展、科技创新方面的优势，弥补在绿色共享和金融发展方面的不足。武汉片区应发挥其在省内的示范引领作用，在提升自身高质量发展水平的同时，通过片区的联动，带动宜昌、襄阳片区提升高质量发展水平。具体来说，武汉片区要在绿色共享、制度创新方面继续发力，助力片区栖身于更高的排位；宜昌片区在高水平对外开放、绿色共享方面要着力推进，还要在区域带动、金融发展方面加以提升；襄阳片区在制度创新、金融发展、绿色共享、高水平对外开放方面要着力推进，重视创新主体企业的培育，进一步深化对外开放。

第十八章　重庆自贸试验区高质量发展评价

重庆自贸试验区地处我国西部区域板块，重庆自贸试验区以制度创新为核心，以可复制可推广为基本要求，不断推行改革措施，充分释放创新活力，强化开放动能，一步步建设西部大开发战略重要支点。本章在对重庆自贸试验区进行概述的基础上，基于中国自贸试验区大数据监测分析平台微观数据，从制度创新、金融发展、企业经营、产业发展、科技创新、区域带动、高水平对外开放、绿色共享八个维度入手，对重庆自贸试验区的高质量发展情况进行评价，分析其优势与短板，梳理重庆自贸试验区的主要发展成效与经验、制度创新特色，明确未来的高质量发展方向。

第一节　重庆自贸试验区概况

一、重庆自贸试验区实施范围

重庆自贸试验区是中国政府设立在重庆的区域性自由贸易园区，于2017年4月1日正式挂牌，是全国第三批设立的自贸试验区之一。重庆自贸试验区的实施范围为119.98平方千米，涵盖两江片区、西永片区、果园港片区3个片区。

重庆两江片区面积共66.29平方千米，两江片区以两江新区为主，包含了渝北区（北）、江北区、北碚区（西）、渝中区、南岸区（东）、九龙坡区（南）（包含高新区）的一部分。其中渝北部分包括江北国际机场、航空产业园、仙桃数据谷一带；江北部分主要包含江北嘴中央商务区（包括从黄花园大桥至大佛寺大桥之间海尔路以南区域以及五里店商务服务组团）；北碚部分主要包含蔡家片区；渝中部分主要包含东至朝天门广场，南至长滨路，西至菜园坝，北至嘉滨路的一片区域；南岸部分主要包含位于弹子石CBD总部经济区，东至中核·紫金一品，南至阳光100国际新城D区（不含），西至南滨路，北至腾滨路；九龙坡（包含高新区）部分包含重庆高新技术产业开发区，分为A、B两块。A块：东至渝中区、重庆体育中心、九龙坡区，南至九龙园区、大渡口区，西至沙坪坝区覃家岗镇、联芳桥，北至沙区斑竹林社、渝中区黄荆社。B块：东至人和老场镇、人和镇万年村，南至三一九国道、人和镇柏林社，西至金通大道、大竹林镇沙堡村，北至照母山植物园、人和镇双桥村。

重庆西永片区面积共22.81平方千米，整体位于沙坪坝区，分别由西永微电子产业园和西部物流园两部分组成。其中，西永微电子产业园东至渝遂高速，南至沙坪坝区界，西至曾家大道，北至西井大道；西部物流园东至中梁山，南至西井干道，西至一纵线，北至回龙坝镇。

重庆果园港片区面积共30.88平方千米，主要包括果园港物流组团（果园港）和龙盛高端产业组团。

二、重庆自贸试验区的功能定位

围绕"'一带一路'和长江经济带互联互通重要枢纽、西部大开发战略重要支点"的战略目标，重庆自贸试验区重点建设航空、铁路、内河港三个集枢纽功能、保税功能和口岸功能于一体的功能平台；集聚高端产业，促进带动区域的现代服务业、先进制造业和战略性新兴产业的加快发展；提升内陆国际物流枢纽和口岸高地的辐射带动作用，发展依托口岸的经济业态，促进区域经济更好地融入国际国内两大市场。其中，两江片区重点发展高端装备、电子核心部件、云计算、生物医药等新兴产业及总部贸易、服务贸易、电子商务、展示交易、仓储分拨、专业服务、融资租赁、研发设计等现代服务业；西永片区重点发展电子信息、智能装备等制造业及保税物流中转分拨等生产性服务业以及加工贸易产业；果园港片区重点发展国际中转、集拼分拨等服务业以及先进制造业。

三、重庆自贸试验区的产业基础

重庆自贸试验区挂牌成立时间较短，但以制度创新为引领，增强国际经济合作，塑造现代金融、现代商贸、专业服务、文化旅游、数字经济、健康医疗等重点产业国际竞争新优势。中国自贸试验区大数据监测分析平台显示，截至2022年，重庆自贸片区在营企业总数为42 184家，投资总额为23 932.69亿元；民营企业占比91.90%，表现出了充沛的市场活力；高新企业总数为920家，仍有较大进步空间；大型企业占比1.21%，贡献了总投资额的76.50%；外资企业总数为671家，占比1.59%，贡献了总投资额的53.49%。两江片区在营企业总数为33 294家，投资总额为22 377.59亿元，投资总额占重庆三大自贸试验区的93.50%。西永片区在营企业总数为7 547家，投资总额为1 313.80亿元，投资总额占重庆三大自贸试验区的5.49%。果园港片区在营企业总数为1 343家，投资总额为241.29亿元，投资总额占重庆三大自贸试验区的1.01%。重庆自贸试验区三个片区的各类企业数量情况如表18-1、18-2和18-3所示。

表18-1　　　　　　　重庆自贸试验区两江片区各类企业数量情况

		企业数（家）	占比（%）	投资额（亿元）	占比（%）
产业结构	第一产业	172	0.52	19.02	0.09
	第二产业	4 824	14.53	2 436.76	10.89
	第三产业	28 212	84.95	19 918.28	89.02
所有制	国有	26	0.08	617.66	2.87
	民营	30 445	91.73	7 667.25	35.69
	外资	549	1.65	12 600.46	58.65
	其他	2 169	6.54	599.96	2.79

续表

		企业数（家）	占比（%）	投资额（亿元）	占比（%）
企业规模	大	416	1.36	17 791.10	79.69
	中	1 362	4.47	1 221.15	5.47
	小	7 197	23.60	767.26	3.44
	微	21 521	70.57	2 545.58	11.40
企业特征	高新技术企业	217	0.65	79.19	0.35
	对外投资企业	1 606	4.82	3 124.35	13.99

数据来源：中国自贸试验区大数据监测分析平台。

表18-2　　　　　　　重庆自贸试验区西永片区各类企业数量情况

		企业数（家）	占比（%）	投资额（亿元）	占比（%）
产业结构	第一产业	42	0.56	1.29	0.10
	第二产业	1 439	19.10	287.28	21.87
	第三产业	6 053	80.34	1 024.85	78.03
所有制	国有	3	0.04	31.20	2.38
	民营	7 132	94.64	1 087.52	82.87
	外资	97	1.29	178.79	13.62
	其他	304	4.03	14.88	1.13
企业规模	大	69	0.97	383.31	29.64
	中	299	4.19	515.88	39.89
	小	1 708	23.94	215.01	16.63
	微	5 058	70.90	178.95	13.84
企业特征	高新技术企业	31	0.41	50.10	3.87
	对外投资企业	209	2.77	286.86	22.18

数据来源：中国自贸试验区大数据监测分析平台。

表18-3　　　　　　　重庆自贸试验区果园港片区各类企业数量情况

		企业数（家）	占比（%）	投资额（亿元）	占比（%）
产业结构	第一产业	15	1.12	0.20	0.08
	第二产业	287	21.39	46.65	19.33
	第三产业	1 040	77.49	194.44	80.59
所有制	国有	1	0.07	0.50	0.21
	民营	1 191	88.76	205.23	85.05
	外资	25	1.86	20.51	8.50
	其他	125	9.31	15.05	6.24
企业规模	大	26	2.17	132.09	54.75
	中	72	6.01	43.41	17.99
	小	310	25.88	25.72	10.66
	微	790	65.94	40.06	16.60
企业特征	高新技术企业	15	1.12	6.46	2.68
	对外投资企业	44	3.28	120.34	49.88

数据来源：中国自贸试验区大数据监测分析平台。

四、重庆自贸试验区的制度创新

一直以来，重庆自贸试验区贯彻落实战略定位及发展目标，成为全市开放型经济的主力军和"动力源"。重庆自贸试验区在制度创新和开放型经济发展方面取得了丰硕的成果，产业集聚效应日益凸显，营商环境不断优化，已从"夯基垒台、立柱架梁"发展到"全面推进、积厚成势"阶段，改革红利充分释放、创新活力持续迸发、开放动能更加强劲，为高质量发展奠定了坚实基础。依托中欧班列，重庆自贸试验区开立全球首份"铁路提单国际信用证"；通过经验摸索，参与制定国际货运代理铁路联运作业规范等国家标准；创新陆路贸易融资方式，制订出台铁路运输单证金融服务试点工作方案，搭建铁路运输单证金融服务直连平台；创新"启运港退税"模式，企业比以往提前1个月拿到出口退税款，有效提升了企业资金周转和使用效率；全面实施自贸试验区外商投资负面清单，外资项目备案实现立等可取。

五、重庆自贸试验区"十四五"时期发展目标

重庆市政府办公厅印发的《中国（重庆）自由贸易试验区"十四五"规划（2021—2025年）》中提出，到2025年，重庆自贸试验区形成以贸易投资自由便利为重点的高水平开放政策体系和产业体系，成为具有全国影响力的互联互通枢纽、产业发展样板、营商环境标杆。制度创新实现新突破，基本建立与国际先进经贸规则接轨的制度型开放体系。辐射带动作用实现新提升，深化重庆自贸试验区联动创新区建设。提升川渝自贸试验区协同开放示范区建设成效，增强开放平台协同创新能力，基本完成内陆开放战略高地和参与国际竞争的新基地。到2035年，重庆自贸试验区全面建成改革开放新高地，成为西部地区高质量发展的重要增长极。产业相融、市场相通、创新相促、规则相联的水平大幅提升，接近国际先进自由贸易港标准。集聚全球资源要素能力大幅增强，成为陆海内外联动、东西双向互济开放格局的核心载体和平台。

第二节　重庆自贸试验区高质量发展指数评价

一、重庆自贸试验区高质量发展总体评价

从自贸试验区高质量发展八个方面的指数来看，重庆自贸试验区总体处于全国中游，得益于近年来重庆自贸试验区在投资、贸易、金融、物流、法治等领域形成了多项高质量、具有全国影响力的制度创新成果，重庆地区制度创新表现较为出色，处于全国中上游，但在区域带动和高水平对外开放方面，重庆地区整体表现欠佳，特别是西永片区和果园港片区，在市场活力、产业带动和辐射带动方面，仍有较大进步空间。拆分来看，重庆两江片区表现出色，多项高质量发展指数位于重庆地区三个自贸试验区之首。两江片区表现较为突出的是制度创新指数和绿色共享指数，总体排名处于全国前20位。果园港片区表现较为突出的是制度创新和科技创

新，位于全国前20位。

二、重庆自贸试验区两江片区高质量发展指数评价

重庆两江片区的高质量发展指数在金融发展、企业经营、产业发展、区域带动、高水平对外开放、绿色共享六个方面的表现均处于全市最优。重庆两江片区的制度创新指数、企业经营指数和绿色共享指数三项指标均位于所有自贸片区前20位。重庆两江片区高质量发展指数一级、二级指标指数及在全国自贸片区中的位置如表18-4所示。

表18-4   重庆两江片区高质量发展指数及排位

一级指标指数及排位	二级指标指数及排位		一级指标指数及排位	二级指标指数及排位	
1.制度创新 32.24 (18)	贸易便利化	44.97（居前）	2.金融发展 8.23 (27)	金融机构	14.57（居前）
	政府职能转变	21.98（居中）		股权投融资	0.55（居中）
	法治化环境	29.75（居中）		投资自由化	9.82（居中）
3.企业经营 28.07 (20)	基数水平	59.51（居前）	4.产业发展 32.89 (35)	产业规模	5.82（居中）
	高新企业占比	10.81（居中）		产业结构	31.30（居中）
	创新经营情况	14.32（居中）		产业创新	8.22（居中）
				产业环境	86.22（居中）
5.科技创新 13.54 (24)	创新环境	7.26（居中）	6.区域带动 6.79 (38)	市场活力	8.97（居中）
	创新投入	15.33（居前）		产业带动	7.33（居后）
	创新产出	15.03（居中）		辐射带动	6.01（居中）
7.对外开放 10.52 (43)	贸易强度	9.32（居后）	8.绿色共享 21.93 (12)	三废排放占比	37.77（居前）
				污染治理力度	4.53（居中）
	资本流动	11.73（居中）		公共服务	11.75（居后）

重庆两江片区的制度创新指数为32.24（如图18-1所示），位于全国所有自贸片区的第18位。从制度创新的二级指标来看，重庆两江片区的贸易便利化指数为44.97，排位居前；政府职能转变指数为21.98，排位居中；法治化环境指数为29.75，排位居中。由此可以看出，重庆两江片区推进制度创新高质量发展的重心在于提高政府职能转变指数，拉动法治化环境建设。

重庆两江片区的金融发展指数为8.23，位列全国第27位。从金融发展指数的二级指标来看，重庆两江片区的金融机构指数为14.57，排位居前；另外两个二级指标股权投融资指数和投资自由化指数分别为0.55和9.82，排位居中。两江片区的三个二级指标排位差距略大，股权投融资和投资自由化仍需提升。

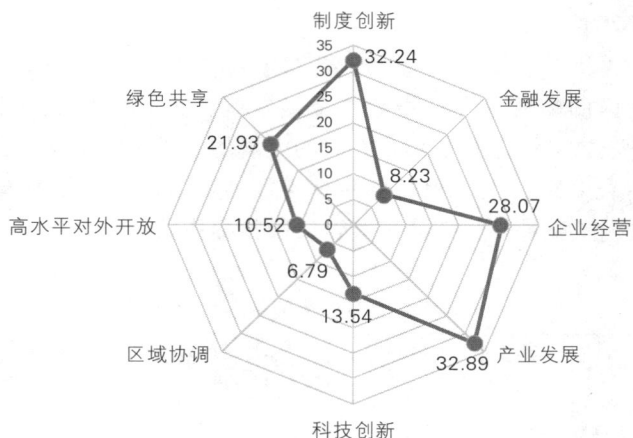

图18-1　重庆两江片区高质量发展指数

　　重庆两江片区的企业经营指数为28.07，位列全国第20位。从企业经营指数的二级指标来看，基数水平指数为59.51，排位居前；高新企业占比指数为10.81，排位居中；创新经营情况指数为14.32，排位居中。由此可以看出该片区企业的创新活力仍有提升空间。

　　重庆两江片区的产业发展指数为32.89，位列全国第35位。从产业发展指数的二级指标来看，产业规模指数为5.82，排位居中；产业结构指数为31.30，排位居中；产业创新指数为8.22，排位居中；产业环境指数为86.22，排位居中。由此可以看出，该片区第一、第二和第三产业规模仍存在扩大空间。

　　重庆两江片区的科技创新指数为13.54，位列全国第24位。从科技创新指数的二级指标来看，创新环境指数为7.26，排位居中；创新投入指数为15.33，排位居前；创新产出指数为15.03，排位居中。由此可以看出，该片区仍需进行创新主体企业的重点培育。

　　重庆两江片区的区域带动指数为6.79，位列全国第38位。从区域带动指数的二级指标来看，市场活力指数为8.97，排位居中；产业带动指数为7.33，排位居后；辐射带动指数为6.01，排位居中。两江片区整体区域带动指数排名较为靠后，仍需重点提升。

　　重庆两江片区高水平对外开放指数为10.52，位列全国第43位。从高水平对外开放指数的二级指标来看，重庆两江片区贸易强度指数为9.32，排位居后；资本流动指数为11.73，排位居中。两江片区的高水平对外开放情况也需要重视。

　　重庆两江片区的绿色共享指数为21.93，位列全国第12位。从绿色共享指数的二级指标来看，三废排放占比指数为37.77，排位居前；污染治理力度指数为4.53，排位居中；公共服务指数为11.75，排位居后。由此可以看出，两江片区绿色共享整体情况不错，但公共服务情况需注意和提升。

综合分析，重庆两江片区高质量发展指数均位于全国中上游，区域带动指数和高水平对外开放指数排名较靠后，遵循"打造内陆开放门户"的任务目标，重庆两江片区对外开放和区域带动成果显然有待继续提升。2022年，重庆两江片区提出要统筹成渝地区双城经济圈建设和"一区两群"协调发展，持续释放区域经济发展布局优化效应。聚焦"两中心两地"战略定位，集中精力办好重庆自己的事情，齐心协力办好川渝合作的事情，努力构建优势互补、高质量发展的区域经济布局。因此，可以预见，未来几年重庆两江片区的区域带动指数和高水平对外开放指数排名会出现一定的提升。

三、重庆自贸试验区西永片区高质量发展指数评价

重庆西永片区的高质量发展指数在金融发展、产业发展、区域带动、高水平对外开放和绿色共享六个方面表现居全市第二。重庆西永片区产业发展指数、科技创新指数与绿色共享指数排入了全国前40位，其他指数均处于居后位置。重庆西永片区高质量发展指数一级、二级指标指数及在全国自贸片区中的排名情况如表18-5所示。

表18-5　　　　　　　重庆西永片区高质量发展指数及排位

一级指标指数及排位	二级指标指数及排位		一级指标指数及排位	二级指标指数及排位	
1.制度创新 23.60 (48)	贸易便利化	31.38（居中）	2.金融发展 3.07 (51)	金融机构	4.22（居后）
	政府职能转变	17.88（居后）		股权投融资	0.19（居后）
	法治化环境	21.54（居中）		投资自由化	4.89（居后）
3.企业经营 18.76 (45)	基数水平	41.99（居中）	4.产业发展 32.04 (38)	产业规模	4.11（居后）
	高新企业占比	4.42（居后）		产业结构	30.57（居中）
	创新经营情况	10.13（居中）		产业创新	5.63（居中）
				产业环境	87.84（居前）
5.科技创新 8.43 (39)	创新环境	4.16（居后）	6.区域带动 0.96 (60)	市场活力	1.23（居后）
	创新投入	10.74（居中）		产业带动	1.39（居后）
	创新产出	9.09（居中）		辐射带动	0.47（居后）
7.高水平对外开放 9.79 (46)	贸易强度	12.68（居后）	8.绿色共享 17.64 (31)	三废排放占比	5.93（居后）
	资本流动	6.90（居后）		污染治理力度	1.23（居后）
				公共服务	72.01（居前）

重庆西永片区的制度创新指数为23.60（如图18-2所示），位列全国第48位，处于下游偏上水平。从制度创新的二级指标来看，重庆西永片区的贸易便利化指数为31.38，排位居中；政府职能转变指数为17.88，排位居后；法治化环境指数为21.54，排位居中。与两江片区相同，西永片区的政府职能转变指数排名较靠后。

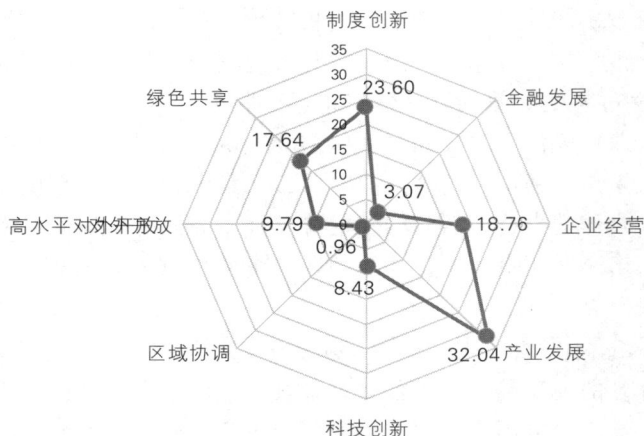

图18-2 重庆西永片区高质量发展指数

重庆西永片区的金融发展指数为3.07，位列全国第51位。从金融发展指数的二级指标来看，重庆西永片区金融机构指数为4.22，排位居后；股权投融资指数为0.19，排位居后；投资自由化指数为4.89，排位居后。重庆西永片区金融发展指数及其二级指标数值均处于全国下游。

重庆西永片区的企业经营指数为18.76，位列全国第45位。从企业经营指数二级指标来看，重庆西永片区的基数水平指数为41.99，排位居中；高新企业占比指数为4.42，排位居后；创新经营情况指数为10.13，排位居中。同两江片区类似，西永片区也存在创新产出不足的问题。

重庆西永片区的产业发展指数为32.04，位列全国第38位。从产业发展指数的二级指标来看，重庆西永片区的产业规模指数为4.11，排位居后；产业结构指数为30.57，排位居中；产业创新指数为5.63，排位居中；产业环境指数为87.84，排位居前。

重庆西永片区的科技创新指数为8.43，位列全国第39位。从科技创新指数的二级指标来看，重庆西永片区的创新环境指数为4.16，排位居后；创新投入指数为10.74，排位居中；创新产出指数为9.09，排位居后。

重庆西永片区的区域带动指数为0.96，位列全国第60位。从区域带动指数的二级指标来看，重庆西永片区的市场活力指数为1.23，排位居后；产业带动指数为1.39，排位居后；辐射带动指数为0.47，排位居后。重庆西永片区的区域带动指数及其二级指标数值均处于全国下游。

重庆西永片区高水平对外开放指数为9.79，位列全国第46位。从高水平对外开放指数的二级指标来看，贸易强度指数为12.68，排位居后；资本流动指数为6.90，排位居后。重庆西永片区的贸易强度指数与资本流动指数均处于全国第40~50位的水平。

重庆西永片区的绿色共享指数为17.64，位列全国第31位。从绿色共享指数的二级指标来看，三废排放占比指数为5.93，排位居后；污染治理力度指数为1.23，排位居后；公共服务指数为72.01，排位居前。重庆西永片区的公共服务指数显著拉高了整体的绿色共享水平。

综合分析，重庆西永片区高质量发展指数在全国排名均较为靠后，这也与西永片区的整体规模较小相关。但相对而言，重庆西永片区区域带动指数排名更为靠后，这也与两江片区呈现出一定的一致性。因而，今后该片区也应重点关注并提升自身的区域带动辐射水平。

四、重庆自贸试验区果园港片区高质量发展指数评价

重庆果园港片区的高质量发展指数在制度创新和科技创新两方面位于全市第一，企业经营方面位于全市第二。除制度创新指数位于全国前20位，科技创新指数处于全国中等偏上水平外，高水平对外开放指数、金融发展指数、区域带动指数和绿色共享指数均处于全国下游。横向对比同样规模较小的重庆西永片区，可以发现，重庆果园港片区八个高质量发展指数间呈现出较大的落差，长板及短板均较为明显。重庆果园港片区高质量发展指数一级、二级指标指数及在全国自贸片区中的排名情况如表18-6所示。

表18-6 重庆果园港片区高质量发展指数及排位

一级指标指数及排位	二级指标指数及排位		一级指标指数及排位	二级指标指数及排位	
1.制度创新 34.44 (16)	贸易便利化	36.97 (居中)	2.金融发展 2.52 (54)	金融机构	6.97 (居中)
	政府职能转变	19.54 (居后)		股权投融资	0.02 (居后)
	法治化环境	46.82 (居前)		投资自由化	0.65 (居后)
3.企业经营 19.58 (41)	基数水平	34.59 (居后)	4.产业发展 31.24 (42)	产业规模	0.56 (居后)
	高新企业占比	1.79 (居后)		产业结构	33.75 (居中)
				产业创新	23.49 (居前)
	创新经营情况	22.27 (居前)		产业环境	67.17 (居后)
5.科技创新 20.11 (15)	创新环境	11.86 (居中)	6.区域带动 0.24 (62)	市场活力	0.16 (居后)
	创新投入	11.33 (居中)		产业带动	0.42 (居后)
	创新产出	25.79 (居前)		辐射带动	0.23 (居后)
7.高水平对外开放 8.39 (53)	贸易强度	7.98 (居后)	8.绿色共享 5.53 (60)	三废排放占比	6.28 (居后)
				污染治理力度	0.50 (居后)
	资本流动	8.79 (居后)		公共服务1	1.75 (居后)

重庆果园港片区的制度创新指数为34.44（如图18-3所示），位列全国第16位，处于上游。从制度创新的二级指标来看，重庆果园港片区的贸易便利化指数为36.97，排位居中；政府职能转变指数为19.54，排位居后；法治化环境指数46.82，排位居前。重庆果园港片区的政府职能转变指数排名进入了全国前20位，与法治

化环境指数的较高得分密不可分。同时，与两江片区、西永片区一样，果园港片区
的政府职能转变情况相对处于短板。

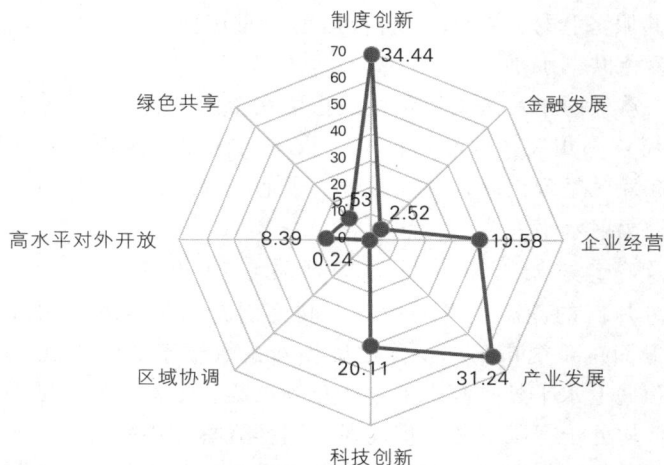

图18-3　重庆果园港片区高质量发展指数

重庆果园港片区的金融发展指数为2.52，位列全国第54位。从金融发展指数
的二级指标来看，重庆果园港片区的金融机构指数为6.97，排位居中；股权投融资
指数为0.02，排位居后；投资自由化指数为0.65，排位居后。整体而言，该片区的
金融发展情况与重庆另两个片区仍存在差距。

重庆果园港片区企业经营指数为19.58，位列全国第41位。从企业经营指数的二级
指标来看，基数水平指数为34.59，排位居后；高新企业占比指数为1.79，排位居后；
创新经营情况指数为22.27，排位居前。重庆果园港片区创新经营情况较好，科技创
新指数排名也相对较为靠前，但高新企业占比指数及基数水平指数较低，影响了整
体排名。

重庆果园港片区的产业发展指数为31.24，位列全国第42位。从产业发展指数的
二级指标来看，产业规模指数为0.56，排位居后；产业结构指数为33.75，排位居
中；产业创新指数为23.49，排位居前；产业环境指数为67.17，排位居后。重庆果
园港片区的产业规模指数与产业环境指数显著拉低了整体的产业发展水平。

重庆果园港片区的科技创新指数为20.11，位列全国第15位。从科技创新指数
的二级指标来看，创新环境指数为11.86，排位居中；创新投入指数为11.33，排位
居中；创新产出指数为25.79，排位居前。受益于该片区企业的创新产出水平较高，
科技创新指数整体较高。

重庆果园港片区的区域带动指数为0.24，位列全国第62位。从区域带动指数
的二级指标来看，市场活力指数为0.16，排位居后；产业带动指数为0.42，排位居
后；辐射带动指数为0.23，排位居后。重庆果园港片区区域带动指数及其二级指标

均处于全国下游。

重庆果园港片区的高水平对外开放指数为8.39，位列全国第53位。从高水平对外开放指数的二级指标来看，贸易强度指数为7.98，排位居后；资本流动指数为8.79，排位居后。重庆果园港片区的贸易强度指数及资本流动指数均处于全国下游。

重庆果园港片区的绿色共享指数为5.53，位列全国第60位。从绿色共享指数的二级指标来看，三废排放占比指数为6.28，排位居后；污染治理力度指数为0.50，排位居后；公共服务指数为11.75，排位居后。重庆果园港片区的绿色共享指数及其二级指标均处于全国下游。

综合分析，重庆果园港片区的金融发展指数、区域带动指数、高水平对外开放指数与绿色共享指数排名较靠后，显著影响了该片区的整体表现，其中区域带动指数与高水平对外开放指数较低属于重庆市的共性问题，在重庆市的三大片区中均有出现，需要引起政府的足够重视，着力解决区域带动问题。而金融发展指数与绿色共享指数排名较靠后问题属于重庆果园港片区的个性问题，基于重庆果园港片区第二产业企业占比较大的区域特点，该片区应重视解决绿色发展问题。

第三节 重庆自贸试验区建设的主要成效与重点发展方向

一、重庆自贸试验区制度创新的主要成效

重庆自贸试验区深入践行"为国家试制度，为地方谋发展"的初心使命，积极开展首创性、集成化、差异化探索，制度创新水平跻身全国第一梯队[1]。2022年，重庆自贸试验区以全市1.46%的面积，贡献了全市超过1/10的新设企业、近1/2的实际使用外资、近2/3的外贸进出口总额，成为全市开放型经济的主力军和"动力源"[2]。重庆自贸试验区自挂牌运行以来，立足国家战略强改革、关键领域抓创新、产业集聚谋发展、联动发展促协同，持续开展首创性、差异化探索，扩大自贸试验区溢出效应，推动开放型经济高质量发展。截至2023年6月，重庆自贸试验区累计培育重点制度创新成果118项，其中7项向全国复制推广，89项在全市复制推广；累计注册企业超19万户，成为全市开放型经济的主力军。

立足国家赋予重庆的"一带一路"和长江经济带互联互通重要枢纽、西部大开发战略重要支点作用，重庆自贸试验区主动服务和融入国家战略。重庆依托中欧班列（渝新欧）开立全球首份"铁路提单国际信用证"，并实现批量化运用。制定的国际货

① 佚名.中央媒体深入重庆自贸 感受制度创新活力涌动［EB/OL］.［2023-08-16］.https://sww.cq.gov.cn/zymyq/ywxx/dtyw/202308/t20230816_12242798_wap.html.
② 佚名.累计注册企业超19万户 来看重庆自贸试验区建设"成绩单"［EB/OL］.［2023-07-26］.https://baijiahao.baidu.com/s?id=1772479275126659168&wfr=spider&for=pc.

运代理铁路联运作业规范等3项标准获批国家标准，铁路提单背书转让效力得到司法审判实践支持，开创国际贸易史先河。突破国际铁路60年来禁止运邮的禁令，渝新欧在全球率先完成国际运邮返程邮包运输测试，实现了国际铁路运邮双向互通。陆海新通道是重庆一体化推动自贸试验区与中新互联互通项目、引领内陆开放的标志性创新名片，加速以重庆为运营中心，构建中国西部面向东盟各国全面开放的新格局。服务西部陆海新通道建设，重庆推动多式联运创新，签发全国首张中国国际货运代理协会（CIFA）多式联运提单，推动铁海联运"一单制"试点，探索建立连通海上与陆上的贸易物流金融新规则。同时，重庆还积极推广"铁路原箱下海、一箱到底"模式，整体通关时间压缩40%。上线全国首个跨境金融区块链西部陆海新通道融资结算应用场景，为物流企业提供融资超过15亿美元。开通中国首条、针对单一国家、点对点的国际数据专用通道中新（重庆）国际互联网数据专用通道，推动通道接入重庆8个产业园区，并吸引四川省、贵州省、云南省、广西壮族自治区等省区共商共建共享。服务长江经济带发展，重庆创新通关便利化模式。重庆自贸试验区充分发挥渝新欧、西部陆海新通道等特色优势，积极探索陆上贸易规则，形成了诸多可复制推广的经验举措，在开展压力测试和差异化探索内陆开放新高地方面成效显著。

二、重庆自贸试验区的主要发展经验

1.差异化探索内陆开放高地新路径，打造贸易便利化国际竞争新优势

近年来，重庆自贸试验区快马加鞭推动贸易便利化制度创新，最大程度释放改革创新红利。重庆在全国首创"货物贸易'一保多用'管理模式"，实现企业一份担保文本在关区不同业务领域、不同业务现场、不同担保事项间的通用，累计为企业节约资金成本近亿元，被国务院纳入自贸试验区第六批改革试点经验在全国复制推广。创新实施"集中审核作业模式"，持续压缩整体通关时间。

2.全面实施外商投资负面清单，推动建设国际化、便利化营商环境

重庆全面实施外商投资负面清单，下放41项市级管理权限，企业开办实现"一网、一窗、一次、一日"全流程办结。政务服务方面，在全国率先推出"全程电子退库系统"，建设全国唯一的区域性专利导航项目研究和推广中心，创建的市场综合监管大数据平台被评为全国最佳实践案例。加快建设国际化、法治化营商环境，重庆成立自贸试验区仲裁中心、自贸试验区商事调解中心、两江新区（自贸区）法院、重庆仲裁委互联网仲裁院等专门机构，构建起具有自贸试验区特色的纠纷解决机制，为多元化解决自贸试验区民商事纠纷提供司法便利。

3.贯彻国家战略定位目标，建设国际物流枢纽和口岸新高地

重庆努力建设服务于"一带一路"建设和长江经济带发展的国际物流枢纽和口岸高地，率先成为全国唯一的"水陆空"三型国家物流枢纽城市，推动构建西部地区门

户城市全方位开放新格局，带动西部大开发战略深入实施。"渝新欧"成为全国中欧班列中唯一获批中国驰名商标的品牌。强化国际物流枢纽和口岸引领作用，重庆依托中欧班列成功打造了进口整车全产业链，建成保时捷、奥迪整车保税分拔中心和博世（中国）零部件分拔中心，测试运行博世亚太分拔中心、舍弗勒汽车零配件分拔中心。

三、重庆自贸试验区的重点发展方向

重庆自贸试验区应以制度创新为牵引，继续推动自贸试验区高质量发展，保持重庆自贸试验区在科技创新方面的优势，重点关注弥补在区域带动指数和高水平对外开放指数方面的不足，通过制度创新加强区域联动与对外开放的辐射功能。具体而言，重庆两江片区应从区域带动和对外开放处发力，助力片区栖身于更高的排位；重庆西永片区应重点从区域带动处发力，保障区域整体发展的平衡性；重庆果园港片区应从区域带动和绿色共享两方面发力，在考虑区域辐射效应的同时，重视第二产业的绿色发展。

第十九章　四川自贸试验区高质量发展评价

　　四川自贸试验区地处我国西部区域板块，四川立足内陆、承东启西，服务全国、面向世界，将自贸试验区建设成为西部门户城市开发开放引领区、内陆开放战略支撑带先导区、国际开放通道枢纽区、内陆开放型经济新高地、内陆与沿海沿边沿江协同开放示范区。本章在对四川自贸试验区进行概述的基础上，基于中国自贸试验区大数据监测分析平台的微观数据，从制度创新、金融发展、企业经营、产业发展、科技创新、区域带动、高水平对外开放、绿色共享八个维度入手，对四川自贸试验区的高质量发展情况进行评价，分析其优势与短板，梳理四川自贸试验区的主要发展成效与经验、发展特色，明确未来的高质量发展方向。

第一节　四川自贸试验区概况

一、四川自贸试验区实施范围

　　四川自贸试验区是中国政府设立的区域性自由贸易园区，2018年8月，四川省人民政府办公厅印发《中国（四川）自由贸易试验区协同改革先行区建设实施方案》，拟探索建立自贸试验区协同改革先行区。四川自贸试验区于2017年4月1日正式挂牌，是全国第三批设立的自贸试验之一。四川自贸试验区的实施范围为119.99平方千米，整体分为成都、泸州两个部分，涵盖三个片区：成都天府新区片区、成都青白江铁路港片区和川南临港片区。

　　成都天府新区片区面积共90.32平方千米，包括成都双流区、天府新区成都直管区、成都高新区三大部分。成都双流自贸试验区面积共34.01平方千米，主要可分为成都高新综合保税区区块四（双流园区）、成都空港保税物流中心与非海关特殊监管区域三块区域。成都高新综合保税区区块四（双流园区）面积共4平方千米，东至双黄路，南至正公路延伸线，西至规划货运大道，北至规划4.5环路。成都空港保税物流中心面积共0.09平方千米，东至物流大道、南至航枢二路、西至航枢大道、北至航枢一路。非海关特殊监管区域面积共29.92平方千米，包括综合保税区双流园区配套区、成都双流国际机场、成都航空枢纽综合功能区、国际航空动力小镇。天府新区自贸试验区面积共26.45平方千米，东至成自泸高速，南至科学城中路，西至益州大道，北至海昌北路。成都高新自贸试验区面积共29.86平方千米，涵盖新南商圈、金融城、天府软件园、环球中心、新国际会展中心、菁蓉国际广场、新川创新科技园区域。

成都青白江铁路港片区面积共9.68平方千米，东至成太路（清泉大道），南至达成铁路，西至青白江区与新都区交界处，北至成青快速通道。

川南临港片区面积共19.99平方千米，东至成自泸赤高速西侧，南至长江，西至医教园区，北至进港铁路。

二、四川自贸试验区的功能定位

立足内陆、承东启西，服务全国、面向世界，四川自贸试验区致力于建设西部门户城市开发开放引领区、内陆开放战略支撑带先导区、国际开放通道枢纽区、内陆开放型经济新高地、内陆与沿海沿边沿江协同开放示范区[①]。其中，成都天府新区片区重点发展现代服务业、高端制造业、高新技术、临空经济、口岸服务等产业，建设国家重要的现代高端产业集聚区、创新驱动发展引领区、开放型金融产业创新高地、商贸物流中心和国际性航空枢纽，打造西部地区门户城市开放高地。成都青白江铁路港片区重点发展国际商品集散转运、分拨展示、保税物流仓储、国际货代、整车进口、特色金融等口岸服务业和信息服务、科技服务、会展服务等现代服务业，打造内陆地区联通丝绸之路经济带的西向国际贸易大通道重要支点。川南临港片区重点发展航运物流、港口贸易、教育医疗等现代服务业，以及装备制造、现代医药、食品饮料等先进制造和特色优势产业，建设成为重要区域性综合交通枢纽和成渝城市群南向开放、辐射滇黔的重要门户。

三、四川自贸试验区的产业基础

四川自贸试验区以绿色创新和制度创新为引领，各片区充分发挥各自临空、临铁、临江的口岸优势，在政府职能转变、双向投资合作、贸易便利化等多个方面大胆探索、先行先试，不断推动四川从内陆腹地向开放高地转变。中国自贸试验区大数据监测分析平台显示，截至2022年，四川自贸片区在营企业总数为198 610家，投资总额为22 174.02亿元；民营企业占比95.60%，贡献了总投资额的70.95%，表现出了充沛的市场活力；高新企业总数为1 625家，占比1.14%；大型企业占比1.10%，贡献了总投资额的76.50%；外资企业总数为671家，占比1.59%，贡献了总投资额的42.16%。成都天府新区片区在营企业总数为162 916家，投资总额为20 856.13亿元，投资总额占四川三大自贸试验区的94.06%。成都青白江铁路港片区在营企业总数为28 718家，投资总额为660.52亿元，投资总额占四川三大自贸试验区的2.98%。川南临港片区在营企业总数为6 976家，投资总额为657.38亿元，投资总额占四川三大自贸试验区的2.96%。四川自贸试验区三个片区的各类企业数量情况如表19-1、表19-2和表19-3所示。

[①] 佚名. 四川自贸试验区瞄准"四区一高地"[EB/OL]. [2017-04-01]. https://www.gov.cn/xinwen/2017-04/01/content_5182691.htm.

表19-1　　　　四川自贸试验区成都天府新区片区各类企业数量情况

		企业数（家）	占比（%）	投资额（亿元）	占比（%）
产业结构	第一产业	431	0.27	45.67	0.22
	第二产业	21 975	13.52	4 721.36	22.67
	第三产业	140 107	86.21	16 063.45	77.11
所有制	国有	184	0.11	604.29	2.90
	民营	154 678	94.96	14 940.95	71.64
	外资	2 151	1.32	784.04	3.76
	其他	5 875	3.61	4 525.34	21.70
企业规模	大	785	0.50	8 909.12	43.06
	中	4 455	2.86	3 737.47	18.07
	小	31 619	20.31	3 169.57	15.32
	微	118 859	76.33	4 872.49	23.55
企业特征	高新技术企业	1 611	0.99	457.35	2.21
	对外投资企业	4 421	2.71	5 313.03	25.68

数据来源：中国自贸试验区大数据监测分析平台。

表19-2　　　　四川自贸试验区成都青白江铁路港片区各类企业数量情况

		企业数（家）	占比（%）	投资额（亿元）	占比（%）
产业结构	第一产业	14	0.05	0.79	0.12
	第二产业	544	1.91	58.71	8.89
	第三产业	27 990	98.04	600.62	90.99
所有制	国有	7	0.02	157.98	23.92
	民营	28 526	99.34	293.92	44.49
	外资	56	0.19	37.49	5.68
	其他	129	0.45	171.13	25.91
企业规模	大	27	0.10	258.39	39.14
	中	183	0.66	154.01	23.32
	小	737	2.64	128.88	19.52
	微	26 918	96.60	119.01	18.02
企业特征	高新技术企业	4	0.01	6.51	0.99
	对外投资企业	49	0.17	272.36	41.25

数据来源：中国自贸试验区大数据监测分析平台。

表19-3　　　　四川自贸试验区川南临港片区各类企业数量情况

		企业数（家）	占比（%）	投资额（亿元）	占比（%）
产业结构	第一产业	75	1.08	6.00	0.91
	第二产业	1 730	24.86	174.12	26.49
	第三产业	5 155	74.06	477.07	72.60
所有制	国有	26	0.37	0.15	0.02
	民营	6 662	95.51	497.02	75.62
	外资	34	0.49	46.30	7.04
	其他	253	3.63	113.85	17.32

续表

		企业数（家）	占比（%）	投资额（亿元）	占比（%）
企业规模	大	33	0.50	180.84	27.73
	中	201	3.05	188.59	28.91
	小	1 082	16.43	111.40	17.08
	微	5 268	80.02	171.39	26.28
企业特征	高新技术企业	10	0.14	2.99	0.46
	对外投资企业	74	1.06	98.75	15.14

数据来源：中国自贸试验区大数据监测分析平台。

四、四川自贸试验区的绿色共享

一直以来，四川自贸试验区贯彻落实战略定位及发展目标，积极发挥示范带动、服务全省的作用。四川自贸试验区在污染治理、三废排放及公共服务方面取得了一定的建设成果，在推进绿色贸易与循环经济方面持续努力，为四川自贸试验区的高质量发展奠定了基础。政府围绕绿色贸易出台《2022年绿色低碳贸易工作方案》，在培育绿色外贸企业、建立绿色标准体系、深化国际合作等重点方面提出10条具体举措，进行系统性规划布局，制定出台《四川省绿色外贸循环经济产业园评定办法》，鼓励各地以自贸试验区、国家级经开区、外贸转型基地等平台先行先试，综合利用节能、减排、固碳、碳汇等多种手段，实现平台内项目间、企业间、产业间的绿色闭环，打造出一批外贸低碳明星平台和主体。成都海关技术中心近年来一直积极开展低碳外贸相关工作，为锂电池原材料、电气产品等遭遇外贸低碳技术要求的外贸企业，提供低碳商务条款解读、技术培训、产品碳足迹核算等服务，针对性地密集开展了国际贸易低碳准入政策、产品碳排放标准、外贸产品全生命周期碳足迹追踪体系等系列研究，以推动我国参与建立国际外贸低碳技术秩序。

五、四川自贸试验区"十四五"时期发展目标

"十四五"期间，四川政府坚持以改革促开放、以创新促开放，依托"两化""五基地"建设，强化扩权赋能、区域协同和制度创新，持续释放改革动能，努力建设成为全省自贸协同标杆。四川省人民政府发布《四川省"十四五"规划和2035年远景目标纲要》，在第二十九章——打造高能级对外开放平台中提到，高质量建设中国（四川）自贸试验区。重点强调，要深入实施自贸试验区引领性工程，统筹推进双向投资管理、贸易便利化、金融开放创新、区域协同开放、现代政府治理等制度体系创新。加大赋能放权力度，有序推进省级管理权限下放，高质量建设自贸试验区协同改革先行区。推进川渝自贸试验区协同开放示范区建设，争取国家赋予更大的改革自主权，试行有利于促进跨境贸易便利化的外汇管理政策，支持在自贸试验区设立人民币海外投贷基金。

第二节 四川自贸试验区高质量发展指数评价

一、四川自贸试验区高质量发展总体评价

从自贸试验区高质量发展八个方面的指数来看，四川自贸试验区总体处于全国中游。得益于近年来四川自贸试验区在金融发展、企业经营与绿色共享等领域取得的成就，这几类指数均处于全国中上游。但在制度创新、高水平对外开放和科技创新方面，四川省整体表现欠佳，特别是成都青白江铁路港片区和川南临港片区，在多方面仍有较大进步空间。拆分来看，天府新区表现较为出色，多项高质量发展指数位于四川地区三个自贸试验区之首。天府新区片区在金融发展、企业经营、科技创新、区域带动和高水平对外开放中表现较为突出；成都青白江铁路港片区在产业发展和绿色共享中表现较为突出，位于全国前20位。

二、四川自贸试验区成都天府新区高质量发展指数评价

成都天府新区的高质量发展指数在金融发展、企业经营、科技创新、区域带动和高水平对外开放五个方面的表现均处于全省最优。成都天府新区的企业经营、产业发展、区域带动和绿色共享四项指数均位于所有自贸片区前20位。成都天府新区高质量发展指数一级、二级指标指数及在全国自贸片区中的位置如表19-4所示。

表19-4　　　四川成都天府新区片区高质量发展指数及排位

一级指标指数及排位	二级指标指数及排位		一级指标指数及排位	二级指标指数及排位	
1.制度创新 22.09 (50)	贸易便利化	36.62 (居中)	2.金融发展 9.27 (20)	金融机构	3.40 (居后)
	政府职能转变	19.70 (居后)		股权投融资	2.35 (居前)
	法治化环境	9.94 (居后)		投资自由化	22.33 (居前)
3.企业经营 37.26 (9)	基数水平	41.17 (居中)	4.产业发展 37.70 (13)	产业规模	20.64 (居前)
	高新企业占比	56.12 (居前)		产业结构	30.48 (居中)
	创新经营情况	15.16 (居中)		产业创新	7.19 (居中)
				产业环境	92.50 (居前)
5.科技创新 13.51 (25)	创新环境	10.42 (居中)	6.区域带动 24.44 (10)	市场活力	26.18 (居中)
	创新投入	17.70 (居前)		产业带动	36.47 (居前)
	创新产出	13.15 (居中)		辐射带动	15.87 (居前)
7.高水平对外开放 13.67 (31)	贸易强度	15.51 (居中)	8.绿色共享 35.47 (4)	三废排放占比	12.55 (居中)
	资本流动	11.84 (居中)		污染治理力度	52.29 (居前)
				公共服务	63.57 (居前)

成都天府新区的制度创新指数为22.09（如图19-1所示），位于全国所有自贸片区的第50位。从制度创新二级指标来看，成都天府新区的贸易便利化指数为36.62，排位居中；政府职能转变指数为19.70，排位居后；法治化环境指数为

9.94，排位居后。由此可以看出，成都天府新区在政府职能转变与法治化环境的建设中均有较大提升空间。

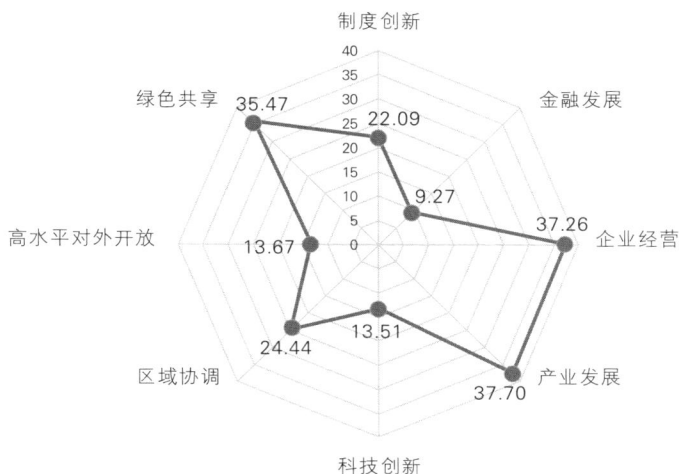

图19-1 成都天府新区片区高质量发展指数

成都天府新区的金融发展指数为9.27，位列全国第20位。从金融发展指数的二级指标来看，成都天府新区的金融机构指数为3.40，排位居后。另外两个二级指标股权投融资指数和投资自由化指数分别为2.35和22.33，排位居前。成都天府新区的三个二级指标排位差距略大，金融机构水平急需提升。

成都天府新区的企业经营指数为37.26，位列全国第9位。从企业经营指数的二级指标来看，基数水平指数为41.17，排位居中；高新企业占比指数为56.12，排位居前；创新经营情况指数为15.16，排位居中。由此可以看出，该片区企业的创新活力提升后，企业经营指数能进一步提升。

成都天府新区的产业发展指数为37.70，位列全国第13位。从产业发展指数的二级指标来看，产业规模指数为20.64，排位居前；产业结构指数为30.48，排位居中；产业创新指数为7.19，排位居中；产业环境指数为92.50，排位居前。由此可以看出，该片区第三产业的创新水平仍存在进步空间。

成都天府新区的科技创新指数为13.51，位列全国第25位。从科技创新指数的二级指标来看，创新环境指数为10.42，排位居中；创新投入指数为17.70，排位居前；创新产出指数为13.15，排位居中。由此可以看出，该片区在创新主体企业的创建上仍需要进行重点培育。

成都天府新区的区域带动指数为24.44，位列全国第10位。从区域带动指数的二级指标来看，市场活力指数为26.18，排位居前；产业带动指数为36.47，排位居前；辐射带动指数为15.87，排位居前。成都天府新区整体区域带动指数排名较为靠前，区域带动能力强劲。

成都天府新区高水平对外开放指数为13.67，位列全国第31位。从高水平对外开放指数的二级指标来看，重庆两江片区贸易强度指数为15.51，排位居中；资本流动指数为11.84，排位居中。成都天府新区整体对外开放水平较为一般，应有重点地进行提升。

成都天府新区的绿色共享指数为35.47，位列全国第4位。从绿色共享指数的二级指标来看，三废排放占比指数为12.55，排位居中；污染治理力度指数为52.29，排位居前；公共服务指数为63.57，排位居前。由此可以看出，成都天府新区绿色共享整体表现较好。

综合分析，成都天府新区高质量发展指数均处于全国前中部位，制度创新指数和高水平对外开放指数排名较低，结合成都天府新区的体量优势，该片区取得此成绩也与原有资源优势密不可分，但在制度创新方面，天府新区片区仍需在完善管理体制、突出规划引领、促进科技创新与提升城市治理现代化水平等方面进行系统规范，弥补区域短板。

三、四川自贸试验区成都青白江铁路港片区高质量发展指数评价

成都青白江铁路港片区的高质量发展指数在产业发展、绿色共享方面居全省第一，在金融发展、企业经营两方面居全省第二。成都青白江铁路港片区除产业发展指数与绿色共享指数排入了全国前20位外，其他指数均居于全国下游居后位置。成都青白江铁路港片区高质量发展指数一级、二级指标指数及在全国自贸片区中的排名情况如表19-5所示。

表19-5 　　　　　　　成都青白江铁路港片区高质量发展指数及排位

一级指标指数及排位	二级指标指数及排位		一级指标指数及排位	二级指标指数及排位	
1.制度创新 11.75 (62)	贸易便利化	33.74（居中）	2.金融发展 7.15 (31)	金融机构	0.83（居后）
	政府职能转变	0.09（居后）		股权投融资	0.10（居后）
	法治化环境	1.43（居后）		投资自由化	20.74（居前）
3.企业经营 18.81 (44)	基数水平	55.56（居前）	4.产业发展 38.28 (10)	产业规模	19.94（居前）
	高新企业占比	1.37（居后）		产业结构	33.33（居中）
	创新经营情况	0.08（居后）		产业创新	0.29（居后）
				产业环境	99.56（居前）
5.科技创新 0.28 (63)	创新环境	0.09（居后）	6.区域带动 1.71 (55)	市场活力	3.87（居后）
	创新投入	0.58（居后）		产业带动	1.49（居后）
	创新产出	0.24（居后）		辐射带动	0.11（居后）
7.高水平对外开放 1.83 (64)	贸易强度	2.59（居后）	8.绿色共享 40.74 (3)	三废排放占比	23.89（居前）
	资本流动	1.08（居后）		污染治理力度	50.00（居前）
				公共服务	66.35（居前）

成都青白江铁路港片区的制度创新指数为11.75（如图19-2所示），位列全国第62位，处于下游。从制度创新的二级指标来看，成都青白江铁路港片区的贸易便利

化指数为33.74，排位居中；政府职能转变指数为0.09，排位居后；法治化环境指数为1.43，排位居后。与天府新区相同，青白江铁路港片区的政府职能转变指数和法治化环境指数排名较靠后。

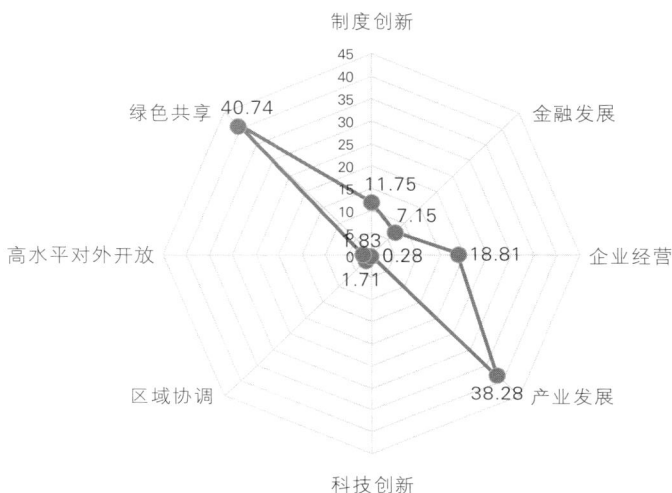

图19-2　成都青白江铁路港片区高质量发展指数

成都青白江铁路港片区的金融发展指数为7.15，位列全国第31位。从金融发展指数的二级指标来看，成都青白江铁路港片区的金融机构指数为0.83，排位居后；股权投融资指数为0.10，排位居后；投资自由化指数为20.74，排位居前。成都青白江铁路港片区的金融发展指数处于全国中游，但二级指标金融机构指数和股权投融资指数均处于全国下游。

成都青白江铁路港片区的企业经营指数为18.81，位列全国第44位。从企业经营指数的二级指标来看，重庆西永片区的基数水平指数为55.56，排位居前；高新企业占比指数为1.37，排位居后；创新经营情况指数为0.08，排位居后。成都青白江铁路港片区企业经营指数的各二级指标也存在较大的差异，高新企业占比和创新经营情况均有较大的进步空间。

成都青白江铁路港片区的产业发展指数为38.28，位列全国第10位。从产业发展指数的二级指标来看，成都青白江铁路港片区的产业规模指数为19.94，排位居前；产业结构指数为33.33，排位居中；产业创新指数为0.29，排位居后；产业环境指数为99.56，排位居前。与前述指数相比，产业发展指数的各二级指标同样存在排位差距过大的问题。

成都青白江铁路港片区的科技创新指数为0.28，位列全国第63位。从科技创新指数的二级指标来看，重庆西永片区的创新环境指数为0.09，排位居后；创新投入指数为0.58，排位居后；创新产出指数为0.24，排位居后。该片区的科技创新指数处于全国下游。

成都青白江铁路港片区的区域带动指数为1.71，位列全国第55位。从区域带动指数的二级指标来看，重庆西永片区的市场活力指数为3.87，排位居后；产业带动指数为1.49，排位居后；辐射带动指数为0.11，排位居后。成都青白江铁路港片区区域带动指数及各二级指标均处于全国下游。

成都青白江铁路港片区的高水平对外开放指数为1.83，位列全国第64位。从高水平对外开放指数的二级指标来看，贸易强度指数为2.59，排位居后；资本流动指数为1.08，排位居后。成都青白江铁路港片区的贸易强度指数与资本流动指数均处于全国靠后水平。

成都青白江铁路港片区的绿色共享指数为40.74，位列全国第3位。从绿色共享指数的二级指标来看，三废排放占比指数为23.89，排位居前；污染治理力度指数为50.00，排位居前；公共服务指数为66.35，排位居前。成都青白江铁路港片区的整体绿色共享水平处于全国靠前位置。

综合分析，除产业发展与绿色共享外，成都青白江铁路港片区的高质量发展指数在全国排名均较靠后，这与青白江铁路港片区的整体规模较小相关，但在指数计算过程中，尽量规避了体量大小对计算结果的影响，因此还是能够从数据中看出青白江铁路港片区存在着较大的进步空间，特别是在制度创新、科技创新、区域带动和高水平对外开放方面，仍需重点提高。

四、四川自贸试验区川南临港片区高质量发展指数评价

川南临港片区的高质量发展指数在制度创新方面全省第一，在科技创新、区域带动和高水平对外开放方面全省第二。除制度创新指数与区域带动指数处于全国前30以外，其他指数均处于全国下游。横向对比同样规模较小的成都青白江铁路港片区，可以发现川南临港片区发展指数间呈现出较大的落差，长板及短板均较为明显，且存在较大的进步空间。川南临港片区高质量发展指数一级、二级指标指数及在全国自贸片区中的排名情况如表19-6所示。

表19-6　　　　　　　　　川南临港片区高质量发展指数及排位

一级指标指数及排位	二级指标指数及排位		一级指标指数及排位	二级指标指数及排位	
1.制度创新 29.47 （28）	贸易便利化	22.67（居后）	2.金融发展 3.63 （47）	金融机构	4.80（居后）
	政府职能转变	28.76（居中）		股权投融资	0.76（居中）
	法治化环境	36.98（居前）		投资自由化	5.44（居后）
3.企业经营 13.97 （55）	基数水平	38.41（居后）	4.产业发展 19.24 （63）	产业规模	5.56（居中）
	高新企业占比	1.74（居后）		产业结构	3.49（居后）
	创新经营情况	2.12（居后）		产业创新	1.93（居后）
				产业环境	65.98（居后）

续表

一级指标指数及排位	二级指标指数及排位		一级指标指数及排位	二级指标指数及排位	
5.科技创新 5.77 （50）	创新环境	2.36（居后）	6.区域带动 12.97 （23）	市场活力	19.35（居中）
	创新投入	3.32（居后）		产业带动	17.06（居中）
	创新产出	7.72（居后）		辐射带动	5.27（居中）
7.高水平对外开放 4.06 （60）	贸易强度	4.92（居后）	8.绿色共享 10.80 （46）	三废排放占比	12.04（居中）
				污染治理力度	0.51（居后）
	资本流动	3.20（居后）		公共服务	24.25（居中）

川南临港片区的制度创新指数为 29.47（如图 19-3 所示），位列全国第 28 位，处于中游。从制度创新的二级指标来看，川南临港片区的贸易便利化指数为 22.67，排位居后；政府职能转变指数为 28.76，排位居中；法治化环境指数为 36.98，排位居前。与成都青白江铁路港片区和成都天府新区对比，川南临港片区的二级指标排名情况完全相反，贸易便利化指数排名靠后，政府职能转变指数与法治化环境指数排名靠前。

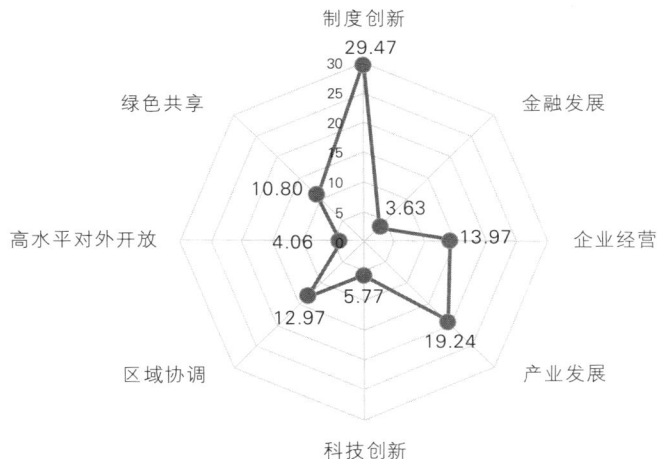

图19-3 川南临港片区高质量发展指数

川南临港片区的金融发展指数为 3.63，位列全国第 47 位。从金融发展指数的二级指标来看，川南临港片区的金融机构指数为 4.80，排位居后；股权投融资指数为 0.76，排位居中；投资自由化指数为 5.44，排位居后。整体而言，该片区的金融发展情况与四川另两个片区仍存在差距。

川南临港片区的企业经营指数为 13.97，位列全国第 55 位。从企业经营指数的二级指标来看，基数水平指数为 38.41，排位居后；高新企业占比指数为 1.74，排位居后；创新经营情况指数为 2.12，排位居后。川南临港片区的企业经营指数及其相应的二级指标均排名相对靠后。

川南临港片区的产业发展指数为19.24，位列全国第63位。从产业发展指数的二级指标来看，产业规模指数为5.56，排位居中；产业结构指数为3.49，排位居后；产业创新指数为1.93，排位居后；产业环境指数为65.98，排位居后。川南临港片区的产业发展指数整体排名也较为靠后。

川南临港片区的科技创新指数为5.77，位列全国第50位。从科技创新指数的二级指标来看，创新环境指数为2.36，排位居后；创新投入指数为3.32，排位居后；创新产出指数为7.72，排位居后。同样的，该片区的科技创新指数排名也较为靠后。

川南临港片区的区域带动指数为12.97，位列全国第23位。从区域带动指数的二级指标来看，市场活力指数为19.35，排位居中；产业带动指数为17.06，排位居中；辐射带动指数为5.27，排位居中。川南临港片区的区域带动指数及其二级指标均处于全国中游。

川南临港片区的高水平对外开放指数为4.06，位列全国第60位。从高水平对外开放指数的二级指标来看，贸易强度指数为4.92，排位居后；资本流动指数为3.20，排位居后。川南临港片区的贸易强度指数及资本流动指数均处于全国下游。

川南临港片区的绿色共享指数为10.80，位列全国第46位。从绿色共享指数的二级指标来看，三废排放占比指数为12.04，排位居中；污染治理力度指数为0.51，排位居后；公共服务指数为24.25，排位居中。

综合分析，川南临港片区的企业经营指数、产业发展指数与高水平对外开放指数排名较靠后，显著影响了该片区的整体表现，由于区位差异，川南临港片区在制度创新上并没有与成都的两个片区呈现出相同的短板，但川南临港片区也在高质量发展的多个方面存在问题，需进一步深化解决。

第三节　四川自贸试验区建设的主要成效与重点发展方向

一、四川自贸试验区高质量发展的主要成效

近年来，四川自贸试验区聚焦贸易投资便利化、高水平法治建设、服务国家重大战略等方面，取得了丰硕的成果。六年来，四川自贸试验区大胆探索形成800余项制度创新成果，在近四批国家层面复制推广的改革试点成果中，四川贡献了12项，占全国的1/9。川南临港片区所在的龙马潭区获国务院表扬为"深化商事制度改革成效显著、落实事中事后监管等相关政策措施社会反映好的地方"。全国首创"企业套餐式注销服务模式""增值税小规模纳税人智能辅助申报服务"被国务院纳入自贸试验区第六批复制推广经验；全国首创"中欧班列集拼集运模式""生产型企业出口退税服务前置"被国务院纳入自贸试验区第五批复制推广经验；全国首创"中欧班列运费分段结算估价管理改革"作为全省唯一入选全国第四批"最佳实践案例"；全国首创"中欧班列宽轨段集并运输模式"被中国国家铁路集团总公司在全国推广；"多式联运

'一单制'"相关成果作为四川省经济领域的唯一案例纳入中组部案例[①]。

四川自贸试验区主动服务"一带一路"、长江经济带、成渝地区双城经济圈等国家重大战略，立足区位优势和产业基础深入开展差别化探索，设立13个四川自贸试验区协同改革先行区，推动内陆与沿海沿边沿江协同开放，形成"中欧班列集拼集运模式"、"中欧班列运费分段结算估价管理改革"、长江内河口岸进口"极简通关"模式等差异化改革成果。四川自贸试验区以数字化改革为抓手，依托大数据、云计算、人工智能、区块链等数字技术，不断创新监管模式，持续优化营商环境，对跨境电商、保税维修等新业态开展包容审慎监管，探索形成"智慧陆港"模式、全省首个智能驾驶示范场景等新模式、新场景。四川自贸试验区抢抓天府中央法务区建设机遇，充分发挥法律服务资源集聚优势，积极探索法治领域改革新样本，推动高水平法治建设，形成"天府律检通"律师自助服务系统、"双心融合双轨并进"解纷新机制等复制推广经验。

四川依托自贸试验区改革开放最高能级平台作用，牢记"为国家试制度、为地方谋发展"的双重使命，聚焦现代政府治理、双向投资管理、贸易便利化、金融开放创新、协同开放等"五大核心制度体系"，强化系统集成、靶向突破，以改革促开放促发展。目前，四川正全面贯彻落实党的二十大"自由贸易试验区提升战略"，按照省委十二届二次全会决策部署，对标高标准国际经贸规则，国内对标最好水平的自贸试验区，围绕市场主体需求抓改革抓创新，努力打造高水平制度型开放先行区，开展四川自贸试验区对标领航行动。

二、四川自贸试验区高质量发展的主要发展经验

1.深入实施内陆与沿海沿边沿江协同开放战略，构建国内统一大市场的示范标杆

四川省在省内推行协同改革先行区，引导支持具备条件的国家级开发区、经济功能区和县级行政区域申建自贸试验区协同改革先行区，比照自贸试验区承接省级管理权限和享受改革制度性成果，推进与自贸试验区的制度对接、平台融通和产业互动，推动全省形成更高层次、更加全面的开放格局。在省外，建设协同开放示范区，突出沿海、沿边、沿江三个维度协同开放，主动融入成渝地区双城经济圈建设，高质量建设川渝自贸试验区协同开放示范区，联合重庆推进贸易投资、物流枢纽、产业发展、开放平台、营商环境五大领域协同改革开放，共同研究跨区域、跨部门、跨层级制度创新成果探索。牵头举办中国自由贸易试验区协同开放发展论坛，联合兄弟自贸试验区发布协同开放发展"七点倡议"。推动和参与"长三角自贸试验区联盟""黄河流域自贸试验区联盟"等协同合作。

---

①　佚名. 四川自贸试验区：六年先行先试　引领高质量发展 [EB/OL]. [2023-04-03]. https://swt.sc.gov.cn/sccom/mtjj/2023/4/3/5b6aecbef63f4058b275d757ae1fbc88.shtml.

2.积极推动金融开放创新，建设开放发展的新高地和新平台

铁路多式联运"一单制"金融创新试点被国务院列入支持自由贸易试验区深化改革创新若干措施，在全国推广运用。成都成为本外币合一银行结算账户体系试点城市。四川自贸试验区加快数字经济发展，集聚网络视听与数字文创产业重点目标企业超过600家，游戏产业研发占比全国第一，网络安全、区块链等高新技术产业规模均进入全国第一梯队。此外，强化生物医药产业集聚，生物医药产业聚集重点企业近3000家，初步形成现代中药、化学药、生物制剂、医疗器械等细分产业集群。

3.以开放倒逼改革，建设现代化产业体系

四川自贸试验区坚持以开放倒逼改革，以开放的优势谋求更大的发展空间，着力在通道上形成西部枢纽，在经济上形成西部高地，在开放上形成西部门户，为四川加快建设内陆开放型经济新高地注入强劲动力。在开放平台建设方面，综保区实现四川自贸试验区片区全覆盖；成都青白江经开区成功升级为国家级经开区；泸州跨境电商综试区、泸州综合保税区成功获批；天府新区、青白江区获批国家级进口贸易促进创新示范区；天府软件园获批首批国家数字服务出口基地；双流区块打造亚洲最大的航空发动机境内外保税维修基地，飞机保税融资租赁落地；中国—欧洲中心加快打造国家级对欧合作平台，聚集170余家国际机构和企业。

三、四川自贸试验区的重点发展方向

四川自贸试验区应继续保持在金融发展、企业经营与绿色共享等领域取得的成就，重点关注弥补制度创新、高水平对外开放和科技创新方面的缺陷与不足，加强对标对表，强化顶层谋划，提升政府职能转变和法治化环境建设；进一步深化对外开放，提高进出口业务与对外投资业务占比；重视创新主体企业的培育与科技服务保障，提升片区内企业科技活动直接产出与科技成果转化比，力争弥补现有短板，继续走在第三批自贸试验区前列。

第二十章　陕西自贸试验区高质量发展评价

陕西自贸试验区地处我国西部区域板块，以加大西部地区门户城市开放力度为要求，打造内陆型改革开放新高地。本章在对陕西自贸试验区进行概述的基础上，基于中国自贸试验区大数据监测分析平台微观数据，从制度创新、金融发展、企业经营、产业发展、科技创新、区域带动、高水平对外开放、绿色共享八个维度入手，对陕西自贸试验区的高质量发展情况进行评价，分析其优势与短板，梳理陕西自贸试验区的主要发展成效与经验、高质量发展特色，明确未来发展方向。

第一节　陕西自贸试验区概况

一、陕西自贸试验区实施范围

陕西自贸试验区总面积119.95平方千米，涵盖中心片区（包括西安高新区、西安经开区和西咸新区沣东新城、秦汉新城、空港新城部分区域）、西安国际港务区片区（包括西安国际港务区和西安浐灞生态区部分区域）和杨凌示范区片区三大片区。

中心片区（含陕西西安出口加工区A区0.75平方千米、B区0.79平方千米，西安高新综合保税区3.64平方千米和陕西西咸保税物流中心（B型）0.36平方千米）面积共87.76平方千米，四至范围：东至经开区明光路；南至高新区锦业二路、滨河北路；西至秦汉新城秦英路；北至空港新城正平大街。

西安国际港务区片区（含西安综合保税区6.17平方千米）规划建设面积为26.43平方千米，四至范围：东至西安国际港务区西韩公路；南至浐灞生态区香槐一路；西至西安国际港务区灞河东路；北至西安国际港务区铁路北环线。

杨凌示范区片区面积共5.76平方千米，四至范围：东至新桥路；南至城南路、河堤路、滨河路一线；西至民乐路；北至兴平路、永安路、西兰高铁（杨凌段）一线。

二、陕西自贸试验区的功能定位

陕西自贸试验区的战略定位是：以制度创新为核心，以可复制可推广为基本要求，全面落实党中央、国务院关于更好发挥"一带一路"建设对西部大开发带动作用、加大西部地区门户城市开放力度的要求，努力将自贸试验区建设成为全面改革开放试验田、内陆型改革开放新高地、"一带一路"经济合作和人文交流重要支点①。围绕战略定位，陕西自贸试验区的中心片区、西安国际港务区片区和杨凌示范区片区均沿新亚欧大陆桥设立，自东向西呈串珠式分布。其中，中心片区重点发展战略性新兴产业和高新技术产业，着力发展高端制造、航空物流、贸易金融等产业，推动服务贸易促进体系建设，拓展科技、教育、文化、旅游、健康医疗等人文交流的深度和广度，打造面向"一带一路"的高端产业高地和人文交流高地；西安国际港务区片区重点发展国际贸易、现代物流、金融服务、旅游会展、电子商务等产业，建设"一带一路"国际中转内陆枢纽港、开放型金融产业创新高地及欧亚贸易和人文交流合作新平台；杨凌示范区片区以农业科技创新、示范推广为重点，通过全面扩大农业领域的国际合作交流，打造"一带一路"现代农业国际合作中心。

三、陕西自贸试验区的产业基础

陕西自贸试验区三个片区外向型经济活跃，以全球视野汇聚高端要素，培育高端产业。中国自贸试验区大数据监测分析平台显示，截至2022年，陕西自贸片区在营企业总数为90 663家，投资总额为17 966.63亿元；民营企业占比94.93%，贡献了总投资额的71%，表现出充沛的市场活力；高新企业总数为2 029家，占比2.23%；大型企业占比1.12%，贡献了总投资额的46%；外资企业总数为1 237家，占比1.36%，贡献了总投资额的4%。西安中心片区在营企业总数为7 133家，投资总额为2 248.56亿元，投资总额占四川三大自贸试验区的12.52%。西安国际港务区片区在营企业总数为74 402家，投资总额为14 763.57亿元，投资总额占四川三大自贸试验区的82.17%。杨凌示范区片区在营企业总数为9 128家，投资总额为954.50亿元，投资总额占四川三大自贸试验区的5.31%。陕西自贸试验区三个片区的各类企业数量情况如表20-1、表20-2和表20-3所示。

表20-1　　　　　　　陕西自贸试验区西安中心片区各类企业数量情况

		企业数（家）	占比（%）	投资额（亿元）	占比（%）
产业结构	第一产业	346	0.47	45.78	0.31
	第二产业	22 396	30.11	4 518.68	30.61
	第三产业	51 649	69.42	10 199.05	69.08
所有制	国有	147	0.20	1 204.98	8.16
	民营	70 670	94.98	10 785.41	73.06
	外资	1 027	1.38	474.27	3.21
	其他	2 556	3.44	2 298.89	15.57

---

① 佚名.中国（陕西）自由贸易试验区简介［EB/OL］.［2017-03-31］.http://ftz.shaanxi.gov.cn/wap/content.chtml? id=Fr6Fzy.

续表

		企业数（家）	占比（%）	投资额（亿元）	占比（%）
企业规模	大	827	1.17	6 956.23	47.36
	中	3 210	4.54	2 114.36	14.39
	小	21 748	30.79	2 571.26	17.50
	微	44 859	63.50	3 048.15	20.75
企业特征	高新技术企业	1 939	2.61	612.09	4.17
	对外投资企业	2 185	2.94	4 787.18	32.59

数据来源：中国自贸试验区大数据监测分析平台。

表20-2　　　　陕西自贸试验区西安国际港务区片区各类企业数量情况

		企业数（家）	占比（%）	投资额（亿元）	占比（%）
产业结构	第一产业	67	0.94	5.08	0.23
	第二产业	2 230	31.26	340.16	15.13
	第三产业	4 836	67.80	1 903.32	84.64
所有制	国有	18	0.25	291.61	12.98
	民营	6 747	94.61	1 335.80	59.46
	外资	120	1.68	193.30	8.60
	其他	247	3.46	426.05	18.96
企业规模	大	119	1.71	1 049.72	47.31
	中	371	5.34	684.09	30.84
	小	1 957	28.15	240.75	10.85
	微	4 506	64.80	243.99	11.00
企业特征	高新技术企业	37	0.52	9.04	0.41
	对外投资企业	113	1.58	477.45	21.52

数据来源：中国自贸试验区大数据监测分析平台。

表20-3　　　　陕西自贸试验区杨凌示范区片区各类企业数量情况

		企业数（家）	占比（%）	投资额（亿元）	占比（%）
产业结构	第一产业	930	10.19	173.42	18.17
	第二产业	3 154	34.55	333.86	34.98
	第三产业	5 044	55.26	447.22	46.85
所有制	国有	59	0.65	58.67	6.21
	民营	8 648	94.75	659.30	69.73
	外资	90	0.99	31.50	3.33
	其他	329	3.61	196.03	20.73
企业规模	大	70	0.79	331.41	35.09
	中	286	3.24	189.62	20.08
	小	1 909	21.63	184.59	19.54
	微	6 559	74.34	238.89	25.29
企业特征	高新技术企业	53	0.58	30.63	3.24
	对外投资企业	125	1.37	128.16	13.57

数据来源：中国自贸试验区大数据监测分析平台。

四、陕西自贸试验区的科技创新

为了更好地培育地方特色化比较优势，陕西自贸试验区主动融入服务国家发展战略，植根于知识产权、科技创新与科技服务、军民融合发展等专业性平台建设，已开发运行陕西科技管理服务一体化云平台、国家知识产权运营公共服务平台、军民融合（西安）试点平台和大数据中心"中国库"等关键科技协同平台，坚持以改革创新驱动科技创新，深化与秦创原"双区联动"发展模式，持续推动科技协同、技术协同与服务协同。为更大范围地释放陕西自贸试验区改革开放引领与区域协同发展作用，陕西自贸试验区从2019年起展开陕西自贸试验区协同创新区建设工作，协同创新区将自贸试验区的"创新试验田"和当地发展禀赋、发展优势、发展需求相结合，依托创新协同和产业协同共筑合作发展平台，共育特色创新成果。陕西自贸区瞄准差异化、互补化、特色化三大协同创新区发展的关键方向，进一步带领全省深度融入"双循环"新发展格局各项建设。

五、陕西自贸试验区"十四五"时期发展目标

"十四五"期间，西安中心片区重点打造开放型产业发展引领区、科技创新中心、"一带一路"重要产业和人文交流高地，集聚全球高端科技创新资源，做实做强做优实体经济，构建以高端装备制造、生物医药制造、电子信息制造、新能源汽车等为主体的先进制造业体系，以现代金融、科技服务、航空物流等为核心的生产性服务业体系，拓展文化、教育、旅游、健康医疗等人文交流的深度和广度。国际港务区片区重点打造"一带一路"商贸物流枢纽和重要国际交流平台，进一步完善功能布局，增强国际中转内陆枢纽港地位，加快发展现代物流业，强化会展业带动效应，推动文旅产业开放发展，加快服务业跨越融合、模式创新。杨凌示范区片区重点打造"一带一路"现代农业国际合作中心，高水平建设上合组织农业技术交流培训示范基地，构建创新能力强、对外开放度高的现代农业产业体系，加快生物科技、智慧农业、农产品检测认证、农产品加工、国际农产品商贸物流发展，积极探索涉农改革试点，扩大农业合作领域，引领面向"一带一路"的农业创新发展[①]。

第二节 陕西自贸试验区高质量发展指数评价

一、陕西自贸试验区高质量发展总体评价

从自贸试验区高质量发展八个方面的指数来看，陕西自贸试验区总体处于全国中上游。得益于近年来陕西自贸试验区在企业经营与科技创新等领域取得的成就，陕西自贸试验区两大指数整体处于全国较为靠前的水平，但在制度创新与高水平对外开放

---

① 佚名. 解读《中国（陕西）自由贸易试验区西咸新区"十四五"发展规划》[EB/OL]. [2021-12-09]. http://ftz.shaanxi.gov.cn/zcfg/zcjd/lvyQnq.htm.

方面，陕西省整体表现欠佳，特别是西安国际港务区片区，在很多方面仍有较大进步空间。拆分来看，西安中心片区表现较为出色，六项高质量发展指数位于陕西省三个自贸试验区之首。西安中心片区在企业经营、产业发展、科技创新、区域带动和绿色共享中表现较为突出，位于全国前20位；西安国际港务区片区在绿色共享中表现较为突出，位于全国前20位。杨凌示范区片区在金融发展方面表现较为突出，位于全国前20位。

二、陕西自贸试验区西安中心片区高质量发展指数评价

西安中心片区的高质量发展指数在制度创新、企业经营、产业发展、科技创新、区域带动和高水平对外开放六个方面的表现均处于全省最优。西安中心片区的企业经营、产业发展、科技创新、区域带动和绿色发展五项指数均位于所有自贸片区前20位。西安中心片区高质量发展指数一级、二级指标指数及在全国自贸片区中位置如表20-4所示。

表20-4　　　　　　　　西安中心片区高质量发展指数及排位

一级指标指数及排位	二级指标指数及排位		一级指标指数及排位	二级指标指数及排位	
1.制度创新 29.53 (27)	贸易便利化	35.80 (居中)	2.金融发展 8.46 (24)	金融机构	6.90 (居中)
	政府职能转变	34.27 (居前)		股权投融资	2.60 (居前)
	法治化环境	18.52 (居后)		投资自由化	16.13 (居前)
3.企业经营 44.37 (3)	基数水平	42.49 (居中)	4.产业发展 38.54 (9)	产业规模	15.38 (居前)
	高新企业占比	74.48 (居前)		产业结构	29.40 (居后)
	创新经营情况	16.98 (居前)		产业创新	16.97 (居前)
				产业环境	92.40 (居前)
5.科技创新 27.24 (8)	创新环境	27.94 (居前)	6.区域带动 25.39 (8)	市场活力	23.58 (居前)
	创新投入	25.46 (居前)		产业带动	41.45 (居前)
	创新产出	27.60 (居前)		辐射带动	17.73 (居前)
7.高水平对外开放 16.07 (23)	贸易强度	17.73 (居中)	8.绿色共享 19.84 (17)	三废排放占比	5.33 (居后)
	资本流动	14.41 (居前)		污染治理力度	13.16 (居前)
				公共服务	65.38 (居前)

西安中心片区的制度创新指数为29.53（如图20-1所示），位于全国所有自贸片区的第27位。从制度创新的二级指标来看，西安中心片区的贸易便利化指数为35.80，排位居中；政府职能转变指数为34.27，排位居前；法治化环境指数为18.52，排位居后。由此可以看出，西安中心片区在法治化环境的建设中有提升空间。

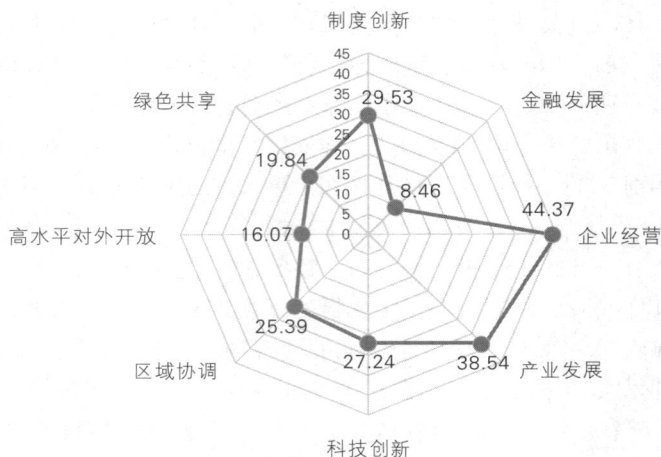

图20-1 西安中心片区高质量发展指数

西安中心片区的金融发展指数为8.46，位列全国第24位。从金融发展指数的二级指标来看，西安中心片区的金融机构指数为6.90，排位居中。另外两个二级指标股权投融资指数和投资自由化指数分别为2.60和16.13，排位居前。西安中心片区的三个二级指标中，金融机构水平仍需提升。

西安中心片区的企业经营指数为44.37，位列全国第3位。从企业经营指数的二级指标来看，基数水平指数为42.49，排位居中；高新企业占比指数为74.48，排位居前；创新经营情况指数为16.98，排位居前。由此可以看出，该片区企业的基数水平提升后，片区企业经营指数排名能进一步提升。

西安中心片区的产业发展指数为38.54，位列全国第9位。从产业发展指数的二级指标来看，产业规模指数为15.38，排位居前；产业结构指数为29.40，排位居后；产业创新指数为16.97，排位居前；产业环境指数为92.40，排位居前。由此可以看出，该片区的产业结构仍存在进步空间。

西安中心片区的科技创新指数为27.24，位列全国第8位。从科技创新指数的二级指标来看，创新环境指数为27.94，排位居前；创新投入指数为25.46，排位居前；创新产出指数为27.60，排位居前。由此可以看出，该片区在科技创新的各个方面表现均较为出色。

西安中心片区的区域带动指数为25.39，位列全国第8位。从区域带动指数的二级指标来看，市场活力指数为23.58，排位居前；产业带动指数为41.45，排位居前；辐射带动指数为17.73，排位居前。西安中心片区整体区域带动指数排名较为靠前，展现出了强劲的区域带动能力。

西安中心片区高水平对外开放指数为16.07，位列全国第23位。从高水平对外开放指数的二级指标来看，西安中心片区的贸易强度指数为17.73，排位居中；资本流动指数为14.41，排位居前。西安中心片区的贸易强度仍存在进步空间。

西安中心片区的绿色共享指数为19.84，位列全国第17位。从绿色共享指数的二级指标来看，三废排放占比指数为5.33，排位居后；污染治理力度指数为13.16，排位居前；公共服务指数为65.38，排位居前。由此可以看出，西安中心片区三废排放占比存在提升空间。

综合分析，西安中心片区除制度创新、金融发展和高水平对外开放外，高质量发展指数均位于全国前列。产业结构、三废排放占比在全国的排名需要重点提升，企业经营基数水平、对外开放贸易强度、金融机构发展存在进步空间，整体分析，西安中心片区的高质量发展情况表现十分亮眼。

三、西安自贸试验区西安国际港务区片区高质量发展指数评价

西安国际港务区片区的高质量发展指数在绿色共享方面居全省第一，其他七个方面均居全省第三。西安国际港务区片区除绿色共享指数排入了全国前20位以外，其他指数均处于全国下游居后位置。西安国际港务区片区高质量发展指数一级、二级指标指数及在全国自贸片区中的排名情况如表20-5所示。

表20-5　　　　　　　西安国际港务区片区高质量发展指数及排位

一级指标指数及排位	二级指标指数及排位		一级指标指数及排位	二级指标指数及排位	
1.制度创新 24.96 (38)	贸易便利化	32.09 (居中)	2.金融发展 3.57 (48)	金融机构	5.08 (居中)
	政府职能转变	23.18 (居中)		股权投融资	0.22 (居后)
	法治化环境	19.62 (居后)		投资自由化	5.50 (居中)
3.企业经营 19.76 (40)	基数水平	44.91 (居中)	4.产业发展 30.63 (45)	产业规模	4.43 (居后)
	高新企业占比	5.14 (居后)		产业结构	28.44 (居后)
	创新经营情况	9.54 (居中)		产业创新	2.37 (居后)
				产业环境	87.28 (居中)
5.科技创新 7.74 (42)	创新环境	6.36 (居后)	6.区域带动 1.58 (57)	市场活力	3.00 (居后)
	创新投入	8.28 (居中)		产业带动	1.67 (居后)
	创新产出	8.02 (居后)		辐射带动	0.42 (居后)
7.高水平对外开放 9.39 (48)	贸易强度	13.82 (居中)	8.绿色共享 32.00 (7)	三废排放占比	21.87 (居前)
	资本流动	4.96 (居后)		污染治理力度	4.67 (居中)
				公共服务	100.00 (居前)

西安国际港务区片区的制度创新指数为24.96（如图20-2所示），位列全国第38位，处于中下游。从制度创新的二级指标来看，西安国际港务区片区的贸易便利化指数为32.09，排位居中；政府职能转变指数为23.18，排位居中；法治化环境指数为19.62，排位居后。西安国际港务区片区的法治化环境指数排位较低，仍存在进步空间。

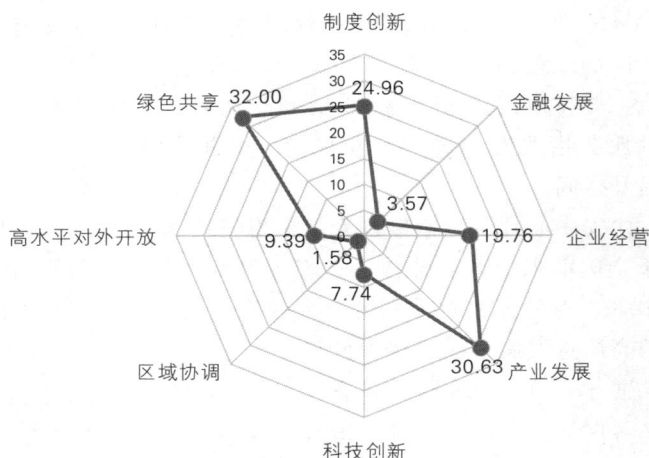

图20-2　西安国际港务区片区高质量发展指数

　　西安国际港务区片区的金融发展指数为3.57，位列全国第48位。从金融发展指数的二级指标来看，西安国际港务区片区的金融机构指数为5.08，排位居中；股权投融资指数为0.22，排位居后；投资自由化指数为5.50，排位居中。西安国际港务区片区金融发展指数处于全国中下游，但二级指标股权投融资指数处于全国下游。

　　西安国际港务区片区的企业经营指数为19.76，位列全国第40位。从企业经营指数的二级指标来看，西安国际港务区片区的基数水平指数为44.91，排位居中；高新企业占比指数为5.14，排位居后；创新经营情况指数为9.54，排位居中。西安国际港务区片区的企业经营指数的二级指标中，高新企业占比有较大进步空间。

　　西安国际港务区片区的产业发展指数为30.63，位列全国第45位。从产业发展指数的二级指标来看，西安国际港务区片区的产业规模指数为4.43，排位居后；产业结构指数为28.44，排位居后；产业创新指数为2.37，排位居后；产业环境指数为87.28，排位居中。产业规模、产业结构和产业创新情况均存在进步空间。

　　西安国际港务区片区的科技创新指数为7.74，位列全国第42位。从科技创新指数的二级指标来看，西安国际港务区片区的创新环境指数为6.36，排位居后；创新投入指数为8.28，排位居中；创新产出指数为8.02，排位居后。该片区的科技创新指数处于全国中下游位置。

　　西安国际港务区片区的区域带动指数为1.58，位列全国第57位。从区域带动指数的二级指标来看，西安国际港务区片区的市场活力指数为3.00，排位居后；产业带动指数为1.67，排位居后；辐射带动指数为0.42，排位居后。西安国际港务区片区的区域带动指数及各二级指标均处于全国下游。

　　西安国际港务区片区的高水平对外开放指数为9.39，位列全国第48位。从高水平对外开放指数的二级指标来看，贸易强度指数为13.82，排位居中；资本流动指数为4.96，排位居后。西安国际港务区片区的资本流动指数处于全国靠后水平，有较大进步空间。

西安国际港务区片区的绿色共享指数为32.00，位列全国第7位。从绿色共享指数的二级指标来看，三废排放占比指数为21.87，排位居前；污染治理力度指数为4.67，排位居中；公共服务指数为100.00，排位居前。西安国际港务区片区的污染受监管企业数量与受生态环境部处罚企业数量均过大。

综合分析，除绿色共享指数外，西安国际港务区片区高质量发展指数在全国的排名均较为靠后，对比同样规模较小的杨凌示范区片区，西安国际港务区片区仍存在较大的进步空间。西安国际港务区片区区域带动中的市场活力、产业带动和辐射带动情况均需重点提升。

四、陕西自贸试验区杨凌示范区片区高质量发展指数评价

杨凌示范区片区的高质量发展指数在金融发展方面处于全省第一，在制度创新、企业经营、产业发展、科技创新、区域带动和高水平对外开放六个方面处于全省第二。除金融发展指数处于全国前20位以外，其他指数均处于全国中游。横向对比同样规模较小的西安国际港务区片区可以发现，杨凌示范区片区发展指数间落差没有那么大，长板较为明显，不存在较大短板。杨凌示范区片区高质量发展指数一级、二级指标指数及在全国自贸片区中的排名情况如表20-6所示。

表20-6　　　　　　　　杨凌示范区片区高质量发展指数及排位

一级指标指数及排位	二级指标指数及排位		一级指标指数及排位	二级指标指数及排位	
1.制度创新 25.55 (37)	贸易便利化	16.92（居后）	2.金融发展 18.43 (5)	金融机构	7.26（居中）
	政府职能转变	27.67（居中）		股权投融资	10.40（居前）
	法治化环境	32.07（居前）		投资自由化	38.20（居前）
3.企业经营 27.32 (21)	基数水平	46.58（居前）	4.产业发展 33.31 (30)	产业规模	35.67（居前）
	高新企业占比	38.12（居前）		产业结构	31.51（居中）
				产业创新	4.20（居中）
	创新经营情况	7.07（居中）		产业环境	61.85（居后）
5.科技创新 11.68 (29)	创新环境	6.47（居中）	6.区域带动 12.39 (25)	市场活力	15.36（居中）
	创新投入	10.33（居中）		产业带动	18.05（居中）
	创新产出	13.87（居中）		辐射带动	6.77（居中）
7.高水平对外开放 14.11 (30)	贸易强度	14.00（居中）	8.绿色共享 11.13 (43)	三废排放占比	5.51（居后）
				污染治理力度	2.40（居后）
	资本流动	14.21（居前）		公共服务	38.57（居中）

杨凌示范区片区的制度创新指数为25.55（如图20-3所示），位列全国第37位，处于中下游。从制度创新的二级指标来看，杨凌示范区片区的贸易便利化指数为

16.92，排位居后；政府职能转变指数为27.67，排位居中；法治化环境指数为32.07，排位居前。杨凌示范区片区高质量发展指数的二级指标中，贸易便利化与政府职能转变情况均需重点提升。

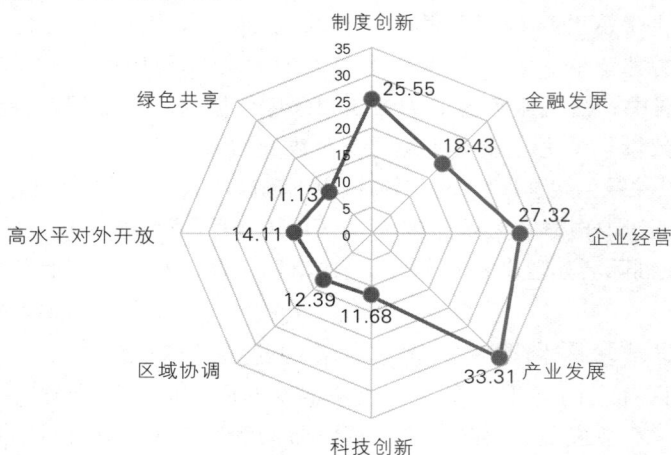

图20-3　杨凌示范区片区高质量发展指数

杨凌示范区片区的金融发展指数为18.43，位列全国第5位。从金融发展指数的二级指标来看，杨凌示范区片区的金融机构指数为7.26，排位居中；股权投融资指数为10.40，排位居前；投资自由化指数为38.20，排位居前。整体而言，该片区的金融发展情况处于全国较高水平。

杨凌示范区片区的企业经营指数为27.32，位列全国第21位。从企业经营指数的二级指标来看，基数水平指数为46.58，排位居前；高新企业占比指数为38.12，排位居前；创新经营情况指数为7.07，排位居中。杨凌示范区片区的创新经营情况需要重点提升。

杨凌示范区片区的产业发展指数为33.31，位列全国第30位。从产业发展指数的二级指标来看，产业规模指数为35.67，排位居前；产业结构指数为31.51，排位居中；产业创新指数为4.20，排位居中；产业环境指数为61.85，排位居后。杨凌示范区片区的产业发展指数整体排名居中，仍有提升空间。

杨凌示范区片区的科技创新指数为11.68，位列全国第29位。从科技创新指数的二级指标来看，创新环境指数为6.47，排位居中；创新投入指数为10.33，排位居中；创新产出指数为13.87，排位居中。该片区的科技创新指数与相应的二级指标较为均衡，均处于中等水平。

杨凌示范区片区的区域带动指数为12.39，位列全国第25位。从区域带动指数的二级指标来看，市场活力指数为15.36，排位居中；产业带动指数为18.05，排位居中；辐射带动指数为6.77，排位居中。杨凌示范区片区的区域带动指数及其二级指标均处于全国中游。

杨凌示范区片区的高水平对外开放指数为14.11，位列全国第30位。从高水平对外开放指数的二级指标来看，贸易强度指数为14.00，排位居中；资本流动指数为14.21，排位居前。杨凌示范区片区的贸易强度指数仍存在进步空间。

杨凌示范区片区的绿色共享指数为11.13，位列全国第43位。从绿色共享指数的二级指标来看，三废排放占比指数为5.51，排位居后；污染治理力度指数为2.40，排位居后；公共服务指数为38.57，排位居中。

综合分析，杨凌示范区片区除金融发展指数外，其他7项指数均处于全国中游，制度创新指数和绿色共享指数排名相对靠后，需要重点提升。结合杨凌示范区片区5.76平方千米内有9 128家企业的体量来看，该片区整体实力尚可，若能重点提升相对排名靠后的几大发展方向，该片区未来仍会有相当大的发展潜力。

第三节 陕西自贸试验区建设的主要成效与重点发展方向

一、陕西自贸试验区高质量发展的主要成效

陕西自贸试验区自揭牌以来，主动融入和服务国家战略，加快集聚优质资源要素，深入发展优势产业，着力畅通国内国际双循环，自贸试验区开放环境持续优化，开放通道加快构建，开放平台不断完善，开放活力加速释放，动力强、结构优、质量高的经济发展态势正在逐步形成。六年来，陕西自贸试验区紧紧围绕国家赋予的战略定位，以制度创新为核心，以可复制可推广为基本要求，在投资改革、贸易监管、人文交流、产业发展、金融创新、通道建设等多个领域形成了725个创新案例，"大型机场运行协调新机制"等33项制度创新成果在全国复制推广，"政务服务跨区通办"等83项改革创新成果在全省复制推广①。

为提升制度创新的系统性、集成性，成立行政审批改革组、投资改革促进组等九个工作专题组，系统推进、合力攻坚，探索总结出一批集成性制度创新成果。此外，在提升保税维修业务发展水平、稳步推进离岸贸易发展、加快跨境电商业态发展、培育优秀海外仓等方面加大创新力度，先后建设了贸易金融服务、跨境电商综合服务、能源类特色供应链合作等20多个功能性平台。

临空产业、跨境电商、数字文创等新产业、新业态、新模式不断涌现。引进东航、南航等14家航空公司区域总部和法国赛峰飞机起落架深度维修等77个临空产业项目，临空经济产值突破120亿元。国家文化出口基地、西安国家数字出版基地、国家级文化和科技融合示范基地加快建设，软件科技、网络技术研发、大数

---

① 佚名. 中国（陕西）自由贸易试验区发布六年成绩单 [EB/OL]. [2023-04-01]. http://www.sn.xinhuanet.com/2023-04-01/c_1129485801.htm.

据、人工智能等一批具有强大国际竞争力的文化企业入区发展。

陕西加快构建开放高地，高质量建设中欧班列西安集结中心和国际航空枢纽，加快构筑内陆地区效率高、成本低、服务优的国际贸易通道。探索形成中欧班列长安号运营组织新模式等20余项创新举措，助推中欧班列长安号从2017年开行百余列提高至2021年开行3 841列，开行量、重箱率、货运量等核心指标稳居全国前列。

陕西持续深化国际产能合作，加快建设"中欧""中俄"等国际合作园区，爱菊集团、隆基绿能等企业在 "一带一路"共建国家设立分销网络、生产基地和物流园区。杨凌国际农业科技创新港聚集了11家国际合作研究机构和外资企业。杨凌已在美国、哈萨克斯坦等国建设6个现代农业示范园区，推动了农业技术、标准和人员的对外交流。

二、陕西自贸试验区高质量发展的主要发展经验

1.以制度创新为核心，积极开展探索实践

陕西全省上下扎实推进自贸试验区高水平开放、高质量发展的合力不断加强。陕西省委常委会多次听取自贸试验区建设进展情况汇报，提出明确要求。省人大常委会制定出台《中国（陕西）自由贸易试验区条例》，省政府定期召开自贸试验区建设领导小组会、专题会，研究重点改革事项，印发《关于支持中国（陕西）自由贸易试验区深化改革创新若干措施的意见》和《中国（陕西）自由贸易试验区进一步深化改革开放方案》，编制《中国（陕西）自由贸易试验区"十四五"规划》，调整成立行政审批改革组等九个工作专题组，推进跨部门、跨行业系统集成创新。

2.改革创新红利从点到线、从线到面，覆盖面不断扩大

西安高新功能区积极推动创新链与产业链融合发展，打造"科技创新＋自贸试验"的典型样本，先后出台"科创九条""上市十条"和推动秦创原建设"1＋3"实施方案，全域打造秦创原高能级科技成果转化大平台，规划丝路科学城、丝路软件城两大核心片区，积极构建科技成果转化"政产学研用金"六位一体机制，搭建具有服务支撑性的科技创新平台。陕西自贸试验区紧扣共建"一带一路"、新时代西部大开发等国家战略，形成了丰富的改革创新利好，内陆开放高地正在加快构建。

3.以创新引领为抓手，大胆探索实践

陕西自贸试验区自成立以来，引入大量投资，延链补链强链，形成了众多优质企业和优势产业：先后落户中星电科、康佳智能家电、小米研发中心、vivo西部总部和泰康西安智慧医养总部等企业项目；引进14家航空公司区域总部和法国赛峰飞机起落架深度维修等77个临空产业项目，临空经济产值突破120亿元；建成西北地区最大的微生物测序中心，梅里众城、华大基因等医药研发生产项目相继投产。

陕西自贸试验区先行先试优势显现，市场活力加速迸发，临空产业、跨境电商、医疗康养、数字文创等新产业、新业态、新模式不断涌现。

陕西自贸试验区以自贸、服贸双轮驱动，国家文化出口基地、西安国家数字出版基地、国家级文化和科技融合示范基地在陕西自贸试验区乘势而上。软件科技、网络技术研发、大数据、人工智能、数码科技、信息技术、游戏开发、影视文化、文创设计、互联网教育等一批具有国际竞争力的服贸产业在陕西自贸试验区快速发展集聚。

三、陕西自贸试验区的重点发展方向

陕西自贸试验区应继续保持在企业经营与科技创新等领域取得的成绩，重点关注弥补制度创新与对外开放方面的缺陷与不足，强化法治化环境建设，进一步深化对外开放，提高进出口业务与对外投资业务占比。将发展重心聚焦于国际经贸规则，持续深化制度创新，聚焦市场主体诉求，提升政务服务质效，聚焦开放平台建设，提升服务保障能力，持续发挥自贸试验区先行先试优势，努力打造市场化、法治化、国际化的营商环境。

第二十一章 海南自贸试验区高质量发展评价

海南自贸试验区地处我国东部沿海区域板块。《中国（海南）自由贸易试验区总体方案》指出，建设海南自贸试验区是党中央、国务院着眼于国际国内发展大局，深入研究、统筹考虑、科学谋划作出的重大决策，是彰显我国扩大对外开放、积极推动经济全球化决心的重大举措。本章在对海南自贸试验区进行概述的基础上，基于中国自贸试验区大数据监测分析平台的微观数据，从制度创新、金融发展、企业经营、产业发展、科技创新、区域带动、高水平对外开放、绿色共享八个维度入手，对海南自贸片区的高质量发展情况进行评价，分析其优势与短板，梳理海南自贸试验区的主要发展成效与经验、制度创新特色，明确了未来高质量发展的方向。

第一节 海南自贸试验区概况

一、海南自贸试验区实施范围

2018年4月14日，中共中央、国务院发布《关于支持海南全面深化改革开放的指导意见》（中发〔2018〕12号），明确以现有自贸试验区试点内容为主体，结合海南特点，建设中国（海南）自由贸易试验区，实施范围为海南岛全岛。

二、海南自贸试验区的功能定位

建设海南自贸试验区是党中央、国务院着眼于国际国内发展大局，深入研究、统筹考虑、科学谋划作出的重大决策，是彰显我国扩大对外开放、积极推动经济全球化决心的重大举措。要发挥海南岛全岛试点的整体优势，紧紧围绕建设全面深化改革开放试验区、国家生态文明试验区、国际旅游消费中心和国家重大战略服务保障区，实行更加积极主动的开放战略，加快构建开放型经济新体制，推动形成全面开放的新格局，把海南打造成为我国面向太平洋和印度洋的重要对外开放门户。

三、海南自贸试验区的产业基础

海南自贸试验区挂牌成立时间较短，但以制度创新为引领，推动高新技术产业发展，打造现代产业体系，自贸片区形成了集聚效应，吸引大量市场主体进入片区。中国自贸试验区大数据监测分析平台显示，截至2021年，海南自贸片区在营企业数为500 578家，投资总额为89 881.28亿元；民营企业占比96.19%，市场活力充沛；高新企业565家，高新企业数量在全国自贸片区中排名靠前；服务业占比

83.72%，进出口企业占比 13.53%。海南自贸试验区各类企业数量情况如表 21-1
所示。

表 21-1　　　　　　　　　　海南自贸试验区各类企业数量情况

		企业数（家）	占比（%）	投资额（亿元）	占比（%）
产业结构	第一产业	11 429	2.29	797.92	0.89
	第二产业	69 733	13.99	16 069.35	17.88
	第三产业	417 131	83.72	73 014.02	81.23
所有制	国有	1 389	0.28	690.06	0.77
	民营	481 425	96.19	73 548.15	81.73
	外资	3 304	0.66	7 057.00	7.84
	其他	14 385	2.87	8 697.43	9.66
企业规模	大	2 027	0.44	50 742.72	56.95
	中	11 642	2.54	11 008.86	12.36
	小	92 188	20.14	10 286.89	11.55
	微	351 894	76.88	17 052.33	19.14
企业特征	高新技术企业	565	0.11	245.93	0.28
	对外投资企业	8 354	1.67	13 475.68	15.13

数据来源：中国自贸试验区大数据监测分析平台。

四、海南自贸试验区的对外开放

"5 年间，海南全省地区生产总值年均增长 5.3%，先后跨越 5 000 亿元、6 000
亿元两个台阶，2022 年达 6 818.2 亿元。"增长的不只 GDP，城乡居民人均可支配收
入年均分别增长 5.4% 和 8.2%；反映自贸港特征的外向型经济指标表现亮眼，货物
贸易、服务贸易 5 年年均分别增长 23.4% 和 17.7%；经济外向度 5 年提高 15 个百分
点，2022 年达 34.7%；实际使用外资在 2018 年、2019 年、2020 年连续 3 年翻番，5
年年均增长 63%，5 年总额超之前 30 年总和。5 年来，海南省全面深化改革开放，
自贸港政策体系逐步构建，以"零关税、低税率、简税制"和"五自由便利一安全
有序流动"为主要特征的 180 多个自贸港政策文件落地生效；《中华人民共和国海
南自由贸易港法》颁布实施，"零关税"清单、企业和个人 15% 所得税、加工增值
货物内销免关税等政策使市场主体受益颇多。同时，累计发布制度创新案例 134
项，其中 8 项被国务院向全国复制推广，6 项得到国务院大督查表扬。"中国洋浦
港"船籍港、"南繁种业"知识产权特区等成为海南独有创新成果，极简审批成为
全国标杆。

五、海南自贸试验区"十四五"时期发展目标

海南自贸试验区以制度创新为核心，对标国际先进规则，持续深化改革探索，
赋予更大的改革自主权，大胆试、大胆闯、自主改，深化"放管服"改革，加快形

成法治化、国际化、便利化的营商环境和公平、开放、统一、高效的市场环境，将生态文明理念贯穿海南自贸试验区建设全过程，积极探索自贸试验区生态绿色发展新模式，加强改革系统集成，力争取得更多制度创新成果。

第二节 海南自贸试验区高质量发展指数评价

一、海南自贸试验区高质量发展总体评价

从自贸试验区高质量发展八个方面的指数来看，海南自贸试验区总体上处于全国中游。海南自贸试验区表现较为突出的是绿色共享指数，总体排名处于全国上游。另外，产业聚集度的排名也较好。其余指数海南自贸试验区均表现欠佳，整体处于所有自贸片区下游。

二、海南自贸试验区高质量发展指数评价

海南自贸片区的高质量发展指数在制度创新、金融发展、企业经营、产业发展、科技创新、高水平对外开放六个方面的表现欠佳。除绿色共享指数外，海南自贸片区的其余六个指数均处于所有自贸片区下游，海南自贸片区高质量发展指数一级、二级指标指数及在全国自贸片区中的位置如表21-2所示。其中，海南自贸片区不涉及区域带动指数。

表21-2　　　　　　　　海南自贸片区高质量发展指数及排位

一级指标指数及排位	二级指标指数及排位		一级指标指数及排位	二级指标指数及排位	
1.制度创新 19.07 (54)	贸易便利化	32.28（居中）	2.金融发展 2.14 (59)	金融机构	6.28（居中）
	政府职能转变	10.86（居后）		股权投融资	0.03（居后）
	法治化环境	14.07（居后）		投资自由化	0.17（居后）
3.企业经营 9.06 (64)	基数水平	22.31（居后）	4.产业发展 29.16 (51)	产业规模	0.16（居后）
	高新企业占比	0.06（居后）		产业结构	28.47（居后）
	创新经营情况	4.93（居后）		产业创新	0.81（居后）
				产业环境	87.19（居中）
5.科技创新 3.67 (54)	创新环境	4.96（居后）	6.区域带动	市场活力	
	创新投入	3.19（居后）		产业带动	
	创新产出	3.40（居后）		辐射带动	
7.高水平对外开放 5.15 (59)	贸易强度	6.21（居后）	8.绿色共享 21.62 (14)	三废排放占比	21.38（居前）
				污染治理力度	7.90（居中）
	资本流动	4.09（居后）		公共服务	44.12（居前）

海南自贸片区的制度创新指数为19.07（如图21-1所示），位列全国所有自贸片区的第54位。从制度创新的二级指标来看，海南自贸片区的贸易便利化指数为32.28，排位居中；政府职能转变指数为10.86，排位居后；法治化环境指数为14.07，排位居后。海南自贸片区推进高质量发展的短板之一是制度的建设。

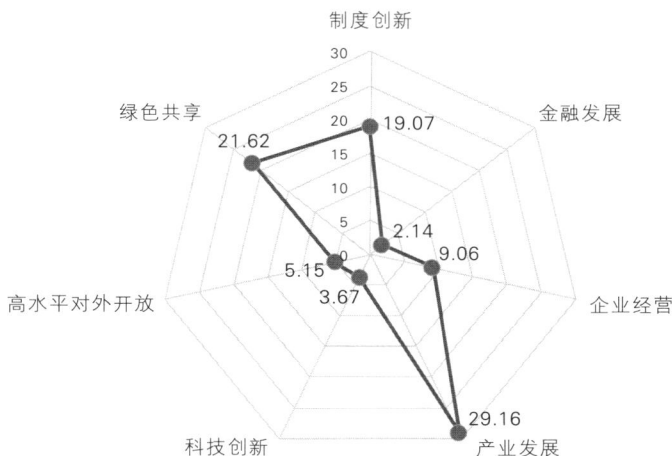

图21-1　海南自贸片区高质量发展指数

海南自贸片区的金融发展指数为2.14，位列全国第59位。海南自贸片区应加快发展金融产业。从金融发展指数的二级指标来看，海南自贸片区的金融机构指数为6.28，排位居中，并不突出。另外两个二级指标股权投融资指数和投资自由化指数分别为0.03和0.16，排位居后，由此拉低了金融发展指数。

海南自贸片区的企业经营指数为9.06，位列全国第64位，也是海南自贸片区8个高质量发展指数中位次最低的。从企业经营指数的二级指标来看，基数水平指数为22.31，排位居后；高新企业占比指数为0.06，排位居后；创新经营情况指数为4.93，排位居后。推动高新技术企业发展是海南自贸片区的突出需求。

海南自贸片区的产业发展指数为29.16，位列全国第51位。在海南自贸片区内，此前已初步形成了旅游业、现代服务业、高新技术产业的产业聚集，拥有了相对完整的产业链。从产业发展指数的二级指标来看，产业规模指数为0.16，排位居后；产业结构指数为28.47，排位居后；产业创新指数为0.81，排位居后；产业环境指数为87.19，排位居中。

海南自贸片区的科技创新指数为3.67，位列全国第54位。从科技创新指数的二级指标来看，创新环境指数为4.96，排位居后；创新投入指数为3.19，排位居后；创新产出指数为3.40，排位居后，科技创新指数全部处于全国下游。

海南自贸片区的高水平对外开放指数为5.15，位列全国第59位。从高水平对外开放指数的二级指标来看，海南自贸片区的贸易强度指数为6.21，排位居后；资本流动指数为4.09，排位居后，海南自贸片区需提高对外开放水平。

海南自贸片区的绿色共享指数为21.62，位列全国第14位。从绿色共享指数的二级指标来看，三废排放占比指数为21.38，排位居前；污染治理力度指数为7.90，排位居中；公共服务指数为44.12，排位居前。海南自贸片区的绿色共享指数总体较高，污染治理力度较大。

第三节　海南自贸试验区建设的主要成效与重点发展方向

一、海南自贸试验区建设的主要成效

5年来，海南全面深化改革开放，自贸港政策体系逐步构建，以"零关税、低税率、简税制"和"五自由便利一安全有序流动"为主要特征的180多个自贸港政策文件落地生效；《中华人民共和国海南自由贸易港法》颁布实施，"零关税"清单、企业和个人15%所得税、加工增值货物内销免关税等政策使市场主体受益颇多。同时，累计发布制度创新案例134项，其中8项被国务院向全国复制推广，6项得到国务院大督查表扬。"中国洋浦港"船籍港、"南繁种业"知识产权特区等成为海南独有创新成果，极简审批成为全国标杆。

海南省13个重点产业园区充分利用制度创新优势，稳步推进基础设施和产业项目建设，经营主体加速集聚，重点园区产业化、产业集群化成效明显。以2022年为例，13个自贸港重点园区累计完成投资1 261.5亿元，实现营收超过1.8万亿元，同比增长31.6%，以不到2%的土地面积贡献了全省超三成的投资额、超四成的营业收入、超五成的税收和超六成的进出口额，为海南高质量发展注入了新动能。

目前，海南正锚定2025年年底前全岛封关运作的总目标，制定实施全岛封关运作准备工作任务清单、项目清单、压力测试清单"三张清单"。31个封关硬件项目将在2023年年底主体完工，加快推动"封关画像"，启动海关监管办法、进口征税商品目录、销售税改革方案等30多项封关制度设计工作。第一批27项政策压力测试事项有序推进。

二、海南自贸试验区的建设特色

海南现代化产业体系正加快构建，旅游业、现代服务业、高新技术产业和热带特色高效农业四大主导产业占全省生产总值的比重由53%提升至70%。园区发展活力迸发，"一园一策"下放管理权限，产业园区布局整合优化，集聚效应凸显，13个重点园区贡献了全省超三成的投资额和超五成的税收。区域发展更加协调，实现儋州洋浦一体化，打造海南高质量发展"第三极"，发展格局实现了由海口、三亚两极突进向"三极一带一区"区域协同的深刻变革。

海南落实"百万人才进海南"行动计划，统筹实施"四方之才"汇聚计划和"南海人才"开发计划，2018年"4·13"以来引进人才50.9万人。其中，累计柔性引进130多名院士专家，联系服务海南发展、具有高级职称或相应层次的"候鸟"人才1.3万余名。

海南也持续优化营商环境，出台公平竞争条例、优化营商环境条例等《海南自

由贸易港法》配套法规，挂牌成立全国首个省级营商环境建设厅，并推动解决了一大批历史遗留问题。全国工商联调查显示，2022年海南营商环境在全国排名前移4位。

三、海南自贸试验区的主要发展经验

以贸易自由便利和投资自由便利为重点的自由贸易港政策制度体系初步建立。营商环境总体达到国内一流水平，推动各类要素便捷高效流动，风险防控有力有效，实现全岛封关运作，建设具有国际竞争力和影响力的海关监管特殊区域。

海南自贸试验区建立现代化经济体系，旅游业、现代服务业、高新技术产业三大主导产业加快发展，热带特色高效农业做优做强；积极发展实体经济，经济结构战略性调整取得实质性进展，现代服务业、高新技术产业增加值占比分别达到35%和15%，产业竞争力显著提升；基本建成具有世界影响力的国际旅游消费中心。

海南自贸试验区建设南繁、深海、航天三大科技创新中心，大步跨入创新型省份行列，打造高质量发展样板；创新要素不断集聚、配置更加高效，研发经费投入增速大幅提高；大众创业、万众创新进入高质量发展阶段，新产业新业态引领作用显著增强。

四、海南自贸试验区的重点发展方向

海南自贸试验区全面贯彻党的十九大和十九届二中、三中全会精神，以习近平新时代中国特色社会主义思想为指导，以制度创新为核心，赋予更大的改革自主权，大胆试、大胆闯、自主改，深化"放管服"改革，加快形成法治化、国际化、便利化的营商环境和公平、开放、统一、高效的市场环境，将生态文明理念贯穿海南自贸试验区建设的全过程，积极探索自贸试验区生态绿色发展新模式，加强改革系统集成，力争取得更多的制度创新成果；设立江东新区是建设中国（海南）自由贸易试验区，逐步探索、稳步推进中国特色自由贸易港建设的重大举措。江东新区坚持高起点规划、高标准建设，遵循"世界眼光、国际标准、海南特色、高点定位"，坚持"大视野、大思路、大手笔、大开合"工作思路，在省委省政府的坚强领导下，按照"两年出形象、三年出功能、七年基本成型"的时间表，全力加快推进规划建设。据介绍，规划建设江东新区是建设中国（海南）自由贸易试验区的重大部署，是面向世界、属于全国、留给子孙后代的宝贵财富。

第二十二章　山东自贸试验区高质量发展评价

　　山东自贸试验区地处我国东部区域板块。山东自贸试验区秉持"为国家试制度、为地方谋发展"的战略方向，不断探索深化改革、扩大开放的新路径，成为全省高质量发展的引领区。本章在对山东自贸试验区进行概述的基础上，基于中国自贸试验区大数据监测分析平台的微观数据，从制度创新、金融发展、企业经营、产业发展、科技创新、区域带动、高水平对外开放、绿色共享八个维度入手，对济南、青岛、烟台片区的高质量发展情况进行评价，分析其优势与短板，梳理山东自贸试验区的主要发展成效与经验、制度创新特色，明确未来高质量发展方向。

第一节　山东自贸试验区概况

一、山东自贸试验区的实施范围

　　山东自贸试验区于2019年8月30日揭牌，是我国第五批设立的自贸试验区。山东自贸试验区实施范围119.98平方千米，涵盖济南片区、青岛片区和烟台片区三个片区。

　　济南片区37.99平方千米，包括济南国际金融城、济南高新区核心区和东区、唐冶核心区等三大片区，四至范围：东至西巨野河、春博路、春晖路、围子山路、唐冶东路、港西路、凤歧路、长岭山、玉顶山；南至旅游路、港源六路、莲花山、龙奥北路、华奥路、经十路；西至舜华南路、奥体东路、奥体中路、华阳路；北至科创路、经十东路、围子山、兴元街、贞观街、世纪大道、康虹路、工业南路。

　　青岛片区52平方千米，包含青岛前湾保税港区9.12平方千米、青岛西海岸综合保税区2.01平方千米，四至范围：东至前湾港；南至嘉陵江路；西至王台镇园区一路；北至龙门河路。

　　烟台片区29.99平方千米（含烟台保税港区区块二2.26平方千米），包括中韩（烟台）产业园、烟台保税港西区两个国家级园区，四至范围：东至泰山路；南至嘉陵江路；西至台北路；北至黄河路、八角中心大街。

二、山东自贸试验区的功能定位

　　山东自贸试验区三个片区的功能定位为：济南片区重点发展人工智能、产业金融、医疗康养、文化、信息技术等产业，开展开放型经济新体制综合试点试验，建设全国重要的区域性经济中心、物流中心和科技创新中心；青岛片区重点发展现代海洋、国际贸易、航运物流、现代金融、先进制造等产业，打造东北亚国际航运枢纽、东部沿海重要的创新中心、海洋经济发展示范区，助力青岛打造我国沿海重要中心城市；烟台片区重点发展高端装备制造、新材料、新一代信息技术、节能环保、生物医药和生产性服务业，打造中韩贸易和投资合作先行区、海洋智能制造基地、国家科技成果和国际技术转移转化示范区。

三、山东自贸试验区的产业基础

山东自贸试验区挂牌成立时间较短，但以制度创新为引领，推动高新技术产业发展，打造现代产业体系，济南片区、青岛片区、烟台片区均已形成集聚效应，吸引了大量的市场主体进入片区。中国自贸试验区大数据监测分析平台显示，截至2021年，济南片区在营企业67 081家，投资总额为16 438.42亿元；民营企业数量占比93.93%，市场活力充沛；高新企业914家，高新企业数量位列全国所有片区的第4位；服务业数量占比80.52%，进出口企业数量占比15.40%。青岛片区在营企业21 474家，投资总额为3 986.33亿元；民营企业数量占比92.77%，服务业数量占比76.57%，进出口企业数量占比35.44%。烟台片区在营企业14 307家，投资总额为4 180.05亿元；民营企业数量占比94.32%，服务业数量占比69.46%，进出口企业数量占比16.36%。山东自贸试验区三个片区各类企业的数量情况如表22-1、表22-2和表22-3所示。

表22-1　　　　　　　山东自贸试验区济南片区各类企业数量情况

		企业数（家）	占比（%）	投资额（亿元）	占比（%）
产业结构	第一产业	161	0.24	16.95	0.10
	第二产业	12 907	19.24	3 869.85	23.54
	第三产业	54 012	80.52	12 551.61	76.36
所有制	国有	224	0.33	3 083.71	18.77
	民营	63 006	93.93	9 388.47	57.14
	外资	516	0.77	828.80	5.04
企业规模	大型	525	0.78	8 780.78	53.90
	中型	2 925	4.36	2 800.26	17.19
	小型	16 511	24.61	2 171.87	13.33
	微型	43 609	65.01	2 537.79	15.58
企业特征	高新技术企业	914	1.36	402.69	2.47
	对外投资企业	1 656	2.47	5 889.96	36.16

数据来源：中国自贸试验区大数据监测分析平台。

表22-2 山东自贸试验区青岛片区各类企业数量情况

		企业数（家）	占比（%）	投资额（亿元）	占比（%）
产业结构	第一产业	164	0.76	11.87	0.30
	第二产业	4 864	22.67	1 215.86	30.52
	第三产业	16 433	76.57	2 756.41	69.18
所有制	国有	27	0.13	44.20	1.11
	民营	19 921	92.77	2 812.52	70.56
	外资	603	2.81	528.76	13.26
企业规模	大型	200	0.93	1 677.33	42.67
	中型	1 248	5.81	974.96	24.80
	小型	5 960	27.75	724.46	18.43
	微型	13 317	62.01	554.44	14.10
企业特征	高新技术企业	86	0.40	72.32	1.84
	对外投资企业	304	1.42	645.83	16.43

数据来源：中国自贸试验区大数据监测分析平台。

表22-3 山东自贸试验区烟台片区各类企业数量情况

		企业数（家）	占比（%）	投资额（亿元）	占比（%）
产业结构	第一产业	35	0.24	3.85	0.09
	第二产业	4 335	30.30	1 106.41	26.47
	第三产业	9 937	69.46	3 069.78	73.44
所有制	国有	24	0.17	1.39	0.03
	民营	13 494	94.32	1 733.18	41.46
	外资	351	2.45	2 326.77	55.66
企业规模	大型	71	0.50	2 649.20	63.38
	中型	397	2.77	941.80	22.53
	小型	2 235	15.62	213.74	5.11
	微型	11 094	77.54	375.26	8.98
企业特征	高新技术企业	103	0.72	35.83	0.86
	对外投资企业	237	1.66	156.32	3.74

数据来源：中国自贸试验区大数据监测分析平台。

四、山东自贸试验区的对外开放

　　山东自贸试验区在深化改革、扩大开放过程中，着力推动面向日本、韩国的对外开放与合作。济南片区吸引日本 laox 跨境电商中国中心仓落户章锦综保区，建设跨境电商产业园，实现跨境电商模式全覆盖。山东自贸试验区建设绿地（济南）全球商品贸易港，打造自贸国际会客厅和世界名品济南分拨中心，集聚日韩及东盟等全球 70 多个国家馆入驻，建设中欧（济南）绿色制造产业园，制定中欧（济南）绿色制造产业园实施方案，编制中欧产业园绿色指标体系，打造在全国具有影响力的对欧产业合作示范引领区。济南片区还加快对接《区域全面经济伙伴关系协定》

（RCEP）经贸规则，建设"东盟农产品数字化交易平台"，围绕农产品探索建立数字化服务生态体系。青岛片区重点推进面向日本、韩国、德国的开放合作，探索建立中日韩企业家联盟，扩大与日本、韩国、德国的经贸合作。青岛片区也注重与RCEP成员国的合作，构建与东盟的外贸物流通道，加快建设RCEP国家海外轮胎生产基地，促进与东盟各国开展天然橡胶等大宗商品贸易。烟台片区同样加快推进与RCEP成员国的合作，建设日本、韩国、东盟中小企业产业基地，打造RCEP国际合作示范中心，加强与日本、韩国在信息产业、基因科技、海工装备等领域的全链条合作，拓展协同研发、解决方案等供应链上下游专业服务，将烟台打造成山东省对日韩开放的桥头堡。

五、山东自贸试验区"十四五"时期发展目标

"十四五"时期，山东省对自贸试验区的发展目标进行了清晰的定位和谋划。《山东省"十四五"商务发展规划》中明确提出，要高标准建设自贸试验区，落实自贸试验区提升战略，打造升级版自贸试验区。推进济南片区、青岛片区、烟台片区在形成各自特色的基础上联动发展。山东自贸试验区要对标全面与进步跨太平洋伙伴关系协定（CPTPP），在数字经济、互联网和电信、教育、医疗、文化、知识产权等领域对标和先行先试高标准经贸规则，在做好风险压力测试的基础上实现重点前沿领域的率先突破。推动济南片区、青岛片区、烟台片区聚焦主导优势产业，围绕产业链开展系统性、集成性制度创新，提升全产业开放发展水平。复制推广自由贸易港、自贸试验区改革试点经验，让更多区、市共享改革创新成果和制度创新红利。

第二节　山东自贸试验区高质量发展指数评价

一、山东自贸试验区高质量发展总体评价

从自贸试验区高质量发展八个方面的指数来看，山东自贸试验区总体上处于全国中游。山东自贸试验区表现较好的是产业发展指数，总体排名处于全国中上游。另外，科技创新指数、高水平对外开放指数的排名也较靠前，表现出山东自贸试验区以科技创新、产业发展、高水平对外开放为主线的"三轮驱动"特征。山东自贸试验区的绿色共享指数和制度创新指数有待提升。从山东自贸试验区三个片区来看，济南片区表现出色，位居山东省三个片区之首，多项高质量发展指数居全国前列。青岛片区的高质量发展指数略好于烟台片区，和济南片区相比尚有差距。青岛片区、烟台片区的多项高质量发展指数处于全国中游，个别指数处于全国下游。

二、山东自贸试验区济南片区高质量发展指数评价

济南片区的高质量发展指数在制度创新、金融发展、企业经营、产业发展、科技创新、区域带动、高水平对外开放、绿色共享八个方面的表现全省最优。除制度创新指数外，济南片区其余7个指数均位于全国所有片区前20位，有4个高质量发

展指数位列全国前10位，分别为金融发展指数、企业经营指数、产业发展指数和区域带动指数。济南片区高质量发展指数一级、二级指标指数及在全国自贸片区中的位置如表22-4所示。

表22-4　　　　　　　　　　　　济南片区高质量发展指数及排位

一级指标指数及排位	二级指标指数及排位		一级指标指数及排位	二级指标指数及排位	
1.制度创新 27.48 （33）	贸易便利化	35.48（居中）	2.金融发展 16.60 （8）	金融机构	8.34（居中）
	政府职能转变	30.08（居前）		股权投融资	13.61（居前）
	法治化环境	16.89（居后）		投资自由化	28.35（居前）
3.企业经营 43.99 （5）	基数水平	44.94（居中）	4.产业发展 39.37 （7）	产业规模	34.15（居前）
	高新企业占比	78.45（居前）		产业结构	19.90（居后）
	创新经营情况	16.40（居中）		产业创新	11.43（居前）
				产业环境	91.98（居前）
5.科技创新 19.43 （18）	创新环境	17.64（居前）	6.区域带动 30.17 （6）	市场活力	28.46（居前）
	创新投入	16.76（居前）		产业带动	35.79（居前）
	创新产出	20.91（居前）		辐射带动	31.34（居前）
7.高水平对外开放 17.56 （19）	贸易强度	21.67（居前）	8.绿色共享 19.19 （20）	三废排放占比	7.11（居后）
				污染治理力度	26.87（居前）
	资本流动	13.46（居中）		公共服务	35.90（居中）

　　济南片区的制度创新指数为27.48（如图22-1所示），位于全国所有片区的第33位。从制度创新的二级指标来看，济南片区的贸易便利化指数为35.48，排位居中；政府职能转变指数为30.08，排位居前；法治化环境指数为16.89，排位居后。济南片区应进一步提升制度创新水平。

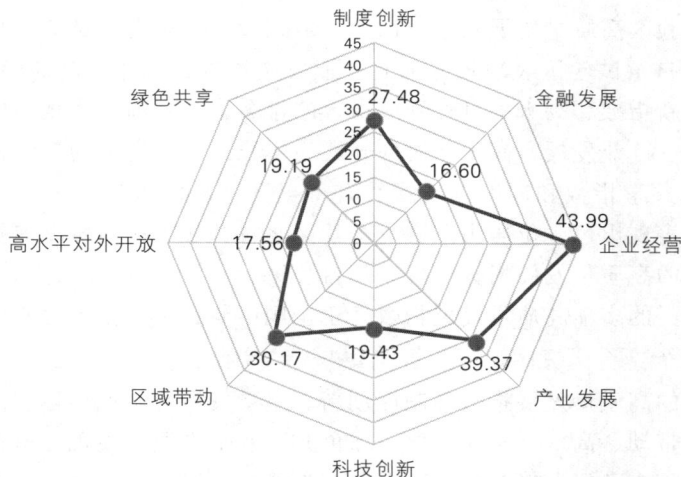

图22-1　济南片区高质量发展指数

济南片区的金融发展指数为16.60，位列全国第8位。济南片区大力发展金融产业，建设了济南国际金融城。从金融发展指数的二级指标来看，济南片区的金融机构指数为8.34，排位居中，并不突出。但是，另外两个二级指标股权投融资指数和投资自由化指数分别为13.61和28.35，排位居前，由此拉高了金融发展指数。

济南片区的企业经营指数为43.99，位列全国第5位，也是济南片区八个方面高质量发展指数中排位最高的。从企业经营指数的二级指标来看，基数水平指数为44.94，排位居中；高新企业占比指数为78.45，排位居前；创新经营情况指数为16.40，排位居中。大力推动高新技术企业发展是济南片区的突出特征。

济南片区的产业发展指数为39.37，位列全国第7位。在济南片区内，此前已初步形成了大数据、人工智能、生命科学的产业聚集，拥有了相对完整的产业链。从产业发展指数的二级指标来看，产业规模指数为34.15，排位居前；产业结构指数为19.90，排位居后；产业创新指数为11.43，排位居前；产业环境指数为91.98，排位居前。除产业结构指数外，济南片区的其他产业发展指数均处于全国上游。

济南片区的科技创新指数为19.43，位列全国第18位。从科技创新指数的二级指标来看，创新环境指数为17.64，排位居前；创新投入指数为16.76，排位居前；创新产出指数为20.91，排位居前，科技创新指数及其二级指标均处于全国上游。

济南片区的区域带动指数为30.17，位列全国第6位。从区域带动指数的二级指标来看，市场活力指数为28.46，排位居前；产业带动指数为35.79，排位居前；辐射带动指数为31.34，排位居前。济南片区吸引制造业500强企业、世界500强企业、中国500强企业入驻，对城市产生了较大的辐射带动，促进了区域的协调发展。

济南片区的高水平对外开放指数为17.56，位列全国第19位。济南片区是国家级新区和综合保税区，集三者的对外开放功能于一身，拥有国家文化出口基地、中欧绿色制造产业园两个国家级高水平对外开放平台，促进了国际贸易的发展。从高水平对外开放指数的二级指标来看，济南片区的贸易强度指数为21.67，排位居前；资本流动指数为13.46，排位居中。济南片区的建设促进了对外开放。

济南片区的绿色共享指数为19.19，位列全国第20位。从绿色共享指数的二级指标来看，三废排放占比指数为7.11，排位居后；污染治理力度指数为26.87，排位居前；公共服务指数为35.9，排位居中。济南片区的绿色共享情况总体较好，污染治理力度较大。

三、山东自贸试验区青岛片区高质量发展指数评价

青岛片区的高质量发展指数在制度创新、金融发展、企业经营、产业发展、科技创新、区域带动、高水平对外开放、绿色共享八个方面的表现在省内较好，多数指数排在全国中游位置，高水平对外开放指数进入了全国前20位，青岛片区与济

南片区相比，高质量发展尚有差距。青岛片区高质量发展指数一级、二级指标指数
及在全国自贸片区中的位置如表22-5所示。

表22-5 青岛片区高质量发展指数及排位

一级指标指数及排位	二级指标指数及排位		一级指标指数及排位	二级指标指数及排位	
1.制度创新 24.49 （43）	贸易便利化	30.88（居中）	2.金融发展 4.84 （38）	金融机构	7.13（居中）
	政府职能转变	21.16（居中）		股权投融资	0.69（居中）
	法治化环境	21.44（居中）		投资自由化	6.84（居中）
3.企业经营 11.58 （61）	基数水平	24.98（居后）	4.产业发展 33.85 （24）	产业规模	6.08（居中）
	高新企业占比	5.97（居后）		产业结构	34.11（居前）
	创新经营情况	4.03（居后）		产业创新	7.25（居中）
				产业环境	87.95（居前）
5.科技创新 9.76 （32）	创新环境	10.05（居中）	6.区域带动 4.12 （48）	市场活力	7.31（居后）
	创新投入	6.10（居后）		产业带动	4.38（居后）
	创新产出	10.88（居中）		辐射带动	1.80（居后）
7.高水平对外开放 18.59 （13）	贸易强度	29.80（居前）	8.绿色共享 9.82 （47）	三废排放占比	3.20（居后）
	资本流动	7.38（居后）		污染治理力度	3.45（居后）
				公共服务	35.90（居中）

青岛片区的制度创新指数为24.49（如图22-2所示），位列全国第43位，处于
全国下游。从制度创新的二级指标来看，青岛片区的贸易便利化指数为30.88，排
位居中；政府职能转变指数为21.16，排位居中；法治化环境指数为21.44，排位居
中。青岛片区的制度创新水平有待提高。

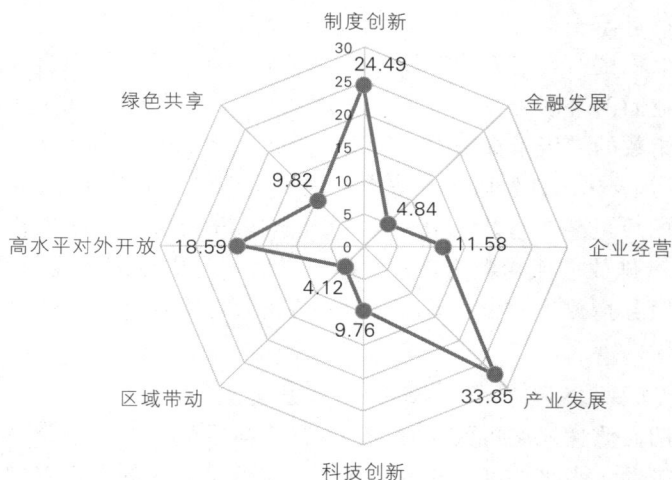

图22-2 青岛片区高质量发展指数

青岛片区的金融发展指数为4.84，位列全国第38位。从金融发展指数的二级

指标来看，青岛片区的金融机构指数为7.13，排位居中；股权投融资指数为0.69，排位居中；投资自由化指数为6.84，排位居中。青岛片区的金融发展指数及其二级指标均处于全国中游。

青岛片区的企业经营指数为11.58，位列全国第61位。从企业经营指数的二级指标来看，青岛片区的基数水平指数为24.98，排位居后；高新企业占比指数为5.97，排位居后；创新经营情况指数为4.03，排位居后。青岛片区的企业经营指数及其二级指标均处于全国下游。

青岛片区的产业发展指数为33.85，位列全国第24位。从产业发展指数的二级指标来看，青岛片区的产业规模指数为6.08，排位居中；产业结构指数为34.11，排位居前；产业创新指数为7.25，排位居中；产业环境指数为87.95，排位居前。青岛片区产业发展指数二级指标中的产业结构指数和产业环境指数位列全国前20位，其余二级指标处于全国中游。

青岛片区的科技创新指数为9.76，位列全国第32位。从科技创新指数的二级指标来看，青岛片区的创新环境指数为10.05，排位居中；创新投入指数为6.10，排位居后；创新产出指数为10.88，排位居中。青岛片区的创新投入有待进一步加强。

青岛片区的区域带动指数为4.12，位列全国第48位。从区域带动指数的二级指标来看，青岛片区的市场活力指数为7.31，排位居后；产业带动指数为4.38，排位居后；辐射带动指数为1.80，排位居后。青岛片区区域带动各指数均处于全国下游。

青岛片区的高水平对外开放指数为18.59，位列全国第13位。从高水平对外开放指数的二级指标来看，贸易强度指数为29.80，排位居前；资本流动指数为7.38，排位居后。青岛片区的贸易强度指数处于全国前列，而资本流动指数处于全国下游。

青岛片区的绿色共享指数为9.82，位列全国第47位。从绿色共享指数的二级指标来看，三废排放占比指数为3.20，排位居后；污染治理力度指数为3.45，排位居后；公共服务指数为35.90，排位居中。青岛片区的绿色共享指数处于全国下游。

四、山东自贸试验区烟台片区高质量发展指数评价

烟台片区的高质量发展指数在制度创新、金融发展、企业经营、产业发展、科技创新、区域带动、高水平对外开放、绿色共享八个方面的表现略逊色于青岛片区，与济南片区差距较大，多数指数排在全国中游，八个高质量发展指数均没进入全国前20位。当然，一些指数的排名不及济南片区和青岛片区，与烟台片区面积较小，经济集聚能力短期内无法快速提升有一定关系。烟台片区高质量发展指数一级、二级指标指数及在全国自贸片区中的位置如表22-6所示。

表22-6　　　　　　　　　烟台片区高质量发展指数及排位

一级指标指数及排位	二级指标指数及排位		一级指标指数及排位	二级指标指数及排位	
1.制度创新 25.96 (36)	贸易便利化	28.79 (居后)	2.金融发展 6.00 (34)	金融机构	8.23 (居中)
	政府职能转变	32.42 (居前)		股权投融资	0.25 (居后)
	法治化环境	16.67 (居后)		投资自由化	9.71 (居中)
3.企业经营 22.91 (32)	基数水平	46.96 (居前)	4.产业发展 33.22 (32)	产业规模	7.55 (居中)
	高新企业占比	12.03 (居中)		产业结构	38.23 (居前)
	创新经营情况	10.14 (居中)		产业创新	6.47 (居中)
				产业环境	80.64 (居中)
5.科技创新 12.10 (28)	创新环境	8.04 (居中)	6.区域带动 11.57 (26)	市场活力	20.73 (居前)
	创新投入	11.28 (居中)		产业带动	12.40 (居中)
	创新产出	13.72 (居中)		辐射带动	4.63 (居中)
7.高水平对外开放 12.86 (35)	贸易强度	15.83 (居中)	8.绿色共享 6.47 (57)	三废排放占比	3.35 (居后)
				污染治理力度	8.72 (居中)
	资本流动	9.89 (居中)		公共服务	10.36 (居后)

烟台片区的制度创新指数为25.96（如图22-3所示），位列全国第36位，处于全国中游。从制度创新的二级指标来看，烟台片区的贸易便利化指数为28.79，排位居后；政府职能转变指数为32.42，排位居前；法治化环境指数为16.67，排位居后。烟台片区的政府职能转变指数排名进入了全国前20位，贸易便利化指数和法治化环境指数排名靠后，应进一步推动贸易便利化，加强法治环境建设。

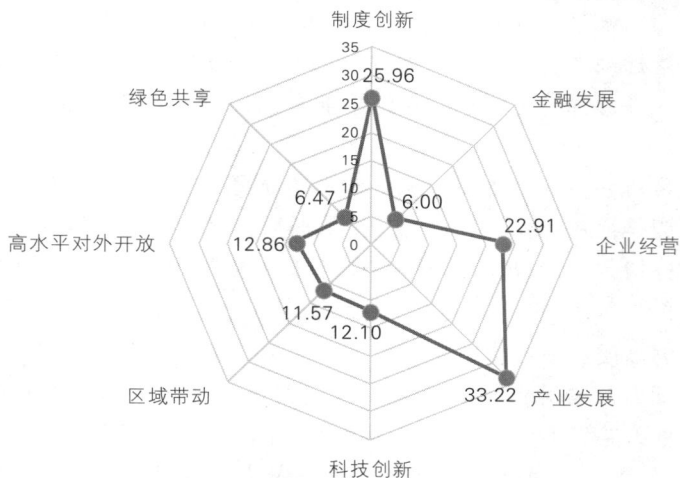

图22-3　烟台片区高质量发展指数

烟台片区的金融发展指数为6.00，位列全国第34位。从金融发展指数的二级指标来看，烟台片区的金融机构指数为8.23，排位居中；股权投融资指数为0.25，排位居后；投资自由化指数为9.71，排位居中。除股权投融资指数外，烟台片区金融发展指数的其他二级指标均处于全国中游。

烟台片区的企业经营指数为22.91，位列全国第32位。从企业经营指数的二级指标来看，基数水平指数为46.96，排位居前；高新企业占比指数为12.03，排位居中；创新经营情况指数为10.14，排位居中。烟台片区企业经营二级指标基数水平指数进入了全国前20位，其余指标均处于全国中游。

烟台片区的产业发展指数为33.22，位列全国第32位。从产业发展指数的二级指标来看，产业规模指数为7.55，排位居中；产业结构指数为38.23，排位居前；产业创新指数为6.47，排位居中；产业环境指数为80.64，排位居中。烟台片区的产业结构指数处于全国前10位，产业结构优化明显，产业发展的其他指标均处于全国中游。

烟台片区的科技创新指数为12.10，位列全国第28位。从科技创新指数的二级指标来看，创新环境指数为8.04，排位居中；创新投入指数为11.28，排位居中；创新产出指数为13.72，排位居中。烟台片区科技创新指数及其二级指标均处于全国中游。

烟台片区的区域带动指数为11.57，位列全国第26位。从区域带动指数的二级指标来看，市场活力指数为20.73，排位居前；产业带动指数为12.40，排位居中；辐射带动指数为4.63，排位居中。烟台片区的市场活力指数进入了全国前20位，其余指数处于全国中游。

烟台片区的高水平对外开放指数为12.86，位列全国第35位。从高水平对外开放指数的二级指标来看，贸易强度指数为15.83，排位居中；资本流动指数为9.89，排位居中。烟台片区的对外开放水平处于全国片区的中游。

烟台片区的绿色共享指数为6.47，位列全国第57位。从绿色共享指数的二级指标来看，三废排放占比指数为3.35，排位居后；污染治理力度指数为8.72，排位居中；公共服务指数为10.36，排位居后。烟台片区的绿色共享有待加强。

第三节　山东自贸试验区建设的主要成效与重点发展方向

一、山东自贸试验区制度创新的主要成效

山东自贸试验区自挂牌以来，认真落实《中国（山东）自由贸易试验区总体方案》，推进山东自贸试验区高质量发展，在切实转变政府职能、投资自由化、贸易便利化、金融开放创新等领域进行探索和先行先试，已达到《中国（山东）自由贸易试验区总体方案》的基本要求。《中国（山东）自由贸易试验区总体方案》中的112项试点任务已全部开始实施，累计形成304项制度创新成果，其中144项已在全省复制推广，40项获国家部委认可并复制推广，5项被国务院自贸试验区部际联

席会议推广，1项入选全国"最佳实践案例"①。

在转变政府职能方面，山东自贸试验区深入推进"放管服"改革，推出"智惠导服"政务服务创新模式，率先推出"无感续证"审批服务新模式，变"被动审批"为"主动服务"。推动高频审批事项24小时自动受理、自动审批，申报材料减少80%以上，办理时限压缩90%以上。推出了"4321"公共资源交易服务新模式，进一步降低企业制度性交易成本，山东自贸试验区充分运用精简化、合理化、灵活化方式，提升制度效能。山东自贸试验区根据市场主体业务需求完善服务体系，将各项制度有机组合，克服碎片化、分散化问题，增强了制度创新的集成性和有效性。在投资自由化方面，推进自贸试验区投资管理模式改革，全面落实准入前国民待遇加负面清单管理模式，有效降低准入门槛，服务企业双向投资。山东自贸试验区设立三年来，实际使用外资额分别为9.8亿美元、22.1亿美元和25.6亿美元，年平均增长率为61.4%，吸引世界500强企业入驻，外资拉动作用不断显现。在贸易便利化方面，在推进贸易自由化、便利化水平的同时，聚焦贸易转型升级，优化对外贸易结构。深化"关港区"联合创新，推出"企业集团加工贸易""进口大宗商品智慧鉴定""陆海联动、海铁直运""进口原油'先放后检'"等一系列监管新模式，提升国际贸易服务效率。三年来，分别实现外贸进出口额2 490.3亿元、2 916.1亿元和3 843.3亿元，年平均增长率为24.2%，对全省外贸进出口拉动作用明显。在金融开放创新方面，促进跨境金融发展，落地全国首笔中新货币互换新元、中泰货币互换泰铢融资业务。合格境外有限合伙人（QFLP）基金落户片区。全省首单离岸人民币债券、首发知识产权证券化产品、首笔应用区块链技术的跨境支付业务落地，形成跨境金融+科创金融+绿色金融+产业金融的"四位一体"金融生态。联合科技部门打造全国首创科创金融全链条服务新模式，为科创企业提供融资、项目孵化及科技成果转移转化等服务。在全国率先开发"商事贷"融资对接平台，引导13家试点银行为中小企业量身定做金融产品，放贷总额超1亿元，金融服务实体经济能力大幅提高。

在法治化方面，建立促进山东自贸试验区发展的法治保障机制。山东省人大审议通过《中国（山东）自由贸易试验区条例》，对自贸试验区目标、定位、创新领域、保障措施等做出制度性安排，推动相关省直部门和中央驻鲁单位出台160项举措，支持山东自贸试验区发展。济南、青岛、烟台出台配套的实施细则，为山东自贸试验区发展提供保障。此外，还加强政策供给，制定出台《山东自贸试验区改革创新评价办法》《省直部门服务山东自贸试验区改革创新评价办法》《中国（山东）

---

① 佚名. 140项任务促创新开放发展 山东自贸试验区进入2.0时代 [EB/OL]. [2023-02-23]. http://www.ceweekly.cn/2023/0223/406293.shtml.

自由贸易试验区改革创新容错纠错实施办法》，激发片区和省直部门的创新活力以及容错、纠错能力，形成鼓励创新、宽容失败的制度氛围。

在优化营商环境方面，在全国率先将区块链技术应用于企业开办，企业开办时间压缩85%，提交材料减少60%以上，149项政务服务事项实现"秒批秒办"。山东自贸试验区推出"数字保险箱"智慧政务，实现材料、证照数字化和信用信息跨部门、跨系统传递共享；推出商事主体登记确认制，实现商事主体设立由"许可"向"确认"模式的转变；推出增值税留抵退税"一键确认"制，企业留抵退税网上签约、推送、确认，全流程"自动化"快速办理，增值税退税申报时间由平均21天大幅缩减至5分钟，当天办结率达99.6%，企业获得感显著增强。在产业发展方面，山东自贸试验区在推进产业发展过程中全面落实国家赋予的战略定位，从集群化、高端化、智能化等层面入手，不断推进产业转型升级、质效提升，带动高质量发展。山东自贸试验区推进新旧动能接续转换，对标全省新旧动能转换十强产业，超前布局未来产业；大力促进海洋经济发展，发展海工装备、海洋渔业、涉海金融三大海洋产业，积极打造东北亚航运中心，着力发展蓝色科技，不断提高海洋开发能力，积极构建蓝色经济伙伴关系，以航运服务业助推海洋强国建设。山东青岛港货物吞吐量超越新加坡港，集装箱吞吐量超越釜山港。在科技创新方面，加快设立各类创新机构和平台，推出"产业人才地图"精准引才模式，将人才数量、类型、流向、分布与产业布局有机衔接，实现人才决策科学化、匹配高效化、服务精准化，为推进新旧发展动能接续转换提供内生动力。三年来，山东自贸试验区先进科创成果持续产出，新增高新技术企业和新增专利数分别增长75.7%和115%。在推进高水平对外开放方面，深耕中日韩发展合作，提高合作层次、提升合作效率，加强中日、中韩产业园建设，不断提升区域合作互信度和各方对接效率，不断提升开放水平。山东自贸试验区以跨境电商为突破口，深化与日韩的经贸合作，在开展的200多场跨境电商保税直播活动中，日韩进口商品占比超过80%[①]。

二、山东自贸试验区制度创新特色

1.拓展促进跨境贸易便利新途径

山东自贸试验区坚持创新引领，不断提升贸易便利化水平。济南片区启动"链上贸易"保税展示展销平台，优化数字化贸易服务平台功能，打造中欧班列数字公共自助服务平台，为200多家外贸企业提供仓储、订舱、报关等一站式线上服务，极大地提高了货物出口效率，以数字化促进对外贸易发展。青岛片区完善出口农产品前置检测机制，农残检测结果与韩国互认，多数农产品到达韩国港口后可直接通关，无需抽样检测，大幅提高通关效率，促进了农产品对韩国的出口。烟台片区则

---

① 佚名.形成189项制度创新成果，山东自贸试验区三周年交出亮眼答卷［N］.齐鲁晚报，2022-10-13.

推行"关保通"便利化通关新模式，由片区管委设立担保风险补偿资金，帮助片区内企业免抵押、免保证金、免手续费"零成本"申请银行保函。当企业出现未按期缴纳关税及滞纳金情况时，代偿风险由原模式下银行单方承担变为政府、国有担保公司、银行机构三方共担，有效降低了风险，提高了通关效率，还大幅度减少了企业的流动资金占用。

2.多部门联合探索跨境易货贸易新模式

山东自贸试验区青岛片区按照国务院提出的"支持发展易货贸易服务平台、探索新型易货贸易模式"的指导意见，探索易货贸易新业态、新模式。海关、税务、外管等部门联合组建跨境易货贸易试点工作专班，制定新型跨境易货贸易试点工作方案、首单跨境易货贸易业务实施流程，确保跨境易货贸易试点业务依法合规开展。在各职能部门的通力协作下，首单跨境易货贸易顺利完成，促进了资源在全球的优化配置。青岛片区还搭建了跨境易货贸易平台，成立了跨境易货贸易联盟。首批跨境易货贸易联盟有会员92家，分别来自德国、印度、巴西等11个国家和地区，涵盖国际贸易、物流运输、科技研发等多个领域。青岛片区易货贸易开展新模式制度创新，进一步拓展贸易新业态。青岛片区还印发了《中国（山东）自由贸易试验区青岛片区支持贸易新业态及相关产业发展办法》，以政策举措助力跨境贸易、易货贸易、离岸贸易等贸易新业态高质量发展。

3.以知识产权创新助力专利密集型产业发展

山东自贸试验区济南片区的人工智能、医疗康养、文化、信息技术等产业均属于专利密集型产业，对知识产权保护、审查和运用等方面有较大需求，而且需求呈快速增长之势。济南片区出台了《关于推进中国（山东）自由贸易试验区济南片区知识产权创新发展的若干措施》，为企业提供全方位的知识产权服务。济南片区率先提出建设知识产权金融创新示范区，在知识产权保险、证券化、质押融资等领域打造产权金融服务创新支持中心，建立知识产权交易市场，开展知识产权评估、定价、托管、挂牌、交易、拍卖等专业服务，探索知识产权质押融资新模式，大力促进科技型、专利密集型产业的发展。基于区块链技术创建人才价值评估新模型和"人才有价"评估平台，对接金融机构、知识产权交易中心，创建全国首个人力资本产业公共服务平台，可无抵押、无担保融资赋能，实现"知识产权可作价、成果转化能估价、人才团队有身价"，撬动起千亿人力资本产业新动能。

济南片区不断深化知识产权国际合作。与日本、韩国、"一带一路"共建国家开展知识产权合作。依托中欧（济南）绿色制造产业园建设，与欧盟知识产权局开展合作。济南还将加快培育一批国际化、市场化、专业化知识产权服务机构，在企业产品出口、服务外包、海外投资、品牌输出等活动中提供服务，推动申建知识产权服务出口基地。

三、山东自贸试验区的主要发展经验

1.围绕片区功能定位，多措并举增强内生动力

山东自贸试验区济南片区、青岛片区和烟台片区根据各自的功能定位和产业布局，围绕产业链推进制度创新，加快营造市场化、法治化、国际化营商环境，促进民营经济高质量发展。山东自贸试验区还强化知识产权保护，通过建立知识产权交易市场，激发企业创新活力和动力。济南片区联合青岛片区、烟台片区建立"3+2+1+1"知识产权跨域协同保护协作模式，深化知识产权国际合作，加强知识产权海外保护，探索开展重点产业领域海外知识产权风险防控体系建设。

2.扩大片区辐射溢出效应，实现制度创新红利共享

山东自贸试验区注重片区与省内其他经济功能区的联动发展，建立自贸试验区与其他经济功能区的联动创新机制，推动自贸试验区与17个国家级、省级经济开发区、高新区、综合保税区联动创新，支持有条件的市与片区共建联动创新区。制度创新红利与功能优势相叠加，充分释放自贸试验区的改革创新红利，辐射带动省内其他经济功能区发展。

3.主动对接国家区域重大战略，促进区域联动协同发展

山东自贸试验区对接国家黄河流域生态保护和高质量发展区域重大战略，推动成立黄河流域自贸联盟，与成都、西安、郑州等9个片区实现政务服务"自贸通办""跨省通办""沿黄通办"。推动港口物流集团打造沿黄内陆港群综合服务平台，创新多式联运全程监管服务模式，统筹35个内陆港和84条海铁联运班列线路业务运营，建成数字化物流体系。济南片区从打造国际商贸合作平台、数字赋能产业平台、文化出海协同平台、科技创新合作平台、国际标准对接平台和黄河信用共享平台六个方面深化黄河流域自贸联盟合作机制。青岛片区创新打造黄河流域跨境电商协同发展机制，实现信息资源共享、运输通道立体化、商业渠道多元化，更好地服务国家战略。

四、山东自贸试验区的重点发展方向

山东自贸试验区应以制度创新为牵引，继续推动自贸试验区高质量发展，应强化山东自贸试验区在科技创新、产业发展、高水平对外开放方面的优势，弥补在制度创新和绿色共享方面的不足。济南片区应发挥其在省内的示范引领作用，在提升自身高质量发展水平的同时，通过片区联动、示范引领带动青岛片区、烟台片区补齐短板，促进山东自贸试验区进一步提升高质量发展水平。具体来说，济南片区要在制度创新方面继续发力；青岛片区要在企业经营方面着力推进，在制度创新、金融发展、科技创新、区域带动、绿色共享方面加以提升；烟台片区要在绿色共享方面着力推进，在制度创新、金融发展、企业经营、产业发展、高水平对外开放方面加以提升。

第二十三章　江苏自贸试验区高质量发展评价

　　江苏自贸试验区属于我国东部区域板块。江苏自贸试验区秉持"为国家试制度、为地方谋发展"的战略方向，不断探索深化改革、扩大开放的新路径，成为全省高质量发展的引领区。本章在对江苏自贸试验区进行概述的基础上，基于中国自贸试验区大数据监测分析平台微观数据，从制度创新、金融发展、企业经营、产业发展、科技创新、区域带动、高水平对外开放、绿色共享八个维度入手，对南京、苏州、连云港片区的高质量发展情况进行评价，分析其优势与短板，梳理江苏自贸试验区主要发展成效与经验、制度创新特色，明确未来高质量发展方向。

第一节　江苏自贸试验区概况

一、江苏自贸试验区实施范围

　　江苏自贸试验区于2019年8月30日揭牌，是我国第五批设立的自贸试验区。

　　江苏自贸试验区自贸试验区实施范围119.97平方千米，涵盖南京、苏州、连云港三个片区。

　　南京片区39.55平方千米，四至范围：东至长江、横江大道、浦滨路；南至虎桥路、西江路；西至环山路、沿江大道、浦乌路；北至锦绣路、凯天路、浦东路。

　　苏州片区60.15平方千米，四至范围：东至园区行政区划界线的沪宁高速公路至强胜路段、尖浦河的强胜路至园区行政区划界线、星港街；南至园区行政区划界线的尖浦河至胜浦路段、中新大道胜浦路至唯胜路段、听涛路、吴淞江、港田路、东方大道、钟园路、苏州大道东、金鸡湖、西沈浒路、槟榔路、苏慕路、苏惠路；西至园区行政区划界线的强胜路至新开河段、吴淞江西侧、苏嘉杭高速、星兰街；北至扬清路南侧、亚太纸业北侧、市公路管理站东侧、娄江、至和西路、渔泾河、蠡塘路北侧、娄东路东侧、至和东路、珠泾路、杏林街、吉田建材北侧、唯胜路东侧、亭平路、园区13号河道东侧。

　　连云港片区实施范围20.27平方千米（含连云港综合保税区2.44平方千米），由3个区块组成，其中：市开发区区块14.84平方千米，连云区区块1平方千米，港口区块4.43平方千米。四至范围：东至庙岭、新光路；南至陇海铁路、港城大道、东方大道；西至海滨大道、玉竹路；北至242省道、海岸线。

二、江苏自贸试验区的目标和定位

江苏自贸试验区的发展目标为：以制度创新为核心，以可复制可推广为基本要求，全面落实中央关于深化产业结构调整、深入实施创新驱动发展战略的要求，推动全方位高水平对外开放，加快"一带一路"交汇点建设，着力打造开放型经济发展先行区、实体经济创新发展和产业转型升级示范区。经过3~5年改革探索，对标国际先进规则，形成更多有国际竞争力的制度创新成果，推动经济发展质量变革、效率变革、动力变革，努力建成贸易投资便利、高端产业集聚、金融服务完善、监管安全高效、辐射带动作用突出的高标准高质量自由贸易园区。

江苏自贸试验区各片区功能定位为：南京片区建设具有国际影响力的自主创新先导区、现代产业示范区和对外开放合作重要平台；苏州片区建设世界一流高科技产业园区，打造全方位开放高地、国际化创新高地、高端化产业高地、现代化治理高地；连云港片区建设亚欧重要国际交通枢纽、集聚优质要素的开放门户、"一带一路"共建国家（地区）交流合作平台。

三、江苏自贸试验区的产业基础

江苏自贸试验区设立以来，以高水平对外开放推动高质量发展，推动新兴战略产业发展，布局未来产业，南京、苏州、连云港片区吸引大量市场主体进入。中国自贸试验区大数据监测分析平台显示，截至2021年，南京片区在营企业14 104家，投资总额为4 961.18亿元；民营企业数量占比94.62%，服务业数量占比74.96%，进出口企业数量占比14.88%。苏州片区在营企业41 138家，投资总额为10 168.68亿元；民营企业数量占比90.32%，服务业数量占比74.94%，进出口企业数量占比23.78%。连云港片区在营企业7 344家，投资总额为717.79亿元；民营企业数量占比94.06%，服务业数量占比72.97%，进出口企业数量占比21.88%。江苏自贸试验区三个片区各类企业的数量情况如表23-1、表23-2和表23-3所示。

表23-1 江苏自贸试验区南京片区各类企业数量情况

		企业数（家）	占比（%）	投资额（亿元）	占比（%）
产业结构	第一产业	59	0.42	5.57	0.11
	第二产业	3 470	24.62	499.72	10.07
	第三产业	10 566	74.96	4 455.25	89.82
所有制	国有	20	0.14	482.34	9.72
	民营	13 345	94.62	3 522.84	71.01
	外资	205	1.45	170.63	3.44
企业规模	大型	169	1.20	3 030.95	62.03
	中型	586	4.15	914.08	18.71
	小型	3 908	27.71	568.99	11.64
	微型	8 601	60.98	372.10	7.62
企业特征	高新技术企业	271	1.92	133.04	2.72
	对外投资企业	629	4.46	2 732.71	55.93

数据来源：中国自贸试验区大数据监测分析平台。

表23-2 　　　　　　　江苏自贸试验区苏州片区各类企业数量情况

		企业数（家）	占比（%）	投资额（亿元）	占比（%）
产业结构	第一产业	36	0.09	2.64	0.03
	第二产业	10 265	24.97	1 724.65	16.96
	第三产业	30 808	74.94	8 440.19	83.01
所有制	国有	29	0.07	289.27	2.86
	民营	37 157	90.32	7 610.52	75.22
	外资	2 140	5.20	1 437.29	14.21
企业规模	大型	619	1.50	4 907.68	48.73
	中型	2 181	5.30	2 481.35	24.64
	小型	10 628	25.83	1 526.29	15.16
	微型	25 474	61.92	1 155.41	11.47
企业特征	高新技术企业	739	1.80	351.12	3.49
	对外投资企业	2 992	7.27	5 290.55	52.53

数据来源：中国自贸试验区大数据监测分析平台。

表23-3 　　　　　　　江苏自贸试验区连云港片区各类企业数量情况

		企业数（家）	占比（%）	投资额（亿元）	占比（%）
产业结构	第一产业	45	0.61	7.48	1.04
	第二产业	1 934	26.41	213.69	29.82
	第三产业	5 342	72.98	495.53	69.14
所有制	国有	4	0.05	26.54	3.70
	民营	6 908	94.06	545.50	76.03
	外资	69	0.94	26.98	3.76
企业规模	大型	30	0.41	119.83	16.94
	中型	267	3.64	222.98	31.53
	小型	2 471	33.65	258.61	36.56
	微型	4 189	57.04	105.88	14.97
企业特征	高新技术企业	11	0.15	2.80	0.40
	对外投资企业	68	0.93	52.42	7.41

数据来源：中国自贸试验区大数据监测分析平台。

四、江苏自贸试验区的对外开放

　　江苏省是我国对外开放水平较高的省份之一。自贸试验区获批以来，围绕"把自由贸易试验区建设成为新时代改革开放新高地"的要求，江苏自贸试验区进一步提升对外开放水平，建设制度型开放示范区。江苏自贸试验区对外开放的主要方向是"一带一路"共建国家、上海合作组织成员国、RCEP成员国、亚欧大陆国家等。南京片区进一步拓展"一带一路"共建国家市场，大力发展中欧班列。苏州片区深化与新加坡的产业、经贸和产学研等方面合作，深化中国与新加坡的"国际走廊"建设。推进与日本、韩国等RCEP成员国的高水平合作，打造中日韩合作新高地。连云港片区开通多条海铁联运通道，依托阿拉山口、霍尔果斯、喀什、二连浩特、满洲里等过境口岸，形成中亚五国、中吉乌、中蒙、中土、中德、中俄国际班列线路。连云港片区还建成"一带一路"共建国家（地区）交流合作平台，推进高水平对外开放。

五、江苏自贸试验区"十四五"时期发展目标

江苏省在"十四五"规划中对自贸试验区提出更高要求，推进自贸试验区更高水平开放。联动南京、苏州、连云港三大片区，推动江苏自贸试验区联动发展创新区建设，扩大改革试点地区范围，加强制度创新、集成超越。加快海关特殊监管区域转型发展，依托综合保税区打造内外贸协同发展高地。协同推进中韩盐城产业园、中德太仓创新合作园、中以常州创新园、中日苏州智能制造产业合作示范区等合作园区发展。实施境外合作区示范建设工程，高水平推动中阿产能合作示范园、柬埔寨西港特区、埃塞俄比亚东方工业园等境外合作园区发展。在推进开放通道建设方面，"十四五"期间，江苏自贸试验区还将积极开辟"一带一路"沿线及与江苏经贸合作密切的国家和地区航线，形成"东连（北美）西至（欧、西亚、中东）南畅（东南亚）北通（东北亚）"的国际航线网络。

第二节　江苏自贸试验区高质量发展指数评价

一、江苏自贸试验区高质量发展总体评价

从自贸试验区高质量发展八个方面的指数来看，江苏自贸试验区总体上处于全国中上游。江苏自贸试验区表现较好的是产业发展指数，三个片区均居全国前列，南京片区更是位列全国第2位。有待提升的是区域带动指数，总体上居于全国中下游。从江苏自贸试验区三个片区来看，苏州片区在高质量发展八个方面的表现最好，位居江苏省三个片区之首，有6个高质量发展指数在全国排位居前。南京片区的高质量发展次之，有5个高质量发展指数在全国排位居前。连云港片区与苏州、南京片区相比差距较大，在多项指数上对江苏自贸试验区的总体表现形成拖累，也表现出江苏自贸试验区高质量发展在片区上的非均衡特征。

二、江苏自贸试验区南京片区高质量发展指数评价

南京片区的高质量发展指数在制度创新、金融发展、企业经营、产业发展、科技创新、区域带动、高水平对外开放、绿色共享八个方面的表现较好，有5个高质量发展指数进入全国前20位，分别为金融发展、企业经营、产业发展、科技创新、绿色发展。其中，产业发展、科技创新指数进入全国前10位。南京片区高质量发

展指数一级、二级指标指数及在全国片区中的位置如表23-4所示。

表23-4　　　　　　　南京片区高质量发展指数及排位

一级指标指数及排位	二级指标指数及排位		一级指标指数及排位	二级指标指数及排位	
1.制度创新 31.53 （21）	贸易便利化	40.55（居前）	2.金融发展 13.54 （13）	金融机构	9.27（居中）
	政府职能转变	26.41（居中）		股权投融资	25.25（居前）
	法治化环境	27.64（居中）		投资自由化	6.52（居中）
3.企业经营 33.83 （13）	基数水平	45.77（居前）	4.产业发展 47.47 （2）	产业规模	30.06（居前）
	高新企业占比	23.54（居前）		产业结构	65.44（居前）
	创新经营情况	32.22（居前）		产业创新	16.61（居前）
				产业环境	77.75（居后）
5.科技创新 26.03 （9）	创新环境	28.70（居前）	6.区域带动 4.21 （46）	市场活力	6.21（居后）
	创新投入	28.20（居前）		产业带动	5.43（居后）
	创新产出	24.42（居前）		辐射带动	2.04（居后）
7.高水平对外开放 12.69 （36）	贸易强度	12.20（居后）	8.绿色共享 20.14 （16）	三废排放占比	28.36（居前）
	资本流动	13.17（居中）		污染治理力度	5.46（居中）
				公共服务	23.93（居中）

南京片区的制度创新指数为31.53（如图23-1所示），位列全国第21位，处于中游偏上水平。从制度创新二级指标来看，南京片区贸易便利化指数为40.55，排位居前；政府职能转变指数为26.41，排位居中；法治化环境指数为27.64，排位居中。南京片区的贸易便利化指数排名进入全国前20位，贸易便利化指数和法治化环境指数排名处于中游。

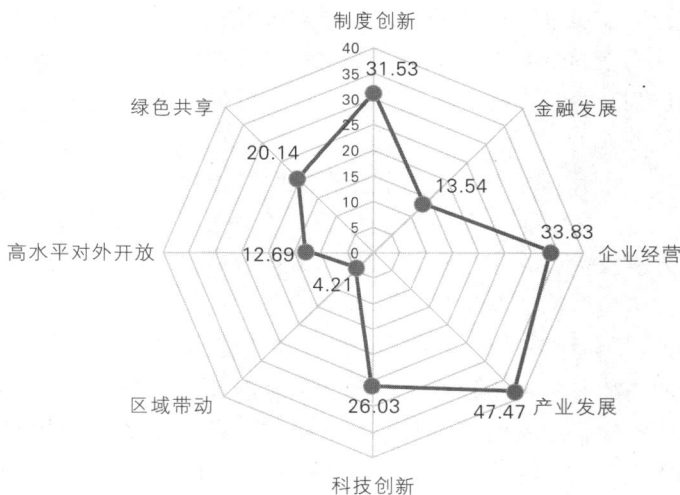

图23-1　南京片区高质量发展指数

南京片区的金融发展指数为13.54，位列全国第13位。从金融发展指标来看，南京片区金融机构指数为9.27，排位居中；股权投融资指数为25.25，排位居前；投资自由化指数为6.52，排位居中。南京片区的金融发展居全国片区前列。

南京片区的企业经营指数为33.83，位列全国第13位。从企业经营指数二级指标来看，基数水平指数为45.77，排位居前；高新企业占比指数为23.54，排位居前；创新经营情况指数为32.22，排位居前。南京片区在企业经营方面表现较好，创新经营表现尤为突出。

南京片区的产业发展指数为47.47，位列全国第2位。从产业发展指数二级指标来看，产业规模指数为30.06，排位居前；产业结构指数为65.44，排位居前；产业创新指数为16.61，排位居前；产业环境指数为77.75，排位居后。南京片区在产业发展方面表现突出，除产业环境指数外，其他指标指数均处于全国上游。

南京片区的科技创新指数为26.03，位列全国第9位。从科技创新指数二级指标来看，创新环境指数为28.70，排位居前；创新投入指数为28.20，排位居前；创新产出指数为24.42，排位居前。南京片区科技创新指数全部进入全国前20位，显示其在科技创新方面的优势，南京片区以科技创新促进产业发展的特征明显。

南京片区的区域带动指数为4.21，位列全国第46位。从区域带动指数二级指标来看，市场活力指数为6.21，排位居后；产业带动指数为5.43，排位居后；辐射带动指数为2.04，排位居后。南京片区区域带动指数处于全国下游，片区对南京市的带动作用有待提升。

南京片区的高水平对外开放指数为12.69，位列全国第36位。从高水平对外开放指数的二级指标来看，贸易强度指数为12.20，排位居后；资本流动指数为13.17，排位居中。南京片区高水平对外开放指数处于全国中游，还需要进一步推动高水平对外开放。

南京片区的绿色共享指数为20.14，位列全国第16位。从绿色共享指数二级指标来看，三废排放占比指数为28.36，排位居前；污染治理力度指数为5.46，排位居中；公共服务指数为23.93，排位居中。南京片区绿色指数处于全国中上游，共享指数处于全国中游。

三、江苏自贸试验区苏州片区高质量发展指数评价

苏州片区的高质量发展指数在制度创新、金融发展、企业经营、产业发展、科技创新、区域带动、高水平对外开放、绿色共享八个方面的表现突出。除绿色共享、区域带动指数外，其余六个指数均进入全国前20位。其中，金融发展、科技创新、高水平对外开放指数进入全国前10位。苏州片区高质量发展指数一级、二级指标指数及在全国自贸片区中的位置如表23-5所示。

表23-5　　　　　　　　　　苏州片区高质量发展指数及排位

一级指标指数及排位	二级指标指数及排位		一级指标指数及排位	二级指标指数及排位	
1.制度创新 35.06 (14)	贸易便利化	57.49（居前）	2.金融发展 17.05 (7)	金融机构	18.24（居前）
	政府职能转变	30.66（居前）		股权投融资	21.56（居前）
	法治化环境	17.03（居后）		投资自由化	11.86（居中）
3.企业经营 36.90 (11)	基数水平	37.78（居后）	4.产业发展 36.19 (16)	产业规模	10.89（居前）
	高新企业占比	43.23（居前）		产业结构	33.85（居前）
	创新经营情况	29.91（居前）		产业创新	27.47（居前）
				产业环境	72.56（居后）
5.科技创新 34.91 (5)	创新环境	43.37（居前）	6.区域带动 10.90 (30)	市场活力	14.11（居中）
	创新投入	35.59（居前）		产业带动	11.12（居前）
	创新产出	31.86（居前）		辐射带动	10.54（居前）
7.高水平对外开放 28.81 (8)	贸易强度	28.10（居前）	8.绿色共享 8.60 (52)	三废排放占比	8.09（居中）
				污染治理力度	5.13（居中）
	资本流动	29.52（居前）		公共服务	15.38（居后）

　　苏州片区的制度创新指数为35.06（如图23-2所示），位列全国第14位。从制度创新指数的二级指标来看，苏州片区的贸易便利化指数为57.49，排位居前；政府职能转变指数为30.66，排位居前；法治化环境指数为17.03，排位居后。苏州片区的贸易便利化水平居全国前列，政府职能转变指数也进入前20位，法治化环境指数排名靠后。苏州片区应加强法治环境建设。

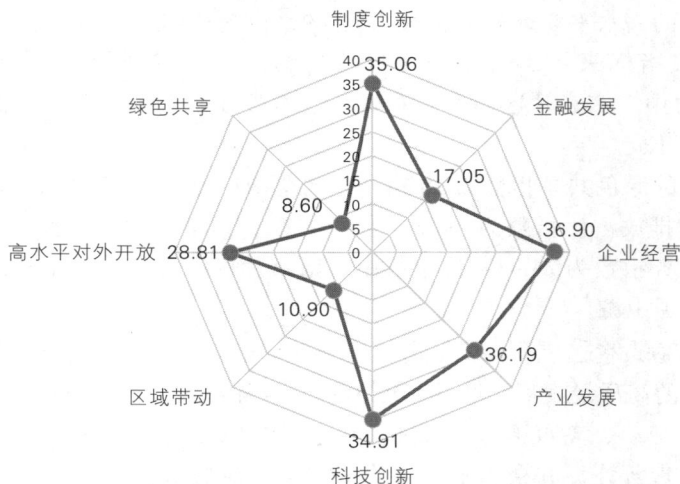

图23-2　苏州片区高质量发展指数

　　苏州片区的金融发展指数为17.05，位列全国第7位。从金融发展指数的二级指标来看，苏州片区金融机构指数为18.24，排位居前；股权投融资指数为21.56，排位居前；投资自由化指数为11.86，排位居中。苏州片区的金融发展较好，股权投融资指数位于全国前列。

苏州片区的企业经营指数为36.90，位列全国第11位。从企业经营指数的二级指标来看，基数水平指数为37.78，排位居后；高新企业占比指数为43.23，排位居前；创新经营情况指数为29.91，排位居前。苏州片区在发展高新企业和创新经营方面表现优良。

苏州片区的产业发展指数为36.19，位列全国第16位。从产业发展指数的二级指标来看，产业规模指数为10.89，排位居前；产业结构指数为33.85，排位居前；产业创新指数为27.47，排位居前；产业环境指数为72.56，排位居后。苏州片区产业发展居全国前列，在产业创新方面表现突出，产业创新指数进入全国前10位。

苏州片区的科技创新指数为34.91，位列全国第5位。从科技创新指数的二级指标来看，创新环境指数为43.37，排位居前；创新投入指数为35.59，排位居前；创新产出指数为31.86，排位居前。苏州片区科技创新指数全部进入全国前10位，显示其强大的科技创新能力。

苏州片区的区域带动指数为10.90，位列全国第30位。从区域带动指数的二级指标来看，市场活力指数为14.11，排位居中；产业带动指数为11.12，排位居中；辐射带动指数为10.54，排位居中。苏州片区辐射带动指数居于全国前20位，其余指标值处于全国中游，片区的带动作用有待提升。

苏州片区的高水平对外开放指数为28.81，位列全国第8位。从高水平对外开放二级指标来看，贸易强度指数为28.10，排位居前；资本流动指数为29.52，排位居前。苏州片区高水平对外开放指标均进入全国前10位，自贸试验区建设有力促进了高水平对外开放。

苏州片区的绿色共享指数为8.60，位列全国第52位。从绿色共享指数二级指标来看，三废排放占比指数为8.09，排位居中；污染治理力度指数为5.13，排位居中；公共服务指数为15.38，排位居后。南京片区绿色指数处于全国中游，共享指数处于全国下游。

四、江苏自贸试验区连云港片区高质量发展指数评价

连云港片区的高质量发展指数在制度创新、金融发展、企业经营、产业发展、科技创新、区域带动、高水平对外开放、绿色共享八个方面的表现在省内欠佳，在全国也处于下游。除产业发展指数居前，绿色共享指数居中外，制度创新、金融发展、企业经营、科技创新、区域带动、高水平对外开放六个指数均处于全国下游。连云港片区高质量发展指数一级、二级指标指数及在全国自贸片区中的位置如表23-6所示。

表23-6　　　　　　　　　　连云港片区高质量发展指数及排位

一级指标指数及排位	二级指标指数及排位		一级指标指数及排位	二级指标指数及排位	
1.制度创新 17.79 (58)	贸易便利化	28.78 (居后)	2.金融发展 3.73 (46)	金融机构	3.33 (居后)
	政府职能转变	8.52 (居后)		股权投融资	2.13 (居中)
	法治化环境	16.08 (居后)		投资自由化	5.83 (居中)
3.企业经营 9.38 (63)	基数水平	24.58 (居后)	4.产业发展 36.51 (15)	产业规模	7.12 (居中)
	高新企业占比	1.90 (居后)		产业结构	66.66 (居前)
	创新经营情况	1.88 (居后)		产业创新	1.53 (居后)
				产业环境	70.72 (居后)
5.科技创新 2.87 (59)	创新环境	2.18 (居后)	6.区域带动 5.61 (41)	市场活力	9.79 (居中)
	创新投入	3.06 (居后)		产业带动	6.40 (居后)
	创新产出	3.04 (居后)		辐射带动	1.82 (居后)
7.高水平对外开放 9.27 (49)	贸易强度	14.19 (居中)	8.绿色共享 16.48 (34)	三废排放占比	7.48 (居后)
				污染治理力度	3.96 (居中)
	资本流动	4.35 (居后)		公共服务	58.12 (居前)

　　连云港片区的制度创新指数为17.79（如图23-3所示），位列全国第58位。从制度创新二级指标来看，连云港片区贸易便利化指数为28.78，排位居后；政府职能转变指数为8.52，排位居后；法治化环境指数指为16.08，排位居后。连云港片区制度创新指数及其二级指标排名都比较靠后，应将制度创新作为核心任务加以推进。

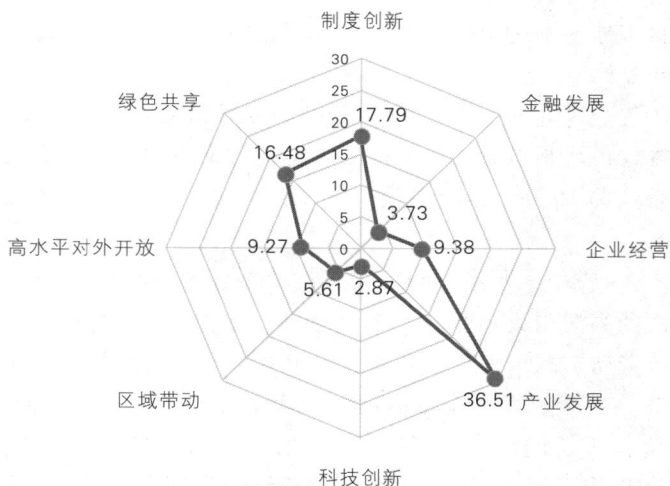

图23-3　连云港片区高质量发展指数

　　连云港片区的金融发展指数为3.73，位列全国第46位。从金融发展指数二级指标来看，连云港片区金融机构指数为3.33，排位居后；股权投融资指数为2.13，排位居中；投资自由化指数为5.83，排位居中。连云港片区金融发展指数中的股权投融资、投资自由化指数处于全国中游，金融机构指数处于全国下游。

连云港片区的企业经营指数为9.38，位列全国第63位。从企业经营指数二级指标来看，基数水平指数为24.58，排位居后；高新企业占比指数为1.90，排位居后；创新经营情况指数为1.88，排位居后。连云港片区企业经营指数及二级指标值均处于全国下游。

连云港片区的产业发展指数为36.51，位列全国第15位。从产业发展指数二级指标来看，产业规模指数为7.12，排位居中；产业结构指数为66.66，排位居前；产业创新指数为1.53，排位居后；产业环境指数为70.72，排位居后。连云港片区的产业结构指数居全国首位，但产业创新指数排名靠后，应在产业创新方面持续发力。

连云港片区的科技创新指数为2.87，位列全国第59位。从科技创新指数二级指标来看，创新环境指数为2.18，排位居后；创新投入指数为3.06，排位居后；创新产出指数为3.04，排位居后。连云港片区科技创新指数全部处于全国下游，科技创新能力亟待提高。

连云港片区的区域带动指数为5.61，位列全国第41位。从区域带动指数二级指标来看，市场活力指数为9.79，排位居中；产业带动指数为6.40，排位居中；辐射带动指数为1.82，排位居后。连云港片区区域带动指数处于全国下游，对城市的带动作用较弱。

连云港片区的高水平对外开放指数为9.27，位列全国第49位。从高水平对外开放指数的二级指标来看，贸易强度指数为14.19，排位居中；资本流动指数为4.35，排位居后。连云港片区在促进对外开放中发挥了一定作用，但在全国自贸片区中处于下游，还需要持续扩大对外开放。

连云港片区的绿色共享指数为16.48，位列全国第34位。从绿色共享指数二级指标来看，三废排放占比指数为7.48，排位居中；污染治理力度指数为3.96，排位居中；公共服务指数为58.12，排位居前。南京片区绿色指数处于全国中游，共享指数处于全国上游。

第三节 江苏自贸试验区建设的主要成效与重点发展方向

一、江苏自贸试验区制度创新主要成效

江苏自贸试验区坚持"开放型经济发展先行区、实体经济创新发展和产业转型升级示范区"的战略定位，推进形成制度创新成果。国务院批复的江苏自贸试验区总体方案113项改革试点任务落地见效104项，总体落地实施率超过98%；全国复制推广的278项创新案例落地实施率超过95%。三个片区累计探索形成制度创新成

果196项，其中11项在全国复制推广、7项在国家部委完成备案、88项在省内复制推广。在转变政府职能方面，实施"放管服"改革。分两批赋予自贸试验区303项省级经济管理事项，总体承接率达到95.7%，省级实施的重大改革同等条件下优先支持在自贸试验区开展试点。《中国（江苏）自由贸易试验区条例》正式施行，为自贸试验区深化改革提供法治保障。推进"证照分离"改革全覆盖试点，3万余家企业从中受惠；积极探索商事主体登记确认制改革、"一业一证"改革、工程建设项目审批制度改革。投资贸易便利化方面，省政府出台推动自贸试验区投资贸易便利化改革创新17项政策措施，在全国率先探索高端制造全产业链监管、中欧班列"保税+出口"集装箱混拼、国际班列集装箱"船车直取"等多项试点，压缩通关时间，降低企业成本。支持银行为新型离岸国际贸易提供高效便捷的跨境资金结算服务。金融开放创新方面，实施9项外汇管理改革试点、5项跨境人民币创新试点。共有270家银行保险机构分支机构在自贸试验区集聚。95家自贸试验区企业在境内外上市[①]。

二、江苏自贸试验区制度创新特色

1.以制度创新服务战略性新兴产业

江苏自贸试验区通过设立公共服务平台和创新监管模式，为集成电路、生物等战略性新兴产业提供专业、高效服务，进一步促进了集成电路、生物医药等产业的发展。南京片区设立集成电路产业服务中心，是全国首个覆盖全生产要素的集成电路公共服务平台，为长三角集成电路企业提供公共技术、人才培养、芯机联动等全要素服务。截至2023年8月，平台已累计提供公共技术服务超13 000次，服务额超5亿元，支撑近600种芯片产品的研发创新[②]。

苏州片区设立生物医药产业综合服务中心，从生物医药全产业链需求出发，为企业提供高效、专业、集成化的一站式服务，服务项目主要包括政务类、服务类、培训类、机构类。苏州片区生物医药产业综合服务中心的运作，打破了生物医药产业监管、审批部门分散独立的传统运营模式，提高企业办事效率和满意度，进一步优化营商环境。

连云港片区首创陆海联运甩挂运输高效通关新模式，实现"秒通关"。依托中韩陆海联运通道建设，针对半导体等高端精密仪器设备的进口，通过前置甩挂车板银行保证金审批，取消甩挂车板海关三级审批，创新甩挂运输海关监管模式，实现车、货一体通关，不仅大幅提升了通关效率，还有效提升了进口半导体等高端精密

① 宋晓华，丁茜茜.江苏自贸试验区设立三周年——113项改革试点任务落地实施超98%［N］.新华日报，2022-08-31（2）.

② 晏澜菲.南京片区：打造公共服务平台 促进生产要素集聚［N］.国际商报，2023-08-04（3）.

仪器运输的安全性和时效性，促进集成电路产业的发展。

2. 以制度创新赋能产业科技创新

江苏自贸试验区以制度创新为产业科技创新赋能。南京片区成立生命健康产业科学仪器共享服务联盟，吸收企业、科研机构、技术平台加入，为他们提供大型实验室仪器共享服务。南京片区建设基因测序中心、大数据中心、质谱检测中心、新药检测中心、基因与细胞等实验室，可以满足生物医药企业、科研院所研发链条上的全部需求，同时减少了企业的固定资产投资。

苏州片区对科技部火炬中心试点的"企业创新积分制"进行实践。联动相关政府部门，建立管理信息系统，抓取企业信息资源，无需企业自行填报即可了解企业的经营状况。通过构建企业创新积分评价模型，精准评价企业的科技创新能力。苏州片区首批纳入积分系统的企业涵盖生物医药、纳米技术应用、人工智能三大新兴产业的核心企业，包含上市科技企业、高新技术企业、科技型中小企业等各梯次企业。基于企业创新积分的评价结果，苏州片区优选出一批高成长、高估值、高爆发的优质企业。在此基础上遴选出9家纳米新材料企业，涉及41项高质量专利，在上交所发行全国首单纳米新材料知识产权证券化产品，发行金额达1.06亿元，创江苏省最大发行规模。企业创新积分制有力推动了科技型企业知识产权的转化，进一步提升苏州片区科技创新水平。

3. 以制度创新破解企业融资难题

江苏自贸试验区通过金融创新拓宽企业融资渠道，为企业加大研发力度和扩大规模提供资金支持。南京片区的"知识产权质押融资模式创新"成果，通过知识产权质押进行融资，对自主培育的16家灵雀企业的105件知识产权开展质押融资业务，以较低成本在资本市场获得融资，有效解决了高技术、高成长潜力、知识产权密集的科技中小微企业的融资问题，将专利权等知识产权的未来收益提前转化为企业的现金流，促进该类企业的成长壮大。

苏州片区也有类似的制度创新成果，为生物医药企业提供知识产权质押融资服务。依托科技创新公共服务平台，对企业的技术成果价值进行评估，为初创期生物医药研发企业开辟融资途径，实现了融资质押从实物资产向知识资产的转变。苏州片区还依托企业创新积分制进行金融创新，推出"创新积分贷"专属金融产品，为企业提供"见分即贷"的授信方式。对不同积分档位的企业提供不同额度的贷款支持，进一步提升银行信贷对科技型中小企业支持的覆盖面和精准度，有效破解中小企业融资难题。

三、江苏自贸试验区的主要发展经验

1. 推进三个片区差异化特色化发展

江苏自贸试验区坚持差异化发展，三个片区开展差异化实践探索，形成各具特色、各有优势的发展格局。南京片区聚焦打造具有国际影响力的自主创新先导区，落地基因与细胞实验室、EDA创新中心等一批高水平创新载体，实施海外人才合伙人计划，加快建设中国（南京）知识产权保护中心，自主创新能力不断提升。苏州片区围绕建设世界一流高科技园区，厚植中新合作优势，大力培育生物医药、纳米技术应用、人工智能等新兴产业，加快打造外资总部经济集聚区，开放与创新、创新与产业实现深度融合。连云港片区加快建设亚欧国际重要交通枢纽，建设连云港港国际枢纽海港，提升中哈物流基地、上合组织物流园、哈萨克斯坦—东门无水港建设水平，打造国际班列连云港品牌，"一带一路"交汇点战略支点功能不断完善。

2.以集成性创新推动主导产业发展

生物医药产业是江苏自贸试验区南京片区和苏州片区的主导产业。为了促进该产业的发展，南京片区和苏州片区均建立了生物医药公共服务平台，为片区内乃至全国生物医药企业提供专业化服务。南京片区和苏州片区还以金融创新为生物医药产业发展赋能，通过知识产权质押获得融资，解决生物医药企业研发期的高投入、低回报问题，为生物医药产业的科技创新提供强力支撑。南京片区开展了生物医药全产业链开放创新试点，在药物研发、临床转化、大数据应用等领域改革创新，累计形成了16项制度创新成果。生物医药集中监管模式和健康医疗大数据转换应用两项成果在全国复制推广。苏州片区则聚焦生物医药企业的难点、痛点，率先开展进口研发（测试）用未注册医疗器械分级管理、研发或临床用对照样品登记管理等政策试点，帮助企业顺利完成临床前研究。制度创新、科技创新的集成和叠加，为南京、苏州片区生物医药产业发展注入强劲动力。南京片区生物医药产值连续3年保持20%以上的快速增长，苏州片区集聚生物医药企业超2 000家[①]。

3.探索在不同层次上形成联动发展格局

江苏省自贸试验区各片区在所在城市建立联动创新发展区，促进全市与自贸片区的联动发展。江苏省支持自贸试验区与省内57个国家级开发区、国际合作园区等重点开放平台联动改革、联动开放、联动创新发展，赋予14项省级经济管理事项，深化贸易投资便利化改革，初步形成"自贸试验区+重点开放平台"的雁阵联动发展模式，促进了自贸片区与所在城市的协同发展。江苏省还推动与长三角区域的联动方面，与上海市、浙江省、安徽省共同发起成立长三角自贸试验区联盟，共同发布长三角自贸试验区十大制度创新案例，推动政策互鉴、产业互促、平台共建、资源共享。南京片区建设科技创新技术服务平台，推动长三角地区生物医药产

① 张晔，郜影卓.制度创新赋能产业发展 江苏自贸试验区交出三年答卷［N］.科技日报，2022-08-23（7）.

业融合发展；苏州片区积极融入虹桥国际开放枢纽，探索长三角高新技术货物布控查验协同试点；连云港片区推动连云港港与上海洋山港开展战略合作。

四、江苏自贸试验区的重点发展方向

江苏自贸试验区应在"开放型经济发展先行区、实体经济创新发展和产业转型升级示范区"的战略方向上进行深入探索。高质量发展的重点方向是继续保持在产业发展、科技创新方面的强大优势，发挥在全国自贸试验区中的示范引领作用。同时，解决片区间高质量发展的非均衡性，着力提升连云港片区的高质量发展水平。将南京、苏州片区高质量发展制度创新成果复制推广到连云港片区，助力其突破现有的瓶颈和障碍，补齐短板，迎头赶上。从各片区来说，南京片区继续发挥其产业发展、科技创新方面在全国的引领作用，推进制度创新，进一步扩大高水平对外开放，着力提升自贸片区对城市的辐射带动作用。苏州片区继续发挥其在产业发展、金融发展、高水平对外开放方面的全国引领作用，提升自贸片区对城市的辐射带动作用，着力推动绿色共享发展。连云港片区应继续发挥在产业发展方面的优势，推动绿色共享和区域带动，着力提高产业经营、科技创新、制度创新、对外开放、金融发展水平，全面推进自贸片区的高质量发展。

第二十四章　广西自贸试验区高质量
发展评价

　　广西自贸试验区地处我国西部区域板块。广西自贸试验区坚持"面向市场、联动内外、循环畅通、改革提高、开放发展"工作思路，大力实施自贸试验区提升战略，努力建设服务国内国际双循环市场经营便利地核心区。本章在对广西自贸试验区进行概述的基础上，基于中国自贸试验区大数据监测分析平台微观数据，从制度创新、金融发展、企业经营、产业发展、科技创新、区域带动、高水平对外开放、绿色共享八个维度入手，对南宁、钦州港、崇左自贸片区的高质量发展情况进行评价，分析其优势与短板，梳理广西自贸试验区主要发展成效与经验、制度创新特色，明确了未来高质量发展方向。

第一节　广西自贸试验区概况

一、广西自贸试验区实施范围

　　广西自贸试验区于 2019 年 8 月 30 日揭牌，是我国设立的第五批自贸试验区。广西自贸试验区实施范围为 119.99 平方千米，涵盖南宁、钦州港和崇左三个片区。

　　南宁片区 46.80 平方千米，包含南宁综合保税区 2.37 平方千米，涵盖四大板块，其中现代金融板块 8.04 平方千米、数字经济板块 11.04 平方千米、文化体育医疗板块 7.91 平方千米、加贸物流板块 19.81 平方千米（含南宁综合保税区 2.37 平方千米），四至范围：东至阳峰路；南至英岭路；西至银海大道；北至龙堤路、五象大道[①]。

　　钦州港片区 58.19 平方千米，包含钦州保税港区 8.81 平方千米，四至范围：东至六钦高速公路延长线、大榄坪四号路；南至果鹰大道、保税港区十二大街；西至南港大道；北至宏业街、马良路[②]。

---

　　① 中国政府网——国务院关于同意新设6个自由贸易试验区的批复，原文为：四至范围：东至阳峰路、冬花路、仙岭路、夏林路、阳峰路、渌坛路、新良路、夏林路、渌绕路、渌坛路、良泽路、良玉大道、坛泽路、打铁岭路、六里路、玉德路、新平路、蕾英路、六里路、东风路、丰威路、那解岭路、振邦路、华威路、庆华路、金海路、新英路、坛黎路、那约路、公岸路、平乐大道，南至英岭路，西至龙堤路、五象大道、平乐大道、明辉路、明月东路、宋厢路、玉象路、秋月路、体强路、庆歌路、那黄大道、良兴路、稳水路、庆林路、那黄大道、玉洞大道、体强路、冬花路、玉洞大道、五象新区第四实验小学东侧道路、凤凰路、东风路、玉成路、红玉路、凤凰路、银海大道、那安快速路、银海大道、亮岭路、亮岭一街，北至平江路、龙村路、龙堤路、体强路、五象大道、那黄大道、歌海路、庆歌路、弘良路、延庆路、五象大道、新良路、良晖街、延庆路、玉洞大道、楞塘冲水系东侧、凤朝路、五象大道。
　　② 中国政府网——国务院关于同意新设6个自由贸易试验区的批复。

崇左片区15.00平方千米，包含凭祥综合保税区1.01平方千米，四至范围：南至友谊关；北至红木城；西至浦寨；东至万通物流园，覆盖主城区、口岸区、物流园区、综保区等区域①。

二、广西自贸试验区的功能定位

广西自贸试验区的战略定位为：全面落实中央关于打造西南中南地区开放发展新的战略支点的要求，发挥广西与东盟国家陆海相邻的独特优势，着力建设西南中南西北出海口、面向东盟的国际陆海贸易新通道，形成21世纪海上丝绸之路和丝绸之路经济带有机衔接的重要门户。具体而言，南宁片区重点发展现代金融、智慧物流、数字经济、文化传媒等现代服务业，大力发展新兴制造产业，打造面向东盟的金融开放门户核心区和国际陆海贸易新通道重要节点；钦州港片区重点发展港航物流、国际贸易、绿色化工、新能源汽车关键零部件、电子信息、生物医药等产业，打造国际陆海贸易新通道门户港和向海经济集聚区；崇左片区重点发展跨境贸易、跨境物流、跨境金融、跨境旅游和跨境劳务合作，打造跨境产业合作示范区，构建国际陆海贸易新通道陆路门户。

三、广西自贸试验区的产业基础

广西自贸试验区是全国唯一一个既沿海又沿边的自贸试验区。成立四年来，广西自贸试验区以制度创新为核心，加快构建面向东盟的跨境产业链，累计新设立企业突破6.7万家，产业集聚效应不断显现。根据中国自贸试验区大数据监测分析平台显示，截至2021年，南宁自贸片区在营企业数为40 558家，投资总额为33 082.73亿元；民营企业占比为95.21%，服务业占比为80.39%，高新企业100家，进出口企业占比为12.54%。钦州港自贸片区在营企业数为23 372家，投资总额为4 120.57亿元；民营企业占比为97.49%，服务业占比为81.65%，高新企业17家，进出口企业占比为9.90%。崇左自贸片区在营企业数为3 029家，投资总额为245.11亿元；民营企业占比为93.23%，服务业占比为89.37%，高新企业3家，进出口企业占比为58.86%。广西自贸试验区三个片区的各类企业数量情况如表24-1、表24-2和表24-3所示。

表24-1　　　　　　　　广西自贸试验区南宁片区各类企业数量情况

		企业数（家）	占比（%）	投资额（亿元）	占比（%）
产业结构	第一产业	616	1.52	99.55	0.30
	第二产业	7 331	18.08	27 096.16	81.90
	第三产业	32 606	80.39	5 886.97	17.79
所有制	国有	71	0.18	317.04	0.96
	民营	38 616	95.21	31 206.69	94.33
	外资	371	0.91	471.89	1.43

---

① 中国政府网——国务院关于同意新设6个自由贸易试验区的批复。

续表

		企业数（家）	占比（%）	投资额（亿元）	占比（%）
企业规模	大	264	0.65	25 566.87	77.49
	中	1 573	3.88	1 762.20	5.34
	小	8 675	21.39	1 197.21	3.63
	微	27 377	67.50	4 466.36	13.54
企业特征	高新技术企业	100	0.25	89.04	0.27
	对外投资企业	541	1.33	1 405.17	4.26

数据来源：中国自贸试验区大数据监测分析平台。

表24-2　　　　　　　　广西自贸试验区钦州港片区各类企业数量情况

		企业数（家）	占比（%）	投资额（亿元）	占比（%）
产业结构	第一产业	282	1.21	11.87	0.29
	第二产业	4 007	21.26	871.75	17.14
	第三产业	19 079	81.63	3 236.91	78.56
所有制	国有	19	0.08	11.32	0.27
	民营	22 785	97.49	1 945.58	47.22
	外资	218	0.93	1 917.28	46.53
企业规模	大	63	0.27	2 555.45	62.24
	中	594	2.54	617.09	15.03
	小	3 788	16.21	483.05	11.77
	微	17 454	74.68	449.91	10.96
企业特征	高新技术企业	17	0.07	153.02	3.73
	对外投资企业	77	0.33	341.28	8.31

数据来源：中国自贸试验区大数据监测分析平台。

表24-3　　　　　　　　广西自贸试验区崇左片区各类企业数量情况

		企业数（家）	占比（%）	投资额（亿元）	占比（%）
产业结构	第一产业	103	3.40	6.35	2.59
	第二产业	219	7.23	31.93	13.03
	第三产业	2 707	89.37	206.82	84.38
所有制	国有	45	1.49	22.62	9.23
	民营	2 824	93.23	167.87	68.49
	外资	48	1.58	5.07	2.07
企业规模	大	7	0.23	52.16	21.28
	中	60	1.98	30.78	12.56
	小	650	21.46	90.38	36.87
	微	2 120	69.99	71.78	29.29
企业特征	高新技术企业	3	0.10	0.73	0.30
	对外投资企业	13	0.43	25.34	10.34

数据来源：中国自贸试验区大数据监测分析平台。

四、广西自贸试验区的对外开放

广西自贸试验区全力推进更高水平对外开放，积极对接国际高标准经贸规则，加速推进进口贸易创新，开展保税维修、跨境电商零售进口部分药品等业务，参与中国—新加坡"单一窗口"国际合作试点建设。首创铁路集装箱与海运集装箱互认机制，在越南、泰国、印度尼西亚、马来西亚等东盟国家设立铁路集装箱还箱点，形成"原箱出口、一箱到底、海外还箱"全程国际多式联运模式。南宁片区制定出台了《南宁片区聚焦制度创新高质量实施 RCEP 工作方案》，并在 RCEP 生效实施当天率先实现"三个首"，即全国首趟国际货运班列从南宁出发、广西首份 RCEP 原产地证书在南宁签发、全国首家 RCEP 经核准出口商在南宁认定；推进面向 RCEP 成员国的投资贸易，服务云朗供应链、中韩（广西—江原道）产业园等项目投产入规；支持智慧电子等公司创新开展"保税维修+加工贸易"业务，以及广西北港资源等企业开展大宗商品进出口业务；持续完善南宁 RCEP 政务服务中心功能，为企业提供政务、关务、法务以及经贸合作、项目引进等服务。钦州港片区向海图强，着力打造高水平国际门户港，目前钦州港片区新开通集装箱航线 11 条，现运营航线达 70 条，已与世界 113 个国家和地区的 338 个港口实现通航。崇左片区来自泰国、越南的水果源源不断地入境，友谊关口岸进出境车辆已接近去年全年通行量。

五、广西自贸试验区"十四五"时期发展目标

"十四五"时期，广西壮族自治区对自贸试验区的发展目标进行清晰定位和谋划，根据《广西"十四五"规划和二〇三五年远景目标纲要》，广西要高标准建设中国（广西）自由贸易试验区。一是形成制度创新高地。用好 RCEP、中欧投资协定，推进投资贸易、产业合作、金融开放、人文交流等制度创新，深入开展系统集成制度创新改革，持续推进贸易投资自由化便利化，构建有利于跨境产业链供应链发展的制度和政策支撑体系。赋予中国（广西）自由贸易试验区南宁、钦州港、崇左三大片区更大的改革自主权，实施负面清单制放权，持续开展要素市场化配置试点。二是形成开放型经济高地。推动自由贸易试验区与面向东盟的金融开放门户、中国—东盟信息港等重大平台融合发展，大力发展跨境贸易、跨境物流、跨境金融、跨境旅游和跨境劳务合作，加快发展面向东盟的大宗商品交易平台、建成中国—东盟经贸中心。三是实施产业高质量发展系统集成示范工程。聚焦电子信息、化工、汽车、东盟特色产品加工等产业，在高端制造、现代服务、跨境合作等领域打造一批领军企业，吸引更多总部经济落户，形成具有全国影响力的产业集群。基本建成"五区一港"和引领中国—东盟开放合作的高标准高质量自由贸易试验园区。

第二节　广西自贸试验区高质量发展指数评价

一、广西自贸试验区高质量发展总体评价

从自贸试验区高质量发展八个方面的指数来看，广西自贸试验区总体上处于全国中下游。表现较为突出的是区域带动指数，总体排名处于全国中上游。广西自贸试验区表现欠佳的是科技创新和高水平对外开放指数，总体排名处于所有自贸区下游。从广西自贸试验区三个片区来看，南宁自贸片区总体表现较好，但多数高质量发展指数仍处于全国中下游；钦州港自贸片区的高质量发展指数不均衡，区域带动指数位列全国自贸片区首位，但制度创新指数排名倒数一；崇左自贸片区高质量发展指数均处于全国中下游。

二、广西自贸试验区南宁片区高质量发展指数评价

南宁自贸片区的高质量发展指数在金融发展、企业经营和绿色共享方面表现全省最优。金融发展指数和区域带动指数位于所有自贸片区的前10位。其中企业经营指数的二级指标"基数水平"指数排名位列全国首位。制度创新指数、产业发展指数、科技创新指数和高水平对外开放指数较为落后，排名均位于全国下游居后位置。南宁自贸片区高质量发展指数一级、二级指标指数及在全国自贸片区中的位置如表24-4所示。

表24-4　　　　　　　南宁自贸片区高质量发展指数及排位

一级指标指数及排位	二级指标指数及排位		一级指标指数及排位	二级指标指数及排位	
1.制度创新 21.53 (52)	贸易便利化	27.30（居后）	2.金融发展 15.41 (10)	金融机构	9.42（居中）
	政府职能转变	17.06（居后）		股权投融资	5.20（居前）
	法治化环境	20.24（居后）		投资自由化	32.07（居前）
3.企业经营 26.63 (23)	基数水平	67.63（居前）	4.产业发展 26.22 (56)	产业规模	11.66（居前）
	高新企业占比	7.46（居中）		产业结构	32.17（居中）
	创新经营情况	5.44（居后）		产业创新	1.17（居后）
				产业环境	59.90（居后）
5.科技创新 5.66 (51)	创新环境	4.22（居后）	6.区域带动 25.00 (9)	市场活力	57.54（居前）
	创新投入	5.22（居后）		产业带动	19.29（居后）
	创新产出	6.29（居后）		辐射带动	4.42（居中）
7.高水平对外开放 7.41 (55)	贸易强度	9.93（居后）	8.绿色共享 18.79 (24)	三废排放占比	35.00（居前）
				污染治理力	3.69（居中）
	资本流动	4.90（居后）		公共服务	4.04（居后）

南宁自贸片区的制度创新指数为21.53（如图24-1所示），位于全国所有自贸片区的第52位。从制度创新二级指标来看，南宁自贸片区贸易便利化指数为

27.30，排位居后；政府职能转变指数为17.06，排位居后；法治化环境指数为20.24，排位居后。制度创新应是南宁自贸片区推进高质量发展的重要内容。

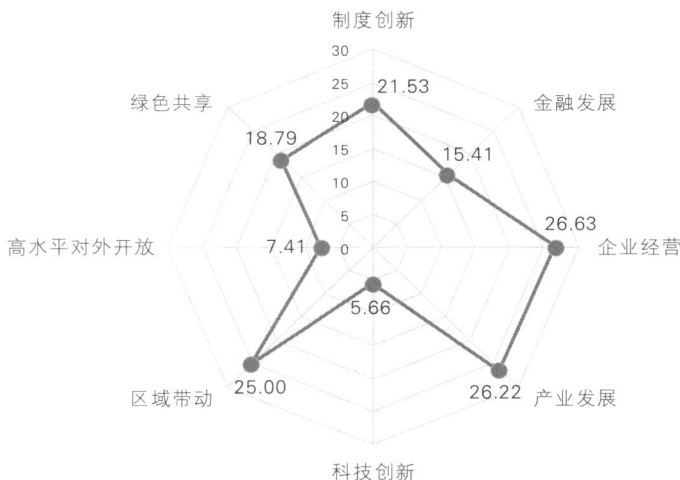

图24-1　南宁自贸片区高质量发展指数

南宁自贸片区的金融发展指数为15.41，位列全国第10位。从金融发展指数二级指标来看，南宁自贸片区的金融机构指数为9.42，排位居中，不十分突出。但是，另外两个二级指标股权投融资指数、投资自由化指数分别为5.02、32.07，排位居前，由此拉高了金融发展指数。

南宁自贸片区的企业经营指数为26.63，位列全国第23位。从企业经营指数二级指标来看，基数水平指数为67.63，排位居全国第一；高新企业占比指数为7.46，排位居中；创新经营情况指数为5.44，排位居中。目前南宁片区已初步建成集现代金融产业、数字经济产业，以及智慧物流产业为一体的成熟产业园，企业经营发展态势良好。

南宁自贸片区产业发展指数为26.22，位列全国第56位。从产业发展指数二级指标来看，产业规模指数为11.66，排位居前；产业结构指数为32.17，排位居中；产业创新指数为1.17，排位居后；产业环境指数为59.90，排位居后。南宁自贸片区应着重加强产业创新和产业环境建设。

南宁自贸片区的科技创新指数为5.56，位列全国第51位。从科技创新指数二级指标来看，创新环境指数为4.22，排位居后；创新投入指数为5.22，排位居后；创新产出指数为6.29，排位居后，科技创新指数全部处于全国下游，是南宁自贸片区推进高质量发展的短板之一。

南宁自贸片区区域带动指数为25.00，位列全国第9位。从区域带动指数的二级指标来看，市场活力指数为57.54，排位居前；产业带动指数为19.29，排位居中；辐射带动指数为4.42，排位居中。良好的市场活力拉高了南宁自贸片区区域带动能力。

南宁自贸片区高水平对外开放指数为7.41，位列全国第55位。从高水平对外开放指数的二级指标来看，南宁自贸片区的贸易强度指数为9.93，排位居后，资本流动指数为4.90，排位居后。高水平对外开放是南宁自贸片区推进高质量发展的短板之一。

南宁自贸片区的绿色共享指数为18.79，位列全国第24位。从绿色共享指数的二级指标来看，三废排放占比指数为35.00，排位居前；污染治理力度指数为3.69，排位居中；公共服务指数为4.04，排位居后。南宁自贸片区的绿色共享指数总体较高，污染治理力度较大，但公共服务是应弥补的短板。

三、广西自贸试验区钦州港片区高质量发展指数评价

钦州港自贸片区的高质量发展指数在产业发展、科技创新、区域带动三个方面表现全省第一，但多数指标排在全国下游位置。区域带动指数位列全国第一，但制度创新指数排名全国最末次。钦州港自贸片区高质量发展指数一级、二级指标指数及在全国自贸片区中的位置如表24-5所示。

表24-5　　　　　　　　钦州港自贸片区高质量发展指数及排位

一级指标指数及排位	二级指标指数及排位		一级指标指数及排位	二级指标指数及排位	
1.制度创新 9.49 (64)	贸易便利化	21.65（居后）	2.金融发展 5.84 (35)	金融机构	11.82（居前）
	政府职能转变	1.83（居后）		股权投融资	0.06（居后）
	法治化环境	5.00（居后）		投资自由化	5.80（居后）
3.企业经营 15.10 (51)	基数水平	43.50（居中）	4.产业发展 32.16 (36)	产业规模	4.70（居后）
	高新企业占比	0.98（居后）		产业结构	29.18（居后）
	创新经营情况	1.24（居后）		产业创新	0.42（居后）
				产业环境	94.36（居前）
5.科技创新 7.13 (43)	创新环境	31.32（居前）	6.区域带动 56.46 (1)	市场活力	86.54（居前）
	创新投入	1.29（居后）		产业带动	52.53（居前）
	创新产出	1.02（居后）		辐射带动	44.51（居前）
7.高水平对外开放 3.98 (61)	贸易强度	6.32（居后）	8.绿色共享 11.86 (39)	三废排放占比	10.94（居中）
	资本流动	1.65（居后）		污染治理力度	9.85（居前）
				公共服务	17.31（居后）

钦州港自贸片区的制度创新指数为9.49（如图24-2所示），位居全国最末。从制度创新的二级指标来看，钦州港自贸片区贸易便利化指数为21.65，排位居后；政府职能转变指数为1.83，排位居后；法治化环境指数为5.00，排位居后。钦州港自贸片区的制度创新水平是其推进高质量发展的重要短板。

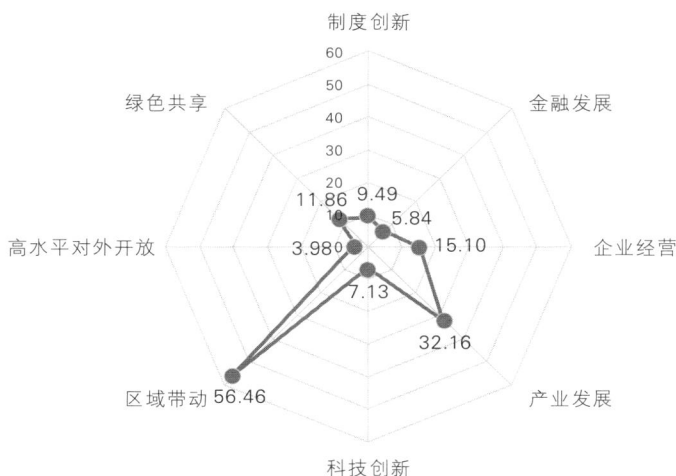

图24-2　钦州港自贸片区高质量发展指数

钦州港自贸片区的金融发展指数为5.84，位列全国第35位。从金融发展指数二级指标来看，钦州港自贸片区金融机构指数为11.82，排位居前；股权投融资指数为0.06，排位居后，投资自由化指数为5.80，排位居后。股权投融资和投资自由化是钦州港自贸片区金融发展的主要短板。

钦州港自贸片区的企业经营指数为15.10，位列全国第51位。从企业经营指数二级指标来看，钦州港自贸片区基数水平指数为43.50，排位居中；高新企业占比指数为0.98，排位居后；创新经营情况指数为1.24，排位居后。钦州港自贸片区企业经营指数及二级指标数值均处于全国中下游。

钦州港自贸片区的产业发展指数为32.16，位列全国第36位。从产业发展指数二级指标来看，钦州港自贸片区产业规模指数为4.70，排位居后；产业结构指数为29.18，排位居后；产业创新指数为0.42，排位居后；产业环境指数为94.36，排位居前。钦州港自贸片区产业发展指数二级指标中的产业环境指数位居全国前10位，产业规模、产业结构和产业创新指数均处于全国下游。

钦州港自贸片区的科技创新指数为7.13，位列全国第43位。从科技创新指数二级指标来看，钦州港自贸片区创新环境指数为31.32，排位居前；创新投入指数为1.29，排位居后；创新产出指数为1.02，排位居后。科技投入和科技产出指数低是导致其科技创新指标排位靠后的主要原因。

钦州港自贸片区的区域带动指数为56.46，位列全国第1位。从区域带动指数二级指标来看，钦州港自贸片区市场活力指数为86.54，排位第1；产业带动指数为52.53，排位第1；辐射带动指数为44.51，排位第2。钦州港自贸片区以较强的市场活力、产业带动和辐射带动能力，有效地促进了区域协调发展。

钦州港自贸片区的高水平对外开放指数为3.98，位列全国第61位。从高水平对外开放指数的二级指标来看，贸易强度指数为6.32，排位居后；资本流动指数为1.65，排位居后。钦州港自贸片区高水平对外开放及二级指标指数均处于全国下游偏后水平。

钦州港自贸片区的绿色共享指数为11.86，位列全国第39位。从绿色共享指数二级指标来看，三废排放占比指数为10.94，排位居中；污染治理力度指数为9.85，排位居前；公共服务指数为17.31，排位居后。钦州港自贸片区绿色共享指数处于全国中游，公共服务是其弥补的短板。

四、广西自贸试验区崇左片区高质量发展指数评价

崇左自贸片区的高质量发展指数在制度创新、高水平对外开放两个方面表现为全省第一。多数指数排在全国下游偏下位置，八个高质量发展指数无一个进入全国前20位。当然，一些指数的排名不及南宁和钦州港自贸片区，与崇左自贸片区面积较小，经济集聚能力短期内无法快速提升有一定关系。崇左自贸片区高质量发展指数一级、二级指标指数及在全国自贸片区中的位置如表24-6所示。

表24-6　　　　　　　　　崇左自贸片区高质量发展指数及排位

一级指标指数及排位	二级指标指数及排位		一级指标指数及排位	二级指标指数及排位	
1.制度创新 30.14 （25）	贸易便利化	34.39 （居中）	2.金融发展 2.14 （58）	金融机构	3.81 （居后）
	政府职能转变	19.07 （居后）		股权投融资	0.55 （居后）
	法治化环境	36.96 （居前）		投资自由化	2.12 （居后）
3.企业经营 13.36 （57）	基数水平	38.35 （居后）	4.产业发展 23.98 （58）	产业规模	1.84 （居后）
	高新企业占比	0.69 （居后）		产业结构	33.90 （居前）
	创新经营情况	1.40 （居后）		产业创新	0.28 （居后）
				产业环境	59.92 （居后）
5.科技创新 3.16 （56）	创新环境	2.45 （居后）	6.区域带动 11.47 （27）	市场活力	19.07 （居中）
	创新投入	2.29 （居后）		产业带动	13.86 （居中）
	创新产出	3.69 （居后）		辐射带动	3.76 （居后）
7.高水平对外开放 11.72 （40）	贸易强度	20.35 （居前）	8.绿色共享 12.65 （37）	三废排放占比	20.94 （居前）
	资本流动	3.10 （居后）		污染治理力度	0.77 （居后）
				公共服务	11.75 （居后）

崇左自贸片区的制度创新指数为30.14（如图24-3所示），位列全国第25位，处于中游。从制度创新的二级指标来看，崇左自贸片区的贸易便利化指数为34.39，排位居中；政府职能转变指数为19.07，排位居后；法治化环境指数为36.96，排位居前。加快政府职能转变应是崇左自贸片区推进高质量发展的重要一环。

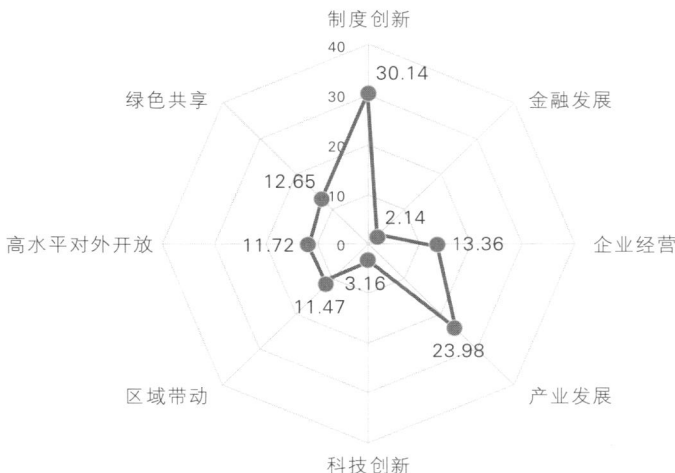

图24-3 崇左自贸片区高质量发展指数

崇左自贸片区的金融发展指数为2.14，位列全国第58位。从金融发展指数二级指标来看，崇左自贸片区金融机构指数为3.81，排位居后；股权投融资指数为0.55，排位居后；投资自由化指数为2.12，排位居后。崇左自贸片区金融发展指数及其他二级指标指数均处于全国下游。

崇左自贸片区的企业经营指数为13.36，位列全国第57位。从企业经营指数二级指标来看，基数水平指数为38.35，排位居后；高新企业占比指数为0.69，排位居后；创新经营情况指数为1.40，排位居后。崇左自贸片区企业经营二级指标值均处于全国下游偏后水平。

崇左自贸片区的产业发展指数为23.98，位列全国第58位。从产业发展指数二级指标来看，产业规模指数为1.84，排位居后；产业结构指数为33.90，排位居前；产业创新指数为0.28，排位居后；产业环境指数为59.92，排位居后。崇左自贸片区的产业结构指数居全国上游，产业结构优化明显，结构合理，但产业发展的其他指标指数均处于全国下游。

崇左自贸片区的科技创新指数为3.16，位列全国第56位。从科技创新指数二级指标来看，创新环境指数为2.45，排位居后；创新投入指数为2.29，排位居后；创新产出指数为3.69，排位居后。崇左自贸片区科技创新及其二级指标指数处于全国下游偏后水平。

崇左自贸片区的区域带动指数为11.47，位列全国第27位。从区域带动指数二级指标来看，市场活力指数为19.07，排位居中；产业带动指数为13.86，排位居中；辐射带动指数为3.76，排位居后。除辐射带动之外，崇左自贸片区区域带动其余指数处于全国中游。

崇左自贸片区的高水平对外开放指数为11.72，位列全国第40位。从高水平对外开放指数的二级指标来看，贸易强度指数为 20.35，排位居前；资本流动指数为 3.10，排位居后。崇左自贸片区促进了高水平对外开放，但资本流动还有很大提升空间。

崇左自贸片区的绿色共享指数为 12.65，位列全国第 37 位。从绿色共享指数二级指标来看，三废排放占比指数为 20.94，排位居前；污染治理力度指数为 0.77，排位居后；公共服务指数为 11.75，排位居后。崇左自贸片区应加大污染治理力度、提高公共服务水平。

第三节　广西自贸试验区建设的主要成效与重点发展方向

一、广西自贸试验区制度创新的主要成效

广西自贸试验区自设立以来，认真落实《中国（广西）自由贸易试验区总体方案》（以下简称《总体方案》），切实担起广西深化改革和扩大开放"试验田"的重任，已累计形成 134 项制度创新成果，其中 48 项全国首创。

在投资贸易自由便利方面，广西自贸试验区实施"负面清单式"放权，下放 115 项事权至片区；创新"拿地即开工"4.0 版，提高项目审批便捷度。全国首创"边民互市+落地加工"模式集成改革，服务边境地区落地加工企业发展，实现兴边富民。

在跨境资金自由便利方面，广西自贸试验区创新"边境地区跨境人民币使用改革"，建立边境地区跨境人民币使用"银行+服务中心"模式，便利边民互市贸易结算。创新开展"东盟—香港—南宁"三地联动+智慧运营平台管理模式，实现 7 个东盟国家、地区的覆盖。

在物流运输自由便利方面，友谊关口岸海关、边检共用一个卡口，实现"多卡合一"作业，日均进出境车辆从自贸试验区设立前的 980 辆上升至 2023 年上半年的 1 200 辆。钦州港片区首创"原箱出口、一箱到底、海外还箱"国际多式联运新模式，钦州港开通 70 条集装箱航线，通达 119 个国家和地区 393 个港口。

在要素资源自由便利方面，广西自贸试验区创新要素市场化配置改革，探索陆海新通道海铁联运系统集成改革、林业碳汇预期收益权质押贷款改革等创新，推动土地海洋、法律、金融等要素资源流动自由便利。

二、广西自贸试验区制度创新特色

1.开展引领性标志性制度创新

广西自贸试验区聚焦贸易、投资、跨境资金、运输往来、要素资源、人员进出"六个自由便利"和数据流动安全有序，建设服务国内国际双循环市场经营便利地核心区，累计形成 134 项制度创新成果，其中 48 项为全国首创。在国家层面 302 项制度创新成果中，第七批自贸试验区改革试点经验 24 项已启动，其余 278 项制度创

新成果中，已落地248项。

2.打造高能级开放平台

广西自贸试验区积极在友谊关口岸建设智慧口岸，打造全国边境陆路口岸智慧高效通关示范，力争实现两个"24小时"：即24小时不间断、无接触、无人化、智能化通关；24小时运抵南宁—河内"园对园、企对企、生产线对生产线"货物。集成面向东盟的金融开放门户，在跨境金融、沿边金融和地方金融等10个领域152个方面进行改革创新。开展本外币合一银行结算账户体系试点，南宁市获批开展数字人民币试点。此外，已建设中马"两国双园"升级版，截至2023年6月，中马钦州产业园区累计固定资产投资超276亿元人民币，累计注册企业超2.5万家，签约落户项目超200个，协议总投资超2 600亿元。

3.壮大现代产业发展新动能

广西自贸试验区组织片区赴上海、深圳及日本、韩国、马来西亚等开展招商推介会，加速引进主导产业，出台了《进一步深化中国（广西）自由贸易试验区改革开放方案》，聚焦沿边临港产业园区建设，积极推动出台支持自贸试验区产业人才发展等有针对性支持政策，提升自贸试验区产业开放力度和竞争优势。南宁片区积极发展生产性服务业，吸引格思克、泰克半导体、华芯振邦、中银香港等80多家规上企业入驻。高质量建设运营中国—东盟经贸中心，商贸投资、跨境物流、法务服务、跨境电商孵化等"一站式"服务链条日趋完善，引进国家知识产权局专利局南宁代办处等四个国家级知识产权服务平台入驻。

三、广西自贸试验区重点发展方向

广西自贸试验区应以制度创新为牵引，继续推动自贸试验区高质量发展。应保持广西自贸试验区在区域带动和绿色发展方面优势的同时，弥补在制度创新、金融发展、企业经营、产业发展、科技创新、高水平对外开放方面的不足。具体而言，南宁自贸片区在金融发展、企业经营方面继续发力，制度创新、产业发展、科技创新和高水平对外开放方面须重点加强；钦州港自贸片区在区域带动方面继续发力，在制度创新、金融发展、企业经营、产业发展、科技创新、高水平对外开放和绿色共享方面须着力推进；崇左自贸片区在制度创新、区域带动和绿色共享方面持续加强，在金融发展、企业经营、产业发展、科技创新、高水平对外开放方面应着力推进。

第二十五章　河北自贸试验区高质量
发展评价

　　河北自贸试验区位于我国东部区域板块。河北自贸试验区秉持"为国家试制度、为地方谋发展"的战略方向，不断探索深化改革、扩大开放的新路径，成为全省高质量发展的引领区。本章在对河北自贸试验区进行概述的基础上，基于中国自贸试验区大数据监测分析平台微观数据，从制度创新、金融发展、企业经营、产业发展、科技创新、区域带动、高水平对外开放、绿色共享八个维度入手，对雄安、正定、曹妃甸、大兴机场片区的高质量发展情况进行评价，分析其优势与短板，梳理河北自贸试验区的主要发展成效与经验、制度创新特色，明确未来高质量发展方向。

第一节　河北自贸试验区概况

一、河北自贸试验区实施范围

　　河北自贸试验区于2019年8月30日揭牌，是我国第五批设立的自贸试验区。河北自贸试验区的实施范围119.97平方千米，涵盖雄安、正定、曹妃甸、大兴机场四个片区。

　　雄安片区33.23平方千米，四至范围：东至现状容城县张市村、容城县大河镇、安新县大王镇大阳村、昝岗镇张神堂村；南至现状荣乌高速、大淀古淀北边界、现状昝岗镇许庄村；西至现状容城县白塔村、起步区第四组团西边界、现状大营镇东照村；北至生态人文公园、环起步区绿化带、现状昝岗镇大芦昝村、大营镇孙各庄村。

　　正定片区33.29平方千米，四至范围：东至诸福屯西街、河里街、综保区东围网；南至河北大道；西至新元高速、107国道、园博园大街；北至综保区海关巡逻道。

　　曹妃甸片区33.48平方千米，四至范围：东至曹妃甸新城绿珠河西岸、青裳河西岸；南至纳潮河北岸线、三号港池岸线；西至新兴产业园区高新大街；北至曹妃甸工业区北边路、曹妃甸新城新港大道。

　　大兴机场片区19.97平方千米，四至范围：东至规划京清路；南至天堂河；西至北京新机场高速；北至新机场北高速。

二、河北自贸试验区的功能定位

　　雄安片区重点发展新一代信息技术、现代生命科学和生物技术、高端现代服务业等产业，建设高端高新产业开放发展引领区、数字商务发展示范区、金融创新先行区。正定片区重点发展临空产业、生物医药、国际物流、高端装备制造等产业，建设航空产业开放发展集聚区、生物医药产业开放创新引领区、综合物流枢纽。曹妃甸片区重点发展国际大宗商品贸易、港航服务、能源储配、高端装备制造等产业，建设东北亚经济合作引领区、临港经济创新示范区。大兴机场片区重点发展航空物流、航空科技、融资租赁等产业，建设国际交往中心功能承载区、国家航空科技创新引领区、京津冀协同发展示范区。

三、河北自贸试验区的产业基础

河北自贸试验区挂牌成立以来，以制度创新为核心任务，优化营商环境，激发市场主体的活力和潜力，雄安片区、正定片区、曹妃甸片区、大兴机场片区均积极吸引市场主体进入。中国自贸试验区大数据监测分析平台显示，截至2021年，雄安片区在营企业804家，投资总额为1 507.94亿元；民营企业数量占比84.08%，服务业数量占比79.60%，进出口企业数量占比17.79%。正定片区在营企业3 439家，投资总额为1 326.87亿元；民营企业数量占比93.05%，服务业数量占比74.75%，进出口企业数量占比22.10%。曹妃甸片区在营企业7 569家，投资总额为2 921.96亿元；民营企业数量占比92.75%，服务业数量占比83.02%，进出口企业数量占比30.72%。大兴机场片区在营企业55家，投资总额为3.93亿元；民营企业数量占比83.64%，服务业数量占比65.45%，进出口企业数量占比10.91%。河北自贸试验区四个片区各类企业的数量情况如表25-1、表25-2、表25-3和表25-4所示。

表25-1　　　　河北自贸试验区雄安片区各类企业数量情况

		企业数（家）	占比（%）	投资额（亿元）	占比（%）
产业结构	第一产业	16	1.99	0.79	0.05
	第二产业	148	18.41	287.38	19.06
	第三产业	640	79.60	1 219.78	80.89
所有制	国有	9	1.12	511.00	33.89
	民营	676	84.08	440.51	29.21
	外资	12	1.49	42.67	2.83
企业规模	大型	29	3.61	1 276.78	84.95
	中型	65	8.08	185.94	12.37
	小型	180	22.39	22.11	1.47
	微型	448	55.72	18.11	1.21
企业特征	高新技术企业	5	0.62	23.13	1.54
	对外投资企业	19	2.36	524.34	34.89

数据来源：中国自贸试验区大数据监测分析平台。

表25-2 河北自贸试验区正定片区各类企业数量情况

		企业数（家）	占比（%）	投资额（亿元）	占比（%）
产业结构	第一产业	68	1.98	3.56	0.27
	第二产业	799	23.27	164.01	12.36
	第三产业	2 567	74.75	1 159.08	87.37
所有制	国有	12	0.35	42.56	3.21
	民营	3 200	93.05	443.99	33.46
	外资	45	1.31	337.41	25.43
企业规模	大型	49	1.42	748.75	57.08
	中型	183	5.32	137.34	10.47
	小型	827	24.05	307.60	23.45
	微型	2 199	63.94	117.98	8.99
企业特征	高新技术企业	18	0.52	27.33	2.08
	对外投资企业	46	1.34	161.52	12.31

数据来源：中国自贸试验区大数据监测分析平台。

表25-3 河北自贸试验区曹妃甸片区各类企业数量情况

		企业数（家）	占比（%）	投资额（亿元）	占比（%）
产业结构	第一产业	48	0.63	13.08	0.45
	第二产业	1 237	16.35	927.65	31.76
	第三产业	6 281	83.02	1 980.51	67.79
所有制	国有	94	1.24	575.93	19.71
	民营	7 020	92.75	1 715.31	58.70
	外资	129	1.70	69.07	2.36
企业规模	大型	156	2.06	1 559.21	54.03
	中型	670	8.85	631.71	21.89
	小型	2 859	37.77	398.90	13.82
	微型	3 658	48.33	295.99	10.26
企业特征	高新技术企业	12	0.16	17.08	0.59
	对外投资企业	111	1.47	776.22	26.90

数据来源：中国自贸试验区大数据监测分析平台。

表25-4 河北自贸试验区大兴机场片区各类企业数量情况

		企业数（家）	占比（%）	投资额（亿元）	占比（%）
产业结构	第一产业	14	25.45	1.06	27.07
	第二产业	5	9.09	0.83	21.32
	第三产业	36	65.46	2.02	51.61
所有制	国有	0	0	0	0
	民营	46	83.64	2.45	62.39
	外资	2	3.64	0.50	12.72

续表

		企业数（家）	占比（%）	投资额（亿元）	占比（%）
企业规模	大型	0	0	0	0
	中型	7	12.73	2.23	56.75
	小型	7	12.73	0.34	8.70
	微型	37	67.27	1.36	34.55
企业特征	高新技术企业	0	0	0	0
	对外投资企业	0	0	0	0

数据来源：中国自贸试验区大数据监测分析平台。

第二节　河北自贸试验区高质量发展指数评价

一、河北自贸试验区高质量发展总体评价

从自贸试验区高质量发展八个方面的指数来看，河北自贸试验区总体上处于全国下游。只有雄安片区有 3 个指数进入全国前 20 位，其余片区的指数多数处于下游。从河北自贸试验区 4 个片区来看，雄安片区的表现较好，其次是正定片区，再次是曹妃甸片区，大兴机场片区在高质量发展方面的差距较大。河北自贸试验区高质量发展水平亟待提升。

二、河北自贸试验区雄安片区高质量发展指数评价

雄安片区的高质量发展指数在制度创新、金融发展、企业经营、产业发展、科技创新、区域带动、高水平对外开放、绿色共享八个方面的表现省内最好，绿色共享、企业经营、产业发展指数处于全国上游，其中，绿色共享指数居全国第 5 位。科技创新指数处于全国中游。制度创新、金融发展、区域带动、高水平对外开放指数处于全国下游。雄安片区高质量发展指数一级、二级指标指数及在全国自贸片区中的位置如表 25-5 所示。

表25-5　　　　　　　　　　雄安片区高质量发展指数及排位

一级指标指数及排位	二级指标指数及排位		一级指标指数及排位	二级指标指数及排位	
1.制度创新 18.26 （57）	贸易便利化	31.45（居中）	2.金融发展 1.75 （62）	金融机构	4.05（居后）
	政府职能转变	9.75（居后）		股权投融资	0.28（居后）
	法治化环境	13.58（居后）		投资自由化	0.96（居后）
3.企业经营 35.25 （12）	基数水平	65.86（居前）	4.产业发展 35.35 （19）	产业规模	0.52（居后）
	高新企业占比	0.53（居后）		产业结构	36.02（居前）
	创新经营情况	39.23（居前）		产业创新	8.50（居中）
				产业环境	96.35（居前）

一级指标指数及排位	二级指标指数及排位		一级指标指数及排位	二级指标指数及排位	
5.科技创新 9.63 (33)	创新环境	8.37（居中）	6.区域带动 1.60 (56)	市场活力	4.36（居后）
	创新投入	9.91（居中）		产业带动	0.53（居后）
	创新产出	9.95（居中）		辐射带动	0.49（居后）
7.高水平对外开放 7.68 (54)	贸易强度	10.94（居后）	8.绿色共享 34.10 (5)	三废排放占比	47.54（居前）
				污染治理力度	2.49（居后）
	资本流动	4.42（居后）		公共服务	52.46（居前）

雄安片区的制度创新指数为18.26（如图25-1所示），位列全国第57位，处于下游。从制度创新的二级指标来看，雄安片区的贸易便利化指数为31.45，排位居中；政府职能转变指数为9.75，排位居后；法治化环境指数为13.58，排位居后。雄安片区的贸易便利化指数居于全国中游，政府职能转变指数和法治化环境指数排名靠后。雄安片区在推进高质量发展中应加大政府职能转变和法治环境建设。

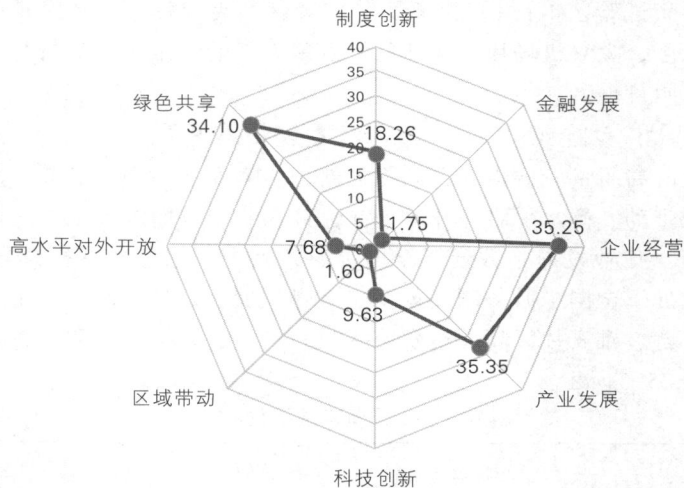

图25-1 雄安片区高质量发展指数

雄安片区的金融发展指数为1.75，位列全国第62位。从金融发展指数的二级指标来看，雄安片区金融机构指数为4.05，排位居后；股权投融资指数为0.28，排位居后；投资自由化指数为0.96，排位居后。雄安片区金融发展指数及其二级指标均处于全国下游。

雄安片区的企业经营指数为35.25，位列全国第12位。从企业经营指数的二级指标来看，基数水平指数为65.86，排位居前；高新企业占比指数为0.53，排位居后；创新经营情况指数为39.23，排位居前。雄安片区在新增市场主体、创新经营方面表现突出，指数位居全国前列，但高新企业占比相对较低。

　　雄安片区的产业发展指数为35.35，位列全国第19位。从产业发展指数的二级指标来看，产业规模指数为0.52，排位居后；产业结构指数为36.02，排位居前；产业创新指数为8.50，排位居中；产业环境指数为96.35，排位居前。雄安片区的产业结构、产业发展环境指数均进入了全国前10位，产业发展环境表现尤为突出，但产业规模偏小。

　　雄安片区的科技创新指数为9.63，位列全国第33位。从科技创新指数的二级指标来看，创新环境指数为8.37，排位居中；创新投入指数为9.91，排位居中；创新产出指数为9.95，排位居中。雄安片区科技创新各指数均处于全国中游。

　　雄安片区的区域带动指数为1.60，位列全国第56位。从区域带动指数的二级指标来看，市场活力指数为4.36，排位居后；产业带动指数为0.53，排位居后；辐射带动指数为0.49，排位居后。雄安片区对所在城市的带动作用较弱。

　　雄安片区的高水平对外开放指数为7.68，位列全国第54位。从高水平对外开放指数的二级指标来看，贸易强度指数为10.94，排位居后；资本流动指数为4.42，排位居后。雄安片区在高水平对外开放方面表现欠佳。

　　雄安片区的绿色共享指数为34.10，位列全国第5位。从绿色共享指数的二级指标来看，三废排放占比指数为47.54，排位居前；污染治理力度指数为2.49，排位居后；公共服务指数为52.46，排位居前。雄安片区污染治理水平较低，绿色共享指数处于全国上游。

三、河北自贸试验区正定片区高质量发展指数评价

　　正定片区的高质量发展指数在制度创新、金融发展、企业经营、产业发展、科技创新、区域带动、高水平对外开放、绿色共享八个方面的表现次于雄安片区。绿色共享、产业发展、科技创新指数处于全国中游，其余5个高质量发展指数均处于全国下游。正定片区高质量发展指数一级、二级指标指数及在全国自贸片区中的位置如表25-6所示。

表25-6　　　　　　　　　　　正定片区高质量发展指数及排位

一级指标指数及排位	二级指标指数及排位		一级指标指数及排位	二级指标指数及排位	
1.制度创新 24.38 (44)	贸易便利化	26.32 (居后)	2.金融发展 1.81 (61)	金融机构	3.50 (居后)
	政府职能转变	24.12 (居中)		股权投融资	0.05 (居后)
	法治化环境	22.71 (居中)		投资自由化	1.94 (居后)
3.企业经营 19.48 (42)	基数水平	47.62 (居前)	4.产业发展 32.04 (39)	产业规模	1.43 (居后)
	高新企业占比	2.00 (居后)		产业结构	37.39 (居前)
	创新经营情况	9.15 (居中)		产业创新	3.48 (居后)
				产业环境	85.84 (居中)

续表

一级指标指数及排位	二级指标指数及排位		一级指标指数及排位	二级指标指数及排位	
5.科技创新 8.43 （40）	创新环境	6.72（居中）	6.区域带动 1.79 （54）	市场活力	3.77（居后）
	创新投入	7.63（居中）		产业带动	1.38（居后）
	创新产出	9.26（居中）		辐射带动	0.73（居后）
7.高水平对外开放 9.46 （47）	贸易强度	14.73（居中）	8.绿色共享 17.16 （33）	三废排放占比	17.08（居中）
				污染治理力度	0.55（居后）
	资本流动	4.19（居后）		公共服务	43.91（居前）

正定片区的制度创新指数为24.38（如图25-2所示），位列全国第44位，处于下游。从制度创新的二级指标来看，正定片区的贸易便利化指数为26.32，排位居后；政府职能转变指数为24.12，排位居中；法治化环境指数为22.71，排位居中。正定片区的政府职能转变指数和法治化环境指数排位居中，贸易便利化指数排位靠后，应大力推动贸易便利化。

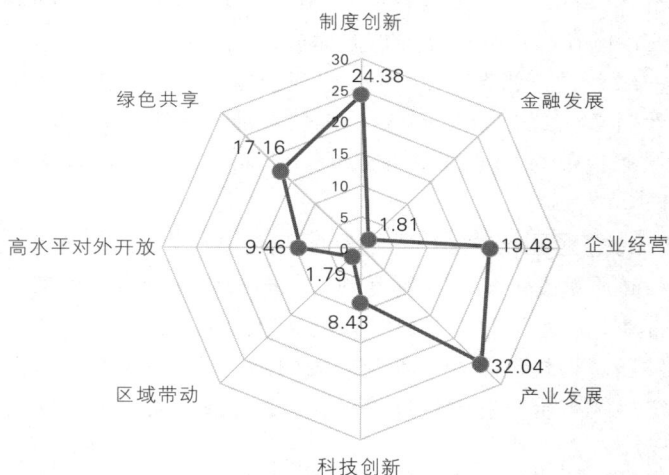

图25-2　正定片区高质量发展指数

正定片区的金融发展指数为1.81，位列全国第61位。从金融发展指数的二级指标来看，正定片区金融机构指数为3.50，排位居后；股权投融资指数为0.05，排位居后；投资自由化指数为1.94，排位居后。正定片区金融发展及其二级指标值均处于全国下游。

正定片区的企业经营指数为19.48，位列全国第42位。从企业经营指数的二级指标来看，基数水平指数为47.62，排位居前；高新企业占比指数为2.00，排位居后；创新经营情况指数为9.15，排位居中。正定片区在新增市场主体方面表现较好，高新企业占比有待提升。

正定片区的产业发展指数为32.04，位列全国第39位。从产业发展指数的二级指标来看，产业规模指数为1.43，排位居后；产业结构指数为37.39，排位居前；产业创新指数为3.48，排位居后；产业环境指数为85.84，排位居中。正定片区除产业环境、产业结构指数居全国中上游外，产业发展的其他指标均处于下游。

正定片区的科技创新指数为8.43，位列全国第40位。从科技创新指数的二级指标来看，创新环境指数为6.72，排位居中；创新投入指数为7.63，排位居中；创新产出指数为9.26，排位居中。正定片区科技创新各指数均处于全国中游。

正定片区的区域带动指数为1.79，位列全国第54位。从区域带动指数的二级指标来看，市场活力指数为3.77，排位居后；产业带动指数为1.38，排位居后；辐射带动指数为0.73，排位居后。正定片区区域带动各项指数均处全国下游，对所在城市的带动作用较弱。

正定片区的高水平对外开放指数为9.46，位列全国第47位。从高水平对外开放指数的二级指标来看，贸易强度指数为14.73，排位居中；资本流动指数为4.19，排位居后。正定片区的对外开放水平有待提升。

正定片区的绿色共享指数为17.16，位列全国第33位。从绿色共享指数的二级指标来看，三废排放占比指数为17.08，排位居中；污染治理力度指数为0.55，排位居后；公共服务指数为43.91，排位居前。正定片区的污染治理水平有待提升，绿色共享指数处于全国上游。

四、河北自贸试验区曹妃甸片区高质量发展指数评价

曹妃甸片区的高质量发展指数在制度创新、金融发展、企业经营、产业发展、科技创新、区域带动、高水平对外开放、绿色共享八个方面的表现略逊色于正定片区，除区域带动指数和高水平对外开放指数处于全国中游外，其余指数均处于全国下游。曹妃甸片区高质量发展指数一级、二级指标指数及在全国自贸片区中的位置如表25-7所示。

表25-7　　　　　曹妃甸片区高质量发展指数及排位

一级指标指数及排位	二级指标指数及排位		一级指标指数及排位	二级指标指数及排位	
1.制度创新 18.78 (56)	贸易便利化	28.76 (居后)	2.金融发展 2.38 (56)	金融机构	2.48 (居后)
	政府职能转变	6.08 (居后)		股权投融资	0.56 (居中)
	法治化环境	21.49 (居中)		投资自由化	4.17 (居后)
3.企业经营 15.51 (50)	基数水平	42.20 (居中)	4.产业发展 31.34 (41)	产业规模	2.94 (居后)
	高新企业占比	1.36 (居后)		产业结构	29.31 (居中)
	创新经营情况	3.33 (居后)		产业创新	2.67 (居后)
				产业环境	90.45 (居前)

续表

一级指标指数及排位	二级指标指数及排位		一级指标指数及排位	二级指标指数及排位	
5.科技创新 3.45 （55）	创新环境	1.94（居后）	6.区域带动 6.57 （39）	市场活力	14.25（居中）
	创新投入	4.01（居后）		产业带动	4.77（居后）
	创新产出	3.76（居后）		辐射带动	2.65（居后）
7.高水平 对外开放 12.89 （34）	贸易强度	19.24（居中）	8.绿色共享 10.91 （45）	三废排放占比	7.60（居中）
	资本流动	6.55（居后）		污染治理力度	0.40（居后）
				公共服务	35.68（居中）

　　曹妃甸片区的制度创新指数为18.78（如图25-3所示），位列全国第56位，处于下游。从制度创新二级指标来看，曹妃甸片区贸易便利化指数为28.76，排位居后；政府职能转变指数为6.08，排位居后；法治化环境指数为21.49，排位居中。曹妃甸片区的制度创新指数排名居后，应着力推进制度创新，加大力度转变政府职能。

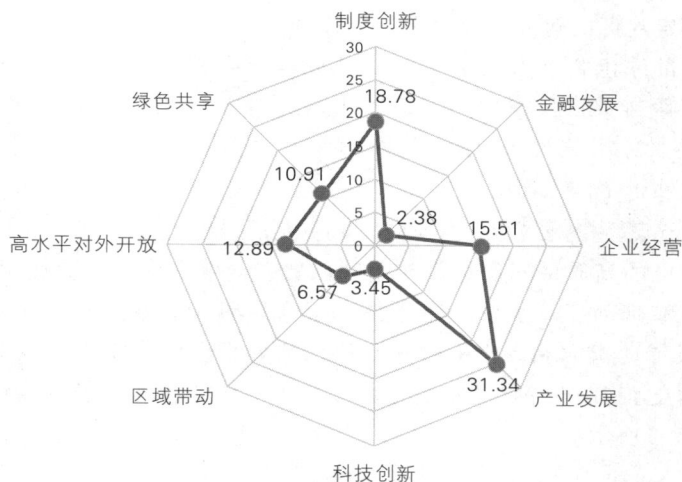

图25-3　曹妃甸片区高质量发展指数

　　曹妃甸片区的金融发展指数为2.38，位列全国第56位。从金融发展指数的二级指标来看，曹妃甸片区的金融机构指数为2.48，排位居后；股权投融资指数为0.56，排位居中；投资自由化指数为4.17，排位居后。曹妃甸片区金融机构指数和投资自由化指数均处于全国下游。

　　曹妃甸片区的企业经营指数为15.51，位列全国第50位。从企业经营指数的二级指标来看，基数水平指数为42.20，排位居中；高新企业占比指数为1.36，排位居后；创新经营情况指数为3.33，排位居后。曹妃甸片区除市场主体增长情况在全国居中外，企业经营及其他二级指标均处于全国下游。

曹妃甸片区的产业发展指数为31.34，位列全国第41位。从产业发展指数的二级指标来看，产业规模指数为2.94，排位居后；产业结构指数为29.31，排位居后；产业创新指数为2.67，排位居后；产业环境指数为90.45，排位居前。雄安片区的产业发展环境较好，产业发展的其他指标均处于全国下游。

曹妃甸片区的科技创新指数为3.45，位列全国第55位。从科技创新指数的二级指标来看，创新环境指数为1.94，排位居后；创新投入指数为4.01，排位居后；创新产出指数为3.76，排位居后。曹妃甸片区科技创新各指数均处于全国下游。

曹妃甸片区的区域带动指数为6.57，位列全国第39位。从区域带动指数的二级指标来看，市场活力指数为14.25，排位居中；产业带动指数为4.77，排位居后；辐射带动指数为2.65，排位居后。曹妃甸片区的市场活力较好，产业带动作用以及片区对城市的辐射作用有待加强。

曹妃甸片区的高水平对外开放指数为12.89，位列全国第34位。从高水平对外开放指数的二级指标来看，贸易强度指数为19.24，排位居中；资本流动指数为6.55，排位居后。曹妃甸片区的高水平对外开放指数是全省四个片区中最高的，在全国处于中游。

曹妃甸片区的绿色共享指数为10.91，位列全国第45位。从绿色共享指数的二级指标来看，三废排放占比指数为7.60，排位居中；污染治理力度指数为0.40，排位居后；公共服务指数为35.68，排位居中。正定片区应继续提升共享水平，加强对环境污染的治理。

五、河北自贸试验区大兴机场片区高质量发展指数评价

大兴机场片区的高质量发展指数在制度创新、金融发展、企业经营、产业发展、科技创新、区域带动、高水平对外开放、绿色共享八个方面的表现欠佳，除制度创新指数处于全国中游外，其余指数均处于全国下游。大兴机场片区高质量发展指数一级、二级指标指数及在全国自贸片区中的位置如表25-8所示。

表25-8　　大兴机场片区高质量发展指数及排位

一级指标指数及排位	二级指标指数及排位		一级指标指数及排位	二级指标指数及排位	
1.制度创新 27.78 (31)	贸易便利化	41.38（居前）	2.金融发展 0.89 (64)	金融机构	2.66（居后）
	政府职能转变	14.57（居后）		股权投融资	0（居后）
	法治化环境	27.39（居中）		投资自由化	0.03（居后）
3.企业经营 16.35 (49)	基数水平	45.58（居中）	4.产业发展 23.33 (59)	产业规模	0.02（居后）
	高新企业占比	0（居后）		产业结构	0（居后）
	创新经营情况	3.85（居后）		产业创新	0（居后）
				产业环境	93.30（居前）

续表

一级指标指 数及排位	二级指标指 数及排位		一级指标指 数及排位	二级指标指 数及排位	
5.科技创新 0 （64）	创新环境	0（居后）	6.区域带动 0 （63）	市场活力	0.01（居后）
	创新投入	0（居后）		产业带动	0（居后）
	创新产出	0（居后）		辐射带动	0（居后）
7.高水平 对外开放 2.49 （63）	贸易强度	3.37（居后）	8.绿色共享 2.10 （64）	三废排放占比	4.38（居后）
				污染治理力度	0（居后）
	资本流动	1.60（居后）		公共服务	0（居后）

　　大兴机场片区的制度创新指数为27.78（如图25-4所示），位列全国第31位，处于中游。从制度创新二级指标来看，大兴机场片区贸易便利化指数为41.38位，排位居前；政府职能转变指数为14.57，排位居后；法治化环境指数为27.39，排位居中。大兴机场片区的贸易便利化水平较高，切实转变政府职能亟待加强。

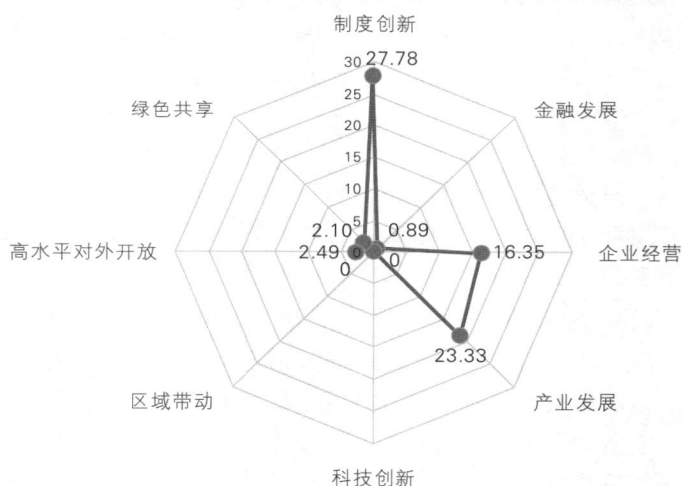

图25-4　大兴机场片区高质量发展指数

　　大兴机场片区的金融发展指数为0.89，位列全国第64位。从金融发展指数的二级指标来看，大兴机场片区金融机构指数为2.66，排位居后；股权投融资指数为0，排位居后；投资自由化指数为0.03，排位居后。大兴机场片区金融发展指数及其二级指标均处于全国下游。

　　大兴机场片区的企业经营指数为16.35，位列全国第49位。从企业经营指数的二级指标来看，基数水平指数为45.58，排位居中；高新企业占比指数为0，排位居后；创新经营情况指数为3.85，排位居后。大兴机场片区在新增市场主体方面表现较好，其他指标均处于全国下游。

　　大兴机场片区的产业发展指数为23.33，位列全国第59位。从产业发展指数的二级指标来看，产业规模指数为0.02，排位居后；产业结构指数为0，排位居后；产业创新指数为0，排位居后；产业环境指数为93.30，排位居前。大兴片区的产业发展环境良好，产业环境指数居全国前10位，但产业发展的其他方面差距较大。

大兴机场片区的科技创新指数为0，位列全国第64位。从科技创新指数的二级指标来看，创新环境指数为0，排位居后；创新投入指数为0，排位居后；创新产出指数为0，排位居后。大兴机场片区的科技创新水平亟待提升。

大兴机场片区的区域带动指数为0，位列全国第63位。从区域带动指数的二级指标来看，市场活力指数为0.01，排位居后；产业带动指数为0，排位居后；辐射带动指数为0，排位居后。大兴机场片区对所在城市几乎没有产生带动作用。

大兴机场片区的高水平对外开放指数为2.49，位列全国第63位。从高水平对外开放指数的二级指标来看，贸易强度指数为3.37，排位居后；资本流动指数为1.60，排位居后。大兴机场片区的高水平对外开放指数处于全国下游，应持续扩大对外开放。

大兴机场片区的绿色共享指数为2.10，位列全国第64位。从绿色共享指数的二级指标来看，三废排放占比指数为4.38，排位居后；污染治理力度指数为0，排位居后；公共服务指数为0，排位居后。大兴机场片区的绿色共享指数及其二级指标均处于全国下游，应加大力度推动绿色共享发展。

第三节　河北自贸试验区建设的主要成效与重点发展方向

一、河北自贸试验区制度创新的主要成效

河北自贸试验区全面落实《中国（河北）自由贸易试验区总体方案》，截至2022年8月，总体方案中的98项改革试点任务已实施96项，实施率达97.9%。河北自贸试验区以制度创新为核心任务，截至2022年8月，形成各类制度创新成果149项。其中，1项成果入选国务院自贸试验区部际联席会议发布的第四批"最佳实践案例"，5项成果在国务院自贸试验区部际联席会议办公室简报专版刊发，26项创新成果得到国家有关部委认可，5批共81项制度创新案例面向全省复制推广。在切实转变政府职能方面，先后下放396项省市经济管理权限，持续深化"证照分离"改革，推动实施商事主体登记确认制、扶持奖励政策"免申即享"等改革举措。简化审批流程，优化办事程序，实现审批流程和办理效率"双提速"。为片区企业提供全方位服务，促进一批重大项目落地。在投资自由便利方面，引导资金向新一代信息技术、生物医药、大宗商品贸易、高端装备制造、航空物流等重点产业投资，一批世界500强企业和跨国公司战略投资项目加速落地。在贸易便利化方面，全力搭建各类开放型功能平台，为高水平开放提供支撑。大兴机场综合保税区获批设立，粮食、肉类、水果、冰鲜水产品等一批海关指定监管场地建成投用，药

品进口口岸首单业务正式通关，钻石指定口岸珠宝加工业务顺利开展，国际邮件互换局获批建设，商品指数编制运营服务平台开业运营，大宗商品交易中心交易规模不断扩大①。在金融开放创新方面，围绕人民币跨境使用、外汇管理改革、大宗商品交易、政银企合作和创新融资方式等领域实现"首单"突破，推进雄安片区本外币合一银行账户体系试点落地实施，实现本币账户与外币账户在开立、变更和撤销等方面标准、规则和流程统一。开展融资租赁公司外债便利化试点。

二、河北自贸试验区制度创新特色

1. 在区域协同框架下推进自贸试验区协同创新

河北自贸试验区主动服务和融入京津冀协同发展国家重大战略，成立京津冀自贸试验区智库联盟，推动京津冀自贸试验区协同创新，并取得制度创新成果。京津冀建立自贸试验区联席会议制度，管理部门签署了《京津冀自贸试验区三方战略合作框架协议》，共同发布首批13项协同创新成果。2021年以来，京津冀三地自贸片区联合推出政务服务"同事同标"，推进京津冀政务服务互联互通，三地自贸试验区联合推出179项"无差别受理、同标准办理"事项，包括行政许可、行政征收、其他行政权力、公共服务4种事项类型，实现179项北京政务服务事项在河北自贸试验区办理，为京津冀商事主体在市场准入、生产经营等方面提供了极大便利。

2. 以制度创新助推优质产业生态发展

雄安片区大力推动金融开放创新，促进融资租赁、智慧金融等产业生态发展。首创的"跨境融资+跨境租赁"集成创新模式，利用境内银行海外分行搭建跨境融资渠道，使融资租赁公司在境外融入美元，再通过跨境租赁将美元投放境外，实现跨境融资与跨境租赁联动创新，也是对高端装备跨境融资租赁进行的一次有益探索。雄安片区还积极布局并建设5G领域国家（重点）实验室、工程研究中心等国家级创新平台，首次实现5G切片技术在金融机构的商用，建成真正意义上的"5G+场景"智慧银行网点，重塑银行传统经营模式、管理机制和业务体系，创造了创新引领、科技赋能、体验优良、服务高效的离行移动金融服务新模式。大兴机场片区的"区块链+福费廷"融资创新，帮助企业定制国际贸易融资金融服务方案，依托建设银行"区块链系统"落地全省首笔人民币国际信用证福费廷搭桥转卖业务，业务流程由1~2天缩短到2小时。以上制度创新成果为相关产业发展提供强力支持，有力地促进了相关产业的发展。

三、河北自贸试验区的主要发展经验

1. 在区域协同框架下推进产业集聚和发展

在推动京津冀自贸试验区协同创新中，河北自贸试验区大力推进"同事同标"

---

① 冯阳. 河北自贸试验区形成各类制度创新成果149项［N］. 河北日报，2022-12-24（2）.

制度创新，有序承接北京疏解项目，落地中国星网、中国中化、中国华能等首批疏解央企项目和北京巴威高端装备制造、北汽福田雷萨新能源汽车等百余个优质京津项目。河北自贸试验区还加强与京津在科技创新方面的联动，推动"京津研发、河北转化"，促进科技成果落地河北自贸试验区。2021年，河北自贸试验区吸纳京津技术合同成交额超20亿元①。河北自贸试验区通过制度创新推动市场主体跨区域流动，吸纳跨区域科创成果，促进产业集聚和持续发展。截至2022年底，河北自贸试验区以全省万分之六的国土面积，创造了同期全省26.4%的新设外资企业、12.6%的实际使用外资和11.8%的外贸进出口②。

2. 以企业需求为导向促进市场主体集聚和发展

河北自贸试验区4个片区立足各自功能定位，推出多项创新举措，优化营商环境，促进企业向片区集聚。雄安片区针对投资类项目较多的情况，推出"工程建设项目极简审批新模式"，按照"宜证则证、容缺受理、函证结合"的审批思路，实现政府投资类项目从立项到施工许可30个工作日内完成，企业投资核准类项目从立项到准予开工建设14个工作日内完成。正定片区整合支持经济发展的各类政策性资金，设立项目受理专门窗口，完善"一门受理、一门兑现"服务模式，对超70家经营主体兑现超3.6亿元的支持资金。曹妃甸片区是河北4个片区中唯一有海港的片区，探索出国际航线船舶"模块化"检查机制，检查时间由4小时缩短至2.5小时，单船平均缺陷率由1.89上升至2.09，船舶在下一港的滞留率减少了近1/3③。大兴机场片区由京冀两地共建，是全国唯一的跨省市综合保税区，在全国率先打造"一个系统、一次理货、一次查验、一次提离"的区港一体化通关新模式，打造"智慧云卡口"无感通关新模式，降低卡口运维成本约30%。河北自贸试验区各片区的创新举措，激发了市场活力，促进了市场主体向片区集聚，为经济发展注入新动能。

四、河北自贸试验区的重点发展方向

河北自贸试验区应继续围绕国家赋予的战略定位，实施自贸试验区提升战略，不断释放改革红利，激发发展动力。高质量发展的重点方向是全面提升各片区，特别是大兴机场片区的高质量发展水平，四个片区在制度创新、金融发展、区域带动、高水平对外开放方面补齐短板。从各片区来说，雄安片区继续发挥其在绿色共享、企业经营方面的示范效应，推动产业发展，加强科技创新，着力推进制度创新、金融发展、区域带动和高水平对外开放水平的提高。正定片区进一步推动绿色

① 付兆飒. 畅通国内国际双循环 为加快建设经济强省、美丽河北注入"自贸"力量 [EB/OL]. [2022-12-24]. http://he.people.com.cn/BIG5/n2/2022/1224/c192235-40242033.html.
② 冯阳. 种好改革"试验田" 开放发展增活力 [N]. 河北日报, 2023-09-03 (1).
③ 冯阳. 种好改革"试验田" 开放发展增活力 [N]. 河北日报, 2023-09-03 (1).

共享、产业发展，提升科技创新水平，着力推进制度创新、金融发展、企业经营、区域带动和对外开放水平的提高。曹妃甸片区进一步提升对外开放、区域带动水平，着力推进制度创新、金融发展、产业发展、科技创新水平的提高。大兴机场片区进一步提升制度创新水平，着力推进金融发展、企业经营、产业发展、科技创新、区域带动、高水平对外开放、绿色共享水平的提高，在高质量发展的多个方面取得新突破。

第二十六章　云南自贸试验区高质量发展评价

　　云南自贸试验区地处我国西部区域板块。云南自贸试验区立足云南沿边与跨境特色，全力打造云南对外开放的制度创新高地，成为全省高质量发展的引领区。本章在对云南自贸试验区进行概述的基础上，基于中国自贸试验区大数据监测分析平台微观数据，从制度创新、金融发展、企业经营、产业发展、科技创新、区域带动、高水平对外开放、绿色共享八个维度入手，对昆明片区、红河片区、德宏片区的高质量发展情况进行了评价，分析其优势与短板，梳理云南自贸试验区的主要发展成效与经验、制度创新特色，明确了未来高质量发展方向。

第一节　云南自贸试验区概况

一、云南自贸试验区实施范围

　　云南自贸试验区于 2019 年 8 月 30 日揭牌成立，是我国第五批设立的自贸试验区。云南自贸试验区实施范围为 119.86 平方千米，涵盖昆明片区、红河片区、德宏片区三个片区。

　　昆明自贸片区 76 平方千米，包含昆明综合保税区 0.58 平方千米，四至范围：东至东绕城高速公路；南至广福路、南绕城高速公路；西至盘龙江、明通河；北至人民东路[①]。

　　红河自贸片区 14.12 平方千米，四至范围：东至南溪河岸边；南至南溪河口岸；西至红河岸边；北至坝洒农场七队[②]。

　　德宏自贸片区 29.74 平方千米，四至范围：东至芒良村民小组；南至瑞丽江、姐告国境线；西至贺哈村民小组、乘象路；北至北门村民小组、芒喊村民小组、帕色村民小组、允岗村民小组、姐勒村民小组[③]。

二、云南自贸试验区的功能定位

　　云南自贸试验区三个片区的功能定位为：昆明片区加强与空港经济区联动发展，重点发展高端制造、航空物流、数字经济、总部经济等产业，建设面向南亚东

---

① 中国政府网——国务院关于同意新设6个自由贸易试验区的批复。
② 中国政府网——国务院关于同意新设6个自由贸易试验区的批复。
③ 中国政府网——国务院关于同意新设6个自由贸易试验区的批复。

南亚的互联互通枢纽、信息物流中心和文化教育中心；红河片区加强与红河综合保税区、蒙自经济技术开发区联动发展，重点发展加工及贸易、大健康服务、跨境旅游、跨境电商等产业，全力打造面向东盟的加工制造基地、商贸物流中心和中越经济走廊创新合作示范区；德宏片区重点发展跨境电商、跨境产能合作、跨境金融等产业，打造沿边开放先行区、中缅经济走廊的门户枢纽。

三、云南自贸试验区的产业基础

云南自贸试验区成立以来，以制度创新为核心，以经济发展为首要，顺应产业集群化、现代化、规模化发展趋势，加快发展四大特色基础产业、五大战略性支撑产业、八大沿边与跨境业态，吸引了大量市场主体进入片区。根据中国自贸试验区大数据监测分析平台显示，截至2021年，昆明自贸片区在营企业数为94 812家，投资总额为18 511.00亿元；民营企业占比96.32%，市场活力充沛；高新企业196家；服务业占比76.77%；进出口企业占比12.50%。红河自贸片区在营企业数为2 812家，投资总额为200.45亿元；民营企业占比93.88%；服务业占比79.27%；进出口企业占比45.02%。德宏自贸片区在营企业数为4 991家，投资总额为459.28亿元；民营企业占比95.73%；服务业占比84.91%；进出口企业占比39.79%。云南自贸试验区三个片区的各类企业数量情况如表26-1、表26-2和表26-3所示。

表26-1　　　　　　　云南自贸试验区昆明片区各类企业数量情况

		企业数（家）	占比（%）	投资额（亿元）	占比（%）
产业结构	第一产业	850	0.90	66.06	0.36
	第二产业	21 147	22.30	7 644.35	41.31
	第三产业	72 710	76.69	10 796.30	58.34
所有制	国有	449	0.47	440.76	2.38
	民营	91 321	96.32	15 376.73	83.07
	外资	606	0.64	536.89	2.90
企业规模	大	476	0.50	12 005.41	65.04
	中	2 175	2.29	1 891.97	10.25
	小	16 556	17.46	1 589.92	8.61
	微	71 127	75.02	2 970.46	16.09
企业特征	高新技术企业	196	0.21	129.52	0.70
	对外投资企业	1 388	1.46	4 225.99	22.90

数据来源：中国自贸试验区大数据监测分析平台。

表26-2　　　　　　　　　云南自贸试验区红河片区各类企业数量情况

		企业数（家）	占比（%）	投资额（亿元）	占比（%）
产业结构	第一产业	118	4.20	16.76	8.36
	第二产业	464	16.50	30.52	15.23
	第三产业	2 226	79.16	153.15	76.41
所有制	国有	47	1.67	36.20	18.06
	民营	2 640	93.88	113.02	56.38
	外资	24	0.85	1.97	0.98
企业规模	大	10	0.36	31.57	17.02
	中	71	2.52	48.87	26.35
	小	404	14.37	32.56	17.56
	微	2 054	73.04	72.45	39.07
企业特征	高新技术企业	1	0.04	0.06	0.03
	对外投资企业	39	1.39	42.66	23.01

数据来源：中国自贸试验区大数据监测分析平台。

表26-3　　　　　　　　　云南自贸试验区德宏片区各类企业数量情况

		企业数（家）	占比（%）	投资额（亿元）	占比（%）
产业结构	第一产业	91	1.82	4.03	0.88
	第二产业	661	13.24	185.37	40.37
	第三产业	4 233	84.81	269.79	58.75
所有制	国有	49	0.98	18.92	4.12
	民营	4 778	95.73	405.93	88.38
	外资	53	1.06	10.40	2.26
企业规模	大	31	0.62	191.91	42.72
	中	144	2.89	65.73	14.63
	小	674	13.50	58.94	13.12
	微	3 891	77.96	132.63	29.53
企业特征	高新技术企业	1	0.02	5.00	1.11
	对外投资企业	50	1.00	42.80	9.53

数据来源：中国自贸试验区大数据监测分析平台。

四、云南自贸试验区的对外开放

云南自贸试验区围绕功能定位，全力打造沿边开放新高地。昆明自贸片区积极践行《昆明市主动对接RCEP促进开放平台发展提升对外开放水平三年行动方案》，实施管理体制优化、货物贸易扩大、服务贸易提质、区域跨境产能合作、优化营商环境5个专项行动，努力将片区建设成为贸易投资便利、交通物流顺畅、要素流动自由、金融服务创新完善、监管安全高效、生态环境一流、辐射带动突出的高标准、高质量自由贸易园区。红河自贸片区秉持"制度创新+联动发展"原则，积极加强与红河综合保税区、蒙自经济技术开发区联动发展，全力打造面向东盟的加工制造基地、商贸物流中心和中越经济走廊创新合作示范区，建立了首家边境贸易服务中心，全省首张边民互市交易增值税发票，首笔货物贸易电子单证审核业务，RCEP多边协定下首笔跨境人民币结算业务，首笔线上办理"跨境贷"等多个"首张""首笔"落地，形成了一批可复制可推广的制度创新成果。德宏片区突出"沿边""跨境"两大特色，积极打造沿边开放先行区、中缅经济走廊的门户枢纽。德宏片区成立四年来，跨境人民币结算量连年突破百亿元，创新搭建中缅贸易结算服务平台，在全国首推人民币对缅币兑换参考报价，创造引领中缅货币兑换汇率的"瑞丽指数"，创新搭建贸易服务平台公司"通汇金"，累计完成跨境贸易结算服务71亿元。

五、云南自贸试验区"十四五"时期发展目标

"十四五"时期，云南省对自贸试验区的发展目标进行清晰定位和谋划，《云南省国民经济和社会发展第十四个五年规划和二〇三五年远景目标纲要》明确提出，要高标准建设自贸试验区，全面落实国务院批复的中国（云南）自贸试验区总体方案，以制度创新为核心，以产业发展为关键，以探索可复制可推广经验为基本要求，对标国际先进规则，加强自主性原创性集成性改革，形成更多具有国家竞争力的创新成果。统筹推进昆明、红河、德宏三个片区建设，完善三个片区功能布局，发挥昆明片区整体性、系统性和示范性效应，突出红河、德宏片区沿边特色优势，形成三个片区各具特色、协同发展的局面。推动试验区在产业发展、业态培育、招商引资、金融开放等方面实现重大突破，到2025年，试验区主营收入力争在"十三五"末的基础上实现"翻两番"。大力发展跨境贸易、跨境电商、跨境产能合作、跨境金融、跨境人力资源合作、跨境园区建设、跨境物流、跨境旅游、边境旅游等新业态新模式。加强自贸试验区与国家级经开区、滇中新区、国家级高新区、国家重点开发开放试验区等平台的联动发展，积极为自贸试验区扩区扩容大胆探索。推动各部门、各领域、各环节制度创新、管理创新、服务创新，营造一流营商环境，激发市场主体活力，吸引国内外知名企业入驻，加快培育、引进贸易和投资新主体，着力推动一批重大项目落地，把自贸试验区建设成为对外开放新高地。

第二节　云南自贸试验区高质量发展指数评价

一、云南自贸试验区高质量发展总体评价

从自贸试验区高质量发展八个方面的指数来看，云南自贸试验区总体上处于全

国中下游，且三个自贸片区发展不平衡，仅绿色共享指数处于全国中上游。从云南自贸试验区三个片区来看，昆明自贸片区表现出色，位居云南省三个自贸片区之首，多项高质量发展指数处于全国中上游。其中区域带动指数位列全国第4名。德宏自贸片区高质量发展指数略好于红河自贸片区，但和昆明自贸片区相比尚有差距。红河、德宏自贸片区的多项高质量发展指数处于全国下游，仅个别指数处于全国中上游。

二、云南自贸试验区昆明片区高质量发展指数评价

昆明自贸片区的高质量发展指数在制度创新、金融发展、企业经营、产业发展、科技创新、区域带动、绿色共享七个方面的表现全省最优。其中，制度创新指数、金融发展指数、区域带动指数和绿色共享指数均位于所有自贸片区前20位，区域带动指数高居全国自贸片区前5位。昆明自贸片区高质量发展指数一级、二级指标指数及在全国自贸片区中的位置如表26-4所示。

表26-4　　　　　　　　　　昆明自贸片区高质量发展指数及排位

一级指标指数及排位	二级指标指数及排位		一级指标指数及排位	二级指标指数及排位	
1.制度创新 32.05 （19）	贸易便利化	29.85（居后）	2.金融发展 9.77 （16）	金融机构	4.97（居后）
	政府职能转变	31.13（居前）		股权投融资	3.15（居前）
	法治化环境	35.19（居前）		投资自由化	21.49（居前）
3.企业经营 22.95 （31）	基数水平	51.15（居前）	4.产业发展 33.37 （29）	产业规模	19.35（居前）
	高新企业占比	8.81（居中）		产业结构	29.91（居前）
	创新经营情况	9.32（居中）		产业创新	3.86（居后）
				产业环境	80.37（居中）
5.科技创新 7.12 （44）	创新环境	2.27（居后）	6.区域带动 35.43 （4）	市场活力	57.40（居前）
	创新投入	6.14（居后）		产业带动	39.31（居前）
	创新产出	9.07（居后）		辐射带动	19.23（居前）
7.高水平对外开放 10.20 （44）	贸易强度	12.54（居后）	8.绿色共享 21.67 （13）	三废排放占比	21.46（居前）
				污染治理力度	26.17（居前）
	资本流动	7.87（居后）		公共服务	14.96（居后）

昆明自贸片区的制度创新指数为32.05（如图26-1所示），位于全国所有自贸片区的第19位。从制度创新的二级指标来看，昆明自贸片区的贸易便利化指数为29.85，排位居后；政府职能转变指数为31.13，排位居前；法治化环境指数为35.19，排位居前。贸易便利化程度是昆明自贸片区提升制度创新水平、推进高质量发展的主要短板之一。

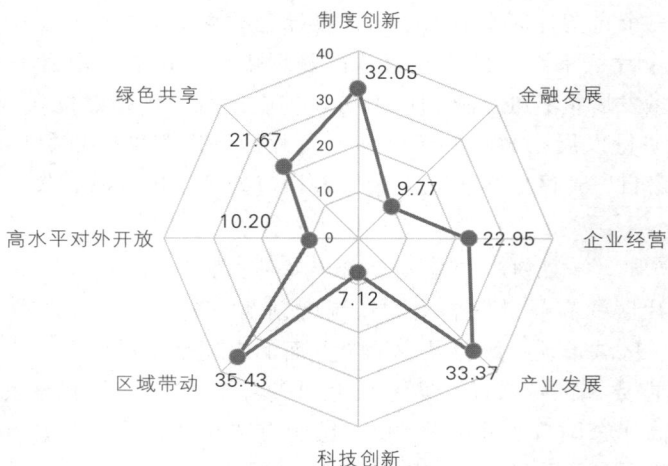

图26-1　昆明自贸片区高质量发展指数

　　昆明自贸片区的金融发展指数为9.77，位列全国第16位。从金融发展指数的二级指标来看，昆明自贸片区的金融机构指数为4.97，排位居后；另外两个二级指标股权投融资指数、投资自由化指数分别为3.15和21.49，排位居前，由此拉高了金融发展指数。

　　昆明自贸片区的企业经营指数为22.95，位列全国第31位。从企业经营指数的二级指标来看，基数水平指数为51.15，排位居前；高新企业占比指数为8.81，排位居中；创新经营情况指数为9.32，排位居中。加快推动高新技术企业发展、促进企业创新经营是昆明自贸试验区提升企业经营指数水平的主要突破方向。

　　昆明自贸片区产业发展指数为33.37，位列全国第29位。从产业发展指数的二级指标来看，产业规模指数为19.35，排位居前；产业结构指数为29.91，排位居后；产业创新指数为3.86，排位居后；产业环境指数为80.37，排位居中。产业结构、产业创新是昆明自贸片区推动产业发展的最主要短板。

　　昆明自贸片区的科技创新指数为7.12，位列全国第44位。从科技创新指数的二级指标来看，创新环境指数为2.27，排位居后；创新投入指数为6.14，排位居后；创新产出指数为9.07，排位居后。科技创新是昆明自贸片区推进高质量发展的主要短板之一。

　　昆明自贸片区区域带动指数为35.43，位列全国第4位。从区域带动指数的二级指标来看，市场活力指数为57.40，排位居前；产业带动指数为39.31，排位居前；辐射带动指数为19.23，排位居前。昆明自贸片区区域带动各项二级指标均处于全国上游。

　　昆明自贸片区高水平对外开放指数为10.20，位列全国第44位。从高水平对外开放指数的二级指标来看，昆明自贸片区的贸易强度指数为12.54，排位居后；资本流动指数为7.87，排位居后。昆明自贸片区的高水平对外开放程度还有很大的提升空间。

昆明自贸片区的绿色共享指数为21.67，位列全国第13位。从绿色共享指数的二级指标来看，三废排放占比指数为21.46，排位居前；污染治理力度指数为26.17，排位居前；公共服务指数为14.96，排位居后。昆明自贸片区的绿色共享指数总体较高，但公共服务水平是其需要弥补的短板。

三、云南自贸试验区红河片区高质量发展指数评价

红河自贸片区的高质量发展指数仅在高水平对外开放方面表现全省第一，金融发展、企业经营指标次于昆明自贸片区，其余指标位列三个片区末位。红河自贸片区高质量发展指数一级、二级指标指数及在全国自贸片区中的位置如表26-5所示。

表26-5　　　　　　　　　　红河自贸片区高质量发展指数及排位

一级指标指数及排位	二级指标指数及排位		一级指标指数及排位	二级指标指数及排位	
1.制度创新 24.73 (42)	贸易便利化	28.84 (居后)	2.金融发展 4.62 (40)	金融机构	11.08 (居前)
	政府职能转变	17.01 (居后)		股权投融资	0.12 (居后)
	法治化环境	28.35 (居中)		投资自由化	2.79 (居后)
3.企业经营 13.16 (59)	基数水平	37.79 (居后)	4.产业发展 17.89 (64)	产业规模	2.51 (居后)
	高新企业占比	1.02 (居后)		产业结构	23.44 (居后)
	创新经营情况	1.03 (居后)		产业创新	0.03 (居后)
				产业环境	45.56 (居后)
5.科技创新 2.78 (60)	创新环境	1.41 (居后)	6.区域带动 5.05 (43)	市场活力	8.38 (居中)
	创新投入	1.33 (居后)		产业带动	6.29 (居后)
	创新产出	3.72 (居后)		辐射带动	1.32 (居后)
7.高水平对外开放 14.91 (27)	贸易强度	26.30 (居前)	8.绿色共享 17.64 (30)	三废排放占比	12.21 (居中)
	资本流动	3.52 (居后)		污染治理力度	1.42 (居后)
				公共服务	56.62 (居前)

红河自贸片区的制度创新指数为24.73（如表26-5所示），位列全国第42位，处于下游偏上水平。从制度创新二级指标来看，红河自贸片区贸易便利化指数为28.84，排位居后；政府职能转变指数为17.01，排位居后；法治化环境指数为28.35，排位居中。红河自贸片区制度创新应加强推进贸易便利化和促进政府职能转变。

红河自贸片区的金融发展指数为4.62（如图26-2所示），位列全国第40位。从

金融发展指数的二级指标来看，红河自贸片区的金融机构指数为11.08，排位居前；股权投融资指数为0.12，排位居后；投资自由化指数为2.79，排位居后。红河自贸片区的金融发展应加强促进股权投融资和投资自由化。

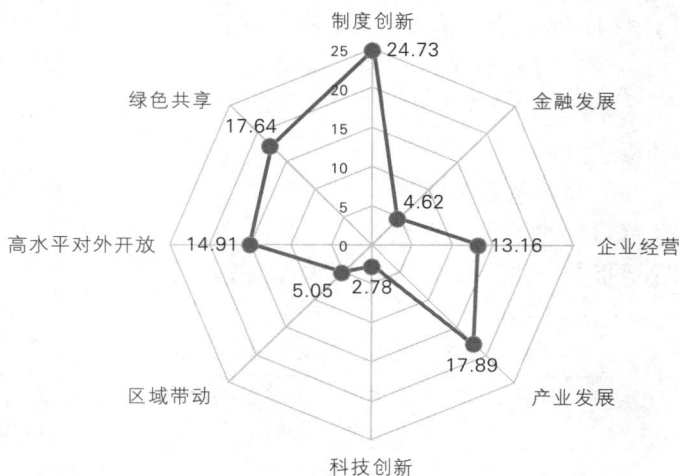

图26-2　红河自贸片区高质量发展指数

红河自贸片区的企业经营指数为13.16，位列全国第59位。从企业经营指数的二级指标来看，红河自贸片区的基数水平指数为37.79，排位居后；高新企业占比指数为1.02，排位居后；创新经营情况指数为1.03，排位居后。红河自贸片区的企业经营指数及其二级指标均处于全国下游。

红河自贸片区的产业发展指数为17.89，位列全国第64位。从产业发展指数的二级指标来看，红河自贸片区的产业规模指数为2.51，排位居后；产业结构指数为23.44，排位居后；产业创新指数为0.03，排位居后；产业环境指数为45.56，排位居后。红河自贸片区的产业发展指数及其二级指标均处于全国下游，是其推进高质量发展的主要短板之一。

红河自贸片区的科技创新指数为2.78，位列全国第60位。从科技创新指数的二级指标来看，红河自贸片区的创新环境指数为1.41，排位居后；创新投入指数为1.33，排位居后；创新产出指数为3.72，排位居后。科技创新及其二级指标排名均处于全国下游，是推进高质量发展的主要短板之一。

红河自贸片区的区域带动指数为5.05，位列全国第43位。从区域带动指数的二级指标来看，红河自贸片区的市场活力指数为8.38，排位居中；产业带动指数为6.29，排位居后；辐射带动指数为1.32，排位居后。红河自贸片区区域带动的各二级指标均处于全国中下游。

红河自贸片区的高水平对外开放指数为14.91，位列全国第27位。从高水平对外开放指数的二级指标来看，贸易强度指数为26.30，排位居前；资本流动指数为

3.52，排位居后。红河自贸片区的贸易强度指数位于全国前列，而资本流动指数处于全国下游。

红河自贸片区的绿色共享指数为17.64，位列全国第30位。从绿色共享指数的二级指标来看，三废排放占比指数为12.21，排位居中；污染治理力度指数为1.42，排位居后；公共服务指数为56.62，排位居前。提高污染治理力度是红河自贸片区促进绿色共享应弥补的短板。

四、云南自贸试验区德宏片区高质量发展指数评价

德宏自贸片区的高质量发展指数在制度创新、产业发展、区域带动和绿色共享方面的表现略优于红河自贸片区，但与昆明自贸片区相比还有较大差距。其中区域带动指数排名进入全国前20位。德宏自贸片区高质量发展指数一级、二级指标指数及在全国自贸片区中的位置如表26-6所示。

表26-6　　　　　　　　德宏自贸片区高质量发展指数及排位

一级指标指数及排位	二级指标指数及排位		一级指标指数及排位	二级指标指数及排位	
1.制度创新 24.87 (39)	贸易便利化	30.11 (居后)	2.金融发展 1.52 (63)	金融机构	2.25 (居后)
	政府职能转变	22.73 (居中)		股权投融资	0.28 (居后)
	法治化环境	21.76 (居中)		投资自由化	2.09 (居后)
3.企业经营 11.81 (60)	基数水平	31.28 (居后)	4.产业发展 29.29 (50)	产业规模	1.78 (居后)
	高新企业占比	0.10 (居后)		产业结构	28.85 (居后)
	创新经营情况	4.28 (居后)		产业创新	0.10 (居后)
				产业环境	86.44 (居中)
5.科技创新 3.03 (57)	创新环境	0.48 (居后)	6.区域带动 23.73 (11)	市场活力	43.87 (居前)
	创新投入	3.16 (居后)		产业带动	25.87 (居前)
	创新产出	3.83 (居后)		辐射带动	6.64 (居中)
7.高水平对外开放 12.52 (38)	贸易强度	22.03 (居前)	8.绿色共享 18.87 (22)	三废排放占比	21.77 (居前)
	资本流动	3.01 (居后)		污染治理力度	10.41 (居前)
				公共服务	25.43 (居中)

德宏自贸片区的制度创新指数为24.87（如图26-3所示），位列全国第39位，处于中游偏下水平。从制度创新的二级指标来看，德宏自贸片区的贸易便利化指数为30.11，排位居后；政府职能转变指数为22.73，排位居中；法治化环境指数为21.76，排位居中。德宏自贸片区应进一步推进贸易便利化，提升制度创新水平。

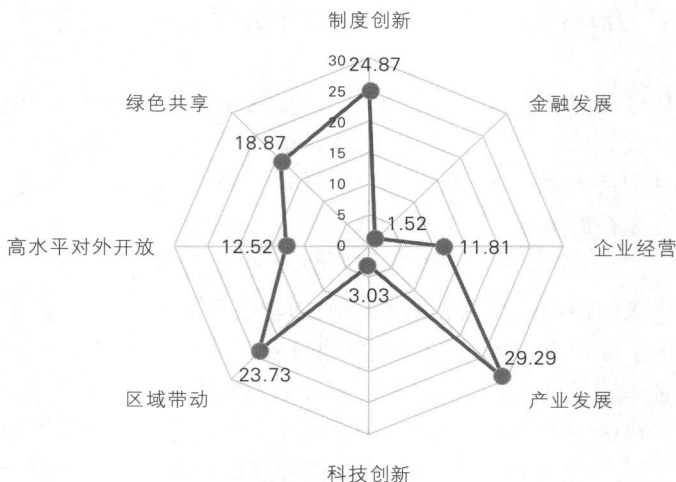

图26-3　德宏自贸片区高质量发展指数

德宏自贸片区的金融发展指数为1.52，位列全国第63位。从金融发展指数的二级指标来看，德宏自贸片区的金融机构指数为2.25，排位居后；股权投融资指数为0.28，排位居后；投资自由化指数为2.09，排位居后。德宏自贸片区的金融发展指数及其二级指标指数均处于全国下游。

德宏自贸片区的企业经营指数为11.81，位列全国第60位。从企业经营指数的二级指标来看，基数水平指数为31.28，排位居后；高新企业占比指数为0.10，排位居后；创新经营情况指数为4.28，排位居后。德宏自贸片区企业经营指数及其二级指标指数均处于全国下游。

德宏自贸片区的产业发展指数为29.29，位列全国第50位。从产业发展指数的二级指标来看，产业规模指数为1.78，排位居后；产业结构指数为28.85，排位居后；产业创新指数为0.10，排位居后；产业环境指数为86.44，排位居中。除产业环境指数外，德宏自贸片区的产业发展其他指标指数均处于全国下游。

德宏自贸片区的科技创新指数为3.03，位列全国第57位。从科技创新指数的二级指标来看，创新环境指数为0.48，排位居后；创新投入指数为3.16，排位居后；创新产出指数为3.83，排位居后。德宏自贸片区的科技创新指标指数均处于全国下游。

德宏自贸片区的区域带动指数为23.73，位列全国第11位。从区域带动指数的二级指标来看，市场活力指数为43.87，排位居前；产业带动指数为25.87，排位居前；辐射带动指数为6.64，排位居中。德宏自贸片区的区域带动指数及其二级指标均处于全国中上游。

德宏自贸片区的高水平对外开放指数为12.52，位列全国第38位。从高水平对外开放指数的二级指标来看，贸易强度指数为22.03，排位居前；资本流动指数为

3.01，排位居后。德宏自贸片区的贸易强度指数排名居全国前列，资本流动指数排名处于全国下游，是其应弥补的短板。

德宏自贸片区的绿色共享指数为18.87，位列全国第22位。从绿色共享指数的二级指标来看，三废排放占比指数为21.77，排位居前；污染治理力度指数为10.41，排位居前；公共服务指数为25.43，排位居中。德宏自贸片区的绿色发展水平较高，但共享发展情况还有待加强。

第三节　云南自贸试验区建设的主要成效与重点发展方向

一、云南自贸试验区制度创新的主要成效

自2019年8月云南自贸试验区挂牌成立以来，立足沿边跨境特色，围绕159项改革试点任务，形成了276项制度创新成果。其中，沿边跨境特色制度创新成果53项，有46项为云南省首创，包括突破性创新高效便捷跨境车险服务模式，实现保费负担最多可降低至常规保单的1/7；探索"分段代驾"跨境运输模式，疫情背景下，河口公路口岸2021年进出口货运量实现同比增长11.2%；构建进口农副产品第三方溯源体系，实现货物来源可追溯和流向可跟踪。

在贸易便利化方面，云南省自贸试验区退出国际贸易"单一窗口"平台线上免担保融资，使企业从开户到融资落地仅需五个工作日；"边民互市结算新模式"解决了交易及申报真实性、审价难的问题，促进边民互市贸易出口商品种类与贸易额增长；"翡翠交易规范平台"，有效提升非标高值商品直播交易监管效能。

在营商环境方面，云南自贸试验区全面推进"证照分离"改革全覆盖，通过整合流程、简化程序、优化服务，大幅降低企业制度性交易成本。贸易便利化水平大幅提升，出口整体通关时间0.13小时，比全国平均时间少2.34小时。向3个片区管委会下放第一批省级管理权限73项，有效推动了云南自贸试验区"放管服"改革，营商环境进一步优化提升。昆明片区探索实施"一窗受理、一网通办、一次办成"的服务模式；红河片区开通中越边境河口—老街口岸农产品快速通关绿色通道，农产品实现即到、即检、即放，对进口的5种矿产品采取"先放后检"监管模式，率先实施"一业一证"改革，实现了"一证准营"；德宏片区实施"一口岸多通道"和进口"两步申报"通关模式，启用全省首家边检自助通关系统。3个片区都推行了"互联网+政务服务"，建立了公共法律服务中心，便利化水平明显提升。

二、云南自贸试验区制度创新特色

云南自贸试验区成立以来，在贸易投资便利化水平提升、赋予更大的改革自主权、营商环境优化、沿边跨境特色优势凸显、辐射带动其他开放型园区等方面取得了阶段性成效，整体实现了三年建设的预期目标，形成了制度创新的以下特点。

1.突出沿边跨境特色

云南自贸试验区推出了创新"互联网+边境贸易"模式，建设面向南亚东南亚进口商品集散地和离岸贸易中心，加快推进昆明国际航空枢纽和空港型国家物流枢纽建设，加快推进依托中老铁路和中缅印度洋新通道的海公铁、公铁等多式联运，创新开展天然橡胶和有色金属等大宗商品期货保税交割等具有云南沿边跨境特色的创新举措。

2.突出系统集成创新

重点在投资、贸易、跨境资金流动、人员进出、运输往来自由便利和数据安全有序流动等"5个自由便利+1个有序流动"改革探索创新中融入"云南元素"。如"边境地区涉外矛盾纠纷多元处理机制"成果入选国家《自由贸易试验区第四批"最佳实践案例"》。"一口岸多通道"就近监管、"跨境直通、电子批量"边民互市结算等一批创新模式在全省复制推广。

3.突出服务辐射中心建设

重点在区域性国际能源枢纽、区域性交通物流枢纽、区域性国际经贸中心、区域性国际金融中心等"两枢纽、两中心"建设中，发挥自贸试验区先行先试的作用，打造辐射中心建设的样板区。

三、云南自贸试验区重点发展方向

云南自贸试验区应继续立足沿边与跨境特色，在继续保持绿色共享微弱优势的基础上，着力增强制度创新、金融发展、企业经营、产业发展、科技创新、区域带动、高水平对外开放等高质量发展的能力和水平。具体来说，昆明自贸片区要在制度创新、金融发展、区域带动等方面继续发力；红河自贸片区应着力提升产业发展、科技创新以及企业经营水平，还要在制度创新、金融发展、区域带动方面加以提升；德宏自贸片区应在金融发展、企业经营、产业发展、科技创新方面着力推进，还要在制度创新、高水平对外开放方面加以提升。

第二十七章　黑龙江自贸试验区高质量发展评价

　　黑龙江自贸试验区位于我国东北部区域板块。黑龙江自贸试验区以"为国家试制度、为开放搭平台、为地方谋发展"为使命，全面落实中央关于推动东北全面振兴全方位振兴、建成向北开放重要窗口的要求，着力深化产业结构调整，打造对俄罗斯及东北亚区域合作的中心枢纽。本章在对黑龙江自贸试验区进行概述的基础上，基于中国自贸试验区大数据监测分析平台的微观数据，从制度创新、金融发展、企业经营、产业发展、科技创新、区域带动、高水平对外开放、绿色共享八个维度入手，对哈尔滨、黑河、绥芬河自贸片区的高质量发展情况进行评价，分析其优势与短板，梳理黑龙江自贸试验区的主要发展成效与经验、制度创新特色，明确了未来高质量发展的方向。

第一节　黑龙江自贸试验区概况

一、黑龙江自贸试验区实施范围

　　黑龙江自贸试验区于 2019 年 8 月 2 日经国务院正式批准设立，实施范围为119.85 平方千米，涵盖哈尔滨片区、黑河片区、绥芬河片区三个片区。

　　哈尔滨片区规划面积为 79.86 平方千米，全部位于哈尔滨新区，四至范围：东至三环路；南至松花江；西至王万铁路；北至宏盛路。

　　黑河片区实施范围 20 平方千米，包含综合保税区、跨境产业集聚区、跨境经贸旅游示范区和产城融合区四个功能区，四至范围：东至黑龙江大桥口岸联检区；南至白松路南侧；西至船艇大队围墙东侧；北至大黑河岛。

　　绥芬河片区实施范围 19.99 平方千米，主要包括绥芬河边境经济合作区、黑龙江绥芬综合保税区、中俄互市贸易区、公路口岸作业区、铁路口岸作业区、金融服务区和跨境合作区七大功能区，四至范围：东至国门边境线；南至龙江进出口加工园规划十八街；西至国家森林公园；北至向阳街、滨绥铁路。

二、黑龙江自贸试验区的功能定位

　　黑龙江自贸试验区三个片区的功能定位为：哈尔滨自贸片区重点发展新一代信息技术、新材料、高端装备、生物医药等战略性新兴产业，科技、金融、文化旅游等现代服务业和寒地冰雪经济，建设对俄罗斯及东北亚全面合作的承载高地和联通国内、辐射欧亚的国家物流枢纽，打造东北全面振兴全方位振兴的增长极和示范区；黑河自贸片区重点发展跨境能源资源综合加工利用、绿色食品、商贸物流、旅游、健康、沿边金融等产业，建设跨境产业集聚区和边境城市合作示范区，打造沿边口岸物流枢纽和中俄交流合作重要基地；绥芬河自贸片区重点发展木材、粮食、清洁能源等进口加工业和商贸、金融、旅游、现代物流等服务业，建设商品进出口储运加工集散中心和面向国际陆海通道的路上边境口岸型国家物流枢纽，打造中俄战略合作及东北亚开放合作的重要平台。

三、黑龙江自贸试验区的产业基础

黑龙江自贸试验区自成立以来，全面落实中央关于推动东北全面振兴全方位振兴、建成向北开放重要窗口的要求，着力深化产业结构调整，不断增强市场活力。根据中国自贸试验区大数据监测分析平台的数据，截至2021年，哈尔滨片区在营企业数为21 767家，投资总额3 280.68亿元；民营企业占比93.51%，高新企业433家，服务业占比77.36%，进出口企业占比14.1%。黑河自贸片区在营企业数为4 850家，投资总额264.31亿元；民营企业占比93.13%，服务业占比74.19%，进出口企业占比25.75%。绥芬河自贸片区在营企业数为4 717家，投资总额为450.80亿元；民营企业占比94.45%，服务业占比84.83%，进出口企业占比62.45%。黑龙江自贸试验区三个片区的各类企业数量情况如表27-1、表27-2和表27-3所示。

表27-1　　　　　　黑龙江自贸试验区哈尔滨片区各类企业数量情况

		企业数（家）	占比（%）	投资额（亿元）	占比（%）
产业结构	第一产业	213	0.98	30.13	0.92
	第二产业	4 704	21.66	920.49	28.09
	第三产业	16 803	77.36	2 326.49	70.99
所有制	国有	143	0.66	88.51	2.7
	民营	20 354	93.52	2 438.34	74.32
	外资	163	0.75	86.70	2.64
企业规模	大	161	0.78	1 083.62	33.75
	中	993	4.81	887.49	27.64
	小	5 065	24.55	692.55	21.57
	微	14 411	69.85	546.78	17.03
企业特征	高新技术企业	433	1.99	104.04	3.24
	对外投资企业	659	3.03	794.88	24.76

数据来源：中国自贸试验区大数据监测分析平台。

表27-2　　　　　　黑龙江自贸试验区黑河片区各类企业数量情况

		企业数（家）	占比（%）	投资额（亿元）	占比（%）
产业结构	第一产业	104	2.15	6.64	2.51
	第二产业	1 147	23.66	89.18	33.75
	第三产业	3 596	74.19	168.40	63.74
所有制	国有	112	2.31	31.03	11.74
	民营	4 517	93.13	203.45	76.97
	外资	55	1.13	1.61	0.61

续表

		企业数（家）	占比（%）	投资额（亿元）	占比（%）
企业规模	大	36	0.79	77.28	29.24
	中	96	2.11	45.65	17.27
	小	542	11.94	51.48	19.48
	微	3 866	85.15	89.90	34.01
企业特征	高新技术企业	3	0.06	0.31	0.12
	对外投资企业	211	4.35	38.93	14.73

数据来源：中国自贸试验区大数据监测分析平台。

表27-3　　　　　黑龙江自贸试验区绥芬河片区各类企业数量情况

		企业数（家）	占比（%）	投资额（亿元）	占比（%）
产业结构	第一产业	251	5.32	20.06	4.45
	第二产业	464	9.84	46.19	10.25
	第三产业	3 999	84.83	384.48	85.30
所有制	国有	36	0.76	3.88	0.86
	民营	4 455	94.45	406.88	90.26
	外资	96	2.04	8.23	1.83
企业规模	大	34	0.74	133.98	29.72
	中	177	3.85	101.84	22.59
	小	957	20.81	95.64	21.22
	微	3 431	74.60	119.29	26.46
企业特征	高新技术企业	2	0.04	0.21	0.05
	对外投资企业	147	3.12	30.03	6.66

数据来源：中国自贸试验区大数据监测分析平台。

四、黑龙江自贸试验区的对外开放

黑龙江自贸试验区作为我国最北边的自贸试验区，自成立以来，以制度创新为核心，充分发挥沿边优势，着力打造对俄罗斯及东北亚区域合作的中心枢纽。

在通道建设方面，2022年6月，黑河—布拉戈维申斯克界河公路大桥正式通车，开辟出一条崭新的国际运输通道。2022年8月，哈尔滨开通至洛杉矶的直达货运航线，是继成功开通4条直达莫斯科的货运航线后，加快哈尔滨建设国际航空货运枢纽的又一重要举措。绥芬河铁路口岸站进出境的中欧班列开行数逐年增长，"哈绥俄亚"班列累计开行294个班列，满载率达到了100%。

在跨境经贸合作方面，黑河片区依托海外仓创立跨境电商"多仓联动"新模式，并顺利完成进口大豆落地加工压力测试，黑河片区企业获得专用车俄官方认证，半挂车产品在俄罗斯乌拉尔以东的市场份额超过80%；绥芬河片区创建互市贸易加工全流程监管模式；哈尔滨片区万科中俄产业园与莫斯科俄中产业园形成跨国姊妹园。

在跨境金融合作方面，黑龙江自贸试验区加快推动沿边金融改革创新，构建政府、银行、企业、担保、基金"五位一体"的金融服务体系，着力打造面向东北亚的区域金融服务中心。哈尔滨银行打造"一站式"对俄结算服务中心，截至2022年9月累计办理跨境人民币业务总额近80亿元人民币；绥芬河片区在全国率先开展俄籍自然人及委托代理人办理跨境人民币支付业务；绥芬河开通黑龙江省首个卢布现钞陆路调运通道，开展"互贸区外籍自然人跨境结算"等沿边特色金融服务。

五、黑龙江自贸试验区"十四五"时期发展目标

黑龙江省对自贸试验区"十四五"时期的发展目标具有清晰的定位和谋划。黑龙江自贸试验区根据《黑龙江"十四五"规划和二〇三五年远景目标纲要》推动自贸试验区的高质量发展，以贸易自由便利和投资自由便利为重点，对标国际先进规则，打造一流营商环境，建设以对俄罗斯及东北亚为重点的开放合作高地，打造服务国家战略的龙江样板。哈尔滨自贸片区要建设对俄罗斯及东北亚全面合作的承载高地和连通国内、辐射欧亚国家的物流枢纽，打造东北全面振兴全方位振兴增长极和示范区；黑河自贸片区要建设跨境产业集聚区和边境城市合作示范区，打造沿边口岸物流枢纽和中俄交流合作基地；绥芬河自贸片区要建设商品进出口储运加工集散中心和面向国际陆海通道的陆上边境口岸型国家物流枢纽，打造中俄战略合作及东北亚开放合作重要平台。

第二节　黑龙江自贸试验区高质量发展指数评价

一、黑龙江自贸试验区高质量发展总体评价

从自贸试验区高质量发展八个方面的指数来看，黑龙江自贸试验区总体上处于全国中下游。黑龙江自贸试验区表现较为突出的是区域带动指数和绿色发展指数，总体排名处于全国中上游，其他六个指标均表现欠佳。从黑龙江自贸试验区的三个片区来看，哈尔滨自贸片区表现相对较好，部分高质量发展指数处于全国中上游。黑河自贸片区与绥芬河自贸片区高质量发展指数相类似，但黑河自贸片区区域带动指数位于全国前列，在全省排名最高。黑龙江自贸试验区，尤其是黑河自贸片区和绥芬河自贸片区的多项高质量发展指数处于全国中下游。

二、黑龙江自贸试验区哈尔滨片区高质量发展指数评价

哈尔滨自贸片区的高质量发展指数在企业经营、产业发展、科技创新、绿色共享四个方面的表现全省最优。科技创新指数、区域带动指数和绿色共享指数位列所有自贸片区中的前20位，金融发展指数、高水平对外开放指数是其发展的短板。哈尔滨自贸片区高质量发展指数一级、二级指标指数及其在全国自贸片区中的位置如表27-4所示。

表27-4 哈尔滨自贸片区高质量发展指数及排位

一级指标指数及排位	二级指标指数及排位		一级指标指数及排位	二级指标指数及排位	
1.制度创新 24.24 (47)	贸易便利化	29.35 (居后)	2.金融发展 4.44 (41)	金融机构	7.29 (居中)
	政府职能转变	27.70 (居中)		股权投融资	1.88 (居中)
	法治化环境	15.67 (居后)		投资自由化	4.27 (居后)
3.企业经营 26.42 (24)	基数水平	40.46 (居后)	4.产业发展 34.30 (23)	产业规模	5.30 (居中)
	高新企业占比	18.10 (居中)		产业结构	31.82 (居中)
	创新经营情况	29.49 (居前)		产业创新	7.71 (居中)
				产业环境	92.36 (居前)
5.科技创新 19.38 (19)	创新环境	21.30 (居前)	6.区域带动 22.60 (13)	市场活力	20.07 (居中)
	创新投入	20.65 (居前)		产业带动	33.68 (居前)
	创新产出	18.32 (居中)		辐射带动	18.79 (居前)
7.高水平对外开放 9.20 (50)	贸易强度	9.32 (居后)	8.绿色共享 19.64 (18)	三废排放占比	10.31 (居中)
	资本流动	9.09 (居中)		污染治理力度	7.10 (居中)
				公共服务	62.07 (居前)

　　哈尔滨自贸片区的制度创新指数为24.24（如图27-1所示），位于全国所有自贸片区的第47位。从制度创新的二级指标来看，哈尔滨自贸片区的贸易便利化指数为29.35，排名居后；政府职能转变指数为27.70，排名居中；法治化环境指数为15.67，排名居后。哈尔滨自贸片区推进高质量发展进程中制度创新的短板之一是贸易便利化和法治化环境。

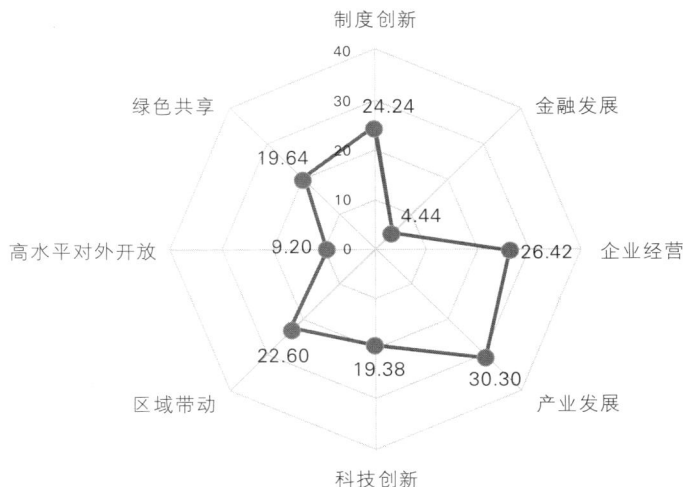

图27-1　哈尔滨自贸片区高质量发展指数

　　哈尔滨自贸片区的金融发展指数为4.44，位列全国第41位。从金融发展指数的二级指标来看，哈尔滨自贸片区的金融机构指数为7.29，排名居中；股权投融资指数为1.88，排名居中；投资自由化指数为4.27，排名居后。也就是说，投资自由化水平低是导致哈尔滨自贸片区金融发展指数排名靠后的最主要原因，哈尔滨自贸片区推进高质量发展中提升金融发展水平的关键是促进投资自由化水平的提高。

哈尔滨自贸片区的企业经营指数为26.42，位列全国第24位。从企业经营指数的二级指标来看，基数水平指数为40.46，排名居后；高新企业占比指数为18.10，排名居中；创新经营情况指数为29.49，排名居前。哈尔滨自贸片区集国家级新区、国家级自贸区、国家级高新区、国家级经开区、哈大齐国家自主创新示范区和行政区于一体，拥有"六区叠加"的政策优势，目前区内共有200多家研发机构、23所高等院校、19个博士后科研工作站，产业布局涉及太空、人工智能等新兴产业，这些因素可能是使其创新经营情况指数排名靠前的重要原因。

哈尔滨自贸片区的产业发展指数34.30，位列全国第23位。从产业发展指数的二级指标来看，产业规模指数为5.03，排名居中；产业结构指数为31.82，排名居中；产业创新指数为7.71，排名居中；产业环境指数为92.36，排名居前。除产业环境指数排名居前外，哈尔滨自贸片区产业发展指数的其他二级指标均处于全国中游。

哈尔滨自贸片区的科技创新指数为19.38，位列全国第19位。从科技创新指数的二级指标来看，创新环境指数为21.30，排位居前；创新投入指数为20.65，排位居前；创新产出指数为18.32，排位居中。总体来看，哈尔滨自贸片区的科技创新指数处于全国上游。

哈尔滨自贸片区的区域带动指数为22.60，位列全国第13位。从区域带动指数的二级指标来看，市场活力指数为20.07，排位居中；产业带动指数为33.68，排位居前；辐射带动指数为18.79，排位居前。哈尔滨自贸片区以战略性新兴产业为引领，对区域发展产生了较大的辐射带动效应，但由于片区市场主体数量总体有限，市场活力略显不足，如哈尔滨自贸试验区成立三年来，新增企业近两万家，但与同批的广西自贸试验区、云南自贸试验区（新设企业均超过5万家）相比仍有差距。

哈尔滨自贸片区高水平对外开放指数为9.02，位列全国第50位。从高水平对外开放指数的二级指标来看，哈尔滨自贸片区的贸易强度指数为9.32，排名居后；资本流动指数为9.09，排位居中。哈尔滨自贸片区外贸企业较少，截至2022年年底仅为173家，贸易强度较低，高水平对外开放带动作用不强。

哈尔滨自贸片区的绿色共享指数为19.64，位列全国第18位。从绿色共享指数的二级指标来看，三废排放占比指数为10.31，排名居中；污染治理力度指数为7.10，排名居中；公共服务指数为62.07，排名居前。哈尔滨自贸片区的绿色共享指数总体排名较为靠前，但是三废排放占比和污染治理力度仍是其绿色共享应弥补的短板。

三、黑龙江自贸试验区黑河片区高质量发展指数评价

黑河自贸片区的高质量发展指数在制度创新、区域带动两个方面的表现全省第一，其中区域带动指数排名居全国前列，排在第5位。企业经营、产业发展和科技

创新是黑河自贸片区高质量发展的短板。黑河自贸片区高质量发展指数一级、二级指标指数及其在全国自贸片区中的位置如表27-5所示。

表27-5　　　　　　　　　黑河自贸片区高质量发展指数及排位

一级指标指数及排位	二级指标指数及排位		一级指标指数及排位	二级指标指数及排位	
1.制度创新 30.61 （23）	贸易便利化	34.34（居中）	2.金融发展 8.15 （29）	金融机构	20.68（居前）
	政府职能转变	32.57（居前）		股权投融资	0.38（居后）
	法治化环境	24.93（居中）		投资自由化	3.63（居后）
3.企业经营 13.23 （58）	基数水平	38.53（居后）	4.产业发展 25.98 （57）	产业规模	3.58（居后）
	高新企业占比	0.44（居后）		产业结构	26.53（居后）
	创新经营情况	1.10（居后）		产业创新	0.38（居后）
				产业环境	73.41（居后）
5.科技创新 6.96 （45）	创新环境	0.54（居后）	6.区域带动 32.77 （5）	市场活力	45.68（居前）
	创新投入	1.90（居后）		产业带动	44.02（居前）
	创新产出	10.79（居中）		辐射带动	16.93（居前）
7.高水平对外开放 14.36 （29）	贸易强度	15.98（居中）	8.绿色共享 19.06 （21）	三废排放占比	5.43（居后）
	资本流动	12.73（居中）		污染治理力度	6.17（居中）
				公共服务	72.42（居前）

黑河自贸片区的制度创新指数为30.61（如图27-2所示），位列全国第23位，处于中游偏上水平。从制度创新的二级指标来看，黑河自贸片区的贸易便利化指数为34.34，排名居中；政府职能转变指数为32.57，排名居前；法治化环境指数为24.93，排名居中。贸易便利化和法治化环境水平的提高应是黑河自贸片区提升制度创新水平的着力点。

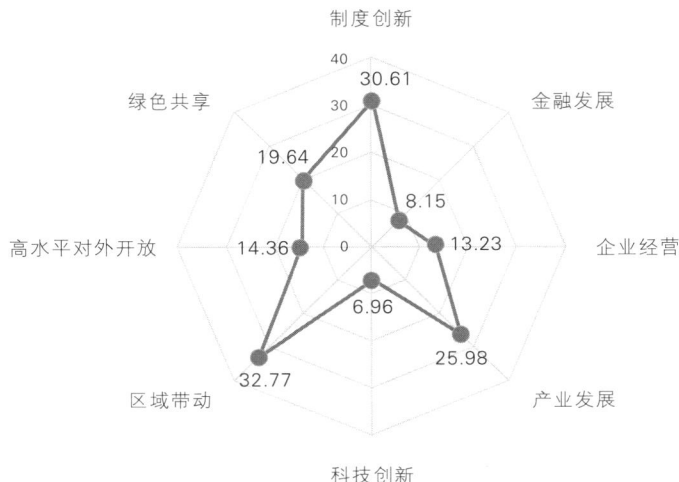

图27-2　黑河自贸片区高质量发展指数

黑河自贸片区的金融发展指数为8.15，位列全国第29位。从金融发展指数的二级指标来看，黑河自贸片区的金融机构指数为20.68，排名居前；股权投融资指数为0.38，排名居后；投资自由化指数为3.63，排名居后。股权投融资和投资自由化是黑河自贸片区金融发展水平提升的关键突破口。

黑河自贸片区的企业经营指数为13.23，位列全国第58位。从企业经营指数的二级指标来看，黑河自贸片区的基数水平指数为38.53，排位居后；高新企业占比指数为0.44，排位居后；创新经营情况指数为1.10，排位居后。黑河自贸片区企业经营指数及其二级指标均处于全国下游。

黑河自贸片区的产业发展指数为25.98，位列全国第57位。从产业发展指数的二级指标来看，黑河自贸片区的产业规模指数为3.58，排位居后；产业结构指数为26.53，排位居后；产业创新指数为0.38，排位居后；产业环境指数为73.41，排位居后。黑河自贸片区产业发展指数及其二级指标均处于全国下游。

黑河自贸片区的科技创新指数为6.96，位列全国第45位。从科技创新指数的二级指标来看，黑河自贸片区的创新环境指数为0.54，排位居后；创新投入指数为1.90，排位居后；创新产出指数为10.79，排位居中。由此可以看出，黑河自贸片区的科技投入产出比较高，科技创新具有较大的发展空间和发展潜力。

黑河自贸片区的区域带动指数为32.77，位列全国第5位。从区域带动指数的二级指标来看，黑河自贸片区的市场活力指数为45.68，排位居前；产业带动指数为44.02，排位居前；辐射带动指数为16.93，排位居前。黑河自贸片区区域带动各指数均处于全国上游。

黑河自贸片区的高水平对外开放指数为14.36，位列全国第29位。从高水平对外开放指数的二级指标来看，贸易强度指数为15.98，排位居中；资本流动指数为12.73，排位居中。黑河自贸片区高水平对外开放各指标均处于全国中游。

黑河自贸片区的绿色共享指数为19.06，位列全国第21位。从绿色共享指数的二级指标来看，三废排放占比指数为5.43，排位居后；污染治理力度指数为6.17，排位居中；公共服务指数为72.42，排位居前。黑河自贸片区绿色共享的短板是三废排放占比。

四、黑龙江自贸试验区绥芬河片区高质量发展指数评价

绥芬河自贸片区的高质量发展指数在金融发展、高水平对外开放两个方面的表现居全省第一。制度创新、金融发展、企业经营、产业发展、科技创新、区域带动、高水平对外开放、绿色共享八项指标指数均排在全国中下游位置，无一项指标进入全国前20位。绥芬河自贸片区高质量发展指数一级、二级指标指数及在全国自贸片区中的位置如表27-6所示。

表27-6 　　　　　　　　　绥芬河自贸片区高质量发展指数及排位

一级指标指数及排位	二级指标指数及排位		一级指标指数及排位	二级指标指数及排位	
1.制度创新 30.12 （26）	贸易便利化	34.00（居中）	2.金融发展 8.24 （25）	金融机构	20.87（居前）
	政府职能转变	33.00（居前）		股权投融资	1.20（居中）
	法治化环境	23.36（居中）		投资自由化	2.89（居后）
3.企业经营 13.41 （56）	基数水平	37.20（居后）	4.产业发展 28.31 （53）	产业规模	3.15（居后）
	高新企业占比	0.33（居后）		产业结构	29.53（居后）
	创新经营情况	3.02（居后）		产业创新	0.07（居后）
				产业环境	80.49（居中）
5.科技创新 6.50 （47）	创新环境	0.51（居后）	6.区域带动 12.88 （24）	市场活力	28.28（居前）
	创新投入	3.23（居后）		产业带动	10.13（居前）
	创新产出	9.58（居中）		辐射带动	3.55（居后）
7.高水平对外开放 16.10 （22）	贸易强度	26.34（居前）	8.绿色共享 17.92 （27）	三废排放占比	21.98（居前）
	资本流动	5.85（居后）		污染治理力度	4.14（居中）
				公共服务	30.24（居中）

　　绥芬河自贸片区的制度创新指数为30.12（如图27-3所示），位列全国第26位，处于中游。从制度创新的二级指标来看，绥芬河自贸片区的贸易便利化指数为34.00，排位居中；政府职能转变指数为33.00，排位居前；法治化环境指数为23.36，排位居中。绥芬河自贸片区的政府职能转变指数排名进入全国前20位，但贸易便利化指数和法治化环境指数排名相对落后，因此提升制度创新水平应进一步推动贸易便利化，加强法治环境建设。

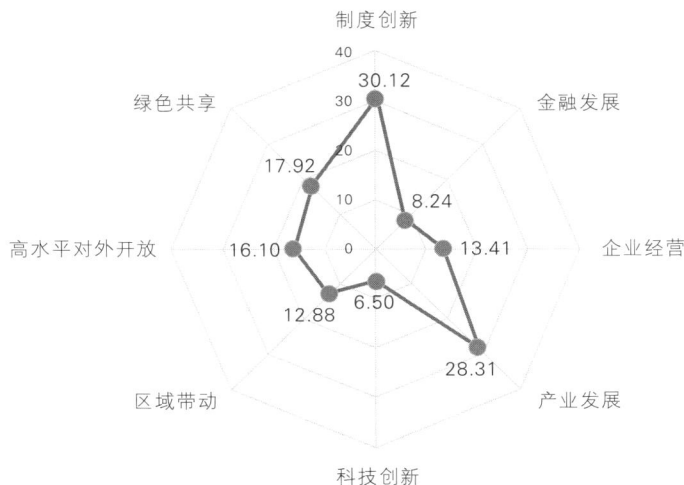

图27-3　绥芬河自贸片区高质量发展指数

绥芬河自贸片区的金融发展指数为8.24，位列全国第25位。从金融发展指数的二级指标来看，绥芬河自贸片区的金融机构指数为20.87，排位居前；股权投融资指数为1.20，排位居中；投资自由化指数为2.89，排位居后。着力推进投资自由化是绥芬河自贸片区加快金融发展的关键。

绥芬河自贸片区的企业经营指数为13.41，位列全国第56位。从企业经营指数的二级指标来看，基数水平指数为37.20，排位居后；高新企业占比指数为0.33，排位居后；创新经营情况指数为3.02，排位居后。绥芬河自贸片区企业经营及其二级指标均处于全国下游。

绥芬河自贸片区的产业发展指数为28.31，位列全国第53位。从产业发展指数的二级指标来看，产业规模指数为3.15，排位居后；产业结构指数为29.53，排位居后；产业创新指数为0.07，排位居后；产业环境指数为80.49，排位居中。除产业环境指标外，绥芬河自贸片区产业发展的其他指标均处于全国下游。

绥芬河自贸片区的科技创新指数为6.50，位列全国第47位。从科技创新指数的二级指标来看，创新环境指数为0.51，排位居后；创新投入指数为3.23，排位居后；创新产出指数为9.58，排位居中。除创新产出指标外，绥芬河自贸片区科技创新的其他指标均处于全国下游。

绥芬河自贸片区的区域带动指数为12.88，位列全国第24位。从区域带动指数的二级指标来看，市场活力指数为28.28，排位居前；产业带动指数为10.13，排位居前；辐射带动指数为3.55，排位居后。提升辐射带动能力是绥芬河自贸片区促进区域协调发展的主要突破口。

绥芬河自贸片区的高水平对外开放指数为16.10，位列全国第22位。从高水平对外开放指数的二级指标来看，贸易强度指数为26.34，排位居前；资本流动指数为5.85，排位居后。加快促进资本流动，是绥芬河自贸片区提升对外开放水平的重点。

绥芬河自贸片区的绿色共享指数为17.92，位列全国第27位。从绿色共享指数的二级指标来看，三废排放占比指数为21.98，排位居前；污染治理力度指数为4.14，排位居中；公共服务指数为30.24，排位居中。绥芬河自贸片区三废排放占比排名处于全国前20位，污染治理力度和公共服务还有提升空间。

第三节　黑龙江自贸试验区建设的主要成效与重点发展方向

一、黑龙江自贸试验区制度创新的主要成效

作为中国"最北自贸试验区"和向北开放重要窗口的黑龙江自贸试验区，自2019年8月30日挂牌成立起，认真落实《中国（黑龙江）自由贸易试验区总体方案》，切实发挥"为国家试制度""为龙江谋发展"的重要作用，以制度创新为核

心，截至2023年9月累计生成300多项制度创新成果，发布六批140个省级创新实践案例，其中"创新中俄跨境集群建设"案例入选全国最佳实践案例；《中国（黑龙江）自由贸易试验区总体方案》中89项改革试点任务全部实施。哈尔滨自贸片区、黑河自贸片区、绥芬河自贸片区发挥各自的特色优势，以全省3‰的面积贡献了全省约1/5的实际使用外资和1/7的外贸进出口额。

哈尔滨自贸片区在制度创新方面的成效主要体现在以下五个方面：

一是在政府职能转变方面。实行"一枚印章管审批"，首创"一个执法总队、五大战区"综合执法、系统治理模式，创新"三项清单""四种防范""五类监管"等工作机制。在全国率先试行"以照为主、承诺代证"，四类小型公共场所"拿照即经营、承诺即准入"。启动"区管校聘"、中小学"校长职级制"、中小学校绩效管理规范化三项改革，获批"全省基础教育综合改革实验区"。

二是在投资领域改革方面。全面落实外商投资准入前国民待遇加负面清单管理制度，主动对接区域全面经济伙伴关系协定（RCEP）等高标准国际经贸规则，成立国际招商有限公司，在韩国、日本设立了招商代表处，建立了自贸区招商APP，建立健全了外商投资服务体系，支持外商独资设立经营性教育培训和职业技能培训机构，编制完成了《外商独资设立经营性职业培训机构的服务指南》，完善了仲裁司法审查，成立了自贸片区法庭、检察室，引入了市仲裁委员会和省知识产权业务受理窗口，组建了法律顾问专家库，为区内企业提供"事前预防、事中调解、事后解决"全链条商事法律服务。

三是在贸易转型升级方面。拓展国际贸易"单一窗口"服务功能至服务贸易、融资、结算等全链条服务模式，加快推进B型保税物流中心建设，设立了跨境一体监管中心，出台了《冰城海关优化中国（黑龙江）自由贸易试验区哈尔滨片区营商环境措施2021版》，提出12条具体支持举措，获批哈尔滨市跨境电商综合试验区第五个园区，成功举办"星耀时代、数字新区"中国主播龙江行活动，实现网上销售额GMV800余万元，对外全网宣传曝光率突破6亿元。

四是在培育东北振兴新动能方面。出台"黄金30条""新驱25条""助企纾困10条"等政策，建立政策落实"直通车"机制，大力推行"一表申报、免申即享"，累计兑现政策资金22.6亿元，惠及企业超千家，出台《哈尔滨片区产业发展规划》，重点构建技术产品化、产品产业化、产业特色化、市场国际化、结构高级化、布局合理化、发展集群化的"4+4+3"现代产业新体系，初步形成了以哈电集团海洋智能装备、703研究所数字经济与智能制造创新中心等项目为龙头的新型智能制造产业集群。以科友半导体、奥瑞德、博瑞创富等企业为龙头的微电子材料产业园。以建华集团、万鑫石墨为龙头，大力发展碳基新材料产业，逐步打造"龙江碳谷"。以浪潮、华为、中兴等企业为龙头，聚力发展数字经济产业。深哈产业园区综合展览中心正式运营、科创总部一期项目即将投用，国际人才工作站、深圳国际仲裁院等机构投入运营，园区累计注册企业461家，注册资金169.48亿元。

五是在打造开放合作新高地方面。已开通运营以哈尔滨为集散中心面向海外的航空货运、铁路班列、公路货运，可辐射海外123个城市，19个境外合作海外仓及场站，成功举办"2020世界冰雪城市之约——约世界同行共享新机遇"，成功举办"国际招商大会"，"云端"签订了6个海外重点项目合作协议。

黑河片区立足沿边、对俄、跨境特色，积极探索差异化创新，形成了一批可复制可推广的"黑河案例"。全省首开龙粤合作框架下"跨省通办"服务；"中俄跨国外商投资企业登记注册便利化审批服务使企业注册时间缩短至0.5天，实现"零"收费；全国首创"自贸E贷""边民贷"使166名边民受益；全国首单俄罗斯进口创新试验低风险中草药通关和全国首家互市贸易落地加工中药材GMP认证企业建设等等。2020—2022年，外贸进出口额连续三年高位增长，增幅分别为63.7%、111.9%和137.4%。获批跨境电商综合试验区，"互市贸易+跨境电商"创新发展区建成投入使用，跨境电商产业园区交易额年均增长20%。

绥芬河片区在全国范围内首次在国际贸易"单一窗口"平台设计"内贸跨境运输办理"模块；创新建立口岸商品溯源诚信体系，率先在全国范围内将商品"溯源码"、商家"诚信码"有机结合；创新开展沿边自贸片区首笔"政融增信"海关事务担保业务；开通全国自贸片区首条人民币、卢布陆路跨境调运双通道并开展常态化调运业务，已累计调出人民币5.24亿元，是目前全省唯一开展调运业务的口岸。绥芬河自贸片区成立以来，承接总体方案改革试点任务60项，实施率达100%。国家复制推广改革试点经验复制推广率98.5%。

此外，黑龙江自贸试验区制定实施《中国（黑龙江）自由贸易试验区创新发展行动方案（2021—2023年）》，系统推进金融开放、跨境投融资便利化、科技成果转化等方面形成新的制度创新成果。

二、黑龙江自贸试验区制度创新特色

黑龙江自贸试验区立足对俄及东北亚和沿边开放合作的战略定位和独特优势，打造对俄罗斯及东北亚区域合作的中心枢纽。其制度创新的主要特色是各自贸片区立足自身基础和定位，进行差异化制度创新。

1.哈尔滨自贸片区围绕融通"四链"的制度创新模式

哈尔滨自贸片区以巩固提升"对俄全面合作"为基石，以开展"高水平开放压力测试"为主线，推动对俄合作产业链、金融链、科创链、物流链"四链"融通升级。首创保险（金融）综合服务联合体，成立全国首家对俄结算服务中心，制定印发《中国（黑龙江）自由贸易试验区哈尔滨片区合格境外有限合伙人（QFLP）境内股权投资管理办法（试行）》，成立中俄金融联盟；推出"跨境发证""一业一证""无感续证""视频验证""承诺代证"等五证服务；实施"承诺即开工""签约即发证""出口货物检验检疫证书云签发"等措施，为集聚跨境贸易总部企业提供有效保障和支撑。

2.黑河自贸片区围绕跨境产业集群建设的制度创新模式

黑河自贸片区把握沿江、沿边，边境对面是俄罗斯远东最大城市的区位优势，着力推进中俄跨境产业集群建设，用制度创新解决"跨境"平台、园区、物流、企业落地与经营等方面的难点和堵点。"创新中俄跨境集群建设"，创新与俄罗斯布拉戈维申斯克市合作模式，中俄双方打造形成"规划统筹、产业互动、政策衔接、利益共享"的协同发展机制，共同推进中俄跨境集群建设，取得重大进展。该案例入选国务院印发的自贸试验区第四批18个"最佳实践案例"。"跨境电商货运物流'多仓联动'数据集成集运新模式"，利用国内外设立的跨境电商海外仓、边境仓、中继仓、前置仓，通过数据集成、货物集运，实现"多仓联动"，打通了俄罗斯等"一带一路"共建国家进出口双向货运物流便捷通道，运输时间缩短、物流成本降低、货物快速运达，提高了跨境运输效率。该创新案例获"中国改革2020年度50典型案例"，在广西和云南等地的复制推广中也取得了良好效果。

3.绥芬河自贸片区以创新跨境金融体系为突破的制度创新模式

绥芬河自贸片区聚焦金融国际化挖掘创新点，推动跨境调运、付汇、结算、融资等全要素集成创新，建设绥芬河自贸片区跨境金融服务站，集合银行、证券、保险、融资担保等金融机构，设置"结算+融资""展示+咨询""培训+辅导""信保+银行""政府+担保"五项服务功能，打造全方位跨境金融服务，实现跨境陆路现钞调运从单一卢布现钞到卢布与人民币现钞双币种的升级，成为省内首个双币种调运城市。

以创新跨境金融体系为突破，绥芬河自贸片区通过建立全省首例政企服务新阵地，创新打造"俄罗斯人一站式"综合服务站；建立商事调解中心、劳动争议调解中心等涉外法律服务机构；促进中欧班列高效通关；推动公路口岸TIR运输；首创"跨境电商+微商零售"融合模式；构建从境外到境内、从进口到加工的木业全产业链条；依托综合保税区政策优势，打造"粮头食尾""农头工尾"的跨境联动发展模式等，不断优化营商环境、推动建设跨境物流通道、加快促进产业融合。目前已与96个国家和地区实现贸易往来，与国内16个沿海港口合作推动内贸货物跨境运输。

三、黑龙江自贸试验区的主要发展经验

1.锚定自贸片区功能定位，狠抓落实并进一步挖掘潜力

黑龙江自贸试验区哈尔滨片区、黑河片区和绥芬河片区立足自身功能定位和产业布局，以制度创新为核心，创新推动重点领域和关键环节不断实现突破，把"试验田"变成了"高产田"。黑龙江自贸试验区在同批自贸试验区中率先实现总体方

案100%实施率的基础上，进一步提高落实质量。截至2022年9月累计生成200余项制度创新成果，发布五批120个省级创新实践案例，国家前六批适合黑龙江承接的改革试点经验，复制推广率达到93%。制订实施《中国（黑龙江）自由贸易试验区创新发展行动方案（2021—2023年）》，提出8个方面89项措施，在系统推进金融开放、跨境投融资便利化、科技成果转化等方面形成新的制度创新成果，加大政策供给，创新政策赋能。同时，不断开阔发展思路，形成了一批特色制度创新案例。"创新中俄跨境集群建设"案例，黑河市与俄罗斯布拉戈维申斯克市政府签订跨境合作备忘录，共同推动规划和政策制定、项目落地。"跨境电商货运物流'多仓联动'数字化集运新模式"案例，黑河片区推动建设海外仓、边境仓、中继仓、前置仓等，建立快速送达的运输体系，120余家电商和外贸企业入仓管理，企业物流效率提升25%，成本降低20%。"中俄跨境金融合作与服务集成创新"案例，哈尔滨片区依托哈尔滨银行CIPS直参行资格和"中俄金融联盟"发起行身份，发展中俄两国金融机构加入跨境人民币结算体系，通过CIPS系统累计处理跨境人民币业务6 000余笔，业务总额近80亿元人民币。

2.主动对接国家战略，打造向北开放合作新典范

黑龙江自贸试验区立足对俄及东北亚和沿边开放合作的战略定位和独特优势，不断释放对俄及东北亚开放合作潜力，打造对俄及东北亚区域合作的中心枢纽。截至2023年7月，黑龙江自贸试验区累计实际利用外资3.75亿美元，占黑龙江省的18%；外贸额1 237.71亿元，占黑龙江省同期外贸总额的15%，向北开放的新高地逐步形成。

哈尔滨片区作为全国对俄合作的"桥头堡"，着力推动对俄合作产业链、金融链、科创链、物流链"四链"融通升级。2023年上半年，对俄贸易进出口总额完成21亿元，同比增长150%，"哈欧班列"发运货物4 616标箱，运送货值达7 766万元。

黑河片区依托北向开放重要窗口优势，积极提升贸易便利化水平，完成全省首批俄罗斯进口大豆边民互市贸易落地加工压力测试；中草药进口品种增加到15种，完成全国首单俄罗斯进口创新试验低风险中草药通关和全国首家互市贸易落地加工中药材GMP认证企业建设。

绥芬河片区聚焦金融、贸易、物流等领域，创新开展沿边自贸片区首笔"政融增信"海关事务担保业务；开通全国自贸片区首条人民币、卢布陆路跨境调运双通道并开展常态化调运业务，已累计调出人民币5.24亿元，是目前全省唯一开展调运业务的口岸。

四、黑龙江自贸试验区的重点发展方向

黑龙江自贸试验区应以制度创新为引领，持续探索龙江特色制度型开放，加快提升自贸试验区高质量发展水平。哈尔滨片区充分发挥全国对俄合作"桥头

堡"作用，在继续强化对外开放"产业链、金融链、创新链、物流链"融通升级的基础上，扩大产业发展和科技创新能级，加快提升对外开放、金融发展水平，以全力打造龙江自贸区 2.0 版的核心承载区；黑河片区依托向北开放重要窗口优势，应着力推进企业经营和产业发展，进一步放大区域带动优势；绥芬河片区应在继续聚焦金融、贸易、物流等领域的基础上，着力提升产业发展、企业经营和科技创新能力。

第二十八章　北京自贸试验区高质量发展评价

北京自贸试验区是中国对外开放的重要窗口和平台。北京作为中国的首都和政治和文化中心，具有独特的地理位置和资源优势。建设北京自贸试验区可以吸引更多的国际企业和投资者进入中国市场，推动国际贸易和投资的自由化、便利化和规范化。本章在对北京自贸试验区进行概述的基础上，基于中国自贸试验区大数据监测分析平台微观数据，从制度创新、金融发展、企业经营、产业发展、科技创新、区域带动、高水平对外开放、绿色共享八个维度入手，对科技创新片区、国际商务服务片区、高端产业片区的高质量发展情况进行评价，分析其优势与短板，梳理北京自贸试验区主要发展成效与经验、制度创新特色，明确了未来高质量发展方向。

第一节　北京自贸试验区概况

一、北京自贸试验区实施范围

北京自贸试验区在 2020 年获批设立，涵盖了科技创新片区、国际商务服务片区、高端产业片区，共 118.38 平方千米。

科技创新片区面积 31.85 平方千米，包括中关村科学城 21.59 平方千米和北京生命科学园周边可利用产业空间 10.26 平方千米。其中，中关村科学城区域主要涵盖翠湖科技园、永丰基地及周边可利用产业空间。四至范围：东至海淀区界；西至西六环路；南至京密引水渠北侧路、邓庄南路；北至翠湖南路。

国际商务服务片区面积 48.34 平方千米（含北京天竺综合保税区 5.466 平方千米），包括首都国际机场周边可利用产业空间 28.5 平方千米，北京 CBD4.96 平方千米，金盏国际合作服务区 2.96 平方千米，以及城市副中心运河商务区和张家湾设计小镇周边可利用产业空间 10.87 平方千米。四至范围：北至北苑路和京承高速公路；南至东四环路；东至朝阳路和京承高速公路；西至京承高速公路和京通快速路。

高端产业片区包括大兴国际机场西侧可利用产业空间 10.36 平方千米和北京经济技术开发区 27.83 平方千米。其中，大兴组团四至范围：东至京九铁路；西至大广高速、106 国道；北至规划横二路；南至榆垡路、规划榆永路。亦庄组团四至范围：北至北环东路和科创一街；东至经海路、经海五路和经海九路；南至新南区南街和朱辛路；西至宏达北路、博兴路、泰河路、博兴三路、亦柏路和瑞合路。

二、北京自贸试验区的功能定位

北京自贸试验区三个片区的功能定位为：科技创新片区重点发展新一代信息技术、生物与健康、科技服务等产业，打造数字经济试验区、全球创业投资中心、科技体制改革先行示范区；国际商务服务片区重点发展数字贸易、文化贸易、商务会展、医疗健康、国际寄递物流、跨境金融等产业，打造临空经济创新引领示范区；高端产业片区重点发展商务服务、国际金融、文化创意、生物技术和大健康等产业，建设科技成果转换承载地、战略性新兴产业集聚区和国际高端功能机构集聚区。

三、北京自贸试验区的产业基础

北京自贸试验区挂牌成立时间较短，以制度创新为核心，助力建设具有全球影响力的科技创新中心，加快打造服务业扩大开放先行区、数字经济试验区，着力构建京津冀协同发展的高水平对外开放平台。中国自贸试验区大数据监测分析平台显示，截至2022年，北京科技创新片区在营企业数为26 300家，投资总额为4 342.49亿元，民营企业占比96.51%，市场活力充沛；高新企业1 248家，高新企业数量位列全国自贸片区第5位；服务业占比94.88%。北京国际商务服务片区在营企业数为51 468家，投资总额为17 178.14亿元，民营企业占比91.22%，服务业占比93.57%。北京高端产业片区在营企业数为27 977家，投资总额为14 446.49亿元，民营企业占比94.68%，服务业占比89.11%。北京自贸试验区三个片区的各类企业数量情况如表28-1、表28-2和表28-3所示。

表28-1　　　　　　　　　北京科技创新片区各类企业数量情况

		企业数（家）	占比（%）	投资额（亿元）	占比（%）
产业结构	第一产业	50	0.19	5.33	0.12
	第二产业	1 231	4.68	1 001.36	23.06
	第三产业	24 954	94.88	3 335.81	76.82
所有制	国有	13	0.05	1.01	0.02
	民营	25 381	96.51	3 391.45	78.03
	外资	397	1.51	642.54	14.78
企业规模	大	270	1.03	1 974.24	45.76
	中	1 254	4.77	839.03	19.45
	小	6 687	25.43	668.91	15.5
	微	17 264	65.64	832.29	19.29
企业特征	高新技术企业	1 248	4.75	731.29	16.95
	对外投资企业	1 434	5.45	1 180.50	27.36

表28-2 北京国际商务服务片区各类企业数量情况

		企业数（家）	占比（%）	投资额（亿元）	占比（%）
产业结构	第一产业	71	0.14	41.44	0.24
	第二产业	3 169	6.16	1 467.29	8.54
	第三产业	48 157	93.57	15 669.41	91.22
所有制	国有	228	0.44	2 611.65	15.20
	民营	46 950	91.22	11 545.12	67.20
	外资	2 349	4.56	1 809.18	10.53
企业规模	大	757	1.47	10 960.52	64.34
	中	2 820	5.48	2 341.34	13.74
	小	12 583	24.45	2 069.03	12.15
	微	30 148	58.58	1 663.69	9.77
企业特征	高新技术企业	652	1.27	675.79	3.97
	对外投资企业	2 541	4.94	9 228.13	54.17

表28-3 北京高端产业片区各类企业数量情况

		企业数（家）	占比（%）	投资额（亿元）	占比（%）
产业结构	第一产业	55	0.20	6.25	0.04
	第二产业	2 974	10.63	2 420.02	16.75
	第三产业	24 930	89.11	12 020.22	83.21
所有制	国有	33	0.12	637.65	4.41
	民营	26 489	94.68	9 717.38	67.25
	外资	808	2.89	1 196.59	8.28
企业规模	大	525	1.88	10 819.39	75.14
	中	1 831	6.54	1 694.09	11.77
	小	8 444	30.18	984.36	6.84
	微	15 727	56.21	900.91	6.26
企业特征	高新技术企业	1 302	4.65	2 344.98	16.29
	对外投资企业	1 605	5.74	8 274.11	57.40

四、北京自贸试验区的对外开放

北京自贸试验区积极开展与各国的合作，与英国、法国、德国、澳大利亚等签署了经贸合作谅解备忘录，同时与中国香港和澳门等地的合作也稳步推进。这些合作使得北京自贸区在国家经济发展和对外开放中具有重要的地位和作用，吸引了大量的投资和资源。

五、北京自贸试验区"十四五"时期发展目标

在"十四五"时期，北京自贸试验区将继续深化改革、扩大开放，推动经济高质量发展，提升自贸区的国际竞争力和影响力，出台了一系列相关政策。《北京自由贸易试验区金融创新发展行动计划（2021—2025 年）》是针对自贸区金融创新发展的具体行动计划，包括推动金融市场对外开放、支持金融科技发展、推动金融监管创新等方面的政策举措。《北京自由贸易试验区外商投资促进政策》是为了吸引更多外商投资而出台的政策文件，包括放宽外资准入限制、简化外商投资审批程序、提供更加便利的外商投资服务等。《北京自由贸易试验区贸易便利化政策措施》是为了推进贸易便利化而出台的政策文件，包括简化通关手续、提高通关效率、优化进出口环境等方面的政策措施。《北京自由贸易试验区创新发展政策文件》是为了推动科技创新和创新发展而出台的政策文件，包括支持科技企业创新发展、推动科技成果转化、加强知识产权保护、促进产学研合作等方面的政策措施。北京自贸试验区将会进一步加大开放压力测试，完善优化外资准入负面清单制度，实施跨境服务贸易负面清单，围绕各自主导产业发展，不断提升商品和要素流动型和规则等制度型开放水平。同时，北京自贸试验区的建设会进一步消除政策性障碍，提供更多的先行先试空间和创新舞台，促进北京产业提升、公共服务、城市功能完善等各个方面的发展。

第二节 北京自贸试验区高质量发展指数评价

一、北京自贸试验区高质量发展总体评价

从自贸试验区高质量发展八个方面的指数来看，北京自贸试验区表现较为突出的是制度创新指数、企业经营指数和科技创新指数，总体排名处于全国上游。这体现出北京自贸区具有金融创新与开放、贸易便利化、产业升级与创新发展、人才引进与培养以及政策创新与改革试验等特征。这将推动北京自贸区的发展，促进经济的高质量发展和对外开放的深化。北京自贸试验区表现欠佳的是区域带动指数，北京的三个片区均处于全国下游，北京自贸试验区应进一步加强对周边地区的带动作用，促进经济的发展和对外开放的深化，努力实现共同发展和互利共赢。

二、北京科技创新片区高质量发展指数评价

北京科技创新片区的高质量发展指数在制度创新、企业经营、产业发展和科技创新方面表现良好，指数排名均位于所有自贸片区前 20 位，其中科技创新指数与企业经营指数分别位于第 6 位和第 7 位。北京科技创新片区高质量发展指数一级、

二级指标指数及其在全国自贸片区中的位置如表28-4所示。

表28-4　　　　　　　　　北京科技创新片区高质量发展指数及排位

一级指标指数及排位	二级指标指数及排位		一级指标指数及排位	二级指标指数及排位	
1.制度创新 37.70 （8）	贸易便利化	53.64（前）	2.金融发展 4.26 （43）	金融机构	3.43（后）
	政府职能转变	28.78（前）		股权投融资	1.02（中）
	法治化环境	30.68（中）		投资自由化	8.48（中）
3.企业经营 40.12 （7）	基数水平	40.56（后）	4.产业发展 37.86 （11）	产业规模	7.23（中）
	高新企业占比	58.31（前）		产业结构	49.53（前）
	创新经营情况	22.05（前）		产业创新	18.00（前）
				产业环境	76.69（后）
5.科技创新 34.48 （6）	创新环境	42.06（前）	6.区域带动 2.35 （53）	市场活力	3.18（后）
	创新投入	40.77（前）		产业带动	2.95（后）
	创新产出	29.86（前）		辐射带动	1.21（后）
7.高水平 对外开放 10.76 （41）	贸易强度	7.88（后）	8.绿色共享 6.39 （58）	三废排放占比	4.62（后）
				污染治理力度	0.62（后）
	资本流动	13.64（中）		公共服务	19.87（后）

　　北京科技创新片区的制度创新指数为37.70（如图28-1所示），位于全国所有自贸片区的第8位。从制度创新的二级指标来看，北京科技创新片区的贸易便利化指数为53.64，排位居前；政府职能转变指数为28.78，排位居前；法治化环境指数为30.68，排位居中。

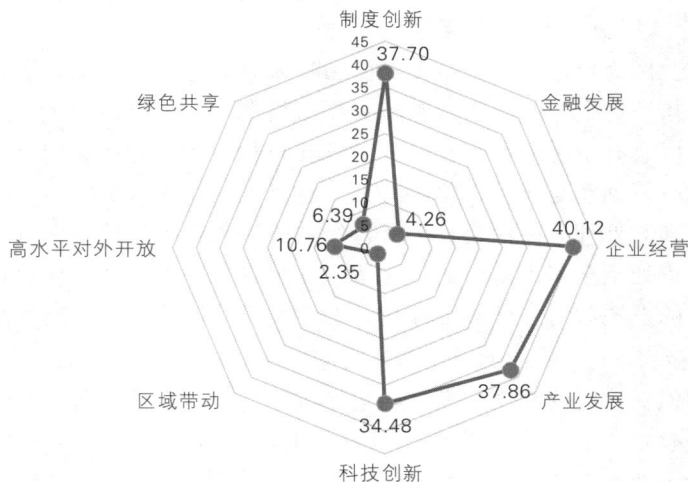

图28-1　北京科技创新片区高质量发展指数

北京科技创新片区的金融发展指数为4.26，位列全国第43位。从金融发展指数二级指标来看，北京科技创新片区的金融机构指数为3.43，排位居后；股权投融资指数和投资自由化指数分别为1.02和8.48，排位居中。北京科技创新片区高质量发展的短板之一是金融机构情况。

北京科技创新片区的企业经营指数为40.12，位列全国第7位。从企业经营指数的二级指标来看，基数水平指数为40.56，排位居后；高新企业占比指数为58.31，排位居前；创新经营情况指数为22.05，排位居前。北京科技创新片区为高新技术企业提供了丰富的创新资源、政策支持和合作机会，促进了高新技术企业的科技创新和发展。截至2022年，北京科技创新片区的高新技术企业已达1 248家。

北京科技创新片区产业发展指数为37.86，位列全国第11位。北京科技创新片区的产业结构较为完善，涵盖了信息技术、生物医药、新材料、新能源等多个领域。其中，信息技术产业是片区的重点发展方向，涵盖了人工智能、大数据、云计算等领域，形成了较为完整的产业链和创新生态系统。从产业发展指数的二级指标来看，产业规模指数为7.23，排位居中；产业结构指数为49.53，排位居前；产业创新指数为18.00，排位居前；产业环境指数为76.69，排位居后。除产业环境指数外，北京科技创新片区的其他产业发展指数均处于全国中上游。

北京科技创新片区的科技创新指数为34.48，位于全国第6位，也是北京科技创新片区8个高质量发展指数中位次最高的。从科技创新指数的二级指标来看，创新环境指数为42.06，排位居前；创新投入指数为40.77，排位居前；创新产出指数为29.86，排位居前，科技创新指数及其二级指标全部处于全国上游。北京科技创新片区吸引了大量的研发投入，包括政府资金、企业投资和科研机构的研发经费。而且，北京科技创新片区致力于打造良好的创新环境，提供了一系列的创新支持政策和服务。片区内建设了一批科技创新平台和创新载体，为企业和科研机构提供了创新资源和创新服务，促进创新活动的开展。

北京科技创新片区区域带动指数为2.35，位列全国第53位。从区域带动指数的二级指标来看，市场活力指数为3.18，产业带动指数为2.95，辐射带动指数为1.21，排位均居后。北京科技创新片区存在区域协同发展不足、创新资源分布不均衡等问题。

北京科技创新片区的高水平对外开放指数为10.76，位列全国第41位。北京科技创新片区是北京市政府推动科技创新发展的重要举措，旨在打造国际一流的科技创新中心和高水平的对外开放平台。该片区将聚集全球领先的科技企业、高校和研究机构，吸引国内外优秀的科技人才和创新资源，推动科技成果转化和产业升级。从高水平对外开放指数的二级指标来看，北京科技创新片区的贸易强度指数为7.88，排位居后；资本流动指数为13.64，排位居前。北京科技创新片区带动了高水平对外开放。

北京科技创新片区的绿色共享指数为 6.39，位列全国第 58 位。从绿色共享指数的二级指标来看，三废排放占比指数为 4.62，排位居后；污染治理力度指数为 0.62，排位居后；公共服务指数为 19.87，排位居后。北京科技创新片区的绿色共享指数较低，污染治理力度还需进一步加强。

三、北京自贸试验区国际商务服务片区高质量发展指数评价

北京国际商务服务片区的高质量发展指数在制度创新、金融发展、企业经营、科技创新和绿色共享方面表现良好，指数排名均位于所有自贸片区前 20 位，其中制度创新指数位于第 7 位。北京国际商务服务片区高质量发展指数一级、二级指标指数及其在全国自贸片区中的位置如表 28-5 所示。

表28-5　　　　北京国际商务服务片区高质量发展指数及排位

一级指标指数及排位	二级指标指数及排位		一级指标指数及排位	二级指标指数及排位	
1.制度创新 43.31（7）	贸易便利化	50.36（前）	2.金融发展 10.28（15）	金融机构	16.44（前）
	政府职能转变	35.47（前）		股权投融资	1.56（中）
	法治化环境	44.10（前）		投资自由化	13.16（前）
3.企业经营 29.19（18）	基数水平	42.66（中）	4.产业发展 28.69（52）	产业规模	9.85（中）
	高新企业占比	29.08（前）		产业结构	32.93（中）
				产业创新	6.20（中）
	创新经营情况	16.22（中）		产业环境	65.78（后）
5.科技创新 19.15（20）	创新环境	14.90（前）	6.区域带动 4.13（47）	市场活力	6.15（后）
	创新投入	21.55（前）		产业带动	3.97（后）
	创新产出	19.77（前）		辐射带动	3.02（后）
7.高水平对外开放 14.90（28）	贸易强度	12.84（中）	8.绿色共享 21.10（15）	三废排放占比	27.48（前）
				污染治理力度	18.55（前）
	资本流动	16.96（前）		公共服务	9.88（后）

北京国际商务服务片区的制度创新指数为 43.31（如图 28-2 所示），位列全国所有自贸片区的第 7 位。从制度创新的二级指标来看，北京国际商务服务片区的贸易便利化指数为 50.36，排位居前；政府职能转变指数为 35.47，排位居前；法治化环境指数为 44.10，排位居前。北京国际商务服务片区致力于推动制度创新，以提供更加便利和高效的商务服务环境。

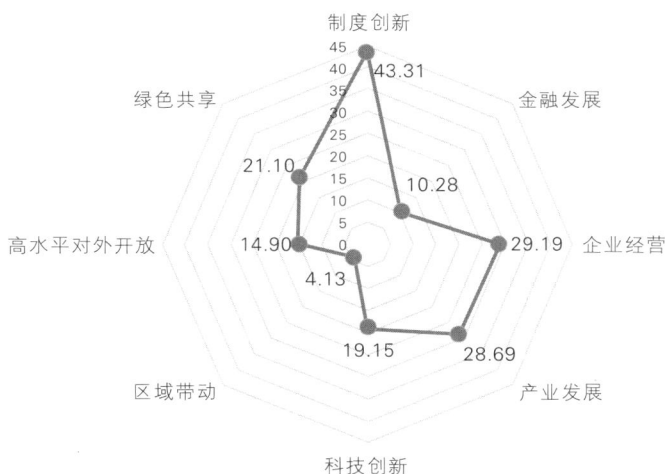

图28-2　北京国际商务服务片区高质量发展指数

北京国际商务服务片区的金融发展指数为10.28，位列全国第15位。从金融发展指数的二级指标来看，北京国际商务服务片区金融机构指数为16.44，排位居前；股权投融资指数为1.56，排位居中；投资自由化指数为13.16，排位居前。北京国际商务服务片区金融发展指数及其二级指标指数均处于全国中上游。

北京国际商务服务片区的企业经营指数为29.19，位列全国第18位。从企业经营指数的二级指标来看，基数水平指数为42.66，排位居中；高新企业占比指数为29.08，排位居前；创新经营情况指数为16.22，排位居中。北京国际商务服务片区企业经营指数及其二级指标数值均处于全国中上游。

北京国际商务服务片区的产业发展指数为28.69，位列全国第52位。从产业发展指数的二级指标来看，北京国际商务服务片区产业规模指数为9.85，排位居中；产业结构指数为32.93，排位居中；产业创新指数为6.20，排位居中；产业环境指数为65.78，排位居后。

北京国际商务服务片区的科技创新指数为19.15，位列全国第20位。从科技创新指数的二级指标来看，北京国际商务服务片区的创新环境指数为14.90，排位居前；创新投入指数为21.55，排位居前；创新产出指数为19.77，排位居前。创新投入指数位列全国第12位，表明北京国际商务服务片区积极推动创新投入，以支持片区的发展和提升创新能力。

北京国际商务服务片区的区域带动指数为4.13，位列全国第47位。从区域带动指数的二级指标来看，北京国际商务服务片区的市场活力指数为6.15，排位居后；产业带动指数为3.97，排位居后；辐射带动指数为3.02，排位居后。北京国际商务服务片区的区域带动各指数均处于全国下游。

北京国际商务服务片区的高水平对外开放指数为14.90，位列全国第28位。从高水平对外开放指数的二级指标来看，贸易强度指数为12.84，排位居中；资本流动指数为16.96，排位居前。北京国际商务服务片区的资本流动指数位居全国前列，而贸易强度指数处于全国中游。

北京国际商务服务片区的绿色共享指数为21.10，位列全国第15位。从绿色共享指数的二级指标来看，三废排放占比指数为27.48，排位居前；污染治理力度指数为18.55，排位居前；公共服务指数为9.88，排位居后。

四、北京自贸试验区高端产业片区高质量发展指数评价

北京高端产业片区的高质量发展指数在制度创新、企业经营、产业发展、科技创新和高水平对外开放方面表现良好，指数排名均位于所有自贸片区前20位，其中制度创新指数、企业经营指数和科技创新指数分别位于第5、第2和第3位。北京高端产业片区高质量发展指数一级、二级指标指数及其在全国自贸片区中的位置如表28-6所示。

表28-6　　　　　　　　北京高端产业片区高质量发展指数及排位

一级指标指数及排位	二级指标指数及排位		一级指标指数及排位	二级指标指数及排位	
1.制度创新 47.21 （5）	贸易便利化	49.22（前）	2.金融发展 6.27 （33）	金融机构	3.90（后）
	政府职能转变	53.63（前）		股权投融资	3.09（前）
	法治化环境	38.77（前）		投资自由化	12.01（前）
3.企业经营 46.05 （2）	基数水平	49.83（前）	4.产业发展 37.79 （12）	产业规模	9.26（中）
				产业结构	39.65（前）
	创新经营情况	30.98（前）		产业创新	35.61（前）
				产业环境	66.64（后）
5.科技创新 48.48 （3）	创新环境	40.48（前）	6.区域带动 4.11 （49）	市场活力	6.85（后）
	创新投入	37.50（前）		产业带动	3.92（后）
	创新产出	54.68（前）		辐射带动	2.99（后）
7.高水平对外开放 18.99 （12）	贸易强度	17.62（中）	8.绿色共享 8.88 （51）	三废排放占比	8.49（中）
				污染治理力度	10.26（前）
	资本流动	20.36（前）		公共服务	7.59（后）

北京高端产业片区的制度创新指数为47.21（如图28-3所示），位列全国第5位，处于上游。从制度创新的二级指标来看，北京高端产业片区的贸易便利化指数为49.22，排位居前；政府职能转变指数为53.63，排位居前；法治化环境指数为38.77，排位居前。北京高端产业片区制度创新的所有二级指标排名均进入了全国前20位，北京高端产业片区推动制度创新，提供了更加便利和高效的发展环境，即通过政府服务制度创新、企业创新创业支持制度创新、金融创新支持制度创新和人才创新支持制度创新。

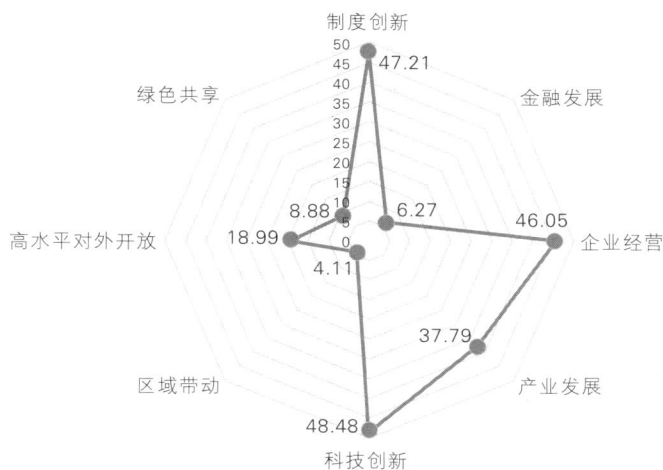

图28-3 北京高端产业片区高质量发展指数

　　北京高端产业片区的金融发展指数为6.27，位列全国第33位。从金融发展指数的二级指标来看，北京高端产业片区的金融机构指数为3.90，排位居后；股权投融资指数为3.09，排位居前；投资自由化指数为12.01，排位居前。除金融机构指数外，北京高端产业片区金融发展指数及其他二级指标均处于全国中上游。

　　北京高端产业片区的企业经营指数为46.05，位列全国第2位。从企业经营指数的二级指标来看，基数水平指数为49.83，排位居前；高新企业占比指数为57.79，排位居前；创新经营情况指数为30.98，排位居前。北京高端产业片区的企业经营指数及所有二级指标均进入了全国前20位。北京高端产业片区的企业经营注重创新、协同和可持续发展。通过创新发展、协同合作和可持续经营，企业可以有力提升竞争力和市场地位。

　　北京高端产业片区的产业发展指数为37.79，位列全国第12位。从产业发展指数的二级指标来看，产业规模指数为9.26，排位居中；产业结构指数为39.65，排位居前；产业创新指数为35.61，排位居前；产业环境指数为66.64，排位居后。北京高端产业片区的产业结构指数和产业创新指数位列全国前10位，产业结构优化明显，结构合理。北京高端产业片区将积极推动产业创新，促进科技成果的转化和应用，推动企业的创新发展。

　　北京高端产业片区的科技创新指数为48.48，位列全国第3位。从科技创新指数的二级指标来看，创新环境指数为40.48，排位居前；创新投入指数为37.50，排位居前；创新产出指数为54.68，排位居前。北京高端产业片区的科技创新指数及所有二级指标均进入了全国前十。北京高端产业片区将加强科研机构和高校的合作，建立创新创业平台和孵化器，鼓励企业加大研发投入，注重人才培养和引进，推动科技创新的发展，为高端产业的转型升级提供强大的科技支撑。

北京高端产业片区的区域带动指数为4.11，位列全国第49位。从区域带动指数的二级指标来看，市场活力指数为6.85，排位居后；产业带动指数为3.92，排位居后；辐射带动指数为2.99，排位居后。北京高端产业片区的区域带动指数及其二级指标均处于全国下游。

北京高端产业片区的高水平对外开放指数为18.99，位列全国第12位。从高水平对外开放指数的二级指标来看，贸易强度指数为17.62，排位居中；资本流动指数为20.36，排位居前。北京高端产业片区促进了高水平对外开放，但还有提升空间。

北京高端产业片区的绿色共享指数为8.88，位列全国第51位。从绿色共享指数的二级指标来看，三废排放占比指数为8.49，排位居中；污染治理力度指数为10.26，排位居前；公共服务指数为7.59，排位居后。北京高端产业片区的污染治理力度较大，共享发展还有待加强。片区将推动绿色生产和低碳发展，建立绿色供应链和循环经济体系，打造绿色交通系统和智能交通管理，注重生态环境保护和绿化建设，促进绿色共享的可持续发展。

第三节　北京自贸试验区建设的主要成效与重点发展方向

一、转变政府职能方面

北京自贸试验区在政府职能转变方面表现出积极的态度和创新的举措，主要体现在以下几个方面：

（1）制定政策和规划。政府根据北京自贸试验区的定位和发展目标，制定相应的政策和措施，推动自贸试验区的建设和运营。

（2）提供公共服务。政府为北京自贸试验区提供各类公共服务，包括基础设施建设、公共安全、环境保护、教育医疗等方面的服务。政府通过提供公共服务，为自贸试验区的企业和居民创造良好的发展环境和生活条件。

（3）促进投资和贸易。政府在北京自贸试验区促进投资和贸易的过程中发挥重要作用。政府通过提供投资环境、优化营商环境、加强市场监管等方式，吸引国内外企业投资自贸试验区，推动自贸试验区的经济发展。

（4）引导和支持创新创业。政府在北京自贸试验区引导和支持创新创业，推动科技创新和产业升级。政府通过提供政策支持、科技资源、创业孵化等方式，激发创新创业活力，促进北京自贸试验区的创新发展。

（5）加强监管和风险防控。政府通过建立健全的监管机制、加强执法力度、打击违法行为等方式，保障北京自贸试验区的正常运行和发展。

二、投资领域改革方面

北京自贸试验区在投资领域改革方面取得了显著的成效，主要包括以下方面：

（1）放宽市场准入。北京自贸试验区通过放宽市场准入限制，降低市场准入门槛，吸引更多的国内外投资者进入自贸试验区。例如，自贸试验区取消了一些限制外资的行业限制，放宽了外资银行、保险公司、证券公司等金融机构的市场准入限制，鼓励外资在金融领域投资。

（2）推进投资便利化。北京自贸试验区推出了一系列措施，简化了投资审批程序，提高了投资便利化水平。例如，自贸试验区实行了"一口受理、限时办结"的审批制度，加快了投资项目的审批速度。同时，北京自贸试验区还推行了投资备案制度，对符合条件的投资项目实行备案管理，进一步简化了投资手续。

（3）引入外资并促进创新。北京自贸试验区积极引入外资，鼓励外资企业在自贸区设立研发中心、创新实验室等创新机构。自贸试验区为外资企业提供了更加便利的政策和服务，吸引了一批高新技术和创新型企业进入自贸试验区。这些外资企业的进入，推动了自贸试验区的创新能力和竞争力的提升。

（4）加强知识产权保护。北京自贸试验区加强了知识产权保护，提高了投资者的知识产权保护水平。自贸试验区建立了知识产权保护中心，加强了知识产权的监管和维权工作，提高了知识产权保护的效果。这为投资者提供了更加稳定和可靠的投资环境。

三、贸易转型升级方面

北京自贸试验区在贸易转型升级方面取得了显著的成效，主要包括以下方面：

（1）推进贸易便利化。北京自贸试验区通过简化清关手续、优化贸易流程等措施，提高了贸易便利化水平。自贸试验区实行了"先放行后查验""一次申报、多部门联审"等改革举措，加快了货物通关速度，降低了贸易成本，提高了贸易效率。

（2）推动跨境电商发展。北京自贸试验区积极推动跨境电商发展，建设了跨境电商综合试验区。自贸试验区为跨境电商企业提供了一系列便利政策和服务，降低了跨境电商的运营成本和风险，促进了跨境电商的发展。跨境电商的兴起，推动了贸易方式的转型升级，促进了进口商品的多样化和消费者的福利提升。

（3）推进服务贸易发展。北京自贸试验区重点推进服务贸易发展，特别是金融、教育、文化、医疗等服务领域。自贸试验区为服务贸易企业提供了更加便利的政策和服务，吸引了一批国内外知名服务企业进入自贸试验区。

（4）推动创新驱动发展。北京自贸试验区注重推动创新驱动发展，鼓励企业加大科技创新投入，推动传统产业向高端、智能、绿色方向转型升级。自贸试验区为创新型企业提供了一系列支持和保障，促进了创新能力的提升和新兴产业的发展。

四、金融领域开放创新方面

北京自贸试验区在金融领域开放创新方面取得了显著的成效，主要包括以下方面：

（1）金融市场开放。北京自贸试验区在金融领域开放方面采取了一系列措施，放宽了外资金融机构的市场准入限制。例如，北京自贸试验区允许外资银行、保险公司、证券公司等金融机构设立分支机构或全资子公司，并取消了外资金融机构的经营范围限制。这为外资金融机构进入北京自贸试验区提供了更大的便利，促进了金融市场的开放和竞争。

（2）金融创新试点。北京自贸试验区在金融领域开展了一系列创新试点，推动金融业务的创新发展。北京自贸试验区设立了金融科技创新中心，鼓励金融科技企业在自贸试验区开展业务创新和技术研发。自贸试验区还推动了金融衍生品、资产证券化、融资租赁等金融创新业务的试点，促进了金融市场的多元化和创新能力的提升。

（3）金融监管改革。北京自贸试验区在金融监管方面进行了一些改革，推动了金融监管的创新和协调。北京自贸试验区建立了金融监管协调机制，加强了各部门之间的信息共享和协同监管，还推动了金融监管的智能化和风险防控的创新，提高了金融监管的效能和水平。

（4）金融开放合作。北京自贸试验区积极推动金融开放合作，加强与国内外金融中心的合作交流。北京自贸试验区与中国香港、伦敦等国际金融中心签署了一系列合作协议，促进了金融业务的互联互通和合作发展。这为北京自贸试验区金融业的国际化发展提供了更多机遇和平台。

五、制度创新方面

北京自贸试验区在制度创新方面取得了显著的成效，以下是几个具有特色的领域：

（1）政策创新。北京自贸试验区在政策创新方面进行了一些探索。推行了"负面清单"管理制度，明确了外商投资准入的限制和禁止领域，为外商投资提供了更大的透明度和便利。北京自贸试验区还推行了"准入前国民待遇加负面清单管理制度"，即外商投资准入前享受国民待遇，准入后按照负面清单管理。这种制度创新为外商投资提供了更加稳定的投资环境。

（2）公共服务创新。北京自贸试验区在公共服务方面进行了一些创新。北京自贸试验区推行了"一站式"服务，为企业提供全方位的服务支持，包括企业注册、税务登记、人才引进等，还推行了"企业家驿站"服务模式，为企业家提供咨询、培训、交流等服务，促进了创业创新的活力和动力。

（3）自由贸易账户。北京自贸试验区设立了自由贸易账户制度，即境内企业和个人可以在自贸试验区内设立自由贸易账户，用于自由兑换货币、结算和支付贸易及投资收益等。这一制度为跨境资金流动提供了更加便利和高效的渠道。

第四节　北京自贸试验区的主要发展经验

北京自贸试验区是中国经济转型升级和国际化发展的重要平台，通过不断创新和发展，北京自贸试验区可以为中国的经济发展和对外开放提供有力支撑和示范效应。而且，北京自贸试验区的经验可以为其他自贸试验区提供有益的借鉴和启示。

（1）创新改革机制。北京自贸试验区充分发挥改革试验田作用，探索推进自由贸易、投资便利化、金融创新等方面的改革，通过建立一批自贸试验区特殊政策和制度，为企业提供更加便利的营商环境。

（2）优化营商环境。北京自贸试验区积极推动政府服务优化，简化企业办事流程，提高审批效率，通过推行"一网通办"、优化企业登记注册等措施，为企业提供更加便利的服务，降低企业经营成本。

（3）强化金融支持。北京自贸试验区积极推动金融创新，鼓励金融机构在自贸试验区设立分支机构，提供更加便利的金融服务。同时，试验区还探索推行人民币跨境资金池，推进自贸试验区内外币合规业务等金融创新举措，促进跨境投资和贸易便利化。

（4）加强国际交流合作。北京自贸试验区积极开展国际交流合作，吸引境外企业和投资者参与自贸试验区的建设，通过与国际贸易组织、外国政府和企业的合作，推动自贸试验区的国际化发展，提高对外开放水平。

（5）优化产业结构。北京自贸试验区注重优化产业结构，推动高端制造业、现代服务业等新兴产业发展，通过鼓励创新、引进高新技术企业等措施，提升自贸试验区的产业竞争力，推动经济转型升级。

今后，北京自贸试验区将继续注重创新驱动、优化营商环境、服务业发展、扩大开放程度以及加强国际合作等方面的发展，提升自身的发展水平和竞争力，实现经济转型升级和国际化发展。

第二十九章　湖南自贸试验区高质量发展评价

湖南自贸试验区地处我国中部地区板块，以制度创新为核心，以可复制可推广为基本要求，全面落实中央关于加快建设制造强国、实施中部崛起战略等要求，发挥东部沿海地区和中西部地区过渡带、长江经济带和沿海开放经济带结合部的区位优势，着力打造世界级先进制造业集群、联通长江经济带和粤港澳大湾区的国际投资贸易走廊、中非经贸深度合作先行区和内陆开放新高地。本章在对湖南自贸试验区进行概述的基础上，基于中国自贸试验区大数据监测分析平台微观数据，从制度创新、金融发展、企业经营、产业发展、科技创新、区域带动、高水平对外开放、绿色共享八个维度入手，对长沙、岳阳、郴州自贸片区的高质量发展情况进行评价，分析其优势与短板，梳理湖南自贸试验区主要发展成效与经验、制度创新特色，明确了未来高质量发展方向。

第一节　湖南自贸试验区概况

一、湖南自贸试验区实施范围

2020年9月21日，湖南自由贸易试验区正式获批，范围119.76平方千米，涵盖长沙片区、岳阳片区、郴州片区三个片区。

长沙片区实施范围79.98平方千米，主要有长沙经开区区块、临空区块、会展区块、雨花区块、芙蓉区块五大区块，涉及长沙县、雨花区、芙蓉区三个行政区域，长沙经开区、临空产业集聚区、黄花综保区、会展新城、隆平高科技园五个园区。

岳阳片区实施范围19.94平方千米（含岳阳城陵矶综合保税区2.07平方千米）。

郴州片区实施范围19.84平方千米（含郴州综合保税区1.06平方千米），全部位于郴州高新技术产业开发区。四至范围：东至林邑大道、东河西路、塘溪大道、山河路；南至鹿仙路、福园路、后营大道、富都路；西至郴永大道、林邑大道、金贵公司边界、青年大道、千里湖山边界、西河路；北至许资路、东波路、石虎路。

二、湖南自贸试验区的功能定位

湖南自贸试验区三个片区的功能定位为：长沙自贸区功能定位构建一流国际化营商环境体系，贸易高质量发展促进体系，多元高效金融服务体系，综合性立体化现代物流体系，对接"一带一路"建设，突出临空经济，重点发展高端装备制造、新一代信息技术、生物医药、电子商务、农业科技等产业，基本建成"一基地一中心一先行区一增长极",即打造全球高端装备制造业基地、内陆地区高端现代服务业中心、中非经贸深度合作先行区和中部地区崛起增长极。

岳阳片区在空间规划、产业规划上,重点注入"一廊道、一园区、一基地"三大自贸元素。"一廊道"即沿长江百里绿色发展示范区建设"自贸产业廊道",重点布局依赖港航的涉水偏水型产业。"一园区"即毗邻综合保税区建设"自贸产业园区",重点布局集成电路、半导体、5G等先进制造业。"一基地"即向南辐射格石岭山区域建设"自贸绿色经济EOD总部基地",重点布局绿色办公、数字产业等总部经济和楼宇经济,主要对接长江经济带发展战略,突出临港经济,发展航运物流、电子商务、新一代信息技术等产业,打造长江中游综合性航运物流中心、内陆临港经济示范区。

郴州片区以制度创新为核心,以可复制可推广为基本要求,发挥郴州作为湖南"南大门"的区位优势,对接粤港澳大湾区,突出湘港澳直通,重点发展有色金属加工、现代物流等产业,高水平打造湘粤港澳区域经济合作示范区、加工贸易转型升级示范区和产业转移承载中心,推动国家物流枢纽建设,构建创新开放联动发展区。

三、湖南自贸试验区的产业基础

湖南自贸试验区全面落实中央关于加快建设制造强国、实施中部崛起战略等要求,发挥东部沿海地区和中西部地区过渡带、长江经济带和沿海开放经济带接合部的区位优势,长沙片区、岳阳片区、郴州片区均形成了集聚效应,吸引了大量市场主体进入片区。中国自贸试验区大数据监测分析平台显示,截至2021年,长沙自贸片区在营企业数为27 101家,投资总额为2 539.87亿元;民营企业占比96.19%,市场活力充沛;高新企业365家,高新企业数量在全国自贸片区中较为靠前;服务业占比77.46%,对外投资企业数量为497家。岳阳自贸片区在营企业数为4 887家,投资总额为656.91亿元;民营企业占比96.62%,服务业占比78.11%,对外投资企业数量为33家。郴州自贸片区在营企业数为7 772家,投资总额为547.05亿元;民营企业占比97.49%,服务业占比83.66%,对外投资企业数量为43家。湖南自贸试验区三个片区的各类企业数量情况如表29-1、表29-2、表29-3所示。

表29-1　　　　　　　　湖南自贸试验区长沙片区各类企业数量情况

		企业数（家）	占比（%）	投资额（亿元）	占比（%）
产业结构	第一产业	183	0.68	35.77	1.41
	第二产业	5 912	21.86	823.98	32.44
	第三产业	20 947	77.46	1 680.12	66.15
所有制	国有	36	0.13	265.31	10.44
	民营	26 066	96.19	1 603.02	63.07
	外资	239	0.88	238.04	9.37
	其他	759	2.80	435.14	17.12

续表

		企业数（家）	占比（%）	投资额（亿元）	占比（%）
企业规模	大	154	0.59	933.55	37.33
	中	729	2.81	446.52	17.85
	小	5 114	19.68	519.52	20.77
	微	19 988	76.92	601.60	24.05
企业特征	高新技术企业	365	1.35	274.55	10.98
	对外投资企业	497	1.83	699.64	27.97

数据来源：中国自贸试验区大数据监测分析平台。

表29-2　　　　　　　湖南自贸试验区岳阳片区各类企业数量情况

		企业数（家）	占比（%）	投资额（亿元）	占比（%）
产业结构	第一产业	23	0.48	8.94	1.36
	第二产业	1 036	21.41	247.10	37.62
	第三产业	3 779	78.11	400.86	61.02
所有制	国有	14	0.29	32.34	4.92
	民营	4 722	96.62	422.07	67.20
	外资	15	0.31	8.25	1.25
	其他	136	2.78	175.20	26.63
企业规模	大	25	0.55	275.11	44.20
	中	138	3.04	183.28	29.44
	小	599	13.20	75.22	12.08
	微	3 776	83.21	88.91	14.28
企业特征	高新技术企业	31	0.63	43.88	7.05
	对外投资企业	33	0.68	220.29	35.39

数据来源：中国自贸试验区大数据监测分析平台。

表29-3　　　　　　　湖南自贸试验区郴州片区各类企业数量情况

		企业数（家）	占比（%）	投资额（亿元）	占比（%）
产业结构	第一产业	87	1.12	3.43	0.63
	第二产业	1 182	15.22	165.05	30.17
	第三产业	6 496	83.66	378.57	69.20
所有制	国有	6	0.08	8.40	1.53
	民营	7 577	97.49	416.83	76.17
	外资	38	0.49	22.41	4.09
	其他	151	1.94	99.65	18.21
企业规模	大	42	0.58	186.45	34.38
	中	179	2.49	149.51	27.57
	小	946	13.16	110.46	20.37
	微	6 021	83.77	95.86	17.68
企业特征	高新技术企业	55	0.71	13.81	2.55
	对外投资企业	43	0.55	79.90	14.73

数据来源：中国自贸试验区大数据监测分析平台。

四、湖南自贸试验区"十四五"时期发展目标

湖南自贸试验区将在加快转变政府职能、深化投资领域改革、推动贸易高质量发展、深化金融领域开放创新、打造联通长江经济带和粤港澳大湾区的国际投资贸易走廊、探索中非经贸合作新路径新机制、支持先进制造业高质量发展七大领域开展121项改革试点。这121项改革试点任务，聚焦湖南特色，服务国家战略，体现了差别化探索、制度性开放战略需求。其中，有11项改革创新是在全国首次提出。承载改革试点任务的长沙、岳阳、郴州三个片区，功能完备、创新基础良好，将为湖南省自贸试验区实现战略定位和发展目标提供良好支撑。

121项改革试点任务中，加快转变政府职能、深化投资领域改革方面，分别有15项和7项改革试点任务，将对标国际先进规则，努力在优化营商环境、促进投资便利化方面形成具有国际竞争力的创新成果。

推动贸易高质量发展、深化金融领域开放创新方面，分别有28项和20项改革试点任务，致力推动实现贸易投资便利、金融服务完善、监管安全高效、辐射带动作用突出的高标准高质量自由贸易园区的发展目标。

打造联通长江经济带和粤港澳大湾区的国际投资贸易走廊方面，提出25条改革试点任务，通过深入对接长江经济带、实现湘粤港澳服务业联动、畅通国际化发展通道、优化承接产业转移布局等改革试点任务，推动形成中部地区新的增长极。

探索中非经贸合作新路径新机制方面，提出12项改革试点任务，致力探索中非经贸合作新路径新机制，拓展中非地方经贸合作，建设中非经贸深度合作先行区。

支持先进制造业高质量发展方面，立足湖南先进装备制造业产业基础，提出14项改革试点任务，将通过打造高端装备制造业基地、支持企业参与"一带一路"建设、推动创新驱动发展、强化知识产权保护和运用，着力打造世界级先进制造业集群。

第二节　湖南自贸试验区高质量发展指数评价

一、湖南自贸试验区高质量发展总体评价

高标准建设"一产业一园区一走廊"。加快实施"一产业一园区一走廊"三个专项规划和三个片区发展规划，推动长沙片区、岳阳片区、郴州片区三大片区联动发展。长沙片区立足对接"一带一路"建设、发展临空经济的战略定位，在外商投资准入、国际贸易便利化、中非经贸合作、金融衍生工具等方面深化改革创新，着力打造全球高端装备制造业基地、内陆地区高端现代服务业中心、中非经贸深度合作先行区。岳阳片区重点对接长江经济带发展战略，突出临港经济，着力打造长江中游综合性航运物流中心、内陆临港经济示范区。郴州片区着重对接粤港澳大湾区建设，突出湘港澳直通，着力打造内陆地区承接产业转移和加工贸易转型升级重要平台以及湘粤港澳合作示范区。

二、湖南自贸试验区长沙片区高质量发展指数评价

长沙自贸片区的高质量发展指数在制度创新、金融发展、企业经营、产业发展、科技创新、高水平对外开放六个方面全省最优。长沙自贸片区8个指数均位于所有自贸片区20位后。长沙自贸片区高质量发展指数一级、二级指标指数及其在全国自贸片区中的位置如表29-4所示。

表29-4　　　　　　　　　长沙自贸片区高质量发展指数及排位

一级指标指数及排位	二级指标指数及排位		一级指标指数及排位	二级指标指数及排位	
1.制度创新 27.88 (30)	贸易便利化	33.13 (居中)	2.金融发展 4.05 (44)	金融机构	3.18 (居后)
	政府职能转变	29.26 (居前)		股权投融资	4.09 (居前)
	法治化环境	21.25 (居中)		投资自由化	5.01 (居后)
3.企业经营 23.83 (30)	基数水平	40.83 (居后)	4.产业发展 35.08 (21)	产业规模	7.44 (居后)
	高新企业占比	17.34 (居中)		产业结构	42.41 (居前)
	创新经营情况	13.65 (居中)		产业创新	15.10 (居前)
				产业环境	75.36 (居后)
5.科技创新 15.20 (23)	创新环境	13.01 (居中)	6.区域带动 9.05 (33)	市场活力	9.98 (居中)
	创新投入	12.00 (居中)		产业带动	12.63 (居中)
	创新产出	17.00 (居中)		辐射带动	7.58 (居后)
7.高水平对外开放 8.50 (51)	贸易强度	10.56 (居后)	8.绿色共享 11.10 (44)	三废排放占比	3.50 (居后)
	资本流动	6.44 (居后)		污染治理力度	3.18 (居后)
				公共服务	41.99 (居前)

长沙自贸片区的制度创新指数为27.88（如图29-1所示），位于全国所有自贸片区的第30位。从制度创新的二级指标来看，长沙自贸片区的贸易便利化指数为33.13，排位居中；政府职能转变指数为29.26，排位居前；法治化环境指数为21.25，排位居中。长沙自贸片区推进高质量发展的短板是法治环境与贸易便利化。

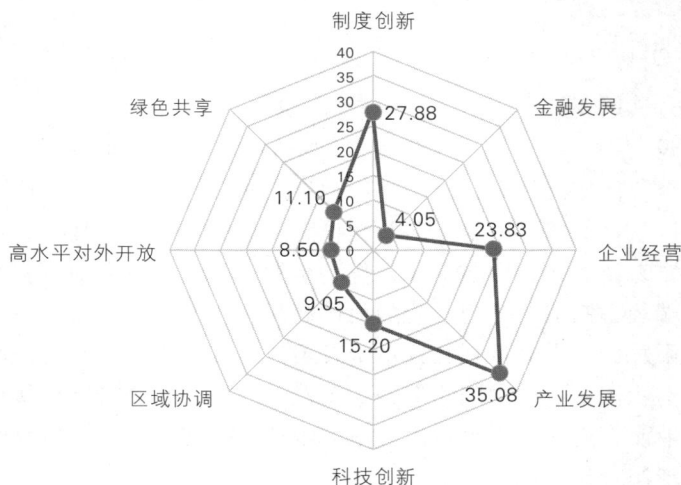

图29-1　长沙自贸片区高质量发展指数

　　长沙自贸片区的金融发展指数为4.05，位列全国第44位。长沙自贸片区应加快发展金融产业，建设相应的金融城。从金融发展指数二级指标来看，长沙自贸片区的金融机构指数为3.18，排位居后。另外，两个二级指标股权投融资指数为4.09，排位居前，投资自由化指数为5.01，排位居后，金融发展指数整体较为靠后。

　　长沙自贸片区的企业经营指数为23.83，位列全国第30位。从企业经营指数的二级指标来看，基数水平指数为40.83，排位居后；高新企业占比指数为17.34，排位居中；创新经营情况指数为13.65，排位居中。

　　长沙自贸片区的产业发展指数为35.08，位列全国第21位。在长沙自贸片区内，新一代信息技术、生物医药、电子商务、农业科技等产业，拥有了相对完整的产业链。从产业发展指数的二级指标来看，产业规模指数为7.44，排位居中；产业结构指数为42.41，排位居前；产业创新指数为15.10，排位居前；产业环境指数为75.36，排位居后。综上，长沙自贸片区的产业结构指数和产业创新指数处于全国中上游。

　　长沙自贸片区的科技创新指数为15.20，位列全国第23位。从科技创新指数的二级指标来看，创新环境指数为13.01，排位居中；创新投入指数为12.00，排位居中；创新产出指数为17.00，排位居中，科技创新指数全部处于全国中上游。

　　长沙自贸片区的区域带动指数为9.05，位列全国第33位。从区域带动指数的二级指标来看，市场活力指数为9.98，排位居中；产业带动指数为12.63，排位居中；辐射带动指数为7.58，排位居中。长沙自贸片区应充分发挥东部沿海地区和中西部地区过渡带、长江经济带和沿海开放经济带结合部的区位优势。

　　长沙自贸片区的高水平对外开放指数为8.50，位列全国第51位。长沙自贸片区的目标是对接"一带一路"建设，突出临空经济，重点发展高端装备制造、新一代信息技术、生物医药、电子商务、农业科技等产业，基本建成"一基地一中心一先行区一增长极"，即打造全球高端装备制造业基地、内陆地区高端现代服务业中心、中非经贸深度合作先行区和中部地区崛起增长极。从高水平对外开放指数的二级指标来看，长沙自贸片区的贸易强度指数为10.56，排位居后；资本流动指数为6.44，排位居后，长沙自贸片区应加强高水平对外开放。

　　长沙自贸片区的绿色共享指数为11.10，位列全国第44位。从绿色共享指数的二级指标来看，三废排放占比指数为3.50，排位居后；污染治理力度指数为3.18，排位居后；公共服务指数为41.99，排位居前。长沙自贸片区的三废排放量较大，是绿色发展应弥补的短板。

三、湖南自贸试验区岳阳片区高质量发展指数评价

　　岳阳自贸片区的高质量发展指数在企业经营、产业发展、区域带动三个方面在全省排名第二，绿色共享指数在全省排名第一，且排在全国上游位置，岳阳自贸片

区与长沙自贸片区相比，高质量发展有较大差距。岳阳自贸片区高质量发展指数一
级、二级指标指数及其在全国自贸片区中的位置如表29-5所示。

表29-5　　　　　　　　　　岳阳自贸片区高质量发展指数及排位

一级指标指 数及排位	二级指标指 数及排位		一级指标指 数及排位	二级指标指 数及排位	
1.制度创新 11.19 （63）	贸易便利化	20.65（居后）	2.金融发展 2.11 （60）	金融机构	2.09（居后）
	政府职能转变	9.46（居后）		股权投融资	0.53（居中）
	法治化环境	3.46（居后）		投资自由化	3.79（居后）
3.企业经营 22.20 （33）	基数水平	51.90（居前）	4.产业发展 33.71 （26）	产业规模	3.58（居后）
	高新企业占比	6.18（居后）		产业结构	35.54（居前）
	创新经营情况	8.91（居中）		产业创新	3.98（居中）
				产业环境	91.76（居前）
5.科技创新 3.01 （58）	创新环境	5.69（居后）	6.区域带动 9.27 （32）	市场活力	14.50（居中）
	创新投入	3.65（居后）		产业带动	11.13（居中）
	创新产出	1.91（居后）		辐射带动	4.72（居中）
7.高水平 对外开放 3.97 （62）	贸易强度	5.68（居后）	8.绿色共享 17.94 （26）	三废排放占比	2.36（居后）
	资本流动	2.26（居后）		污染治理力度	13.52（居前）
				公共服务	62.39（居前）

岳阳自贸片区的制度创新指数为11.19（如图29-2所示），位列全国第63位，
处于下游。从制度创新指数的二级指标来看，岳阳自贸片区的贸易便利化指数为
20.65，排位居后；政府职能转变指数为9.64，排位居后；法治化环境指数为3.46，
排位居后。岳阳自贸片区的制度创新水平有待提高。

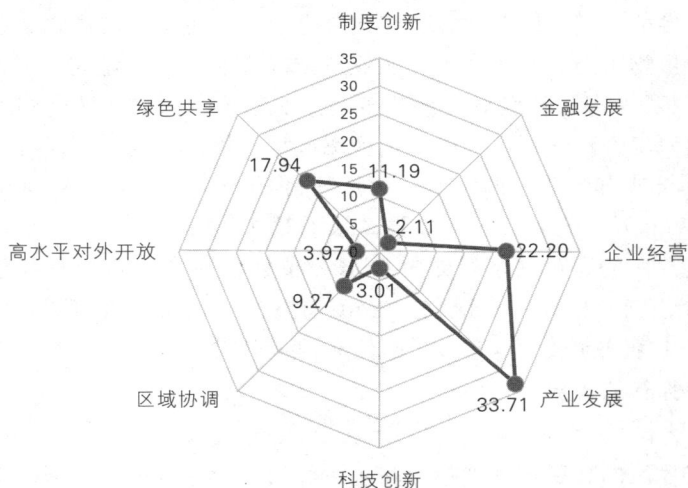

图29-2　岳阳自贸片区高质量发展指数

岳阳自贸片区的金融发展指数为2.11，位列全国第60位。从金融发展指数的二级指标来看，岳阳自贸片区的金融机构指数为2.09，排位居后；股权投融资指数为0.53；排位居中，投资自由化指数为3.79，排位居后。岳阳自贸片区的金融发展指数及其二级指标均有待提升。

岳阳自贸片区的企业经营指数为22.20，位列全国第33位。从企业经营指数的二级指标来看，岳阳自贸片区的基数水平指数为51.90，排位居前；高新企业占比指数为6.18，排位居后；创新经营情况指数为8.91，排位居中。

岳阳自贸片区的产业发展指数为33.71，位列全国第26位。从产业发展指数的二级指标来看，岳阳自贸片区的产业规模指数为3.58，排位居后；产业结构指数为35.54，排位居前；产业创新指数为3.98，排位居中；产业环境指数为91.76，排位居前。岳阳自贸片区的产业发展二级指标中的产业结构指数和产业环境指数位列全国前20位，产业规模指数和产业创新指数均处于全国中游偏下水平。

岳阳自贸片区的科技创新指数为3.01，位列全国第58位。从科技创新指数的二级指标来看，岳阳自贸片区的创新环境指数为5.69，排位居后；创新投入指数为3.65，排位居后；创新产出指数为1.91，排位居后，岳阳自贸片区需加强科技产出能力。

岳阳自贸片区的区域带动指数为9.27，位列全国第32位。从区域带动指数的二级指标来看，岳阳自贸片区的市场活力指数为14.50，排位居中；产业带动指数为11.13，排位居中；辐射带动指数为4.72，排位居中。岳阳自贸片区的区域带动各指数均处于全国中游。

岳阳自贸片区的高水平对外开放指数为3.97，位列全国第62位。从高水平对外开放指数的二级指标来看，贸易强度指数为5.68，排位居后；资本流动指数为2.26，排位居后。岳阳自贸片区的高水平对外开放指数处于全国下游。

岳阳自贸片区的绿色共享指数为17.94，位列全国第26位。从绿色共享指数的二级指标来看，三废排放占比指数为2.36，排位居后；污染治理力度指数为13.52，排位居前；公共服务指数为62.39，排位居前。岳阳自贸片区的绿色共享指数处于全国中游。

四、湖南自贸试验区郴州片区高质量发展指数评价

郴州自贸片区的高质量发展指数在制度创新、金融发展、科技创新、高水平对外开放四个方面居全省第二，区域带动指数居全省第一。多数指数排在全国下游位置，八个高质量发展指数除区域带动指数外，无一个进入全国前20。一些指数的排名不及长沙和岳阳自贸片区，这与郴州自贸片区面积较小，经济集聚能力短期内无法快速提升有一定关系。郴州自贸片区高质量发展指数一级、二级指标指数及其在全国自贸片区中的位置如表29-6所示。

表29-6　　　　　　　　郴州自贸片区高质量发展指数及排位

一级指标指数及排位	二级指标指数及排位		一级指标指数及排位	二级指标指数及排位	
1.制度创新 15.76 (61)	贸易便利化	25.67 (居后)	2.金融发展 2.29 (57)	金融机构	1.85 (居后)
	政府职能转变	6.24 (居后)		股权投融资	0.28 (居后)
	法治化环境	15.39 (居后)		投资自由化	4.82 (居后)
3.企业经营 19.28 (43)	基数水平	42.44 (居中)	4.产业发展 32.89 (34)	产业规模	4.58 (居后)
	高新企业占比	10.05 (居中)		产业结构	31.34 (居中)
	创新经营情况	5.75 (居中)		产业创新	6.49 (居中)
				产业环境	89.17 (居前)
5.科技创新 5.58 (49)	创新环境	6.63 (居中)	6.区域带动 19.60 (16)	市场活力	25.09 (居前)
	创新投入	4.98 (居中)		产业带动	25.44 (居前)
	创新产出	5.87 (居中)		辐射带动	14.79 (居前)
7.高水平对外开放 5.72 (58)	贸易强度	9.41 (居后)	8.绿色共享 7.44 (45)	三废排放占比	3.77 (居后)
	资本流动	2.04 (居后)		污染治理力度	4.78 (居中)
				公共服务	20.51 (居中)

　　郴州自贸片区的制度创新指数为15.76（如图29-3所示），位列全国第61位，处于下游。从制度创新的二级指标来看，郴州自贸片区的贸易便利化指数为25.67，排位居后；政府职能转变指数为6.24，排位居后；法治化环境指数为15.39，排位居后。郴州自贸片区的制度创新指数排在全国后20位，各二级指标排名靠后，应进一步推动贸易便利化，强化政府职能转变，加强法治化环境建设。

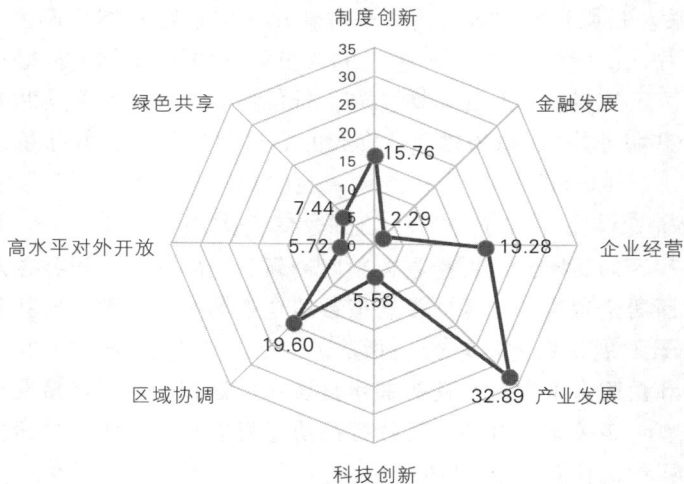

图29-3　郴州自贸片区高质量发展指数

郴州自贸片区的金融发展指数为2.29，位列全国第59位。从金融发展指数的二级指标来看，郴州自贸片区金融机构指数为1.85，排位居后；股权投融资指数为0.28，排位居后；投资自由化指数为4.82，排位居后，郴州自贸片区金融发展指数及其他二级指标指数均处于全国下游。

郴州自贸片区的企业经营指数为19.28，位列全国第43位。从企业经营指数的二级指标来看，基数水平指数为42.44，排位居中；高新企业占比指数为10.05，排位居中；创新经营情况指数为5.75，排位居后。郴州自贸片区企业经营二级指标基数水平均存在较大提升空间。

郴州自贸片区的产业发展指数为32.89，位列全国第34位。从产业发展指数的二级指标来看，产业规模指数为4.58，排位居后；产业结构指数为31.34，排位居中；产业创新指数为6.49，排位居中；产业环境指数为89.17，排位居前。郴州自贸片区的产业环境指数居全国前20位，产业发展的其他指标均处于全国中下游。

郴州自贸片区的科技创新指数为5.85，位列全国第49位。从科技创新指数的二级指标来看，创新环境指数为6.63，排位居中；创新投入指数为4.98，排位居后；创新产出指数为5.87，排位居后。郴州自贸片区的科技创新指数处于全国下游。

郴州自贸片区的区域带动指数为19.60，位列全国第16位。从区域带动指数的二级指标来看，市场活力指数为25.09，排位居前；产业带动指数为25.44，排位居前；辐射带动指数为14.79，排位居前。郴州自贸片区的区域带动指数处于全国上游。

郴州自贸片区的高水平对外开放指数为5.72，位列全国第58位。从高水平对外开放指数的二级指标来看，贸易强度指数为9.41，排位居后；资本流动指数为2.04，排位居后。郴州自贸片区的高水平对外开放还有提升空间。

郴州自贸片区的绿色共享指数为7.44，位列全国第45位。从绿色共享指数的二级指标来看，三废排放占比指数为3.77，排位居后；污染治理力度指数为4.78，排位居中；公共服务指数为20.51，排位居中。郴州自贸片区的污染治理力度还有待加强。

第三节 湖南自贸试验区建设的主要成效与重点发展方向

一、湖南自贸试验区建设的主要成效

湖南自贸试验区聚焦国家赋予的战略定位、自身区位特点和发展基础，构建了科学高效的工作机制，在政府职能转变、投资领域改革、贸易高质量发展、金融开放创新、打造世界级先进制造业集群、打造联通长江经济带和粤港澳大湾区的国际

投资贸易走廊、打造中非经贸深度合作先行区七大领域取得明显成效。

　　两年多来，湖南自贸试验区正式发布47项制度创新成果，其中23项具有全国首创价值。制度创新的红利正转化为湖南开放型经济高质量发展的引擎。截至2022年12月，湖南自贸试验区新设企业2.7万家，新引进重大项目271个，总投资4 160.11亿元，其中三类500强企业投资项目45个，比亚迪新能源汽车零部件产业园及乘用车生产基地项目、上汽大众奥迪新车型项目、泰格林纸集团产业发展及总部搬迁等重大项目相继落地。2022年，湖南自贸试验区实现进出口总额2 135.88亿元，同比增长27.8%，占全省比重30.3%，高于全国增速20.1个百分点。2022年1~12月实际使用外资3.17亿美元，同比增长74%，高于全国增速66个百分点。

　　政府服务水平显著提升，企业获取电力便利化水平居全国前列，快于北京、上海、苏州等城市；实现企业开办零成本，开办便利化达到中国香港、新加坡等全球先进水平；工程建设项目审批提速增效，审批事项由71项压减到47项；外国人来湘办理相关手续由跑三地六次变成只需跑一地一次，办理时间由30个工作日缩减至10个工作日以内。

　　联通长江经济带和粤港澳大湾区的国际投资贸易走廊加速形成，深化粤港澳大湾区口岸和湖南通关合作，开通"跨境一锁"业务，搭建起湖南与中国香港贸易"快速通道"；推动武汉阳逻港、岳阳城陵矶港、九江港打造"组合港"模式，实现三港联动、共享航线、抱团发展；恢复开通岳阳城陵矶港至中国香港江海直航，加强与广州港、盐田港对接，开通湘粤非铁海联运，实现铁海联运"一单制"。

　　中非经贸合作新路径新机制不断拓展，助推中非实现首个AEO互认（中国和乌干达），卢旺达干辣椒首次进口中国；加快中非跨境人民币中心建设，开通对非洲6个国家的对公即期结售汇业务；支持企业与非洲4国开展了"一对一"易货贸易，探索以货物交换和本币结算为基础，信息汇总、货物跨境、资金不跨境的新型易货贸易模式。湖南省对非进出口快速增长，2022年对非进出口总值达到556.6亿元，同比增长42.8%，创历史新高。

二、湖南自贸试验区建设特色

　　湖南自贸试验区一直在运用改革的方式不断放大自身的差异化优势，湖南处于东部沿海地区和中西部地区过渡带、长江开放经济带和沿海开放经济带结合部。立足这一区位特点，湖南自贸试验区提出了"一走廊"的发展定位，即打造联通长江经济带和粤港澳大湾区的国际投资贸易走廊，努力建设"内陆地区改革开放高地"。

　　坚持一切从实际出发，立足自身资源禀赋加强创新探索，通过制度创新把自身潜力释放出来。比如，工程机械是湖南的优势产业，湖南自贸试验区探索工程机械二手设备出口新路径，成立湖南省工程机械二手设备出口行业联盟，涉及金融、税收、监管等制度创新。截至 2023 年 8 月，已实现出口价值 4.95 亿元、200 多台设备，出口到非洲、东南亚、中亚的 20 个国家和地区。同时着眼于中小制造企业出海，创新适合小批量、多批次产品的市场采购模式，推动"制造出海"持续扩面提质。目前，湖南已形成 5 条国际贸易通道，还打造了 5 个国际货运集结中心，形成了内陆地区开展国际贸易的通道网络。

三、湖南自贸试验区的主要发展经验

加快形成先进制造业世界级产业集群。实施一系列涵盖产业链上中下游的制度创新举措，如从商业秘密保护、知识产权转化等研发端聚力，从数字化转型、智能赋能、保税加工新模式、保税维修业务、绿色设计等生产端发力，从出口标准体系、售后服务体系等贸易端着力，全面提升企业国际竞争力。三一集团、中联重科、铁建重工、山河智能稳居全球工程机械 50 强，区内保税维修业务种类及配套水平加快提升。

金融领域开放创新持续深入。率先建立中部地区数字人民币跨境支付试点，办理全国首笔肯尼亚先令跨境汇款及结售汇业务；完善跨境收付汇制度，简化跨境电商企业货物贸易收支手续，实现业务办理时间从 2 天缩减到即时完成。

投资领域改革持续深化。全面落实准入前国民待遇加负面清单管理制度，外商投资一站式服务联络点聚焦企业实际诉求，积极为企业争取政策支持，区内投资环境进一步优化，贸易便利化水平明显提升。"国际邮件、国际快件和跨境电商业务集约发展新模式"将通关时间压缩 50%，企业综合运输成本降低约 30%；"鲜活海产品混合规格进口监管创新模式"让海鲜进口变得更加高效、快捷，存活率明显提高；"进口转关货物内河运费不计入关税完税价格"拉平了内陆口岸与沿海口岸的进口关税成本。

推动建设中非经贸合作公共服务平台，打造中非经贸合作示范高地。全面落实中央关于加快建设制造强国、实施中部崛起战略等要求，发挥东部沿海地区和中西部地区过渡带、长江经济带和沿海开放经济带结合部的区位优势，着力打造世界级先进制造业集群、联通长江经济带和粤港澳大湾区的国际投资贸易走廊、中非经贸深度合作先行区和内陆开放新高地。

四、湖南自贸试验区的重点发展方向

湖南自贸试验区应进一步加快区域协同、开放、合作。深入推进湖南自贸试验区与国内其他自贸试验区（港）的交流合作，推动组建长江经济带自贸试验区联盟。探索"自贸区核心区＋联动区"融合发展模式，在有条件的市州、园区、平台分批确定协同联动发展区。加强湖南自贸试验区与长株潭国家自主创新示范区的联动融合，促进功能叠加。加强湖南自贸试验区与湘江新区、岳麓山国家大学科技

城、马栏山视频文创产业园等产业园区及其他开放平台的协同联动，搭建国际经贸科技合作平台，增强湖南自贸试验区的科技研发功能、先进制造能力和文创贸易水平，同时大力推进产业升级发展。加大长沙片区、岳阳片区、郴州片区三大片区及联动区的金融创新力度，壮大战略性新兴产业和重点优势产业，着重打造工程机械、先进轨道交通装备、航空航天3个世界级先进制造集群和电子信息、先进材料、新能源与节能环保3个国家级产业集群。围绕优势产业链核心环节和前沿领域，通过国际科技合作，在基础研究和原始创新方面取得突破，带动全省优势产业集群集聚发展。

第三十章　安徽自贸试验区高质量发展评价

安徽自贸试验区地处我国中部区域板块。安徽自贸区建设坚持以制度创新为核心，以可复制可推广为基本要求，全面落实中央关于深入实施创新驱动发展、推动长三角区域一体化发展战略等要求，发挥在推进"一带一路"建设和长江经济带发展中的重要节点作用，推动科技创新和实体经济发展深度融合，加快推进科技创新策源地建设、先进制造业和战略性新兴产业发展，形成内陆开放新高地。本章在对安徽自贸试验区进行概述的基础上，基于中国自贸试验区大数据监测分析平台微观数据，从制度创新、金融发展、企业经营、产业发展、科技创新、区域带动、高水平对外开放、绿色共享八个维度入手，对合肥、芜湖、蚌埠自贸片区的高质量发展情况进行评价，分析其优势与短板，梳理安徽自贸试验区主要发展成效与经验、制度创新特色，明确了未来高质量发展方向。

第一节　安徽自贸试验区概况

一、安徽自贸试验区实施范围

2020年9月21日，国务院正式发布《中国（安徽）自由贸易试验区总体方案》。安徽自贸试验区的实施范围119.86平方千米，涵盖三个片区：合肥片区、芜湖片区和蚌埠片区。

安徽自贸试验区合肥片区64.95平方千米（含合肥经济技术开发区综合保税区1.4平方千米），范围涵盖经开区块29.85平方千米、高新区块31.43平方千米和蜀山区块3.67平方千米。

安徽自贸试验区芜湖片区35平方千米（含芜湖综合保税区2.17平方千米），四至范围：东至经二次路、清水河路、徽州路、宁芜铁路线、松花江路；南至韦一次路、赤铸山路、港一路、港湾路；西至长江、长江路、千岛湖路；北至芜湖市行政区界线、衡山路、万春路、规划道路。

安徽自贸试验区蚌埠片区19.91平方千米，四至范围：东至蚌埠港、胜利西路、长青路等；南至乾和路、迎河路等；西至合徐高速公路等；北至蚌埠港。

二、安徽自贸试验区的功能定位

安徽自贸试验区三个片区的功能定位为：合肥片区重点发展集成电路与智能终端、新能源汽车、生物医药、高端装备制造、人工智能与公共安全等主导产业，打造世界级先进制造业集聚区、产业创新引领区、对外开放样板区，发展节能环保、数字经济、电子商务、工业设计等主导产业，打造具有全国重要影响力的"中国环境谷、数字新园区"；芜湖片区聚焦智能网联汽车、智慧家电、机器人、航空、国际贸易等主导产业，通过制度创新赋能产业发展；蚌埠片区重点发展硅基新材料、生物基新材料、新能源等产业，打造世界级硅基和生物基制造业中心、皖北地区科技创新和开发发展引领区。

三、安徽自贸试验区的产业基础

两年来，安徽自贸试验区围绕《总体方案》扎实推进"9+3+N"专项行动计划，112项改革试点任务落地见效102项，阶段性完成率达91%，超额完成80%的两周年目标。其中，安徽自贸试验区探索形成超百项创新案例，17项为全国首创，合肥、芜湖、蚌埠自贸片区均形成集聚效应，吸引大量市场主体进入片区。中国自贸试验区大数据监测分析平台显示，截至2021年，合肥自贸片区在营企业数为72 003家，投资总额为9 625.92亿元；民营企业占比95.57%，市场活力充沛；高新企业723家，高新企业数量在全国自贸片区较为靠前；服务业占比75.64%，进出口企业占比9.72%。芜湖自贸片区在营企业数为6 778家，投资总额为1 103.51亿元；民营企业占比92.76%，服务业占比62.32%，进出口企业占比14.06%。蚌埠自贸片区在营企业数为3 100家，投资总额为386.31亿元；民营企业占比93.61%，服务业占比62.78%，进出口企业占比11.87%。安徽自贸试验区三个片区的各类企业数量情况如表30-1、表30-2、表30-3所示。

表30-1　　　　　　　　安徽自贸试验区合肥片区各类企业数量情况

		企业数（家）	占比（%）	投资额（亿元）	占比（%）
产业结构	第一产业	290	0.40	29.27	0.30
	第二产业	17 250	23.96	2 937.87	30.52
	第三产业	54 443	75.64	6 658.78	69.18
所有制	国有	142	0.20	847.23	8.80
	民营	68 810	95.57	6 234.88	64.77
	外资	461	0.64	624.61	6.49
	其他	2 587	3.59	1 919.56	19.94
企业规模	大	466	0.67	4 001.17	41.97
	中	1 926	2.78	1 873.56	19.65
	小	26 437	38.21	2 207.70	23.16
	微	40 351	58.34	1 450.69	15.22
企业特征	高新技术企业	723	1.00	304.79	3.20
	对外投资企业	1 845	2.56	2 726.60	28.60

数据来源：中国自贸试验区大数据监测分析平台。

表30-2　　　　　　　　安徽自贸试验区芜湖片区各类企业数量情况

		企业数（家）	占比（%）	投资额（亿元）	占比（%）
产业结构	第一产业	30	0.44	2.32	0.21
	第二产业	2 524	37.24	486.06	44.05
	第三产业	4 223	62.32	615.13	55.74
所有制	国有	21	0.31	86.76	7.86
	民营	6 287	92.76	638.21	57.83
	外资	122	1.80	176.37	15.98
	其他	348	5.13	202.18	18.33
企业规模	大	98	1.51	574.13	52.03
	中	355	5.46	192.99	17.49
	小	1 867	28.73	182.11	16.50
	微	4 179	64.30	154.27	13.98
企业特征	高新技术企业	116	1.71	119.57	10.84
	对外投资企业	213	3.14	400.67	36.31

数据来源：中国自贸试验区大数据监测分析平台。

表30-3　　　　　　　　安徽自贸试验区蚌埠片区各类企业数量情况

		企业数（家）	占比（%）	投资额（亿元）	占比（%）
产业结构	第一产业	15	0.48	0.23	0.06
	第二产业	1 139	36.74	206.95	53.57
	第三产业	1 946	62.78	179.12	46.37
所有制	国有	14	0.45	16.50	4.27
	民营	2 902	93.61	278.96	72.21
	外资	25	0.81	15.12	3.91
	其他	159	5.13	75.73	19.61
企业规模	大	31	1.04	114.09	29.53
	中	159	5.33	132.72	34.36
	小	874	29.29	75.24	19.47
	微	1 920	64.34	64.27	16.64
企业特征	高新技术企业	35	1.13	37.73	9.77
	对外投资企业	91	2.94	79.44	20.57

数据来源：中国自贸试验区大数据监测分析平台。

四、安徽自贸试验区的对外开放

加快发展贸易新业态。两年来，安徽自贸试验区充分发挥综合保税区、跨境电商综合试验区、进口贸易促进创新示范区等功能区政策叠加和先行先试优势，开展

"外发加工""集团保税"等试点；主动承接进博会溢出效应，引入设立"虹桥品汇"分中心；探索市场采购贸易方式创新，推出"全省组货+蚌埠通关""市场采购+跨境电商"等新模式；推动"跨境电商+中欧班列"新模式常态化运营，"跨境电商+货运包机"、"跨境电商+海运直航"、跨境电商零售进口退货中心仓等试点也相继落地，加快链接国内国际两个市场、两种资源，不断释放新型贸易方式潜力，带动贸易体量的整体增长和新业态的发展壮大。

五、安徽自贸试验区"十四五"时期发展目标

以制度创新为核心，以可复制可推广为基本要求，全面落实中央关于深入实施创新驱动发展、推动长三角区域一体化发展战略等要求，发挥在推进"一带一路"建设和长江经济带发展中的重要节点作用，推动科技创新和实体经济发展深度融合，加快推进科技创新策源地建设、先进制造业和战略性新兴产业发展，形成内陆开放新高地。

赋予自贸试验区更大改革自主权，深入开展差别化探索。对标国际先进规则，加大开放力度，开展规则、规制、管理、标准等制度型开放。经过三至五年改革探索，形成更多有国际竞争力的制度创新成果，为进一步扩大对外开放积累实践经验，推动科技创新、产业创新、企业创新、产品创新、市场创新，推进开放大通道大平台大通关建设，努力建成贸易投资便利、创新活跃强劲、高端产业集聚、金融服务完善、监管安全高效、辐射带动作用突出的高标准高质量自由贸易园区。

第二节 安徽自贸试验区高质量发展指数评价

一、安徽自贸试验区高质量发展总体评价

从自贸试验区高质量发展八个方面的指数来看，安徽自贸试验区总体上处于全国中游。安徽自贸试验区表现较为突出的是产业发展指数、科技创新指数，总体排名处于全国上游。另外，企业经营指数、排名也较好，表现出安徽自贸试验区以金融发展、产业发展、科技创新的"三轮驱动"特征。安徽自贸试验区表现欠佳的是绿色共享指数和制度创新指数，总体上排名处于所有自贸片区中下游。从安徽自贸试验区三个片区来看，合肥自贸片区表现出色，位居安徽省三个自贸片区之首，多项高质量发展指数居全国前列。芜湖自贸片区的高质量发展指数略好于蚌埠自贸片区，和合肥自贸片区相比尚有差距。芜湖、蚌埠自贸片区的多项发展指数处于全国中上游，个别指数处于全国下游。

二、安徽自贸试验区合肥片区高质量发展指数评价

合肥自贸片区的高质量发展指数在金融发展、企业经营、产业发展、区域带动、绿色共享五个方面的表现全省最优。除制度创新指数、高水平对外开放指数与绿色共享指数外，合肥自贸片区其余指数均位于所有自贸片区前20位，产业发展

指数位于全国前 10 位，合肥自贸片区高质量发展指数一级、二级指标指数及其在全国自贸片区中的位置如表 30-4 所示。

表30-4　　　　　　　　　　合肥自贸片区高质量发展指数及排位

一级指标指数及排位	二级指标指数及排位		一级指标指数及排位	二级指标指数及排位	
1.制度创新 22.24 (49)	贸易便利化	28.82 (居后)	2.金融发展 14.67 (12)	金融机构	3.71 (居后)
	政府职能转变	18.56 (居后)		股权投融资	23.05 (居前)
	法治化环境	19.34 (居后)		投资自由化	17.70 (居前)
3.企业经营 32.15 (15)	基数水平	38.72 (居后)	4.产业发展 40.52 (5)	产业规模	37.53 (居前)
	高新企业占比	38.90 (居前)		产业结构	17.88 (居后)
	创新经营情况	19.22 (居前)		产业创新	17.94 (居前)
				产业环境	88.75 (居前)
5.科技创新 21.40 (14)	创新环境	13.28 (居中)	6.区域带动 22.81 (12)	市场活力	27.93 (居前)
	创新投入	17.31 (居前)		产业带动	32.51 (居前)
	创新产出	25.47 (居前)		辐射带动	14.22 (居前)
7.高水平对外开放 12.61 (37)	贸易强度	11.67 (居后)	8.绿色共享 11.44 (42)	三废排放占比	6.04 (居后)
	资本流动	13.56 (居中)		污染治理力度	10.32 (居前)
				公共服务	26.18 (居中)

合肥自贸片区的制度创新指数为 22.24（如图 30-1 所示），位于全国所有自贸片区的第 49 位。从制度创新的二级指标来看，合肥自贸片区的贸易便利化指数为 28.82，排位居后；政府职能转变指数为 18.56，排位居后；法治化环境指数为 19.34，排位居后。

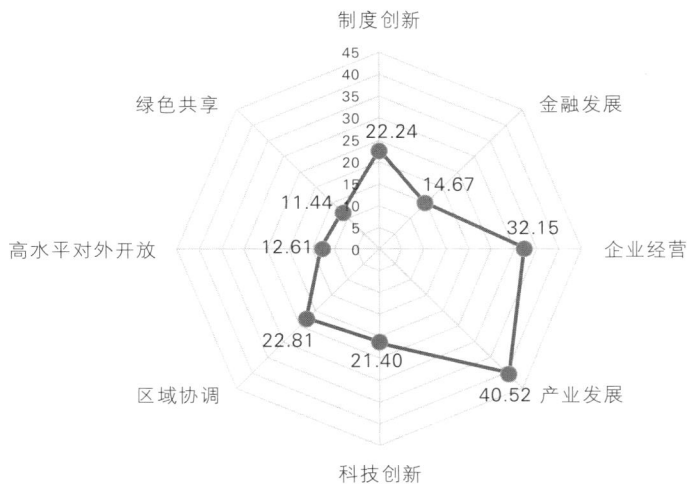

图30-1　合肥自贸片区高质量发展指数

合肥自贸片区的金融发展指数为14.67，位列全国第12位。合肥自贸片区大力发展金融产业，从金融发展指数的二级指标来看，合肥自贸片区的金融机构指数为3.71，排位居后，并不突出，但是另外两个二级指标股权投融资指数和投资自由化指数分别为23.05和17.70，排位居前，由此拉高了金融发展指数。

合肥自贸片区的企业经营指数为32.15，位列全国第15位，从企业经营指数的二级指标来看，基数水平指数为38.72，排位居后；高新企业占比指数为38.90，排位居中；创新经营情况指数为19.22，排位居前。

合肥自贸片区的产业发展指数为40.52，位列全国第5位，也是合肥自贸片区8个高质量发展指数中位次最高的。在合肥自贸片区内，此前已初步形成了大数据、人工智能、生命科学的产业聚集，拥有了相对完整的产业链。从产业发展指数的二级指标来看，产业规模指数为37.53，排位居前；产业结构指数为17.88，排位居后；产业创新指数为17.94，排位居前；产业环境指数为88.75，排位居前。除产业结构指数外，合肥自贸片区的其他产业发展指数均处于全国上游。

合肥自贸片区的科技创新指数为21.40，位列全国第14位。从科技创新指数的二级指标来看，创新环境指数为13.28，排位居中；创新投入指数为17.31，排位居前；创新产出指数为25.47，排位居前。

合肥自贸片区的区域带动指数为22.81，位列全国第12位。从区域带动指数的二级指标来看，市场活力指数为27.93，排位居前；产业带动指数为32.51，排位居前；辐射带动指数为14.22，排位居前。合肥自贸片区吸引制造业500强、世界500强、中国500强企业入驻，对城市产生了较大的引领和辐射带动作用，促进了区域的协调发展。

合肥自贸片区的高水平对外开放指数为12.61，位列全国第37位。合肥自贸片区还是国家级新区和综合保税区，集三者的高水平开放功能于一身，拥有国家文化出口基地、中欧绿色制造产业园两个国家级高水平对外开放平台，促进了国际贸易的发展。从高水平对外开放指数的二级指标来看，合肥自贸片区的贸易强度指数为11.67，排位居后；资本流动指数为13.56，排位居中。

合肥自贸片区的绿色共享指数为11.44，位列全国第42位。从绿色共享指数的二级指标来看，三废排放占比指数为6.04，排位居后；污染治理力度指数为10.32，排位居前；公共服务指数为26.18，排位居中。合肥自贸片区的绿色共享指数总体较高，污染治理力度较大，但是三废排放量较多，是绿色发展的重点领域。

三、安徽自贸试验区芜湖片区高质量发展指数评价

芜湖自贸片区的高质量发展指数在制度创新、金融发展、区域带动三个方面的表现全省第二，科技创新与高水平对外开放指数居全省第一，多数指数排在全国中游位置。芜湖自贸片区与合肥自贸片区相比，高质量发展有较大差距。芜湖自贸片区高质量发展指数一级、二级指标指数及其在全国自贸片区中的位置如表

30-5所示。

表30-5 芜湖自贸片区高质量发展指数及排位

一级指标指数值及排位	二级指标指数值及排位		一级指标指数值及排位	二级指标指数值及排位	
1.制度创新 29.15 （29）	贸易便利化	26.53（居后）	2.金融发展 2.80 （52）	金融机构	3.97（居后）
	政府职能转变	30.23（居前）		股权投融资	0.46（居中）
	法治化环境	30.69（居前）		投资自由化	4.06（居后）
3.企业经营 25.47 （28）	基数水平	39.87（居后）	4.产业发展 30.78 （44）	产业规模	3.79（居后）
	高新企业占比	12.02（居中）		产业结构	27.55（居后）
	创新经营情况	24.53（居前）		产业创新	9.63（居中）
				产业环境	82.16（居中）
5.科技创新 22.76 （11）	创新环境	18.57（居前）	6.区域带动 13.93 （22）	市场活力	12.26（居中）
	创新投入	23.25（居前）		产业带动	19.47（居前）
	创新产出	24.00（居前）		辐射带动	16.13（居前）
7.高水平对外开放 13.38 （32）	贸易强度	13.45（居中）	8.绿色共享 4.97 （61）	三废排放占比	0.77（居后）
	资本流动	13.32（居中）		污染治理力度	0.52（居后）
				公共服务	21.26（居中）

芜湖自贸片区的制度创新指数为29.15（如图30-2所示），位列全国第29位，处于中游偏上水平。从制度创新的二级指标来看，芜湖自贸片区的贸易便利化指数为26.53，排位居后；政府职能转变指数为30.23，排位居前；法治化环境指数为30.69，排位居前。芜湖自贸片区的贸易便利化水平有待提高。

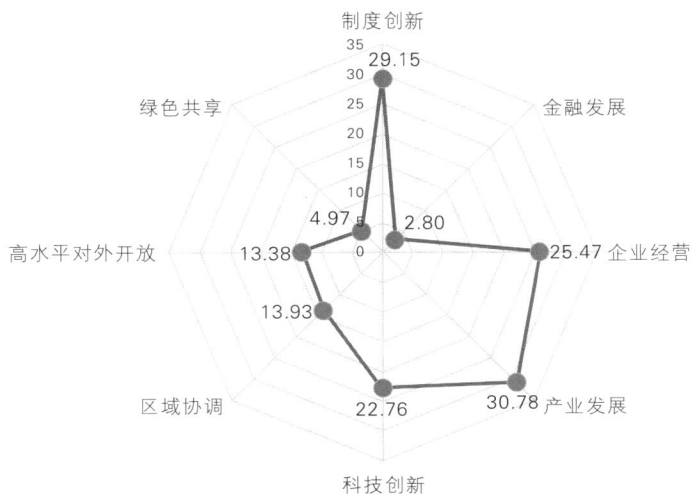

图30-2 芜湖自贸片区高质量发展指数

芜湖自贸片区的金融发展指数为 2.80，位列全国第 52 位。从金融发展指数的二级指标来看，芜湖自贸片区金融机构指数为 3.97，排位居后；股权投融资指数为 0.46，排位居中；投资自由化指数为 4.06，排位居后。

芜湖自贸片区的企业经营指数为 25.47，位列全国第 28 位。从企业经营指数的二级指标来看，芜湖自贸片区基数水平指数为 39.87，排位居后；高新企业占比指数为 12.02，排位居中；创新经营情况指数为 24.53，排位居前。

芜湖自贸片区的产业发展指数为 30.78，位列全国第 44 位。从产业发展指数的二级指标来看，芜湖自贸片区的产业规模指数为 3.79，排位居后；产业结构指数为 27.55，排位居后；产业创新指数为 9.63，排位居中；产业环境指数为 82.16，排位居中。

芜湖自贸片区的科技创新指数为 22.76，位列全国第 11 位。从科技创新指数的二级指标来看，芜湖自贸片区的创新环境指数为 18.57，排位居前；创新投入指数为 23.25，排位居前；创新产出指数为 24.00，排位居前。科技产出指数进入了全国前 10 位，表明芜湖自贸片区具有较强的科技产出能力。

芜湖自贸片区的区域带动指数为 13.93，位列全国第 22 位。从区域带动指数的二级指标来看，芜湖自贸片区的市场活力指数为 12.26，排位居中；产业带动指数为 19.47，排位居前；辐射带动指数为 16.13，排位居前。芜湖自贸片区的区域带动指数基本处于全国中游。

芜湖自贸片区的高水平对外开放指数为 13.38，位列全国第 32 位。从高水平对外开放指数的二级指标来看，贸易强度指数为 13.45，排位居中；资本流动指数为 13.32，排位居中。

芜湖自贸片区的绿色共享指数为 4.97，位列全国第 61 位。从绿色共享指数的二级指标来看，三废排放占比指数为 0.77，排位居后；污染治理力度指数为 0.52，排位居后；公共服务指数为 21.26，排位居中。芜湖自贸片区的绿色共享指数处于全国下游。

四、安徽自贸试验区蚌埠片区高质量发展指数评价

蚌埠自贸片区的高质量发展指数在制度创新方面处于全省第一，在企业经营、产业发展、科技创新和绿色共享四个方面处于全省第二。一些指数的排名不及海南和青岛自贸片区，这与蚌埠自贸片区面积较小，经济集聚能力短期内无法快速提升有一定关系。蚌埠自贸片区高质量发展指数一级、二级指标指数及在全国自贸片区中的位置如表 30-6 所示。

蚌埠自贸片区的制度创新指数为 31.81，位列全国第 20 位，处于上游。从制度创新二级指标来看，蚌埠自贸片区贸易便利化指数为 25.23，排位居后；政府职能转变指数为 33.43，排位居前；法治化环境指数为 36.78，排位居前。蚌埠自贸片区

的政府职能转变指数排名进入全国前20位，贸易便利化指数排名靠后，应进一步
推动贸易便利化。

表30-6   蚌埠自贸片区高质量发展指数及排位

一级指标指数及排位	二级指标指数及排位		一级指标指数及排位	二级指标指数及排位	
1.制度创新 31.81 (20)	贸易便利化	25.23 (居后)	2.金融发展 2.42 (55)	金融机构	4.04 (居后)
	政府职能转变	33.43 (居前)		股权投融资	0.13 (居后)
	法治化环境	36.78 (居前)		投资自由化	3.15 (居后)
3.企业经营 25.75 (27)	基数水平	42.20 (居中)	4.产业发展 35.28 (20)	产业规模	2.81 (居后)
	高新企业占比	6.29 (居中)		产业结构	47.34 (居前)
	创新经营情况	37.09 (居前)		产业创新	19.24 (居前)
				产业环境	71.74 (居前)
5.科技创新 22.74 (12)	创新环境	12.95 (居中)	6.区域带动 8.75 (35)	市场活力	8.59 (居中)
	创新投入	16.09 (居前)		产业带动	12.00 (居中)
	创新产出	28.22 (居前)		辐射带动	9.30 (居中)
7.高水平对外开放 10.08 (45)	贸易强度	10.44 (居后)	8.绿色共享 8.92 (50)	三废排放占比	0.40 (居后)
				污染治理力度	1.49 (居后)
	资本流动	9.72 (居中)		公共服务	41.24 (居中)

蚌埠自贸片区的金融发展指数为2.42（如图30-3所示），位列全国第55位。从
金融发展指数的二级指标来看，蚌埠自贸片区的金融机构指数为4.04，排位居后；
股权投融资指数为0.13，排位居后；投资自由化指数为3.15，排位居后。

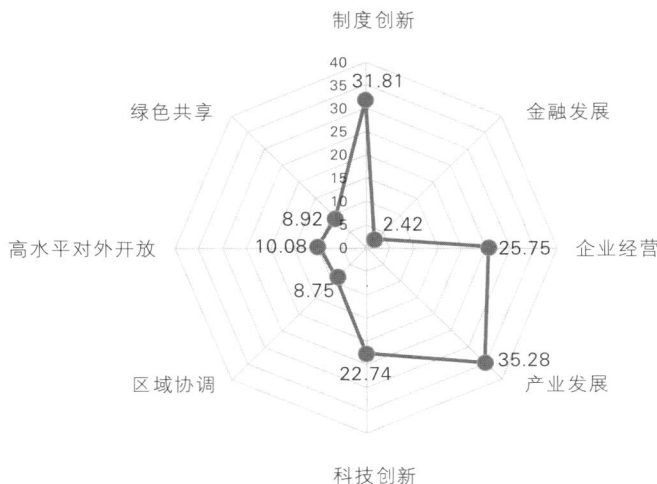

图30-3　蚌埠自贸片区高质量发展指数

蚌埠自贸片区的企业经营指数为25.75，位列全国第27位。从企业经营指数的二级指标来看，基数水平指数为42.20，排位居中；高新企业占比指数为6.29，排位居中；创新经营情况指数为37.09，排位居前。蚌埠自贸片区企业经营二级指标创新经营情况指数进入了全国前20位，其余指数均处于全国中游。

蚌埠自贸片区的产业发展指数为35.28，位列全国第20位。从产业发展指数的二级指标来看，产业规模指数为2.81，排位居后；产业结构指数为47.34，排位居前；产业创新指数为19.24，排位居前；产业环境指数为71.74，排位居后。蚌埠自贸片区的产业结构指数居全国前10位，产业结构优化明显，结构合理。

蚌埠自贸片区的科技创新指数为22.74，位列全国第12位。从科技创新指数的二级指标来看，创新环境指数为12.95，排位居中；创新投入指数为16.09，排位居前；创新产出指数为28.22，排位居前。

蚌埠自贸片区的区域带动指数为8.75，位列全国第35位。从区域带动指数的二级指标来看，市场活力指数为8.59，排位居中；产业带动指数为12.00，排位居中；辐射带动指数为9.30，排位居中。

蚌埠自贸片区的高水平对外开放指数为10.08，位列全国第45位。从高水平对外开放指数的二级指标来看，贸易强度指数为10.44，排位居后；资本流动指数为9.72，排位居中。蚌埠自贸片区促进了高水平对外开放，但还有提升空间。

蚌埠自贸片区的绿色共享指数为8.92，位列全国第50位。从绿色共享指数的二级指标来看，三废排放占比指数为0.40，排位居后；污染治理力度指数为1.49，排位居后；公共服务指数为41.24，排位居中。蚌埠自贸片区的绿色化发展是未来的重点。

第三节　安徽自贸试验区建设的主要成效与重点发展方向

一、安徽自贸试验区建设的主要成效

两年来，安徽自贸试验区围绕《总体方案》扎实推进"9+3+N"专项行动计划，112项改革试点任务落地见效102项，阶段性完成率达91%，超额完成80%的两周年目标。其中，安徽自贸试验区探索形成超百项创新案例，17项为全国首创；累计入驻企业2.5万家，实际利用外资11亿美元，实现进出口2 993亿元，税收收入579亿元，以不到全省千分之一的面积，贡献了全省约26%的进出口额、10%的实际利用外资、4%的新设企业、7%的税收收入。截至目前，安徽自贸试验区内实有"四上企业"1 742家，两年增加527家；营业收入过百亿企业14家，两年增加6家；高新技术企业1 918家，占全省总量的16.9%，两年增加456家。

打造法治化、国际化、便利化的营商环境和公平开放统一高效的市场环境。两年来，安徽自贸试验区围绕高标准市场体系建设深化行政体制改革，积极承接权限

下放，加快转变政府职能，奋力打造成为全省建设服务型政府的领跑者。

持续拓展片区自主管理权限。安徽自贸试验区坚持"赋权优服提效"一体推进，实施自贸试验区特别清单，向片区下放25个部门的212项管理权限已全部落地；合肥片区下放权限惠及3 000余家企业，芜湖片区开展行政审批相对集中权改革，蚌埠片区企业注册时间压缩80%。

持续深化"放管服"改革。安徽自贸试验区推动"四送一服"工程深入开展，企业开办涉税业务"一网集成"，在全国率先完成税务与政务系统端口对接、互联互通；实施"证照分离"改革自贸试验区版，54项特色便利举措全面实施，进一步释放经济发展内生动力；推进环评与排污许可"两证合一"改革，压缩项目审批周期至5个工作日；推出软件产业增值税即征即退新模式，退税周期压减70%。

不断优化法治保障环境。安徽省人大常委会颁布《中国（安徽）自由贸易试验区条例》，为自贸试验区建设提供坚强法治保障；在各片区设立人民法院自由贸易试验区人民法庭，加强对自贸试验区建设的司法引导；以"科创+国际商事争端预防与解决"为重点，与国际商事争端预防与解决组织（秘书处）签约，提供跨境贸易投资法律综合服务；贴近服务实体经济，在片区设立仲裁中心，推出"专员驻点"服务机制、"线上线下"双服务模式和"仲裁送法上门"等专项特色仲裁服务；打造"96 388"营商环境监督"绿色通道"，开展不动产查解封司法服务线上办，企业获得感明显提升。

二、安徽自贸试验区建设特色

打造高能级创新平台。深入开展科创领域首创性改革，在全国率先创新利用产业化经费对拟孵化企业进行股权投资；率先探索国有新型研发机构市场化改革，创新建立企业化运营机制和市场化薪酬制度，开展"项目聘用制"试点，促进科研人员自由流动；建立环境科技新技术应用场景对接发布机制，结合环境科技产业特色打造"场景实验室"；依托世界制造业大会、中国（安徽）科技创新成果转化交易会等高端展会平台链接资源，持续为经济发展注入新动能。

创新贸易监管模式。安徽自贸试验区率先推动长三角海关特殊货物检查作业一体化改革试点，解决集成电路、新型显示企业的精密设备、仪器、原材料等特殊货物通关过程中的堵点问题；建成全省首个集成电路公用型寄售维修保税仓库，有效保障集成电路企业的设备运维服务；推广应用"提前申报""两步申报"，推进"无感通关""抵港直装""船边直提"试点，提升通关便利化水平；探索实施新型易货贸易，研究提出企业及产品"双白名单"制度和货值评价体系等。

加快发展贸易新业态。两年来，安徽自贸试验区充分发挥综合保税区、跨境电商综合试验区、进口贸易促进创新示范区等功能区政策叠加和先行先试优势，开展"外发加工""集团保税"等试点；主动承接进博会溢出效应，引入设立"虹桥品汇"分中心；探索市场采购贸易方式创新，推出"全省组货+蚌埠通关""市场采购+跨境电商"等新模式；推动"跨境电商+中欧班列"新模式常态化运营，"跨境电商+货运包机"、"跨境电商+海运直航"、跨境电商零售进口退货中心仓等试点也相继落地，加快链接国内国际两个市场、两种资源，不断释放新型贸易方式潜力，带动贸易体量的整体增长和新业态的发展壮大。

优化投资便利服务。安徽自贸试验区贯彻落实外商投资准入前国民待遇和负面清单管理制度，积极承接外商投资企业登记注册下放权限，建立起外资准入规则更加透明、外商服务体系更加完善的制度体系；推动建立省重大外资项目协调推进机制，对省重大外资项目开辟项目审批、用地、环评、能耗等绿色通道；优先保障自贸试验区建设合理用地需求，对纳入省政府年度重点项目投资计划清单的产业单独选址项目用地，切实保障产业发展及重点建设项目用地；围绕片区优势产业引进外资总部、功能性机构，蔚来总部、大众数字化销售中心相继落户，使自贸试验区成为全省外商投资的热土。

三、安徽自贸试验区的主要发展经验

两年来，安徽自贸试验区积极服务国家重大战略，因地制宜与长三角、长江经济带、中部地区融合发展、优势互补，通过共建产业合作园区、江海联运枢纽、空铁贸易航线等提升区域间互联互通水平，打造成为全省高质量发展的示范者。

围绕主导产业开展集成性制度创新。安徽自贸试验区坚持"把制度创新与主导产业高质量发展紧紧结合起来"，聚焦3个片区10个主导产业开展集成性制度创新，目前已围绕集成电路、量子信息、新能源汽车和智能网联车、生物医药4个产业，印发了5个方面76项制度创新举措；完善省市区三级联动工作机制，培育壮大高技术、高成长、高价值企业；建成国内首个城市安全运行监测系统和数据底座，构建"科技+产业"集成创新城市智慧安全屏障；促进云计算、大数据、互联网、人工智能、5G与实体经济、制造业的系列化融合应用。

深化创新成果复制推广。安徽自贸试验区做好自贸试验区278项制度创新成果复制推广，截至目前，已经落地实施258项，复制率达92.8%；对标学习先发自贸试验区，复制推广出入境生物材料制品风险管理、中欧班列运费分段结算、工程建设项目审批制度改革、"生态眼"助力长江大保护等经验；开展省级复制推广工作，印发首批44项省级复制推广改革试点经验，复制落地率超过60%。

深化长三角自贸试验区创新合作。安徽自贸试验区各片区与浙江宁波、河南开封等省外自贸片区相继达成战略合作，开辟区域合作新局面。依托长三角自贸试验区联盟，深化与沿海港口合作——芜湖港与上港集团联合成立集装箱联合服务中心开启空箱提前回运服务新模式，芜湖港与洋山港"联动接卸，视同一港"监管模式已推广至全省各港口；首创自贸片区产业合作机制，牵头组建长三角G60科创走廊产业技术创新联盟，探索政策标准共制、创新资源共享；推进跨地区政策通用互认，合肥片区高新区块联合长三角其他4个区域开展"双创券"通用通兑试点，率先实现长三角"政策通兑"，满足科创企业跨区域采购高端中介服务的需求，有效降低企业经营成本。

深化联动创新区协同发展。合肥、芜湖、蚌埠以外的13个省辖市均设立联动创新区，形成全省"自贸试验区+联动创新区"协同发展局面；联动创新区积极复制推广全国和省级改革试点经验，结合实际开展创新探索，形成了"区域评估"机制、"数字治超"模式、"税信通"联合激励模式、"标准地"2.0版出让模式等一批好经验好做法。

积极推进技术和资本要素融合发展。探索放宽金融机构外资持股比例和经营范围限制，降低银行准入条件，放宽银企合作年限；实施"信用报告"代替"合规证明"的企业上市服务新模式，企业办理时限从30天缩短到3天；推出外向型企业"双保贷"等多项金融创新产品，降低中小微外向型企业融资成本；建立科创企业贷投批量联动模式；设立知识产权融资风险补偿基金，创新推广知识产权评价增信融资模式，通过知识产权"技术流"科创企业创新能力评价体系、"人才贷""科信贷"等金融产品，全方位释放科创活力。

四、安徽自贸试验区的重点发展方向

以制度创新为核心，以可复制可推广为基本要求，全面落实中央关于深入实施创新驱动发展、推动长三角区域一体化发展战略等要求，发挥在推进"一带一路"建设和长江经济带发展中的重要节点作用，推动科技创新和实体经济发展深度融合，加快推进科技创新策源地建设、先进制造业和战略性新兴产业发展，形成内陆开放新高地。未来应赋予自贸试验区更大改革自主权，深入开展差别化探索。对标国际先进规则，加大开放力度，开展规则、规制、管理、标准等制度型开放。经过3~5年的改革探索，形成更多有国际竞争力的制度创新成果，为进一步扩大对外开放积累实践经验，推动科技创新、产业创新、企业创新、产品创新、市场创新，推进开放大通道大平台大通关建设，努力建成贸易投资便利、创新活跃强劲、高端产业集聚、金融服务完善、监管安全高效、辐射带动作用突出的高标准高质量自由贸易园区。

参考文献

[1] WILSON J S, MANN C L, OTSUKI T. Trade Facilitation and Economic Development: A New Approach to Quantifying the Impact [J]. World Bank Economic Review, 2003, 17 (3): 367-389.

[2] NGUYEN A T, NGUYEN T T, HOANG G T.Trade facilitation in ASEAN countries: harmonisation of logistics policies [J]. Asian-Pacific Economic Literature, 2016, 30 (1): 120-134.

[3] TANG R.Trade facilitation promoted the inbound tourism efficiency in Japan [J]. Tourism Management Perspectives, 2021, 38 (4): 1-12.

[4] 彭羽，陈争辉．中国（上海）自由贸易试验区投资贸易便利化评价指标体系研究 [J]．国际经贸探索，2014，30 (10)：63-75.

[5] 项义军，赵辉．中国与RCEP国家贸易便利化发展水平研究 [J]．商业经济，2021 (3)：110-111，173.

[6] 谭海波，赵雪娇．"回应式创新"：多重制度逻辑下的政府组织变迁——以广东省J市行政服务中心的创建过程为例 [J]．公共管理学报，2016 (4)：16-29；152.

[7] 刘辉军，白福臣，汤海霞，等．负面清单制度嵌入与国际产能合作路径——以广东南沙自贸区为例 [J]．资源开发与市场，2018，34 (6)：825-831.

[8] 蔡莉丽，李晓刚．基于"多规合一"的建设项目审批制度改革探索——以厦门自贸区为例 [J]．城市规划学刊，2018 (7)：47-52.

[9] 陈天祥，李倩婷．从行政审批制度改革变迁透视中国政府职能转变——基于1999—2014年的数据分析 [J]．中山大学学报（社会科学版），2015 (2)：132-151.

[10] JANOWSKI T .Digital government evolution: From transformation to contextualization [J]. Government Information Quarterly , 2015 (32): 221-236.

[11] 唐雪松，周晓苏，马如静．政府干预、GDP增长与地方国企过度投资 [J]．金融研究，2010 (8)：33-48.

[12] 万良勇．法治环境与企业投资效率——基于中国上市公司的实证研究 [J]．金融研究 ，2013 (12)：154-166.

[13] 冯向辉，李店标．市县营商法治环境评价指标体系研究——以黑龙江省为例 [J]．哈尔滨工业大学学报（社会科学版），2021，23 (4)：44-51.

［14］苏屹，李柏洲. 基于竞赛图法的区域科技创新能力评价研究［J］. 科研管理，2011，32（10）：27-35.

［15］匡海波，刘天寿，刘家国，等. 基于 PCA-TOPSIS 的自贸区开放水平测度研究［J］. 科研管理，2018，39（3）：69-79.

［16］陈艳华. 基于熵权 TOPSIS 的区域科技创新能力实证研究［J］. 工业技术经济，2017，36（5）：46-51.

［17］殷俊，刘信，周元. 浙江省创新能力指数研究［J］. 科技管理研究，2019，39（20）：70-76.

［18］张婧，何彬，彭大敏，等. 区域创新能力指数体系构建、监测与评价：基于四川省21个地区的研究与实践［J］. 软科学，2021，35（6）：44-51.

［19］蔡晓琳，刘阳，黄灏然. 珠三角城市科技创新能力评价［J］. 科技管理研究，2021，41（4）：68-74.

［20］汪小龙，丁佐琴. 区域一体化、经济韧性与科技创新［J/OL］.［2023-05-23］. http：//kns.cnki.net/kcms/detail/12.1117.g3.20230519.1008.002.html.

［21］中华人民共和国科学技术部战略规划司. 中国区域创新能力监测报告（2022）［M］. 北京：科学技术文献出版社，2023：9-21.

［22］国家统计局.创新指数研究表明：我国创新能力稳步提高［EB/OL］.［2013-04-19］. http：//www.stats.gov.cn/sj/zxfb/202302/t20230203_1898290.html.

［23］Dutta S，Lanvin B，León L R. Global Innovation Index 2022：What is the Future of Innovation-driven Growth？［M］. WIPO，2022：17-21.

［24］中国科学技术发展战略研究院. 国家创新指数报告（2022）［M］. 北京：科学文献出版社，2022：80-100.

［25］王宏伟，马茹，张慧慧，等. 我国区域创新环境分析研究［J］. 技术经济，2021，40（9）：14-25.

［26］佚名. 让更多"瞪羚"跑得快跳得高［EB/OL］.［2018-09-25］. http：//www.gov.cn/xinwen/2018-09/25/content_5325040.htm.

［27］佚名."专精特新"企业，以专注铸专长［EB/OL］.［2022-04-07］. http：//www.gov.cn/xinwen/2022-04/07/content_5683811.htm.

［28］佚名. 创新驱动 我国独角兽企业发展群像扫描［EB/OL］.［2018-03-25］. http：//www.gov.cn/xinwen/2018-03/25/content_5277161.htm.

［29］王跃婷. 资源型地区完善多元创新投入体系研究［J］. 经济问题，2022，516（8）：103-110.

［30］唐露源，谢士尧，胡思洋. 技术需求导向的科技成果转化影响因素研究——以101家高新技术企业为例［J］. 中国科技论坛，2023，324（4）：16-24.

［31］倪外. 国际先进自贸区核心竞争力构成及其启示研究［J］. 世界地理研究，

2015，24（3）：126-133.

[32] 汤霞，刘阳阳. 横琴自贸区建设契机下加快珠海港发展的探讨［J］. 对外经贸实务，2016，（10）：43-46.

[33] 杜金岷，吕寒. 南沙自贸区建设与发展研究［J］. 城市观察，2015，（4）：40-48.

[34] 李善民，李胜兰，符正平，等. 中国自由贸易试验区发展蓝皮书（2021—2022）［M］. 广州：中山大学出版社，2022（12）.

[35] 汤蕴懿，董露露. 自贸区制度"溢出"路径下的城市发展与管理规制——以上海自贸区的清单管理和辐射效应为例［J］. 上海城市管理，2015，（6）：40-44.

[36] 谭娜，周先波，刘建浩. 上海自贸区的经济增长效应研究——基于面板数据下的反事实分析方法［J］. 国际贸易问题，2015，（10）：14-24.

[37] 刘安国，张克森，等. 江苏省第二产业演进与工业三废排放关系研究［J］. 中国环境科学，2017，37（4）：1579—1588.

[38] 黎文靖，郑曼妮. 空气污染的治理机制及其作用效果——来自地级市的经验数据［J］. 中国工业经济，2016（4）：93-109.

[39] 韩峰，李玉双. 产业集聚、公共服务供给与城市规模扩张［J］. 经济研究，2019，54（11）：149-164.

[40] 张熠，陶旭辉，韩雨晴. 人口流动与最优社会保障区域协调模式［J］. 经济研究，2023，58（2）：124-140.

[41] 陈随军，王雅芬. 产业集聚与小城镇可持续发展——以小城镇工业废水的综合治理为例［J］. 数量经济技术经济研究，2000（8）：25-27.

[42] 席劲瑛，武俊良，胡洪营，等. 工业 VOCs 排放源废气排放特征调查与分析［J］. 中国环境科学，2010（11）.

[43] 林青媛. 我国污染密集型产业转移路径及驱动因素［D］. 广州：暨南大学，2023.